David Ramsey

Geschichte der Amerikanischen Revolution

aus den Akten des Congresses der Vereinigten Staaten

David Ramsey

Geschichte der Amerikanischen Revolution
aus den Akten des Congresses der Vereinigten Staaten

ISBN/EAN: 9783743672796

Hergestellt in Europa, USA, Kanada, Australien, Japan

Cover: Foto ©ninafisch / pixelio.de

Weitere Bücher finden Sie auf **www.hansebooks.com**

Die Staatsverfassung

der

Vereinigten Staaten

von Nordamerika

und

historische Beiträge und Belege zu der Geschichte ihrer
Revolution.

———

Von

G. K. F. Seidel,

Professor der Geschichte am Berlin. Kölnischen Gymnasium.

———

Berlin, 1795.
In der Vossischen Buchhandlung.

Geschichte

der

Amerikanischen Revolution

aus den Acten des Congresses

der vereinigten Staaten

von

Dr. David Ramsay,

vormaligem Mitgliede des Congresses.

Vierter Theil.

Enthaltend

die Staatsverfassung der vereinigten Staaten,

und

historische Beiträge und Belege

aus

Ramsay's Geschichte der Revolution in Süd-Carolina

von

G. R. F. Seidel,

Professor der Geschichte am Berlin. Kölnischen Gymnasium.

Berlin, 1795.
In der Vossischen Buchhandlung.

Vorbericht.

Die Darstellung der Staatsverfassung der Vereinigten Staaten von Nordamerika ist ein wesentlicher Theil der Geschichte ihrer Revoluzion. Denn die neue Verfassung ist das Resultat dieser merkwürdigen Begebenheit; ohne eine genauere Kenntniß derselben läßt sich nicht entscheiden, ob die Amerikaner durch die Unabhängigkeit von Großbritannien gewannen oder verloren. Ramsay berührte nur sehr flüchtig die innere politische Umbildung seines Vaterlandes, weil er bei seinen Landesleuten eine hinlängliche Bekanntschaft mit derselben voraussetzen konnte. Da aber sein Werk auch bei uns Leser fand, die sich nicht so leicht von der amerikanischen Staatsverfassung unterrichten konnten; so hielt ich es für meine Pflicht, weil ich einmal die Herausgabe der Uebersetzung von Ramsay's Geschichte der Revoluzion übernommen hatte, eine Abhandlung über die Staatsverfassung der Vereinigten Staa-

ten hinzuzufügen. Ich gestehe offenherzig, daß ich
nur einen sehr unvollkommnen Umriß liefere;
und ich mache mir selber den Vorwurf, daß ich
zu viel wagte, indem ich einen Gegenstand berührte, welcher jetzt von einem Manne, der allein in Deutschland die Materialien besitzt, um
über Amerika's Angelegenheiten gründlich schreiben zu können, meisterhaft behandelt wird. Aber
einige Betrachtungen bewogen mich, zu glauben,
daß doch vor der Hand auch das Wenige, das ich
mittheilen könnte, besser sei, als gar nichts.
Denn einmal würden die Leser der Geschichte der
amerikanischen Revoluzion noch zu lange warten
müssen, ehe Herr Professor Ebeling seine unschätzbare Beschreibung der Staaten so weit vol-
lendet, daß sie sich daraus einen Ueberblick über
das Ganze verschaffen könnten. Zweitens haben
auch die Zeitumstände das Interesse für die amerikanische Konstituzion verdoppelt. Unsere Aufmerksamkeit ist jetzt auf Frankreichs Versuche,
sich eine republikanische Verfassung zu geben,
vorzüglich gespannt. Zeitungen und Zeitschrif-
ten verweisen aber oft auf die amerikanische
Konstituzion, ohne deutliche Begriffe. So urtheilt man über den flüchtigen Entwurf einer
Konstituzion von Herault = Sechelles, er

sei eine Nachahmung der amerikanischen Konsti=
tuzion; und so wird die Regierung der Vereinig=
ten Staaten der Beeinträchtigung ihrer Verfas=
sung deswegen beschuldigt, weil sie den berühm=
ten Washington zum zweitenmal zum Präsiden=
ten der Union erwählte. — Kurz, bei der großen
Aufmerksamkeit, die der neue amerikanische Frei=
staat durch seinen schnellen Wachsthum erregt;
und bei dem allgemeinen Interesse, welches die
französische Revoluzion jetzt für das Studium
der Politik erweckt, sind die Grundsätze der ame=
rikanischen Konstituzionen zu wenig ins Licht ge=
stellt, ob sie gleich so reichhaltigen Stoff zum
Nachdenken, zum Vergleichen, und zum Berich=
tigen darbieten. In dieser Rücksicht versuchte
ich, aus den mir erreichbaren Quellen, die neue=
ste Konstituzion der Unionsregierung und jedes
einzelnen Staates, kurz, ohne Auslassung irgend
eines wesentlichen Punktes darzustellen. Verglei=
chungen zwischen den französischen Systemen
mag der Leser selber anstellen; aber aus der brit=
tischen Staatsverfassung sind diejenigen Begriffe
beigebracht, die zur Erklärung der amerikani=
schen Grunsätze dienen. Es würde freilich sehr
belehrend sein, wenn ich auch hätte zeigen
können, wie die in der Grundverfassung auf=

)(3

gestellten Prinzipien bisher in den Händen der
durch sie angeordneten Regierungen gewirkt ha=
ben; aber dazu fehlten mir die Quellen. Auch
ist es mir nicht gelungen, über die neueste Ver=
fassung von Pennsylvanien und Georgien authen=
tische Nachrichten zu erhalten. Beide haben
ihre Konstituzion vor einiger Zeit in wesentlichen
Punkten verändert. Sie unterschieden sich von
den übrigen Staaten durch eine rein demokrati=
sche Verfassung. Aber schon Ramsay (Th. 2.
S. 196.) klagte darüber, daß die Pennsylvanier
unabläßig mit innern Unruhen kämpften, deren
Ursachen wahrscheinlich in dem Mangel des
Gleichgewichtes ihrer Verfassung zu suchen wä=
ren. Der Erfolg scheint seine Vermuthung zu
bestätigen. Man hat es endlich im Jahre 1790
für gut gefunden, die Legislatur, wie in den
übrigen Staaten, in einen Senat und ein Haus
der Repräsentanten zu theilen, und die ausüben=
de Gewalt ungetheilt einem Gouvernöre mit einer
Negative gegen die Legislatur, die eben so wie in
Massachusett eingeschränkt ist, zu übertragen.
Eine ähnliche Veränderung hat der Staat Geor=
gien vorgenommen. Leider fand ich diese Nach=
richt zu spät, als schon ein Theil des Werkes ab=
gedruckt war. Ich muß also das, was ich von

Pennsylvanien und Georgien S. 32 und 50 gesagt habe, zurück nehmen, und den verändern-
den Zusatz zu ihrer Konstituzion schuldig bleiben.

In den Beiträgen zur Geschichte der Revoluzion habe ich die wichtigsten Akten des Kon-
greffes, welche den Geist und die Entwicklung
des Streites am deutlichsten ins Licht stellen,
und zugleich beweisen, mit welcher Besonnen-
heit und wie planmäßig er von Seiten der
Amerikaner geführt wurde, mit einer kurzen Ue-
bersicht des Verfahrens des brittischen Ministeriums in Verbindung gebracht. Der Raum erlaubte mir nicht, die Geschichte des Krieges mit
Beiträgen zu erweitern. Adams Brief über die
Quellen der Geschichte der Revoluzion kann Lieb-
habern und Forschern der Geschichte lehrreich
sein. Die literarischen Anmerkungen sind ein
unvollkommener Grundriß zu einem vernach-
läßigten Kapitel der historischen Literatur.

Als ich die Durchsicht der Uebersetzung von
Ramsays Geschichte übernommen hatte, wurde
der so lang verzögerte Druck derselben schleunig
betrieben. Unter der zahllosen Menge der sinn-
verstellenden Fehler der Uebersetzung entgingen
daher meiner Aufmerksamkeit einige geringere
Vernachläßigungen im ersten Theile. Ich habe

deswegen jetzt noch Berichtigungen und einige Anmerkungen zu diesem Theile anhangsweise mitgetheilt.

Da diese Beiträge zur Geschichte des amerikanischen Freistaates und einer Staatsverfassung zugleich als ein Anhang zu Ramsays Geschichte und als ein für sich bestehendes Werk angesehen werden können; so werden sie auch unter einem doppelten Titel ausgegeben.

———

Inhalt.

Inhalt.

Geist

der

Staatsverfassung

der

Vereinigten

Staaten von Nordamerika.

———

Statuo esse optime constitutam rempublicam, quae ex tribus generibus illis, regali, optimo, et populari confusa modice, nec puniendo irritet animum immanem ac ferum, nec omnia praetermittendo, licentia cives deteriores reddat.

Ciceronis Fragm. de Republica.

Unions-System.

Die Verbündung der Vereinigten Staaten von
Nordamerika entstand auf dieselbe Art, als die der
Schweizer Kantone und der Vereinigten Niederlande in Europa. Durch äußere Gewalt und drohende Gefahren veranlaßt, entsagten einzelne Korporazionen dem Gehorsame gegen die Macht, welche die Suveränität über sie ausgeübt hatte, und
verbanden sich anfänglich nur zu einem gemeinschaftlichen Schutzbündnisse. Die vorher ungetheilte
Suveränität, fiel getheilt zurück an jeden einzelnen
Staat dieses Bundes; und das Zentrum der Union,
der Kongreß genannt, war nur ein diplomatischer
Körper, der in das Innere der einzelnen Staaten
wenig zu wirken vermochte. Die Zöglinge der brittischen Politik sahen die geringe Haltbarkeit eines
solchen Systemes bald ein; und die dringende Nothwendigkeit, die sowohl über die Handlungen einzelner Menschen, als ganzer Staaten, mit eisernem
Zepter gebietet, das Bedürfniß des Geldes und des

Kredites *), beschleunigte hier eine solche Umänderung des Unionssystemes, die einst, unter andern
Umständen, nach dem errungenen Siege, in den
Vereinigten Niederlanden unnöthig schien; und es
in den Schweizer Kantonen, zu Folge ihrer örtlichen Lage, wirklich war.

Durch die Konstituzion von 1787 entsagten die
einzelnen Staaten ihrer Suveränität nicht nur in
allen Fällen, welche ihre äußere Verhältniße betreffen; sondern auch in einigen der wichtigsten Angelegenheiten der innern Regierung, und übertrugen
sie ungetheilt einer Unions-Regierung.

Ein Theil des unermeßlichen Gebietes der Vereinigten Staaten liegt in den Gränzen der funfzehn
organisirten Staaten; ein anderer, und bei weitem
der größte, der den Namen des westlichen Gebietes
(the western territory) führt, steht noch unter der
unmittelbaren Verwaltung der Unions-Regierung.
Die Zahl der Staaten ist durch kein Gesetz bestimmt; denn die Unions-Regierung hat das Recht,
solche Theile des westlichen Gebietes zu einem Staate zu erheben, und in die Union aufzunehmen, die
sich durch die Anzahl ihrer Einwohner **) dazu geschickt machen; auch kann sie einzelne Theile der bereits organisirten Staaten, mit Einwilligung der
Legislatur derselben, zu einem neuen Staate umbil-
den, oder aus zwei alten Staaten, mit ihrer Ein-

*) S. Ramsay's Geschichte. 3. Th. S. 348. u. s. w.

**) Wenn ihre Volksanzahl der des kleinsten der Ver-
einigten Staaten gleich ist. Ramsays Geschichte. Th. 3. S. 364.

willigung, einen formiren. So ward zu der Zahl
der dreizehn ursprünglichen Staaten erst Vermont,
dann Kentucky hinzu gefügt; und bald werden aus
den Pflanzungen des westlichen Gebietes neue
Staaten hervor gehen, wenn es nicht bereits jetzt
geschehen ist. Jeder dieser Staaten hat seine eigne
gesetzgebende, ausübende, und richtende Gewalt, wos
von die beiden erstern in einigen der Staaten nach
verschiedenen Grundsätzen organisirt sind. Jeder
führt seine innere Regierung und Polizei, wie es
seine örtliche Lage erfordert; seine Repräsentanten
bewilligen die dazu nöthigen Abgaben; aber sie können nur auf eine solche Art gehoben werden, daß
nicht dadurch die übrigen Staaten indirekte mit beschatzet werden. Kein Staat darf also ohne Einwilligung der Unions-Regierung die Aus- und Einfuhr mit Zöllen und Abgaben belegen, oder den Ertrag derselben für seine Schatzkammer ziehen; und
es ist ihm nur erlaubt, für seine Inspekzionsgebüh-
ren eine kleine Akzise zu heben. Er darf kein Geld
münzen, oder Papiergeld ausgeben; er darf keine
Unterhandlungen mit andern Staaten oder Völkern pflegen, und in Friedenszeiten weder reguläre
Truppen noch Kriegsschiffe halten. Er muß sich
von der Unions-Regierung beschatzen lassen; sich
ihren Einrichtungen des Handels, der Münze und
des Gewichtes, und ihren Gesetzen über Bankerotte
und falsche Wechsel und Münzen, über die Einwanderung und Nazionalisirung der Ausländer unterwerfen. Er besitzt zwar die höchste Gerichtsbarkeit
in zivil- und kriminal-Sachen, die in seinen Gränzen vorfallen; aber die richterliche Gewalt der
Unions-Regierung richtet nicht nur über die Strei-

A 3

tigkeiten einzelner Staaten unter einander, sondern auch der Bürger verschiedener Staaten; über alle Admiralitäts, und Seehändel, und über alle Vergehungen gegen die Vereinigten Staaten. Ein jeder einzelner Staat ist also ein abhängiger Theil des ganzen vereinten Staaten-Körpers; der aber eine eigne gesetzgebende, ausübende und richterliche Gewalt besitzt, die zusammen nur so viel Macht in sich vereinen, daß sie ihn nach seinen örtlichen und besondern Bedürfnissen, ihrem eignen Gutbefinden zu Folge, im Innern regieren, und seine innere Glückseligkeit, ohne die Rechte des ganzen Bundes zu schmälern, befördern können. Er kann seine innere Regierung verbeßern; aber die Unions-Regierung garantirt ihm die republikanische Verfaßung.

Die ganze Kraft aller einzelnen Staaten konzentrirt sich aber in der Unions-Regierung der Vereinigten Staaten. Sie besteht aus einem gesetzgebenden Kongreße, aus einem ausübenden Präsidenten, und einer von diesen beiden Gewalten angeordneten richterlichen Gewalt. Die gesetzgebende Gewalt besitzen die Repräsentanten der Staaten, die von ihnen gewählt werden, und deren Anzahl, einem festgesetzten Maaßstabe zu Folge, nach der Volkszahl eines jeden bestimmt ist. Diese Deputirten stellen nicht bloß, wie die Abgeordneten der Vereinigten Niederlande, oder der Schweizer Kantone, die Staaten vor, von denen sie abgesandt sind; sondern sie bedeuten den ganzen Körper der Nazion, wie in England die beiden Häuser des Parlamentes. Jeder Versuch eines einzelnen Staates, seinen Einfluß überwiegend zu machen, und

sich, wie Holland in der Union der sieben Staaten,
zum Beherrscher oder Tyrannen aufzuwerfen, würde
de mißlingen, da sich die Stimmen seiner Repräsentanten unter der Mehrheit der Abgeordneten der
ganzen Nazion in Nichts verlieren würden. Und so
wirken nur eine höchste gesetzgebende, eine höchste
ausübende und eine höchste richterliche Gewalt, von
einem Ende des großen Gebietes der Vereinigten
Staaten, bis zu dem andern; nicht bloß auf die einzelnen Staaten, sondern auch auf die Individuen
derselben.

Das Volk.

Alle freie Einwohner, eingeborene oder naturali-
sirte Eingewanderte, die ein liegendes oder beweg-
liches Eigenthum besitzen, zur Erhaltung des Staates direkte Abgaben erlegen, und nicht zu dem
Stamme der Neger oder Indier gehören, bilden den
Körper des Volkes, dessen Mitglieder, ohne Unterschied eines Standes, gleiche moralische und politische Rechte und Pflichten besitzen.

Personen die sich nur auf einige Zeit zur Dienstbarkeit verpflichtet haben, gehören zwar zu der Zahl
der freien Menschen, und sie werden mitgezählt,
wenn das Verhältniß der Repräsentanten, so wie
der direkten Taxen eines jeden Staates nach seiner
Volkszahl bestimmt werden soll; allein sie haben keinen Antheil an der Wahl der Repräsentanten, und

gehören also so lange nicht zum Körper des Volkes,
bis sie jene Eigenschaften durch Erwerbung eines Ei‐
genthumes erlangt haben.

Ganz ausgeschloßen von dem Rechte des Vol‐
kes sind aber alle Indier: sowohl diejenigen, die
noch innerhalb der Gränzen einzelner Staaten in
Dörfern wohnen; als auch die unkultivirten Stäm‐
me, die auf dem weiten westlichen Gebiete ihre Un‐
abhängigkeit behaupten, nicht selten die weißen Be‐
wohner jenes Gebietes durch ihre Grausamkeiten
beunruhigen, und ungeachtet der Mühe, die sich
besonders der vortreffliche Washington gegeben
hat*), sie zum Frieden und zum geselligen Leben ge‐
neigt zu machen, aus angestammter Liebe zur Unab‐
hängigkeit, die Kultur des bürgerlichen Lebens
fliehen.

Ferner haben an den Rechten des Volkes alle
Neger, freie oder Sklaven, keinen Antheil. Unter
der Regierung der Kolonieen waren die Neger‐Skla‐
ven so zahlreich geworden, und der Wohlstand der

*) Der Kongreß hat einigen Stämmen, auf Wa‐
shingtons Vorschlag Getreide, Vieh, Werkzeuge
zum Ackerbau und Kommissarien zu ihrem Unter‐
richte zugeschickt. S. Brissots Reisen in
dem Magazin der N. 7. B. S. 289. Allein
noch kürzlich waren wieder gefährliche Unruhen aus‐
gebrochen. Da das Gebiet der Indier immer
mehr in engere Gränzen eingeschränkt wird, und
eben dadurch die Quellen ihres Unterhaltes vermin‐
dert werden, wenn sie sich nicht zur Kultur des
Bodens bequemen wollen; so muß natürlich ihre
Bevölkerung abnehmen, und der Rest, der von ih‐
ren Streifzügen übrig bleibt, wird endlich zur
Kultur aus Noth gezwungen werden, oder ganz
erlöschen.

südlichen Staaten war mit ihrer Exiſtenz ſo genau
verwebt, daß es Zeit und Ueberlegung bedurfte,
dieſen eines Freiſtaates ſo unwürdigen und ſchädli=
chen Sklavenſtand ganz abzuſchaffen. In den öſt=
lichen Staaten, dem urſprünglichen Vaterlande der
neuerrungenen Freiheit, iſt die Zahl dieſer Unglück=
lichen ganz unbeträchtlich. In New=Hampſhire
und Maſſachuſett befindet ſich, nach des Staats=
ſekretärs Jefferſon offizitellem Tabelle der Bevölke=
rung von 1790, kein einziger Sklave; in Vermont
nur 16; in Rhode Island 948. So wächſt ihre
Anzahl durch die mittlern Staaten, und wird in
den ſüdlichen ſo beträchtlich, daß ſie in einigen ein
Drittheil, in andern beinahe die Hälfte der Ein=
wohner ausmacht. Unter der ganzen Maſſe der
Einwohner der Vereinigten Staaten, die ſich 1790
auf 3,908,526 Köpfe belief, waren 696,695 Skla=
ven und 62,973 freie Schwarze und freie Indier.
Es gereicht den Staaten zur Ehre, daß ſie unlängſt
an dem wichtigen Werke arbeiteten, die Sklaverei
ganz abzuſchaffen. Die meiſten von den urſprüngli=
chen Staaten haben wirklich die Einfuhr der Skla=
ven verboten oder eingeſchränkt. Aber die ſüdlichen
Provinzen ſträubten ſich gegen die Annahme ähnli=
cher Maaßregeln, und ſelbſt die neue Konſtituzion
der Vereinigten Staaten mußte, wenigſtens auf ei=
nige Zeit, ihren Gründen nachgeben. Durch den
Kongreß wird endlich nach Verlauf von dreizehn
Jahren die Sache entſchieden werden; denn er hat
ſich verpflichtet, erſt im Jahre 1808 über die Ein=
wanderung oder Einfuhre der Menſchen zu verfü=
gen. Doch beſitzt er indeſſen ſchon ein Mittel, die
Einfuhr zu erſchweren, indem er von jedem einzu=

führenden Sklaven eine Abgabe von zehn Dollars
verlangen kann. Das Loos der freigelaßnen Neger ist zwar durch das edle Bestreben vieler guten
Amerikaner, besonders des ehrwürdigen Anton Be-
nezet, eines Quäkers aus Philadelphia, erleichtert
worden. Er stiftete zuerst eine Schule für die Un-
wißenden, deren Verstand nicht, wie man hier in
Deutschland zu entscheiden gewagt hat, von der
Natur verwahrloset, sondern nur durch die ungün-
stigen äußern Umstände in seiner Entwickelung ge-
hemmt ist. Aber der Unterschied der Rechte der
freien Neger und der freien weißen Einwohner ist
noch immer so groß, daß jene nie zum vollen Genuße
der bürgerlichen Glückseligkeit gelangen können,
sondern immer eine abgesonderte Klasse, den jüdi-
schen Kolonieen in Europa ähnlich, bilden werden.
Sie haben nicht das Recht, an der Wahl der Repräsentanten des Volkes Antheil zu nehmen, oder selber
dazu gewählt zu werden; sie gehören also nicht zu
dem Volke. Der Zutritt zu den niedern Schulen
ist ihnen zwar erlaubt; aber die Gymnasien und
Universitäten sind ihnen untersagt. Das Verheira-
then mit Weißen wird nicht nur durch die Abneigung der letztern, sondern auch durch strenge Gesetze
in einigen Staaten verhindert. Ihre Betriebsam-
keit kann sich nur auf den kleinen Krämerhandel,
oder auf den Anbau kleiner Pflanzungen einschränken; wenige gelangen zu dem Geschäfte ökonomischer
Verwalter; nur Jakob Derham, ein Neger-Arzt,
der sich zu Neu-Orleans durch seine Praxis jährlich
3000 Dollars verdiente, war ein Wunder seiner
Nazion. Wenn also einst die Freilassung aller Neger zu Stande kommen soll, so werden auch der

Kongreß der vereinigten Staaten, so wie die Legislaturen der einzelnen Staaten dafür sorgen müssen,
daß dieser Schritt mit Vorsicht geschieht, und daß
nicht dadurch die Neger in ein größeres Unglück gestürzt werden. Eine gänzliche Vereinigung der
Schwarzen und Weißen scheint einst, auch bei einer
beßern Erziehung der erstern, unmöglich, weil sich
die Vorurtheile und die Abneigung der letztern zu
sehr dagegen sträuben. Die Neger nach ihrem Vaterlande zurück zu senden, und dort eine eigne Kolonie aus ihnen zu bilden, wie Dr. Thornton vor-
schlägt, das scheint zu abenteuerlich, und für die
armen Neger selbst gefährlich. Vielleicht sollte ihnen einst der Kongreß auf dem großen westlichen Gebiete einen Platz anweisen, wo sie sich ansiedeln,
und eine eigne Kolonie bilden könnten. *)

Das freie Volk der Vereinigten Staaten besteht also nicht, wie das englische, aus Lords und
Commons; sondern alle seine Glieder sind Staatsbürger von einer Gattung und aus einem Blute.
„Hier ist weder ein höherer, noch ein niederer Adel;
keine künstliche Ungleichheit des Standes, als erbliche Würden, Titel, Aemter, oder gesetzliche Un-
terschiede; kein gesetzmäßiges Abzeichen, als Ster-
ne, Hosenband und Kreuze. Es giebt hier nur einen verschiedenen Rang der Aemter, nicht aber der
Individuen **)." Dennoch findet unter ihnen eine

---

*) Ueber die Schwarzen in den Vereinigten Staaten,
S. Brissots Reise. S. 132 bis 169.

**) There are different orders of offices, but none
of men — Adams in seiner mit Menschen-Kennt-
niß und Belesenheit geschriebenen Defence of the
Con-

wesentliche Ungleichheit Statt, die in der Natur der Menschen gegründet ist, und welche die Gesetzgeber der Vereinigten Staaten mit kluger Vorsicht in Erwägung nahmen.

Die erste Verschiedenheit entspringt aus der Ungleichheit des Reichthumes. Einige besitzen, entweder von ihren Voreltern ererbt, oder durch eigne Geschicklichkeit, durch Fleiß und Begünstigung des Glückes erworben, ein großes Vermögen *) an Ländereien und Handlungswaaren; andere haben gar kein Eigenthum; der größere Theil befindet sich in einer glücklichen Mittelmäßigkeit zwischen beiden Extremen. Aus dieser Verschiedenheit entspringt natürlich Abhängigkeit der einen, und größeres Ansehen nebst einem wichtigern Einflusse der andern. Aber die Geburt bewirkt auch hier unwillkührlich solche Vorzüge, die kein Gesetz verhindern kann. Die Nachkommen jener braven Britten, die vor mehr als einem Jahrhundert die wüsten Wälder von Amerika urbar machten, und die Enkel aller der verdienstvollen Männer, denen Amerika seine Kultur und seine Freiheit verdankt, bewahren nicht nur mit einem stolzen Selbstgefühle das Andenken an ihre Vorfahren; sondern, wenn sie ihnen nicht ganz unähnlich geworden, so sind sie es, auf die das Volk vorzüglich sein Zutrauen setzt, und die es

Conſtitutions of Government of the U. St. of A. Vol. I. p. 39.

*) Waſhington ſoll zuſammen über 200,000 Morgen (arpens) in den verſchiedenen Staaten beſitzen, wie Briſſot erzählt, dem es Waſhingtons Sekretär Humphreys geſagt hatte.

zu Beamten und Repräsentanten wählet. „Geht
in jeden Flecken von Neu-England," sagt Adams,
„und Ihr werdet finden, daß das Amt des Friedensrichters oder selbst eines Repräsentanten, welches
doch immer von der freiesten Wahl des Volkes ab-
hing, gewöhnlich höchstens nur in drei bis vier Familien, von Generazion zu Generazion ertheilet
wurde." — Persönliche Verdienste, eine hinreis-
sende Beredsamkeit, ein erfindungsreicher Geist,
oder kaltblütiger Muth, der keine Gefahren für das
Vaterland scheuete, verschaften auch ohne jene beiden Eigenschaften, einer Menge Einwohner einen
vorzüglichen Grad der Achtung. Gleich nach Beendigung des Krieges stifteten die entlaßnen Offiziere
eine Gesellschaft, der Cincinnatus-Orden genannt,
wodurch sie einen erblichen Adel einzuführen drohe-
ten; obgleich nur der Enthusiasmus für den Nach-
ruhm ihrer Thaten ihnen den Gedanken mochte ein-
geflößt haben. Doch es siegten die Pflichten der
guten Bürger bald wieder über den Ehrgeiz der
Soldaten. Der Orden gab sich eine neue Verfassung, wodurch die Erblichkeit desselben aufgehoben, und sein Zweck nur auf gegenseitige Freundschaft und Unterstützung der verabschiedeten Offiziere, die im Revoluzions-Kriege gedient hatten, eingeschränkt wurde *). Verdienste und Talente sind

---

*) Mirabeau hat diesen Orden in seinen Considera-
tions sur l'ordre de Cincinnatus sehr streng beurtheilt, und verwirft ihn auch noch nach seiner Reformazion. Da aber die Erblichkeit aufgehoben
ist, so wird er hoffentlich mit der Zeit ganz aufhören. Die Statuten des Ordens findet man in
Mirabeaus Bemerkungen, wovon eine Uebersetzung
unter

es aber auch, die vielen den Weg zu Reichthümern
gebahnt haben und noch bahnen; und es ist, wenn
gleich selten, dennoch möglich, daß Reichthum,
Geburt und Talente sich zugleich vereinigen, um einem Mann ein wohlthätiges oder gefährliches Uebergewicht über seine ihn bewundernden Mitbürger zu geben.

Diesen natürlichen Aristokratismus in gehörigen Schranken zu halten, daß er nicht die Freiheit
des Volkes vernichte, und zu verhindern, „daß sich
nicht ein schlauer Proteus unter mancherlei Gestal-
ten selbst den Händen eines Herkules entwinde,
und sich zum Despoten aufwerfe:" — das ist das
Ziel der Amerikanischen Staatsverfassung, und aus
diesem Gesichtspunkte müssen wir sie betrachten.

Der größte Theil der Nazion besteht aus Eigenthümern liegender Gründe, die fast alle ihren
Acker selber bewirthschaften, und den Namen der
Freihalter oder Freisaßen (Freeholder) führen,
weil sie das vollkommene Eigenthums-Recht besitzen, und keinem höhern Eigner einen Zins davon
entrichten *).

unter dem Namen: des Grafen von Mirabeau Sammlung einiger philos. und
polit. Schriften die Vereinigten Staaten von Nordamerika betreffend. Ber-
lin 1787. erschienen ist. Dieser Uebersetzung ist
noch ein Brief von Mirabeau hinzugefügt, worin
bemerkt wird, daß der Orden von selber aufzuhören
scheine.

*) Der Name ist aus der englischen Verfassung ent-
lehnt, aber mit einer veränderten Bedeutung. Obgleich die durch Wilhelm den Eroberer in England eingeführte Lehensverfassung größtentheils ver-
tilgt

Diese Freihalter sind der Kern der ganzen Nation, so wie die ächte Stütze der amerikanischen Freiheit. Da die meisten von ihnen von Voreltern

tilgt ist, so bleibt doch noch immer der Begriff, daß alle Ländereien des Königreiches mittelbar oder unmittelbar von dem Könige verliehen sind, und daß nur er ein dominium absolutum und directum besitzt. (S. Blackstone's Commentaries on the laws of England, in der französischen Uebersetzung Vol. 2. p. 572.) Ein freehold, librum tenementum, in England, ist also ein Gut, welches der Eigner nicht mit dem Grundeigenthume, in dominio suo, wohl aber mit dem völligen Erbrechte besitzt. Ein copyhold ist ein Gut, welches der Innhaber, zu Folge einer Kopie der Liste, auf die er, oder sein Vorfahr, sich von dem Intendanten des Gebietes des Gutsherrn hat einschreiben lassen, zum Nießbrauche besitzt: auf Lebenszeit oder erblich; doch unter einer Dienstverpflichtung, die entweder in Gelde, oder auf eine andere Art abgetragen wird. Es bleibt der Tutel des Gutsherrn unterworfen, und es müssen ihm bei Sterbefällen gewisse Abgaben entrichtet werden. Ein copyhold ist also eine Art von Afterlehn. (S. Blackstone Vol. 2. Chapitre 6.) — Da nun aber in der Verfassung der Vereinigten Staaten alle Spuren des Feudalsystems verwischt sind, und es durchaus als ein fundamental Grundsatz angenommen ist, daß ein jeder Mensch das Recht hat, ein Eigenthum zu erwerben, es zu besitzen, und es zu vertheidigen: so heißt hier ein jeder ein Freihalter, der ein liegendes Grundstück, wenn es auch nur zwanzig Pfund oder noch weniger werth ist, mit dem vollkommnen Grundeigenthume besitzt. In England gehören die freeholder zu der Yeomanry, worunter man diejenigen versteht, die 40 Schilling jährlicher Einkünfte haben, zu Geschwornen ernennt werden, Repräsentanten der Provinz für das Unterhaus wählen, und überhaupt jede gesetzliche Handlung verrichten können, wo das Gesetz einen probum et legalem hominem erfordert. (Blackstone).

abstammen, die sich durch eignen Fleiß von der
kargen Armuth zum Wohlstande empor arbeiteten;
so sind alle die Tugenden, welche eine Republik aufrecht erhalten: Sparsamkeit, Häuslichkeit, Biederkeit, treue Anhänglichkeit an den väterlichen
Boden, und daher auch Liebe für die Verfassung,
die den freien Besitz desselben sichert, und Bereitwil-
ligkeit, sie mit der größten Aufopferung, selbst mit
dem Blute zu vertheidigen und aufrecht zu erhalten,
Hauptzüge in dem Charakter jener Gutsbesitzer.
Der Trieb, ein liegendes Eigenthum zu erlangen,
und seinen eignen Acker zu pflügen, wirkte aber so
mächtig, daß die übrigen Gewerbe des bürgerlichen
Lebens, wenigstens eine Zeitlang, fast zu wenig
Anhänger fanden. Die Verheerungen des Krieges
hatten nicht nur viele Bürger der ursprünglichen
Staaten in die entferntern unangebauten Gegenden vertrieben; sondern es verließen auch viele, die
ein gutes Auskommen von ihrem Kunstfleiße hatten,
selbst nach dem Frieden, ihre Werkstelle oder ihren
Laden, um sich auf dem westlichen Gebiete, auf der
fruchtbaren Ebne am Fuße der Alleghanys anzu-
bauen. Daher der schnelle Wachsthum des neuen
Staates von Kentucky *). Andere kauften ihrem
eignen vaterländischen Staate unangebaute Fluren
ab, und übernahmen gern das schwere Geschäft,

---

*) Henderson, Oberrichter von Nord-Carolina, ver-
    ließ sein einträgliches Amt und seine Freunde,
    reißte mit zwei Bagage-Wagen nach dem Gebiete
    der Tscherokihs, kaufte ihnen eine große Strecke
    Landes zwischen den Flüssen Kentucky, Tscheroki
    und Ohio ab, und wurde dort der Stifter und Ge-
    setzgeber der Kolonie Kentucky, die bald zu einem
    Staate anwuchs. S. Brissots Reise S. 285.

ble, und undurchdringlichen Wälder auszurotten, und
an die Stelle des wilden Ahorns, Getreide oder
Reis zu pflanzen. Es bedurfte also selber der Aufmunterung der Legislaturen, um die Werkstellen der
Handwerker und Fabrikanten mit Arbeitern zu versehen. Aber der beträchtliche Vortheil, den die
Werkstätte oder eine Fabrike bei den zunehmenden
Bedürfnissen und bei dem Wachsthume des Handels gewährten, verschafte ihnen endlich hinlängliche
Arbeiter und Unternehmer. Und da kein ehrliches
Gewerbe, wodurch ein freier Mann sich und seine Familie ernährt, und dem Staate nützlich wird, schimpf-
lich ist, oder die politischen Rechte eines Bürgers
schmälert; da Handel und Gewerbe dem Reichsten
wie den Armen offen stehen; so hat die unsichtbar
lenkende Hand des Bedürfnisses und des Vortheiles
die Beschäftigungen der freien Bürger so geordnet,
daß jedes nützliche Gewerbe seine Anhänger findet.
Die Bürger der Vereinigten Staaten bestehen also
aus Gutsbesitzern, Kaufleuten, Fabrikanten, Hand-
werkern, Fischern, Künstlern und Gelehrten, ohne
daß einer dieser Stände ein Vorrecht vor dem andern sich anmaßen dürfte; der Reichste, der Klügste,
und der Eitelste muß sich zum Volke zählen, oder er
ist gar nichts.

Der Stand der Beamten ist von dem in den europäischen Staaten außerordentlich verschieden. Nur
Lehrer an Schulen und Universitäten, Prediger und
Rechtsgelehrte, können, wenn sie sich gut betragen,
auf lebenswierige hinlängliche Besoldungen rechnen;
die hohen Aemter des Staates werden nur auf eine
kurze Zeit vom Volke ertheilt, die Besetzung der
niedern hängt von den höhern Beamten ab; aber

B

keines ist so besoldet, daß es nur allein um des Vortheiles willen gesucht werden könnte, oder daß es
mehr gewährte, als eine billige Entschädigung für
die Verabsäumung seiner eigenen Geschäfte. Die
Konstituzion von Pennsylvanien macht es sogar der
Legislatur zur Pflicht, daß sie die Gehalte vermindern soll, so bald sie zu hoch steigen; damit nicht
dadurch ein abhängiger Sklavensinn genähret werde.
Nur allein der Beifall des Volkes, und die Ehre,
dem Vaterlande gedient zu haben, belohnt die Mühe
und die Verdienste der Beamten.

Auch findet sich hier kein Soldatenstand, der
als solcher, Vortheile und Belohnungen verspräche.
Jeder mannbare Bürger ist Soldat des Vaterlandes, in den Waffen geübt, und der Miliz einver-
leibt. Bei einem Kriege hat zwar der Kongreß der
Vereinigten Staaten das Recht, eine reguläre Armee zu errichten; aber die Subsidien dazu dürfen
nur auf zwei Jahre bewilligt, und die Armee muß
nach dem Frieden entlassen werden. Nur die Marine allein ist bleibend, und bedarf geschickter Offiziere.

Dieser Freistaat erzieht also nicht, wie die Re-
publiken der Vorzeit, stolze Müßiggänger, die jedes
andere Gewerbe, außer der Waffenübung oder dem
Geschäfte des Forums, für verächtlich hielten;
noch weniger kann er seine Beamten, wie einst Rom
seine Konsuln und Prätoren, auf Kosten der unter-
jochten Menschheit belohnen; seine ganze Einrichtung zwecket dahin ab, Fleiß und Thätigkeit zu er-
muntern, und Aufopferung für das Ganze zur
Pflicht zu machen; Grundsätze die ihm eine sichere

Dauer versprechen, weil sie die Moralität und die
Tugend einer Nation aufrecht erhalten*).

So wie nun der Begriff des Volkes von dem der
englischen Nazion ganz verschieden ist; so ist es auch
die Eintheilung des Landes, auf welchem die Staats-
Bürger wohnen; da aber die Benennungen aus der
englischen Verfassung entlehnt sind, so kann uns
eine Vergleichung der englischen mit den amerikanischen am besten zu deutlichen Begriffen führen.

Das Territorium der Halbinsel England wird
in das geistliche und in das weltliche oder bürgerliche
eingetheilt**). Das geistliche besteht aus zwei Provinzen, das ist aus zwei Territorien, die der Juris-

B 2

*) Obgleich die Amerikaner jetzt nicht mehr so genannte
Neuländer zu uns schicken, um Einwohner für ihr
Land anwerben zu laßen; so wäre es doch wohl
möglich, daß, aus mancherlei Ursachen, vielleicht
jetzt mehr als jemals der Wunsch nach Amerika
auszuwandern bei manchem Deutschen rege werden
könnte. Der vortrefliche Franklin hat denjenigen,
die sich vielleicht durch falsche Hofnungen zu einem
thörichten Schritte könnten verleiten laßen, eine
herrliche Warnung gegeben: man s. die Essays im zwey-
ten Theile seiner Werke, die 1793 in London erschienen, und wo von uns Herr Schatz eine vortrefliche
Uebersetzung geliefert hat. — Aus obiger Schilderung erhellt schon, daß sich hier keine einträgliche
Aemter erwarten laßen. Auch fehlt es nicht an Gelehrten. Nur derjenige der Geld hat sich anzukau-
fen, und Muth genug besitzt der weichlichen an so
viele Bedürfnisse gewohnten Lebensart eines Euro-
päers zu entsagen, und in den ungekünstelten und
mühvollen Stand eines Bauern zurückzutreten;
oder wer ein Handwerk gut versteht und arbeiten
will: nur einer solcher könnte hoffen in den vereinigten Staaten glücklich zu werden.

**) Blackstone Commentaries Vol. 1. Sect. 4. p. 161.
sqq.

dikzion eines Erzbischofes unterworfen sind (Canterbury und York.) Jede Provinz enthält verschiedene Diözesen, das heist Distrikte eines Bischofes (Canterbury 21, York 4.) Jede Diözes besteht aus Archidiakonaten (60 zusammen); jedes Diakonat aus Land-Dechanaten (d. h. Inspekzionsdistrikten eines Superintendenten), und jedes Dechanat aus Kirchsprengeln, das heißt aus solchen, wo ein Vikar die geistliche Seelsorge der Einwohner versieht (zusammen ungefähr 10,000). Zu diesen sind noch die durch das 17te Statut von Georg dem Zweiten Kap. 3. eingepfarrten Gegenden, die sonst außerhalb irgend eines Sprengels lagen, und ihren Zehnten nicht dem Geistlichen sondern dem Könige zahlten, unlängst hinzu gekommen.

Der bürgerlichen Eintheilung nach zerfällt England in Grafschaften (Counties); diese wieder in Hunderttheile, und diese in Zehntheile oder Towns; eine Eirtheilung die von Alfred dem Großen zur Aufrechterhaltung der innern Ruhe eingeführt wurde. Die Zehntheile erhielten ihren Namen von den zehn Freihaltern, die mit ihren Familien eine solche Abtheilung bildeten, und gegenseitig für ihre gute Aufführung haften mußten. Sie wählten sich ihren Tithin-Man, oder Vorsteher, der unter ihnen präsidirte. Der Name eines Zehntheiles, einer Town, oder eines herrschaftlichen Distriktes, wurden nachher für gleichbedeutend angenommen, und bezeichneten einen Ort, der eine Kirche und einen Kirchhof hat. Das Wort Town (Ort) ist aber durch den Sprachgebrauch ein allgemeiner Name für alle Arten von Towns, Burgen und Dörfer geworden. Unter einer City (Stadt) versteht man in England eine

inkorporirte Town, wo ein Bischof seinen Sitz hatte,
wenn er gleich nicht mehr existirt, wie z. B. Westminster. Eine Burg *) ist eine kleine Town, die
Repräsentanten zum Parlamente schickt. Es giebt
aber auch eine Menge anderer Towns (nach des
Rechtsgelehrten Eduard Cokes Angabe 1803), die
weder Cities noch Burgen sind, wovon einige das
Marktrecht haben, andere nicht; zu einigen gehören auch noch kleinere Weiler. — Eine unbestimmte
Anzahl von Hunderttheilen bildet endlich eine
County, Grafschaft, Comitatus; ein Name der
von dem Comes oder Aldermann, wie ihn die Sach-
sen nannten, abgeleitet ist, dem die Regierung anvertraut war, und die er gewöhnlich durch seinen Deputirten, Vice-Comes, Sherif auf englisch genennet,
verwalten ließ. Anstatt des Namens County ist nun
aber das angelsächsische Wort Shire eingeführt,
welches eigentlich eine kleine Abtheilung bedeutet;
der Sherif aber hat, bis jetzt die bürgerliche Verwaltung der Shiren behalten. Zu diesen Shiren
gehören also alle Städte und Oerter in England,
einige wenige ausgenommen die korporirte Grafschaften heißen, und von dem Könige das Vorrecht
erhalten haben, sich durch ihre eigene Sherifs oder
andere Magisträte guverniren zu laßen, als London,
York, Bristol, Norwich, Coventry, und einige
andere.

B 3.

---

*) Von den englischen Burgen ist kürzlich eine gute
Geschichte erschienen: An entire and complet his-
tory political and personal, of the boroughs of
Great-Britain, together with the Cinque ports. 2.
Voll. London 1794.

Die amerikanischen Staaten haben die bürgerliche Eintheilung des Landes in Grafschaften allgemein beibehalten. In diesen Grafschaften besorgt
ein Sherif mit seinen Untersherifs die Ausübung der
Gerechtigkeit, und die Aufrechthaltung der Ordnung; und nach ihrer Volkszahl ist für jede die Zahl
der Deputirten zur Generalversammlung bestimmt;
in einigen Staaten sind sie in Rücksicht der Wahl der
Senatoren noch besonders in Distrike vertheilt.

Die innere Eintheilung der Grafschaften ist
nicht nur von der in England ganz verschieden; sondern das alte mit Recht beibehaltene Eintheilungs-
System von dem ehemals sogenannten Neu-England, weicht von dem der andern ursprünglichen
Staaten ganz ab.

Die Grafschaften der Staaten von Massachusetts-Bay, Konnecticut, New-Hanpshire und
Rhode-Island sind in Bezirke abgetheilt, die town
ships oder Ortschaften genennt werden. Eine solche
Ortschaft ist ein gemeßner, wo möglich viereckiger
gegen zwei deutsche Quadratmeilen großer, mit
einem Graben umgebener Landstrich; dessen Bewohner einen politischen Körper bilden. Diese Ortschaften entstanden nach und nach, indem sich einzelne
Pflanzer anbaueten. Sobald über sechszig Freihalter einen solchen Distrikt ansäßig bewohnten und ihn
urbar gemacht hatten, erhielten sie das Inkorporazionsrecht, und mit demselben folgende Gerecht-
samen. Sie versammlen sich zu der Wahl der Abgeordneten an die Legislatur, so wie zur Wahl der vor-
nehmsten Staatsbeamten; sie bringen die ihnen ob-
liegenden Staatsabgaben selber auf; sie sind verbunden Kirchen und Schulen mit ihren Lehrern zu un-

terhalten, wozu sie gewöhnlich von den Lots oder
Theilen in welche die Ortschaft getheilt ist, einige
Theile anweisen. Sie wählen die Geschwornen; auch
können sie sich in ihren eignen Angelegenheiten versammlen und sich Nebengesetze (Bylaws) geben. Sie
sorgen für die Volkslisten und wählen sich für ihre
innere Polizei jährlich eigne Beamte. Die Vor-
nehmsten dieser Beamten sind die Selectmen oder
Vorsteher, drei bis neun an der Zahl, die jährlich
die Wählenden zusammen berufen und in den Versammlungen den Vorsitz haben, wenn die Repräsentanten gewählt oder über Kirchen, Schulen und
Armen, über Brücken, Wegbesserungen, Auflagen
und Nebengesetze Berathschlagungen gepflogen wer-
gen. Die allgemeinen Ausgaben der Grafschaften,
die jährlich von ihrem Friedensgerichte ausgemacht
und von der Gesetzgebung gebilligt worden, werden
durch die Taxirer auf die Schatzbaren in den Ortschaften vertheilt. Die übrigen Beamten der Ortschaften sind: der Schreiber (Clerk), die Taxirer
(Assessors), die Armenaufseher, die Einnehmer; die
Gehägaufseher (Fence Viewers), der Wegaufseher,
Nutzholzinspektor (Surveyor of Lumber) die Zehend-
ner (Tithing-men), und die Gerichtsbedienten
(Constables) *).

Von diesen Ortschaften unterscheidet man die
Plantazionen oder Pflanzungen, worunter man

B 4

*) S. Ebelings Erdbeschreibung von Amerika 1. Bd.
S. 60 und 269. Vergl. unten Adams Brief. Wer
erkennt nicht in dieser neuenglischen Verfassung das
Vorbild der französischen Primärversammlungen?

Landstriche versteht, die noch nicht inkorporirt sind;
aber das Inkorporazionsrecht erlangen, wenn die
Zahl ihrer Einwohner sie dazu berechtigt. In Massachusett erhalten sie dieses Recht zugleich mit dem
Rechte einen Repräsentanten zu wählen, wenn sie
150 steuerbare Köpfe zählen. Diese Plantazionen
haben auch ihren eigenen Taxirer; auch können die
schatzbaren Einwohner derselben, wenigstens in New-
Hampshire, Repräsentanten wählen.

Zwischen den Ortschaften liegen auch wohl einzelne Winkel Landes, die einem Eigenthümer zugehören; diese werden Gores oder Zwickel genennt.

Massachusett und die übrigen nach Ortschaften
eingetheilten Staaten gleichen also einem aneinan-
der hangenden Dorfe. In diesen Ortschaften liegen
nicht nur die größern Landsitze der Reichen, und um
ihnen die Wohnungen der ärmern Freihalter; sondern auch alle größern Oerter, die wir Städte oder
Flecken nennen, die aber hier ohne politischen Unterschied, alle Towns genennet werden, und sich
auch nicht einmal durch ihre innere Stadtregierung
von den Ortschaften unterscheiden. Die Volkszahl,
die städtische Beschäftigung der Einwohner, und der
Sitz der Generalversammlung berechtigt uns also
allein, einen Ort, wie Boston, nach unsern Begriffen eine Stadt zu nennen, doch ohne den Ne-
benbegrif von irgend einem politischen Vorrechte,
das ihm dadurch zu Theile würde.

Da dieses Eintheilungssystem die politische Erziehung der Bürger so vorzüglich befördert, indem
sich hier in diesen Primärversammlungen von Jugend an ihre Denkart entwickelt, und ihr Geist an
das Berathschlagen über öffentliche Angelegenheiten

gewöhnt wird; so hat auch der Kongreß dieses Sy=
stem auf dem westlichen Gebiete in seinen neuen
Anlagen eingeführt *).

Die mittlern und südlichen Staaten wurden
ohne Unterschied der Bezirke nach und nach mit ein=
zelnen Pflanzungen, Flecken und Städten bebauet;
sie haben daher jetzt, theils eine geistliche, theils eine
bürgerliche Eintheilung in ihren Grafschaften einge=
führt. Die einzelnen Pflanzungen sind nach Kir=
chen eingepfarrt. In Pennsylvanien sind die Graf=
schaften in Distrikte getheilt, nach welchen sie ihre
Primärversammlungen zu den Wahlen der Reprä=
sentanten halten, und die Cities wählen von ihnen
abgesondert für sich; in Süd=Carolina, findet die
Eintheilung nach Kirchsprengeln und Distrikten zu=
gleich Statt; in Nord=Carolina versammlen sich die
Grafschaften, und einige Towns für sich besonders;
in Maryland versammlen sich die Einwohner der
Grafschaften bey dem Gerichtshause der Grafschaft;
die City Annapolis aber und die Town Baltimore,
wählen jede für sich allein; in Delaware finden nur
Versammlungen der Grafschaft Statt; in Virgi=
nien sind Grafschaften, Burgen und Cities von ein=
ander unterschieden; in New=York die Cities und
die Grafschaften u. s. w. In den Grafschaften der
Staaten versehen die Sherifs und Friedensrichter
bei den Wahlversammlungen das Amt der Vorsteher
der Ortschaften jener östlichen Staaten.

Die Namen der Cities, Towns und Burgen
sind aber meist nach einem willkührlichen Sprachge=
brauch eingeführt; denn nur einige Cities unterschei=

B 5

*) Ramsays Geschichte. 3, 345.

den sich von den Towns dadurch, daß ihre Kor,
porazionen durch eine städtische Regierung unter
einem Maire, einem Registrator und mehrern Al,
dermen, die Towns hingegen nur durch Kommissa,
rien dirigirt werden *). Der Unterschied der Land,
und Stadt-Korporazionen hängt also hauptsächlich
von der Beschäftigung der Einwohner, und dem
Sitze der Regierungs-Departements ab; keines,
weges aber von politischen Vorrechten. Der Nach,
theil der daraus entspringen kann, daß die Einwoh,
ner einer Grafschaft nur eine Primärversammlung
bilden, wird dadurch gemildert, daß die Grafschaf,
ten der mittlern und der südlichen Provinzen ge,
wöhnlich nicht so groß und also auch nicht so volk,
reich sind, als die der östlichen; und daß also auch
in den letztern die Zahl der Grafschaften größer ist,
als in den erstern **).

Bis jetzt besaßen die Vereinigten Staaten keine
Hauptstadt. Obgleich Philadelphia die schönste
war, und der Kongreß zufällig seinen Sitz in ihr
hatte, so konnte sie doch auf ein solches Vorrecht,
welches die Eifersucht der übrigen Staaten erwecken
mußte, keinesweges Anspruch machen. Es kann
aber auch in Zukunft keine Stadt in einem der Staa,
ten den Vorzug einer allgemeinen Hauptstadt erlan,
gen, da sich der Kongreß einen Ort zu seinem künf,

*) Philadelphia heißt eine City und war doch ohn,
längst noch nicht einmal inkorporirt; hatte auch kein
Rathhaus. S. Brissots Reise. Seite 171.

**) Massachusetts-Bay, welches 475,327 Einwohner
im Jahre 1790 zählte, ist in 6 Grafschaften, und in
338 inkorporirte Ortschaften; Virginien aber, mit
747,610 Einw., in 78 Grafschaften getheilt.

tigen Sitze ausersehen hat, der in keinem der Staaten liegt. In Kolumbia, einem Distrikte, der theils von Virginien, theils von Maryland abgetreten wurde, am Zusammenfluße des Potowmack und Eastern Branch entsteht jetzt eine Stadt, von dem dankbaren Volke Washington genannt, die vielleicht einst die schönsten Städte von Europa verdunkeln wird. *) Noch vor Ablauf dieses Jahrhunderts soll sich auf einer Anhöhe dieser Stadt, das Kapitol genannt, das Versammlungshaus des Kongreßes erheben. Doch es ist zu wünschen, daß dieses neue Kapitol für die neue Welt nie das werde, was das alte Kapitol für die alte Welt war.

Die gemeinschaftlichen Rechte der amerikanischen Staatsbürger bestehen in dem möglichen Genuße der politischen und bürgerlichen Freiheit. Wir wollen sie einzeln betrachten.

Politische Freiheit des Volkes.

Es ist ein fundamental Grundsatz der amerikanischen Staatsverfassung, daß alle Gewalt ursprünglich in dem Volke ruhet, und nur von ihm abgeleitet ist; und daß die verschiedenen Beamten der Regierung, welche die gesetzgebende, ausübende und richterliche Gewalt besitzen, nur die Stellvertreter des Volkes, und demselben jedesmal verantwortlich sind.

*) Nachricht davon aus dem Boston Chronicle. S. im deutschen Merkur 1793 11tes Stück.

Dieser Grundsatz erklärt das Medium, wodurch das Volk die schwere Kunst selber zu gebieten und selber zu gehorchen zu erreichen gedenkt; es ist Uebertragung seiner Gewalt an verantwortliche Stellvertreter derselben.

Es bedarf keines Beweises, daß es selbst einer kleinen Volkszahl, die in eine Staatsgesellschaft treten will, unmöglich wird, bei jedem die Gesammtheit betreffenden Falle zusammen zu kommen, auf der Stelle zu berathschlagen, zu entscheiden und zu vollziehen. Die Freistaaten der Vorzeit hatten daher eine rathgebende und eine ausübende Gewalt eingeführt, das Volk aber hatte sich die gesetzgebende und die höchste richterliche Gewalt, so wie die Wahl seiner ausübenden Magisträte, in Masse vorbehalten. In dieser Einrichtung lag der Keim der Zerstörung der republikanischen Verfassung. Das Volk glaubte die Gesetzgebung zu besitzen; aber es täuschte sich nur. Da ein großer Haufe von Menschen, der sowohl durch Fähigkeiten als durch Absichten so sehr von einander verschieden sind, nie eine Berathschlagung selber anheben, also nie Gesetze selber in Vorschlag bringen konnte; so mußte sich diese Masse des Volkes nur damit befriedigen, durch ja oder nein, oder durch verabredete Zeichen das Vorgeschlagne zu verwerfen, oder zu billigen. Die Vorberathschlagung und Einkleidung der Gesetze (προβούλευμα) ja selbst der Vorschlag der Kandidaten der Aemter war dem rathgebenden Körper und den ausübenden Magisträten überlassen. Daher das überwiegende immer wachsende Ansehen der beredten Rathgeber; und daher Verblendung und Bethörung des Volkes. Selten drang die Stimme des allgemeinen

Vortheiles hindurch; und hatten ja die Beherrscher des Volkes von einer Versammlung etwas zu fürchten, so jagte ein Unglück verkündender Augur den bethörten Pöbel auseinander. Diese Freistaaten erstarben, nach langem Kampfe, in einer schmäligen Despotie.

Als der Druck der unumschränkten königlichen Macht, die Wilhelm der Eroberer mit dem Feudalsysteme in England eingeführt hatte, die verschiedenen Stände der Bewohner jener Halbinsel zu einem gemeinschaftlichen Interesse, der Allgewalt eines Einzigen Schranken zu setzen, vereinigte; da entwickelte sich das System der Repräsentazion des Volkes durch Deputirte, dem England sein Glück und seine Freiheit verdankte. Diese herrliche Erfindung der Politik, die dem ganzen Alterthume unbekannt war, ist nun auch die Grundfeste der politischen Freiheit des amerikanischen Volkes.

Es beruhet aber diese Freiheit des Volkes auf seiner beständigen und direkten Verbindung mit der Legislatur durch Repräsentanten, die in Verhältnisse nach seiner Volkszahl, öfter und in kleineren Bezirken aus der Mitte solcher Staatsbürger gewählt werden, die in den Bezirken, für welche sie gewählt werden, eine bestimmte Zeit ansässig gewesen sind. Mit ihnen kann also das Volk in seinen Wahlversammlungen über sein gemeinschaftliches Interesse Rücksprache nehmen, und durch sie kann das allgemeine Beste in der gesetzgebenden Versammlung zur Sprache gebracht werden. Damit nun dies Letztere geschehen konnte, so war es nöthig, daß dem repräsentirenden Körper des Volkes die gesetzgebende Gewalt ganz übertragen wurde. Er hat also das

Recht vorzuschlagen, zu Berathschlagen, und zu Beschließen; und das Volk ist ihm zu gehorchen schuldig. Es bleibt ihm aber die Beruhigung, daß seine Gesetzgeber nur die Erklärer des allgemeinen Willens und des allgemeinen Vortheiles sind; eine Beruhigung, die nur dann Statt finden kann, wenn diese Gesetzgeber durch ein künstliches Gleichgewicht so gehalten werden, daß sie sich nicht zu willkührlichen Tyrannen aufwerfen können. Von einer Versammlung solcher Mitglieder des Volkes, die sich theils durch den guten Ruf ihrer Einsichten und ihrer Tugenden das ehrenvollste Zutrauen des Volkes in einem solchen Grade erworben haben, daß es sich ganz in ihren Willen ergiebt; von einem repräsentirenden Körper der ganzen Gesamtheit läßt sich zwar erwarten, daß er die Wohlfahrt des Ganzen besser befördern könne, als eine große gemischte Versammlung des ganzen Volkes. Aber gewiß würde die politische Freiheit des Volkes auch in den Händen dieser Repräsentanten einer großen Gefahr ausgesetzt seyn, wenn ihr Vortheil von dem des Volkes verschieden wäre, und wenn sie nicht durch gewisse Grundgesetze gebunden würden.

Die Freiheit und das Glück einer Nazion wird hauptsächlich durch eine feste Konstituzion und durch Gesetze befördert, die von Allen gekannt und befolgt werden. Allein diese Grundgesetze können einen gesetzgebenden Körper nie so fesseln, daß es nicht in seiner Gewalt stände, sich über sie hinaus zu schwingen *); das einzige Mittel also ihn in Schran-

---

*) „Die Gesetzgebung kann die Verfassung ändern, wie Gott das Licht schuf.‟
de Lolme.

fen zu halten, daß er sich nicht zum Despoten des
Volkes aufwerfe, ist, die ausübende und richtende
Gewalt ganz von ihm zu trennen, und eine durch
die andere in Gleichgewicht zu halten. Ohne eine
dieser Gewalten steht er also da, als ein isolirter
Körper, der dem Volke keinen Nachtheil zufügen
kann, der ihn nicht zugleich mit träfe; und der durch
eine natürliche Eifersucht zugleich angetrieben wird,
die beiden Mächte, die ihm das Gleichgewicht halten, so zu bewachen, daß sie der Freiheit des Volkes
nicht nachtheilig werden können. In der amerikanischen Staatsverfassung sind daher nicht nur jene
drei Gewalten auf das sorgfältigste von einander getrennt; sondern sie ist auch auf solche, mit Einwilligung der ganzen Nazion angenommene Grundgesetze aufgebaut, die von der gesetzgebenden, ausübenden und richtenden Gewalt befolgt werden müssen, und von der erstern nicht umgestoßen werden
können.

Da nun aber die vollkommenste menschliche
Weisheit es nicht vermag, solche Grundgesetze für
die Dauer zu entwerfen, die nicht auch unter veränderten Umständen nachtheilig werden, oder nicht
verbessert werden könnten; da also das Gesetz selber
zum Tyrannen werden könnte; so hat die amerikanische Staatsverfassung den Wahlfähigen Einwohnern der verschiedenen Staaten das Recht gelassen,
von Zeit zu Zeit auf eine Verbesserung der Konstituzion anzutragen. Dasselbige Recht besitzen die Legislaturen der Staaten in Rücksicht der Verfassung
für die Union. Aber weder die Legislaturen noch
der Kongreß haben das Recht, die vorgeschlagnen
Verbeßrungen zu untersuchen, oder die Konstituzion

zu verändern; dazu muß eine eigene Konvenzion *) von Deputirten des Volkes gewählt und von dem Volke bevollmächtigt werden. So ist also die gesetz= gebende Gewalt der Repräsentanten des Volkes an feste Grundgesetze gebunden; es ist ihr nicht überlas= sen, die Konstituzion umzustoßen; und sie ist durch die ausübende und richtende Gewalt in der Aus= übung ihrer Rechte im Gleichgewichte gehalten.

Aber noch ein neuer Vortheil für die politische Freiheit des Volkes entspringt selber aus der Einrich= tung der Legislatur. Die Gesetzgebung der einzel= nen Staaten, Pennsylvanien und Georgien abge= rechnet, und der gesetzgebende Körper der ganzen Union sind in zwei Kammern getheilt; nicht bloß um der Einrichtung des englischen Parlaments nachzuah= men, oder eine vor der Revoluzion schon eingeführte Maxime beizubehalten; sondern aus Grundsätzen, die das Resultat einer Erfahrung sind, welche das große Schauspiel der Menschheit dem aufmerksamen Beobachter darbietet. Von einer ungetheilten Ver= sammlung der Legislatur läßt sich nicht hoffen, daß sie die Gleichheit der Rechte des Volkes aufrecht er= halten werde; sie wird in kurzer Zeit zur Aristokra= tie, zur Oligarchie fortschreiten, und endlich in der Tyrannei enden **). Der Grund liegt in dem na= türlichen Aristokratismus, der durch Reichthum, Ge= burt

---

*) Das Vorbild der französischen Nationalkonvente.

**) „Die gesetzgebende Macht, wenn sie einfach ist zu fesseln, ist aus eben dem Grunde unmöglich, aus welchem Archimedes die Bewegung der Erde nicht aufhalten konnte". De Lolme.

burt und Talente einzelner Staatsbürger hervorge-
bracht wird. In einer ungetheilten Versammlung
werden diese Götter des Glückes mit einem alles
niederbeugenden Uebergewichte auftreten, und ihre
politischen Leidenschaften werden nicht eher ruhen,
bis sie die gesetzgebende und ausübende Gewalt an
sich gerissen haben. Das einzige sichere Verwah-
rungsmittel vor dieser furchtbaren Katastrophe ist
die Theilung der gesetzgebenden Gewalt; so daß die
Reichen, die einst alle jene Vorzüge zusammen besitzen könnten, in einem Körper versammlet; und die
minder Begüterten, denen die Gleichheit der Rechte
mehr am Herzen liegen muß, von ihnen abgesondert
werden; und daß die letztern eine negative Stimme
gegen die erstern besitzen. Den praktischen Beweis der
Aechtheit jenes Verwahrungsmittels hat England,
selbst bey der Unvollkommenheit seiner Volksreprä-
sentazion, an den Tag gelegt. Der theoretische Beweis ergiebt sich aus der Schwachheit oder Bösar-
tigkeit des Menschen, aus der Neigung seine Gewalt
zu erweitern, und das allgemeine Beste seinem Pri-
vatinteresse aufzuopfern. Harrington, ein wenig
bekannter Englischer Schriftsteller, hat ihn längst so
faßlich vorgetragen, daß ich in Versuchung gerathe,
ihn mit seinen eignen Worten hier her zu setzen *).

---

*) Das Studium des Staatsrechtes erwachte in Eng-
land, wie in Deutschland, zur Zeit der Reformazion. John Ponnet hatte schon 1556 in seinem Shorte
Treatise of Politicke Power, and of the true
Obedience which Subjects owe to Kyngs and other
civil Governors, die Grundsätze der Freiheit entwickelt, die bald mit grösserer Lebhaftigkeit angegriffen oder vertheidigt wurden. Unter den vielen
Schriften die zwischen 1640 und 1660, in der merk-

C

„Die gerade Vernunft," sagt er in seiner
Oceana, „mag immer das Interesse einer populären Regierung umfassen; der Mensch betrachtet aber
die Vernunft nicht wie sie recht oder unrecht an sich

würdigen Periode erschienen, als Karl I. auf dem
Blutgerüste starb, als Hobbes gegen und Milton
für die Freiheit schrieben, zeichnet sich Harringtons
Oceana durch einen geruhigen Ton der Untersuchung
aus. Harrington war Kammerjunker bei dem unglücklichen Karl gewesen, und hatte ihn auch in seiner letzten Stunde nicht verlaßen. Nachdem er unter dem Kampfe der Faktionen seine Ideen über die
Freiheit des Volkes entwickelt hatte, schrieb er seine
Oceana. Karl der Zweite verfolgte ihn deswegen,
ließ ihn auch eine Zeitlang im Tower schmachten.
Harrington ging nach seiner Befreiung auf Reisen.
Sein Werk wurde nachher sammt seinen ungedruck-
ten Schriften, nach der großen Revoluzion, als die
politischen Ideen der Engländer einen neuen
Schwung erhalten hatten, von dem bekannten To-
land wieder herausgegeben: The Oceana of James
Harrington, and his other Works. London 1700. Fol.
Denjenigen, die aus Unkunde geneigt sind, die
durch die französische Revoluzion erneuerten politischen Ideen als ganz neu anzustaunen, wäre das
Studium der Staatsschriften der Engländer aus jenen drei Perioden anzuempfehlen. Unter allen
Schriftstellern jener Zeit hat keiner in seinem Systeme so viel Aehnlichkeit mit dem französischen Systeme einer reinen Demokratie, als Marchamont
Nedham, der zur Zeit Karls des ersten ein heftiges
Jurnal, Mercurius politicus genannt, herausgab,
und dessen Excellency of free State, or the right
Constitution of a Commonwealth aus jenem Jur-
nale 1656 noch einmal abgedruckt wurde. Das französische System fand auch kürzlich selbst in Amerika
heftige Anhänger. Ein wirklich unbedeutender
Brief des ehemaligen Minister Türgot an Dr Price
(er steht in der oben angeführten Sammlung von
Mirabeau) worin er besonders die Einführung zweier
Kammern in der Legislatur, und die Absonderung
der ausübenden Gewalt tadelt; muß Aufmerksam-

selber ist, sondern wie sie sich für ihn oder wider ihn
macht. Könnt Ihr also in einer Staatsverfassung
nicht solche Stände aufstellen, die, wie der Stand
der Gottheit in der Natur, fähig sind, dieses oder jenes Geschöpf zu zwingen, eine Neigung, die nur
selbstsüchtig ist, aufzugeben, und nur solche zu hegen,
die das allgemeine Beste begünstigen — so könnt Ihr
nichts mehr thun, als den Leuten in einer populären
Regierung rathen, sie möchten doch nicht das, was
ihnen am besten gefällt und was sie am liebsten wünschen, für sich allein pflücken; sondern an der öffentlichen Tafel hübsch manierlich seyn, und von selber
das Beste der Höflichkeit und dem gemeinschaftlichen Interesse aufopfern. Daß aber solche
Stände eingeführt werden müssen, die, ungeachtet der Selbstsüchtigkeit, die jeden in Geheim kit-
zelt, in allen Fällen dem gemeinschaftlichen Rechte
und Interesse die Oberhand geben mögen, ja es
müssen, und zwar auf eine eben so sichre als leichte
Art; das könnt Ihr von kleinen Mädchen lernen.
Zweien von ihnen ward ein Kuchen gemeinschaftlich
gegeben; er war aber nicht getheilt. Damit nun jede den ihr gebührenden Theil erhalten könnte, so
sprach die eine: theile, und ich will wählen,
oder laß mich theilen und du sollst wählen. — Das ist genug, wenn man darüber über-
eingekommen ist; denn wenn der eine ungleich theilt,
so verliert er, weil der andere die bessere Hälfte

C 2

keit erregt haben, da es der Vize-Präsident Adams
der Mühe werth gefunden hat, sein oben genann-
tes vortrefliches Werk, das man mit Recht als einen
wichtigen Beitrag zur politischen Aufklärung ansehen kann, diesem Tadel entgegen zu stellen.

nimmt. Drum theilen beide gleich; und so haben
beide Recht. So brachten zwei unschuldige Mädchen das ganze Geheimniß einer Republik, worüber
sich große Philosophen vergebens stritten, ans Licht;
es heißt, theilen und wählen."

„Um die Menschen nicht in der Ungewißheit zu
lassen, wer theilen und wer wählen soll, hat sie die
Gottheit, wenn wir anders ihr Werk in der
Natur recht einsehen, auf immer in zwei Stände
getheilt; wovon der eine das natürliche Recht hat
zu theilen, der andere zu wählen. Zum Beispiel
also: eine Republik ist eine bürgerliche Gesellschaft
von Menschen; laßt uns also eine Anzahl Menschen,
es sey zwanzig, nehmen, und sogleich eine Republik
aus ihnen bilden. Zwanzig Menschen, wenn sie
nicht alle Dummköpfe sind, und vielleicht auch wenn
sie es sind, sind sich nie so gleich, daß nicht ein Unterschied unter ihnen wäre; daß nicht ein Drittheil
weiser, oder weniger närrisch als die übrigen wäre.
Diese werden bald nach der ersten Bekanntschaft ent-
deckt werden, und, wie die Hirsche die die größten
Geweihe haben, die Heerde leiten. Denn während
die sechs, die mit einander sich besprechen und berathschlagen, das Uebergewicht ihrer Talente zeigen, so
entdecken die vierzehn übrigen solche Dinge, an die
sie nicht gedacht, oder die sie viel Kopfbrechen ge-
kostet haben. Bei Dingen also, welche die Gemeinheit angehen, bei Schwierigkeiten und Gefahren
hangen sie an ihren Lippen, wie Kinder an ihren Vä-
tern; und der Einfluß, den sich die sechs verschaften,
deren größere Talente die Stütze und der Trost der
vierzehn war, ist die Autorität der Väter — aucto-
ras patrum. Dies kann also nichts anders als eine

natürliche Aristokratie seyn, welche die Gottheit, zu
diesem Endzwecke durch die ganze Kette der Menschheit verbreitet hat; und die das Volk zu seiner Führung zu gebrauchen ein natürliches Recht, ja eine po-
sitive Verpflichtung hat. Die sechs also bewährten
Männer sind der Senat; nicht vermöge eines erblichen Rechtes, oder bloß wegen der Größe ihres
Vermögens, denn das zweckte nur dahin ab, ihnen
so viel Macht zu geben, daß sie das Volk zwingen,
oder nach Gefallen lenken könnten; sondern zu Folge einer Wahl wegen ihrer Talente, wodurch der
Einfluß ihrer Tugend oder ihrer Autorität, die das
Volk leitet, vergrößert wird. Der Senat soll also
nicht der Befehlshaber, sondern der Rathgeber des
Volkes seyn. Das Geschäft der Rathgeber besteht
darin, erst zu berathschlagen, und dann über den be-
rathschlagten Gegenstand Rath zu ertheilen. Die
Dekrete des Senates sind daher keine Gesetze, noch
sind sie so benennt; sondern — Senatus Consulta —
Wenn diese reiflich überlegt sind, so ist der Senat
verpflichtet, sie dem Volke vorzulegen. Der Senat
ist also nichts mehr als der überlegende Körper der
Gesammtheit. Ueberlegen heißt aber unterscheiden,
oder einen Unterschied zwischen Dingen finden, die,
wenn gleich sich ähnlich, doch nicht sich gleich sind;
oder es heißt Gründe absondern und den einen gegen den andern erwägen — das ist theilen."

„Wenn also der Senat getheilt hat, wer soll
dann wählen? Fragt die Mädchen; hätte diejenige,
welche theilte, auch gewählt, das wäre für die andere nicht viel besser gewesen, als die erstere hätte gar
nicht getheilt, und den ganzen Kuchen für sich behal-

ten; so aber, da gewählt werden sollte, theilte sie
auch danach.

„Wenn also der Senat noch eine größere Macht
hat, als die zu theilen, so kann die Gleichheit einer
Republik nicht bestehen. In einer Republik,
die nur einen einzigen Rath an ihrer
Spitze hat, theilt kein anderer als derjenige, der wählt. Daher kommt es denn, daß ein
solcher Rath es nicht unterläßt, zuzugreifen, das
heißt sich in Fakzionen zu entzweien; denn sie theilen
ja den Kuchen nur unter sich selber — Da ist nun
aber kein anderes Hülfsmittel, als es muß
noch ein anderer Rath da seyn, welcher
wählt. Die Weisheit der Wenigen mag das Licht
der Menschheit seyn; aber das Interesse der Wenigen ist nicht der Vortheil der Menschheit, noch einer
Republik. Jene wenige dürfen nicht wählen, damit
sie ihr Licht nicht auslöschen. So wie der theilende
Rath die Weisheit der Republik in sich fassen muß,
so muß die richtende Versammlung das Interesse der
ganzen Gesammtheit umfassen. So wie die Weisheit der Republik in der Aristokratie sich befindet, so
befindet sich das Interesse der Republik in dem ganzen Körper des Volkes. Da nun aber dieser Körper, wenn die Republik aus einer ganzen Nazion besteht, viel zu unbehülflich ist, um ihn versammlen zu
können; so muß die wählende Versammlung aus einem solchen repräsentativen Körper bestehen, der jenem gleich, und so konstituirt ist, daß er nie ein anderes Interesse, als das des Volkes erzielen kann.
Aber in dem angenommnen Falle, müssen die sechs
theilenden und die vierzehn wählenden nothwendig
das ganze Interesse der zwanzig in sich fassen. Thei-

len und wählen, heißt in der Sprache einer Republik berathschlagen und beschließen; was nach der
Berathschlagung des Senates dem Volke vorgetragen, und von ihm beschlossen ist, das ist durch die
Autorität der Väter, und durch die Macht des Volkes befohlen — auctoritate patrum, et jussu populi —
beides zusammen macht ein Gesetz.“ —

Aus solchen Bewegungsgründen kamen also die
meisten von den Vereinigten Staaten, und die Repräsentanten der ganzen Nazion darin überein, die
legislative Gewalt in einen Senat und in ein Haus
der Repräsentanten zu theilen, um die Gleichheit der
Rechte und der Gesetze aufrecht zu erhalten. Sie
verliehen aber nicht nur dem einen Hause eine negative Stimme gegen das andere, sondern sie gewährten auch dem Hause der Repräsentanten ein Vorrecht, welches den Commons in England allein die
Macht in die Hände giebt, die furchtbare Kraft der
ausübenden Gewalt, so wie die Vorrechte der Lords
im Zügel zu halten. Das Haus der Repräsentanten
hat ausschließend das Recht Geldbills in Vorschlag
zu bringen, und Subsidien zu bewilligen. In England bewachen die Commons dieses Vorrecht so eifer-
süchtig, daß sie durchaus keine Veränderungen annehmen, welche die Lords den Geldbills hinzufügen
wollten. In Amerika verbietet die Konstituzion
einiger Staaten dem Senate ausdrücklich, auf Veränderungen oder Verbeßrungen der Geldbills anzutragen; in andern ist es ihm erlaubt. Aber auch
mit dieser Einschränkung ist jenes Vorrecht der Repräsentanten so wichtig, daß es dem demokratischen
Theile der Staatsmaschine das größte Uebergewicht

E 4

ertheilt, und das Eigenthum des Volkes am besten
sichert.

Wenn wir nun aber auch zugeben wollen, daß
die Freiheit des Volkes durch die äußere und innere
Balanz des gesetzgebenden Körpers gesichert werde;
so fragt sich doch, ob nicht die Mitglieder dieses Körpers durch Bestechungen oder durch Drohungen verleitet werden könnten, das Interesse des Volkes zu
verrathen. Beide Arten von Einwirkungen könnten
vorzüglich von der ausübenden Gewalt befürchtet
werden: die Gesetze sind ihnen daher zuvor gekommen. Die Zusammenberufung der Legislatur hängt
nicht von dem Willen der ausübenden Gewalt ab,
daß sie so wie in England wenigstens auf mehrere
Jahre verschoben werden könnte. Sie versammlet
sich gesetzmäßig alle Jahre, und in dem Jahre so oft
es ihr gefällt; nur in dieser Zeit hat die ausübende
Gewalt das Recht, sie außerordentlich zu berufen.
Die Mitglieder der Legislatur sind also nicht, wie in
England, auf mehrere Jahre konstituirt, sondern
nur auf ein Jahr; auch haben die Gesetze dafür gesorgt, daß ein Repräsentant nicht zu oft wieder gewählt werden kann. Die Sitzung des Kongreßes
allein wird erst nach zwei Jahren abgelößt. Bei
einem jährlichen oder zweijährlichen Wechsel der Repräsentanten müßten also unermeßliche Summen er-
schöpft werden, wenn sie bestochen werden sollten.
Aber dazu hat die ausübende Gewalt keine Quellen;
sie wird selber nur auf eine bestimmte Zeit verliehen;
sie kann endlich keine großen Belohnungen ertheilen,
da nicht einmal die Besetzung der höheren Aemter
ganz von ihrer Willkühr abhängt, und da sie nicht
der Urquell der Ehre ist. Nur das Volk kann beloh-

nen; nicht durch Standeserhöhungen oder einträgs
liche Aemter; sondern durch einen gerechten Beifall
und durch das Andenken an die Verdienste edler Pa
trioten.

Die Mitglieder der Legislatur sind endlich eben
so, wie die des Parlamentes in England, durch ein
weises Gesetz vor jeder äußeren Gefahr gesichert.
Sie sind an keinem andern Orte, als in dem Hause
der Legislatur, für ihre Reden verantwortlich; sie
dürfen nicht durch irgend eine Gewalt in ihren Ge
schäften gehindert, oder gefänglich eingezogen wer
den, ausgenommen im Falle des Hochverrathes und
der Felonie.

Die ausübende Gewalt repräsentirt die Maje
stät des Volkes; ohne sie wäre das Gesetz ein
Schwert in der kalten Hand eines steinernen Ge
bildes. Wem kann sie aber ohne Gefahr der Freiheit
des Volkes aufgetragen werden? Wollte sie das Volk
derselbigen Versammlung von Repräsentanten anver
trauen, dem es die Gesetzgebung übergab, so würde
es eine vielköpfige Hydra schaffen, die das Mark der
Nazion verzehren würde. Nicht besser, wenn dieser
Versammlung die Wahl der benöthigten exekutiven
Beamten überlassen wäre. Es bleibt also nichts übrig
als sie ganz zu trennen; und es fragt sich nur, ob sie
einer Versammlung, oder einem Einzigen sicherer anver
traut werden kann. „Um die Gesetze eines Staates
dauerhaft zu machen,‟ sagt de Lolme, „ist es nöthig
die gesetzgebende Gewalt zu theilen; um ihnen
Nachdruck zu geben und sie in Kraft zu erhalten,
wird die Einheit der vollziehenden Macht erfordert.
Sie zu vertheilen heißt entweder früh oder spät das
Recht des Stärkern einführen, oder einen anhalten

den Krieg veranlaßen." — Die Wahrheit dieser Behauptung scheint so einleuchtend, und sie ist, durch die
Geschichte so bestätigt, daß sie schwerlich widerlegt werden kann. Die größte Gefahr, die von der
Theilung der vollziehenden Gewalt unter einen vollziehenden Rath zu befürchten ist, scheint daher zu
entspringen, daß einzelne Mitglieder desselben, um
ihr Ansehen zu erweitern, nach einem Anhange
von Klienten streben; daß sie ihre Günstlinge zu
den Aemtern, die von ihnen abhängen, befördern
werden, bis sie das Uebergewicht an sich gerißen
haben. Der Kabale und der Unordnung wird die
Thüre geöfnet; Schwäche und Zerrüttung, und endlich Uebermacht einer Fakzion ist die Folge. Steht
aber nur ein Mann an der Spitze der ausübenden
Gewalt, so sind aller Augen auf ihn gerichtet; eine
natürliche Eifersucht, die stets gegen die ausübende
Gewalt anstrebt, bewacht seine Schritte, und zwingt
ihn ein Freund und ein Beschützer des Volkes zu
sein; die vereinte Kraft, die er besitzt, setzt ihn in
den Stand, dem emporstrebenden Ehrgeize reicher
Senatoren, oder angesehener Staatsbeamten, die
nach einem gesetzwidrigen Einfluße trachten, Schranken zu setzen. Und — zwang nicht Herkules den ne-
meischen Löwen leichter, als die lernäische Hydra?—
Erwägen wir außerdem noch, mit welcher Kraft
und Schnelligkeit Gesetze durch die Hand eines einzigen vollzogen werden können; so dürfen wir die
Amerikaner nicht tadeln, daß sie die ausübende Gewalt nur Einem, er heiße Gouvernör oder Präsident,
anvertraut, und ihm nur in bestimmten Fällen durch
einen ihm zur Seite stehenden Rath, eingeschränkt
haben.

Das Volk der Vereinigten Staaten hat den Grundsatz angenommen, daß dieser Einzige ein Mann aus seiner Mitte seyn muß, den es selber wählet, und der nach einer kurzen Zeit in den vorigen Stand des Privatbürgers zurück treten muß. Aber der eifrigste Vertheidiger der amerikanischen Staatsverfassung kann nicht verheelen, daß einst von diesem Versuche eine große Gefahr zu fürchten sey, wenn Fakzionen und Bestechungen auch hier ihren Eingang finden sollten, wie sich nach der Analogie der Geschichte der Menschheit befürchten läßt. Die Gesetzgeber scheinen diese Bedenklichkeit gefühlt zu haben, indem sie die Dauer der Präsidentenstelle des Kongreßes, um die der gefährlichste Kampf entstehen könnte, auf vier Jahre festsetzten, und es durch kein ausdrückliches Gesetz verhinderten, daß nicht derselbe Mann, der sich das Zutrauen der ganzen Nazion erworben hat, wieder gewählt werden könnte; wie es jetzt wirklich mit Washington der Fall ist. Die Zukunft muß das Räthsel lösen, wie lange dieser Versuch der freien Einwirkung des Volkes auf die Bestallung seiner höchsten ausübenden Gewalt, unangetastet bleiben wird.

Das Amt der vollziehenden Gewalt kann nie erledigt werden; aber die Person des vollziehenden Einzigen kann wegen Staatsverbrechen angeklagt, und von dem Amte entfernt werden. Daher stellten ihm die Staaten einen Untergubernör oder Vizepräsidenten zur Seite, und trafen solche Maaßregeln, daß auch alsdann, wenn selbst der Vizepräsident oder Untergubernör die ausübende Gewalt verlöre, die höchste Würde derselben nicht bis zu einer neuen Wahl unbesetzt bleiben müßte. Doch welchem Gerichte sollte die Person dessen, der die ausübende Gewalt besitzt, unterworfen werden? Hätten die Vereinigten Staaten der richterlichen Gewalt dieses Recht zugestanden, so würden sie ihr dadurch ein so furchtbares Uebergewicht gegeben haben, daß sie selber die höchste Gewalt im Staate geworden wäre *). Das Recht der Anklage der höchsten ausübenden Gewalt, und aller Zivilbeamten gebührt dem Volke. Da es sie aber nicht selber vortragen kann, so ist sie seinen Repräsentanten anvertraut. Das Haus der Repräsentanten hat daher das Recht der Anklage gegen Mißbräuche der Staatsverwaltung; der Senat ist Richter; aber sein Ausspruch vermag nur den Schuldigen von dem Amte zu entsetzen, und ihn für die Zukunft desselben unfähig zu erklären. Dann erst, wenn er in den Stand des Privatmannes zurückgetreten, kann er vor der richterlichen Gewalt belangt, und von ihr zur Strafe der Verräther verurtheilt werden.

Auf diese Art hat das Volk die Unverletzbarkeit der höchsten ausübenden Gewalt, mit der Verantwortlichkeit der Person, die sie bekleidet, zu vereinigen gewußt.

Die ausübende Gewalt ist aber, außer diesen Einschränkungen, in ein solches Gleichgewicht gestellt, daß sie alles gute fördern, und der Freiheit nicht gefährlich werden kann. Sie kann die Versammlung der Gesetzgebung nicht verhindern oder

---

*) Nord-Carolina überschreitet diesen Grundsatz allein, indem es die große Jury berechtigt, den Gouvernör vor einem hohen Gerichtshofe anzuklagen.

verzögern; aber sie kann dieselbe außer der gesetzlichen Zeit ihrer Sitzung zusammen berufen; auch
beide Häuser derselben vereinigen, wenn sie sich
entzweien, und ihre Sitzung auf verschiedne Zeiten
aussetzen sollten. Sie kann der Gesetzgebung nicht
vorschreiben, nur rathen, worüber sie berathschlagen möchte; aber sie kann sie von übereilten Schritten durch ihre negative Stimme abhalten, und dadurch beide Häuser gegen einander im Gleichgewichte halten. Diese Negative ist indessen nicht
ganz absolut; sie zweckt nur dahin ab, beide Häuser von einer Uebereilung abzuhalten. Wenn der
Präsident des Kongreßes einer Bill seine Einwilligung versagt, so schickt er sie mit seinen Einwendungen an das Haus zurück, wo sie aufgebracht
ist. Beide Häuser müssen sie von neuem überlegen; sollten alsdann aber dennoch zwei Drittheile
von jedem Hause für sie stimmen, so erhält sie
auch ohne Einwilligung des Präsidenten Gesetzeskraft; aber die Stimmen werden mit ja oder
nein gegeben, und die Namen der Stimmenden
in das Tagebuch des Hauses eingetragen. Eine
eben so eingeschränkte Negative besitzt auch der
Guvernör von Massachusett; in einigen Staaten,
als in New-Hampshire, hat der Präsident eine
entscheidende Stimme im Senate; so auch der
Guvernör von New-Jersey im gesetzgebenden Rathe. In New-York revidirt der Guvernör in
einem eignen Rathe, der aus dem Kanzler und
den Richtern des Obergerichtes besteht, jede Bill;
macht er Einwendungen dagegen, so kann sie nur
dann erst Gesetzeskraft erhalten, wenn zwei Drittheile der Legislatur dennoch dafür stimmen; in

einigen Staaten hat die ausübende Gewalt gar
keine Negative gegen die Legislatur; ein Mangel,
den sie wahrscheinlich einst unangenehm empfinden
werden.

Der Präsident des Kongresses steht an der
Spitze der bewafneten Nazion: aber er kann sie
nicht selber bewafnen; und besitzt kein stehendes
Heer. Nur der Kongreß kann Krieg erklären; dann
erst steht die Miliz unter dem Befehle des Präsidenten. Der Kongreß kann Armeen errichten, aber
nur auf zwei Jahre die Subsidien dazu bewilligen.
Nur dann erst erscheint die ausübende Gewalt bewafnet. Nur eine Wehr, die der Freiheit nicht gefährlich werden, wohl aber die Staaten vermöge
ihrer örtlichen Lage beschützen kann, ist dem Präsidenten ununterbrochen anvertraut; die Seemacht,
die der Kongreß zu unterhalten übernommen hat.

Der Präsident kann Bündnisse schließen, Gesandte an auswärtige Höfe bevollmächtigen und
fremde Gesandte annehmen; aber er kann dadurch die
Nazion in keine unangenehme Verhältnisse verwickeln; denn er muß die Einwilligung von zwei Drittheilen der Senatoren des Kongresses zu solchen
Schritten erhalten haben.

Die ausübende Gewalt verwaltet die von der
Gesetzgebung bewilligten Gelder; aber sie ist nicht
nur ihr, sondern dem ganzen Publikum Rechenschaft
abzulegen schuldig.

Die ausübende Gewalt besetzt zum Theil die
zivil und militär Aemter, zum Theil bestallt sie nur
die von dem Volke zu solchen Aemtern gewählten Personen; aber der Präsident muß den Senat, die Guvernöre der Staaten müssen einen ihnen zur Seite

stehenden Geheimen oder Staats-Rath bei diesem
Geschäfte zu Rathe ziehen.

Der Präsident des Kongreßes kann Verbrecher begnadigen, die gegen die ganze Nazion sich
vergangen haben; aber keinen, der wegen schlechter Amtsverwaltung angeklagt ist, freisprechen.
So können auch die Guvernöre oder Präsidenten
der einzelnen Staaten, mit Einwilligung ihres Rathes, alle, außer die letztern Verbrecher begnadigen; aber erst nach abgeurtheilter Sache.

Die ausübende Gewalt besetzt die hohen Aemter der richterlichen Gewalt, aber sie kann ihr weder Gesetze vorschreiben, noch die Richter durch
Furcht oder Bestechung irre führen; denn die Nazion sichert ihnen einen angemeßnen Gehalt, und
die Konstituzion bürget ihnen für die Dauer ihres
Amtes, „quamdiu se bene gesserint." *)

Die Gerechtigkeit wird im Namen des Volkes verwaltet; aber die Repräsentanten des Volkes haben keinen Einfluß auf die Richter, da die
Ernennung derselben ihnen nicht anvertraut ist.
Sie können sie zwar zur Rechenschaft ziehen, aber
nur dann, wenn sie ihre Gewalt mißbrauchen, und
die ihnen vorgeschriebnen Gesetze überschreiten.
Die Repräsentanten des Volkes können die Zivil-
und Kriminal-Justiz verbessern, und die Richter
müssen ihren Vorschriften folgen; aber die Kon-
stitutizion verbietet ihnen, die Grundgesetze umzu-

---

*) Erst unter Wilhelm dem Dritten wurden die Rich-
ter in England durch eine solche Bestallung sicher
gestellt; und brauchten daher weniger der Krone
gefällig zu sein, als vorher da sie nur durante
beneplacito ihr Amt behielten.

ſtoßen, wodurch die bürgerliche Freiheit des Volkes ſicher geſtellt iſt. Die richterliche Gewalt iſt
alſo einem abhängigen Körper anvertraut, der
nicht in ſeinen ſpeziellen Handlungen, ſondern in
der Ordnung und in der Form, die ihm von der
Geſetzgebung vorgeſchrieben wird, eingeſchränkt iſt.

Dies ſind die allgemeinen Grundſätze, auf welche die Verfaſſung der meiſten einzelnen Staaten,
ſo wie derjenigen Regierung, die ſie alle zu einer Nazion zuſammen geſchmolzen hat, errichtet
iſt. Eine repräſentirende Geſetzgebung, die keinen
nachtheiligen Schritt thun darf, der nicht ihren
Mitgliedern eben ſo, wie dem ganzen Volke verderblich würde; eine künſtliche Balanz drei von
einander getrennter Gewalten, und eine weiſe Ver-
miſchung der demokratiſchen, ariſtokratiſchen und
monarchiſchen Regierungsform, welche die politiſchen und die privat Leidenſchaften der Menſchen
zugleich zügelt und befriedigt — das iſt das Fundament der politiſchen Freiheit einer Nazion, die
mit bewunderungswürdigen Schritten einer Größe
entgegen eilt, welche vielleicht einſt den blendenden
Glanz der berühmteſten Völker der alten Welt
verdunkeln wird; und die des beſonderen Glücks
ſich erfreut, daß ſie ihre Größe nicht auf den Untergang benachbarter Völker, und auf das Verderben der Menſchheit aufzubauen nöthig hat, ſondern daß ſie vielmehr den Unglücklichen einen
Schutzort gewähren kann *).

Die

*) „Bei der gegenwärtigen Lage der bürgerlichen Ge-
ſellſchaft und der Sitten in Amerika, da das Volk
hauptſächlich vom Ackerbaue lebt, und in geringer

Die Vortreflichkeit einer also gemischten Staatsverfassung wurde schon von Staatsmännern und
Philosophen des Alterthumes anerkannt. Cicero und
Polybius gaben ihr unbedingt ihren Beifall; Tacitus preist sie, aber bezweifelt die Möglichkeit dersel-

Anzahl auf einem großen Gebiete ausgebreitet ist;
da ist es noch nicht solchen Abwechselungen von
Schrecken und Freude, solchen Ansteckungen von
Wahnsinn und Thorheit unterworfen, die in jenen
Ländern wüthen, wo eine große Volkszahl auf einem kleinen Raume, unter täglicher Furcht vor
Mangel zu sterben, wohnet. Wir geben also zu,
daß hier das Volk unter jeder Art von Regierung,
ja vielleicht ohne irgend eine, leben und gedeihen
könnte. Aber es ist von großer Wichtigkeit, gut zu
beginnen! Schlechte Anstalten, jetzt getroffen, werden von großen ausgedehnten Folgen sein; und
wir sind jetzt beschäftigt, wie wenig wir auch daran denken mögen, Einrichtungen zu treffen, die einst
das Glück von hundert Millionen Einwohner zu
einer Zeit, die nicht sehr fern mehr ist, machen sollen. Alle Nazionen, unter jeder Regie-
rung, haben Parteien in ihrer Mitte; das große Geheimniß besteht darin,
sie in Schranken zu halten. Es giebt nur
zwei Mittel; entweder durch eine Mo-
narchie und ein stehendes Heer; oder
durch ein Gleichgewicht in der Verfassung. Wo das Volk eine Stimme hat,
und kein Gleichgewicht ist, da wird es
unaufhörliche Bewegungen, Revoluzio-
nen und Schreckensszenen geben, bis
eine stehende Armee, mit einem General an ihrer Spitze Ruhe gebietet, oder
die Nothwendigkeit eines Gleichgewichtes Allen einleuchtet, und dasselbe von
Allen angenommen wird. John Adams Defence of the Constit. of the Un. States of America. Vol. I. p. 381.

D

ben *). Was jene vortrefliche Männer nur ahneten, brachte endlich England, nach einem langen Kampfe, zur Wirklichkeit. Nach solchen durch Vernunft und Erfahrung bewährten Prinzipien handelten die Gesetzgeber des neuen Freistaates in Amerika; aber nicht als sklavische Nachahmer. Sie brachten das System der Repräsentazion unstreitig zu einer größern Vollkommenheit; sie verwischten alle Spuren des Feudalsystemes; sie versuchten endlich eine Veränderung in der Organisazion der ausübenden Gewalt, über deren Werth das künftige Jahrhundert erst entscheiden kann.

Nur zwei Staaten sind bei der Einrichtung ihrer Legislatur von jenen allgemeinen Grundsätzen des Gleichgewichtes wesentlich abgewichen, und nähern sich mehr einer so genannten reinen Demokratie, indem sie nur eine einfache ungetheilte Gesetzgebung eingeführt haben. Doch davon weiter unten.

—————

Bürgerliche Freiheit der Staatsbürger.

Die Geschichte zeigt uns Völker, die sich des höchsten Genusses der politischen Freiheit rühmten; die aber in ihren Privathandlungen so eingeschränkt waren, daß sie bürgerliche Sklaven ihrer eignen Verfassung wurden. Spartas Beispiel kann uns hierüber hinlänglich belehren. Wenn also die politische

*) S. die Fragmente des Cicero und Polybius; und Tacitus in den Annalen IV. 33.

Freiheit eines Volkes nicht bloß ein Schaugepränge
sein soll; so muß die Freiheit der Privatpersonen,
oder die bürgerliche Freiheit, auf eben so festen
Grundpfeilern aufgebauet sein, als die Freiheit des
ganzen Volkes, in so fern es an der Regierung theil-
nimmt.

Die bürgerlichen Rechte der amerikanischen
Staatsbürger lassen sich unter vier Hauptgesichts-
punkte faßen; sie sind das Recht des Eigenthums,
und der persöhnlichen Sicherheit; die Freiheit des
Gewissens, und des unbeschränkten Gebrauches der
Vernunft.

Es ist ein Fundamental-Grundsatz der amerikanischen Staatsverfassung, daß jeder ein Eigenthum
rechtmäßig erwerben, es besitzen und vertheidigen
kann. Dieses Eigenthumsrecht ist gegen die Angriffe des Staates und der Privatpersonen gleich gesichert. Der Staat kann nichts nehmen; er muß
warten bis es ihm bewilligt wird; und er ist schuldig
über die empfangenen Subsidien öffentlich Rechnung
abzulegen. Aber auch kein Privatmann darf es wagen die Rechte eines andern, ungeahndet anzugreifen; denn alle sind ohne Ansehen der Person der
Gewalt der Gesetze unterworfen; und diese Gesetze
werden von Richtern gehandhabet, auf die keine
äußere Gewalt Einfluß haben kann, indem sie von
der ausübenden Macht unabhängig sind, und nur
auf Anklage der Gesetzgebung, wegen Mißbrauch
ihrer Gewalt abgesetzt werden können; die aber auch
in wichtigen Fällen kein Urtheil fällen können, ehe
nicht die Thatsache und die Rechtskraft von solchen
Personen beurtheilt und anerkannt ist, deren Ernennung von dem Angeklagten selber abhängt.

D 2

Die Rechtspflege der Vereinigten Staaten gleicht
noch in ihrer ganzen Einrichtung der brittischen Ju-
stizverfassung, aus der sie ihren Ursprung nahm;
sie hat nur in einzelnen Fällen, dem Lokale, und
den Grundsätzen der neuen Konstituzionen angemessen, einige Veränderungen erhalten. Die Hauptquellen des Rechtes sind hier, wie in England, das
gemeine englische Gesetz (Common law) und das
Statuten Gesetz (Statute law), in so fern beide nicht
der neuen Verfassung zuwider sind. Zu diesen englischen Urquellen kommen noch die speziellen Verfügungen der Kolonieen-Regierungen (Acts and Laws),
von denen diejenigen beibehalten sind, die nicht dem
Geiste der neuen Konstituzion widersprechen; und
endlich die Verfügungen der Gesetzgebung eines
jeden Staates, und des Kongresses der ganzen Nazion. Die Gesetzgebung kann die Justiz verbessern;
ein Werk worin die meisten Staaten seit der Revoluzion schon rühmliche Fortschritte machten; aber
sie darf nie die Grundpfeiler der Sicherheit des Eigenthums und der Personen niederreißen; und diese
sind das Verhör durch Geschworne (the trial by
jury) und die Habeas corpus Akte. So wie durch
den Ausspruch der Geschwornen der furchtbaren richterlichen Gewalt selber die Entscheidung über das Eigenthum und das Leben des Staatsbürgers benommen ist, und der Angeklagte nicht eher dem Arme
der ausübenden Gewalt überliefert werden kann,
bis seine Schuld und seine Strafe von zwölf Männern seines eignen Standes einstimmig anerkannt,
und ihm zugesprochen ist; so ist auch jeder durch das
Gesetz der Habeas corpus Akte vor einer willkührlichen Gefangennehmung, und grausamen Entfer-

nung von den öffentlichen Schranken der Gerechtigkeit gesichert; und nur im Falle eines Ausbruches
einer wirklichen Rebellion darf die Gesetzgebung die
Gültigkeit dieses Gesetzes eine Zeitlang suspendiren,
wenn die allgemeine Sicherheit diese Aufopferung
nöthig macht.

Der Werth dieser beiden Stützen der bürgerlichen Freiheit ist so allgemein anerkannt, daß es nur
der Erwähnung bedarf, daß sie in den Vereinigten
Staaten in ihrer vollen Gültigkeit geblieben sind.

Mit gleicher Sorgfalt wacht aber auch die Verfassung über das geheiligte Vorrecht der Menschen, das
so oft ein Spiel verächtlicher Staatsmaximen wurde;
über das unveräußerliche Recht des Gewissens, die
Gottheit nach eigener Ueberzeugung zu verehren. Alle
Staaten erkannten die große Wahrheit, daß keine Regierung befugt ist, den Staatsbürgern Glaubensleh-
ren vorzuschreiben, oder ihnen die freie Ausübung ihrer Religion zu verbieten, wenn sie nicht offenbar solche Grundsätze lehrt, die der Sicherheit der Personen und des Eigenthumes gefährlich werden. Hier
ist also keine herrschende Kirche, mit gewaltigen Prie-
stern an ihrer Spitze; hier ist die Religion nicht
zu einer Staatsoperazion herabgewürdigt. Alle
Sekten genießen gleicher bürgerlicher Rechte. Die
Mitglieder der katholischen Kirche sind zwar in einigen Staaten ausdrücklich von der Theilnahme an
der Gesetzgebung ausgeschlossen; aber nirgend werben sie verfolgt, oder in der Ausübung ihrer Religion gehindert. Das Volk ist dem Prunke des katholischen Gottesdienstes so abgeneigt, daß er nie
viele Anhänger gefunden hat. Die Legislaturen machen überhaupt nur die Aufrechterhaltung des Protet-

D 5

ſtantiſmus zur Pflicht; aber ohne Unterſchied der
verſchiedenen Sekten, ſeitdem beſonders die Epiſ-
kopalen eine Reform in ihrer Kirche vorgenommen
haben, die dem Geiſte der republikaniſchen Verfaſſung angemeſſen iſt. Nichtchriſten ſind allein
von der Theilnahme an der Regierung ganz ausgeſchloſſen. Einer jeden Sekte iſt die Wahl ihrer
Prediger überlaßen; und der Unterhalt derſelben
hängt ganz von der freien Willkühr der Gemeinen
ab; es iſt ihnen nur im allgemeinen von dem Staate
zur Pflicht gemacht, Kirchen zu bauen und die Lehrer des Volkes zu beſolden. Aber dieſe Volkslehrer
beſitzen kein anderes geſetzliches Anſehen, als ihnen
ihre Tugend, und ihr Eifer in der Erfüllung ihrer
Pflichten verſchaffen kann. Sie ſind durchaus von
der Theilnahme an der Geſetzgebung und an der Regierung des Volkes ausgeſchloſſen, und nur auf die
geiſtliche Seelſorge eingeſchränkt. Bei einer ſo vernünftigen Religions- und Gewiſſensfreiheit iſt es
aber doch zu bedauren, daß einige Staaten von
ihren Repräſentanten und Beamten einen Eid über
den Glauben an gewiſſe dogmatiſche Lehren abfor-
dern, die durchaus der Privatüberzeugung eines
jeden überlaßen werden müßen. Sie haben dadurch
den freien Unterſuchungsgeiſt, und die Gewiſſenhaf-
tigkeit in eine nachtheilige Verlegenheit geſetzt. Es
läßt ſich aber von dem geſunden Verſtande dieſer Re-
publikaner erwarten, daß ſie einen ſo zweckloſen und
ſchädlichen Glaubenszwang, der nicht nur dem Geiſte
des Proteſtantismus, ſondern auch der Freiheit der
Staatsbürger ſo ſehr widerſpricht, mit der Zeit ab-
ſchaffen werden, wenn ſie ſich von der Schädlichkeit
deſſelben werden überzeugt haben.

Da die Regierung der Vereinigten Staaten ihre
Unterthanen nicht als Kinder betrachtet, die sie am
Gängelbande führen kann, sondern als Vollbürtige,
die sie nur in ihren Rechten schützen soll; so hat sie auch
auf ein zweites dem Menschen eben so heiliges Recht,
auf den freien Gebrauch der Vernunft keinen An-
grif gewagt. Die unbeschränkte Freiheit der Presse
ist ein unumstößliches Vorrecht, dessen sich jeder
Staatsbürger bedienen kann. Durch sie kann der
verschlossenste Seufzer zur lauten Stimme werden;
sie ist die große Schule der Volkserziehung, und das
unfehlbarste Mittel die Rechte der Bürger zu beschützen, und die gerechten Maaßregeln einer weisen Regierung zu vertheidigen.

Denn nur von einem solchen Volke läßt sich ein
daurender Gehorsam gegen die Gesetze erwarten,
dessen Folgsamkeit nicht bloß erzwungen, oder durch
die Beförderung solcher Meinungen erkünstelt ist, die
einst bei einer kalten Ueberlegung in Nichts zerfallen:
sondern nur von einem solchen, das von seinen Rechten und Pflichten gehörig unterrichtet, und belehrt ist,
das Gute um seiner selber willen zu wollen. Zwar
ist die Preßfreiheit auch Mißbräuchen unterworfen;
aber diese können bei einem Volke, dessen Vernunft
frei zu wirken gewöhnt ist, weiter keine Folgen haben, als daß nur über kurz oder lang, die bessere Er-
kenntniß des Wahren, durch die Widerlegung der Irr-
thümer noch allgemeiner verbreitet wird. Irrthü-
mer des Verstandes können durch das Gegengewicht
der gesunden Vernunft bald niedergeschlagen und un-
schädlich gemacht werden; die Vereinigten Staaten
haben sich also nur in dem Falle die Strafe wegen
des Mißbrauches der Presse vorbehalten, wenn das

D 4

durch die Ehre oder die Sicherheit einzelner Bürger
oder des ganzen Staates gefährdet würde. Nur
Pasquillanten und Aufwiegler können wegen Miß,
brauch der Preße angeklagt und bestraft werden. Aber
kein Richter ist befugt, für die Preße bestimmte
Schriften vorher zu sehen; nur über gedruckte Schriften kann eine gerichtliche Untersuchung angestellt werden; aber die Entscheidung geschieht durch Geschworne. Sie allein können bestimmen, ob die Schrift
von dem Angeklagten geschrieben, und ob sie strafbar sey.

Das Beispiel des vereinigten Amerika ist ein
hinlänglicher Beweis, daß das Aufblühen aller nützlichen und angenehmen Künste und Wissenschaften
durch nichts so sehr befördert werden kann, als
durch unbeschränkte Preßfreiheit. Man lege nur
dem Menschen keine unnützen Fesseln auf, und sein
Geist wird von selber zur Erfindung des Wahren
und des Schönen empor streben. Ohne Aufwand
von Seiten des Staates sind hier eine Menge von
Schulen und Universitäten, gelehrter Gesellschaften,
Bücher- und Kunstsammlungen entstanden; die Zahl
der öffentlichen Blätter *) und der Volksschriften vermehrt sich mit jedem Jahre; und das Licht des Verstandes verbreitet seine wohlthätigen Strahlen durch
alle Klassen der Staatsbürger. Das Volk, dem
einst die eitlen Europäer den Gebrauch der gesunden
Vernunft abzusprechen geneigt waren, wird bald
durch seine Verdienste um Künste und Wissenschaf-

---

*) Im Jahre 1718 gab Franklins Bruder die einzige
Zeitung für ganz Amerika heraus. Im Jahre 1790
zählte man bereits in den 13 ältern Staaten 75 Zeitungen, ohne die Monatsschriften.

ten die ältesten Staaten von Europa übertreffen.
Und dennoch besoldet der Staat keine Akademieen;
ertheilt keine reichen Pfründen oder Pensionen; er
gewährt aber den Wissenschaften dadurch den größten Vortheil, daß er sie nicht in Sold nimmt; daß
er nur ihren Verehrern alle Freiheit im Denken und
Schreiben, und den Vortheil von ihren nützlichen
Erfindungen zusichert.

Gemeinschaftliche Pflichten der Staats-bürger.

Allen Bürgern der Vereinigten Staaten sind zwei
große Pflichten, ohne Unterschied eines Standes,
auferlegt; die Vertheidigung der Gesammtheit, und
die Beisteuer zur Unterhaltung der Regierung.

Damit die Freiheit des Volkes nicht in Gefahr
gerathe, darf die Regierung in Friedenszeiten kein
stehendes Heer besolden. Der Kongreß hat allein
das Recht, bei dem Ausbruche eines Krieges, eine
Unions-Armee zu errichten, aber die Subsidien werden nur auf zwei Jahr bewilligt; und wenn auch dieser Termin erneuert würde, so muß die Armee dennoch entlassen werden, sobald der Friede hergestellt
ist. Nur die Marine des Kongreßes ist bleibend.
Aber keiner der einzelnen Staaten darf in Friedenszeiten Kriegesschiffe, oder Truppen unterhalten. Die
militärische Macht ist durchaus der bürgerlichen un-
tergeordnet. Kein Soldat kann in Friedenszeiten
bei Bürgern wider ihren Willen einquartiert werden,

und im Kriege nur allein auf Bewilligung der Gesetzgebung.

Die Vereinigten Staaten haben, bei dem großen Umfange ihres Gebietes, keine Ursache auf Er-
oberungen zu denken. Ihre Bewafnung zweckt also
ganz allein dahin ab, sich in Achtung bei auswärtigen Mächten zu erhalten, ihre Gränzen vor den An-
fällen der Indier zu schützen, und schlechtgesinnte
Mitbürger in Ordnung zu erhalten. An dieser ehrenvollen Bewafnung nehmen alle wehrhaften Bürger Antheil, welche die Landmiliz bilden.

Jeder wehrbare Einwohner vom sechszehnten
bis zum sechzigsten Jahre ist in einer Kompanie der
Miliz eingeschrieben, bewafnet, und in den Waffen
geübt. Er ist verpflichtet auf seine Kosten eine Muskete, ein Pulverhorn, ein Pfund Pulver, zwölf
Flintensteine, vier und zwanzig Kugeln, einen Tornister und eine Feldflasche, beständig in Bereitschaft
zu halten; sich auf Befehl seiner Offiziere zur Waffenübung und Musterung zu stellen; und sich auf den
Aufruf der Legislatur und der ausübenden Gewalt
zur Vertheidigung des Vaterlandes marschfertig zu
halten. Nur die öffentlichen Beamten, Lehrer und
Prediger, Aerzte, Müller und Schiffskapitäne sind
vom Dienste der Miliz ausgenommen, damit die
nothwendigsten Geschäfte der Gesammtheit nicht dadurch verabsäumt werden. Neger und Indier dürfen nicht in der Miliz angeschrieben werden, weil sie
nicht zur Zahl der Staatsbürger gehören. Aber gegen eine Klasse von Bürgern sind die Staaten so
nachsichtig gewesen, daß sie dieselbe von dem Dienste
in der Miliz ganz frei sprachen, ungeachtet sie aller
Rechte der übrigen Staatsbürger genießet; ich meine

die Quäker, die nach ihren Religionsgrundsätzen die
Waffen gegen ihre Mitmenschen nicht führen wollen.
Freilich eine Ungerechtigkeit gegen die Gesammtheit,
deren Schutz jene philantropistischen Schwärmer
doch bedürfen, die schlimme Folgen für die Staaten haben könnte, wenn diese Sekte allenthalben so
viel Anhänger hätte, als in Pennsylvanien; und
wenn sie nicht diese Ungerechtigkeit durch andere
bürgerliche Tugenden wieder gut zu machen suchte.
Man muß sich mit dieser Sekte wieder aussöh-
nen, wenn man bedenkt, wie sehr sie sich bemühte
das Unglück zu mildern, das der Revoluzionskrieg
über ihre bewafneten Mitbürger brachte, und wie
selbst die muthigsten Jünglinge ihre Grundsätze ab-
legten, und zur Vertheidigung des Vaterlandes die
Waffen ergriffen*).

Die Miliz ist in zwei Hauptrequisizionen
getheilt. Alle wehrhaften Männer vom sechszehnten bis zum vierzigsten Jahre, gehören zu der
sogenannten Musterrolle (Train-band). Sie werden jährlich viermal in den Waffen geübt, und
müssen auf den ersten Trommelschlag marschfertig
sein. Die wehrhaften vom vierzigsten bis zum sechs-
zigsten Jahre stehen auf der Alarmliste (alarm-list.)
Sie werden jährlich gewöhnlich nur einmal geübt,
und nur im Nothfalle zur Vertheidigung aufgefor-

*) Die amerikanischen Generale Green, Miflin und
Lacy waren Quäker. Man kann nicht ohne Rüh-
rung Brissots Schilderung des Menschenfreundes
Wärner Miflin lesen (S. 77.), der ein Schutzgeist
aller fechtenden Parteien war. (S. 266.) Da
die Quäker keine Kriegessteuer geben wollten,
so legten ihnen einige Staaten eine Abgabe unter
einem andern Namen auf, nachdem sie viele
Mißhandlungen erlitten hatten (Brissot 221.)

dert. Doch hängt es von dem Generalkapitäne ab,
wie oft er sie zu Waffenübungen versammlen will.

Die Miliz ist nicht in allen Staaten nach gleichen Grundsätzen organisirt; besonders finden sich
Abweichungen in der Ernennung der Offiziere. In
einigen Staaten ist sie in Divisionen, diese in Bri-
gaden, letztere wieder in Regimenter, welche in Kompanieen zerfallen, vertheilt; in andern nur in Regimenter und Kompanieen. Zu jeder größern Abtheilung gehört eine oder mehrere Kompanieen Artillerie, wo von jeder zwei Feldstücke auf Kosten des
Staates gehalten werden. Die Kavallerie, die in
keinem Staate zahlreich ist, weil sie die Pferde und
die Ausrüstung selber anschaffen muß, ist gewöhnlich
in eigne Regimenter vertheilt. In jedem Staate ist
der Guvernör oder Präsident der oberste Befehlshaber der Miliz. Er bestallt alle Offiziere, aber er ernennt sie nicht alle. In einigen Staaten wählt er
gemeinschaftlich mit dem Rathe die Generale und
Stabsoffiziere; in andern werden die erstern von der
Legislatür, die letztern von den Kapitänen und Subalternen gewählt, und nur von ihm bestallt. In einigen wählen die Gemeinen jeder Kompanie ihre
Kapitäne und Subalternen, in andern ist es dem Guvernöre und dem Rathe allein überlassen. Der höchste Befehlshaber der ganzen Miliz aller Staaten ist
der Präsident des Kongreßes, wenn die Miliz zur
Vertheidigung der Vereinigten Staaten zusammen
berufen ist. Er hat aber beständig das Recht, mit
den Befehlshabern in den verschiedenen Staaten
über Dienstsachen zu korrespondiren. Der Kongreß
kann in jedem Staate, mit Bewilligung der Legislatur desselben, Plätze ankaufen, um Festungen, Ma-

gazine, Arsenale und Schiffswerfte darauf anzulegen. Alsdann stehen sie unter seiner Jurisdikzion.
Jeder Staat unterhält auch für sich einige Festungen,
in welchen gewöhnlich eine Kompanie Besatzungs-
truppen einquartiert ist. *)

Die Abgaben der Staatsbürger sind von zwie-
facher Art; solche, die für die Unions-Regierung
aufgebracht, und diejenigen die zur innern Regierung
jedes Staates erlegt werden. Erstere sind nazional,
und werden in allen Staaten nach einem Systeme
gleichförmig eingetrieben. Sie bestehen in Einfuhrzöl-
len, Tonnengeldern, und in der Unionsakzise. **)

*) In Massachusett, welches 475,327 Einwohner 1790
zählte, gehörten 50,000 Mann Infanterie zur Mu-
- sterrolle, 1,300 zur Reuterei, 1,200 zur Artillerie,
23,000 zur Allarmliste. Zusammen also 75,000
Mann, oder 6⅓ der Volksmenge. In New-Hampshire bestand die Miliz aus 27,550 Mann, bei einer
Bevölkerung von 41,885, also 5⅓ der Volksmenge.
In den mittlern und südlichen Provinzen wird die
Zahl der Miliz gegen die Volkszahl geringer, wegen der Menge von Sklaven oder Quäker. Die
östlichen Provinzen waren aber auch vorzüglich die
Beschützer der Freiheit, und ihre Miliz soll jetzt
so gut geübt seyn, als die besten europäischen
Truppen.

**) Der reine Ertrag der Abgaben von der Einfuhr
der dreizehn ursprüngliche Staaten, betrug vom
ersten Oktober 1789 bis zum 30 September 1790,
zusammen 1,903,709 Dollar. Der Etat der Bedürfnisse der Unionsregierung für das Jahr 1792,
war angeschlagen auf 1,058,222 Doll. oder 1,425,660
Thaler (den Friedrichd'or zu 5 Thaler gerechnet.) Von dieser Summe waren angewiesen 328,653
Doll. zur Zivilliste; 197,119 Doll. zu außerordentlichen Ausgaben; 532,449 Doll. zum Kriegesde-
partement. Wahrhaftig eine Kleinigkeit für die
Regierung über 4 Millionen Menschen! Unter der

Die Abgaben, welche die Staaten zu den Bedürfnissen ihrer innern Regierung und Polizei aufbrin-
gen, werden meistentheils noch nach den vor der Revoluzion eingeführten Systemen erhoben. Sie bestehen fast durchgehends in einer Kopf- Land- und
Vermögenssteuer, die nach einem sehr billigen Maaßstabe festgesetzt ist. Jeder Staat hat hierüber seine
eigene Verfügung getroffen. Die von den Legislaturen bewilligten Summen werden gewöhnlich nach
jenem Maaßstabe von den Taxirern auf die Einwohner einzelner Korporazionen vertheilt; und diese Taxen werden zum Theil in baarem Gelde, zum Theil in
Staatspapieren bezahlt. Es ist aber auffallend, daß
fast alle Staaten die Lotterieen zu einer Finanzspeku-
lazion gebrauchen, ohne auf die nachtheiligen Folgen
für die Moralität zu achten. Es scheint dies noch

Zivilliste sind folgende Hauptartikel begriffen:
Vergütungen für den Präsidenten, den Vizepräsi-
präsidenten, den Oberrichter und die Richter
51,500 Doll. Für die Distriktrichter 21,300 D.
Für die Mitglieder des Hauses der Repräsentanten, des Senates und ihre Offizianten 29,730 D.
Schatzdepartement 60,300 D. Staatsdep. 6,300.
Kriegesdepart. 9,600. Für das Guvernement des
westlichen Gebiets 11,000 D. — In dem Verkaufe
der unangebauten Aecker des großen westlichen Gebietes, haben die Vereinigten Staaten eine reiche
Quelle ihre Schuldenlast (die sich 1789 auf 100
Millionen Thaler belief) zu tilgen. Ich verweise
die Leser auf Brissot's Reisen, S. 264, wo sie
einen Auszug aus des Staatssekretärs Hamil-
ton Plane zur Deckung der Schuldenlast finden
können, der vom Kongreße angenommen ist. Der
wichtigste Artikel dieses Planes ist die Konsolidi-
zung der besondern Schulden der einzelnen Staaten, die nunmehr seit 1790 von dem Kongreße
größtentheils übernommen sind.

ein Zug zu ſeyn, der ihren ehemaligen Urſprung ver‐
räth. Der Trieb durch Spiele und Wetten zu gewin‐
nen, wirkt in Amerika faſt eben ſo mächtig, wie in
England. Außerdem haben die einzelnen Staaten
noch eine ergiebige Quelle der Finanzen an dem Ver‐
kaufe der noch nicht urbar gemachten Fluren, die in
ihren Gränzen liegen. Von den allgemeinen Abga‐
ben jedes einzelnen Staates ſind noch diejenigen
Beiſteuern verſchieden, die jede beſondere Korpora‐
zion in jedem Staate für ihre eignen Bedürfniſſe
aufbringt. Dahin gehören die Grafſchaftstaxen, die
mit Bewilligung der Generalverſammlung in den
Sitzungen des Friedensgerichtes feſtgeſetzt, und be‐
ſonders zur Beſoldung der Repräſentanten angewen‐
det werden. In den öſtlichen Staaten kommen die
Ortſchaftstaxen, die in ihren eigenen Verſammlun‐
gen bewilligt werden, noch in Anſchlag. Die‐
ſe werden aber alle zu nützlichen Polizeianſtalten oder
ſolchen Einrichtungen verwendet, die das Wohl der
Ortſchaft fördern. Da einem jeden Staate ſeine in‐
nere Regierung äußerſt wohlfeil zu ſtehen kommt, *)

*) Dem Staat Maſſachuſett, einem der größ‐
ten und volkreichſten, kam ſeine Regierung im
Jahre 1791 nur 18000 Pfund Sterling. Seine
Kopf‐ und Vermögens‐Steuern, brachten 25,365
Pf. 2 Sh. 7 P. Im Durchſchnitte etwa 5 Sh.
auf jeden Schazbaren, wenn man deren 107,000
von der ganzen Volkszahl von 475,327 annimmt.
Im folgenden Jahre fand man es gar nicht nö‐
thig, dieſe Taxe aus zu ſchreiben (S. Ebelings
Geogr. Th. 1. S. 284). — Ein Enkel des berühm‐
ten Franklin verſicherte Briſſot, daß er von ſei‐
nem Gute in Pennſylvanien, welches 5 bis 6‐0
Morgen Landes enthalte, jährlich nur acht Pfund
in Papiergelde, (nach baarem Gelde 6 Pf.) an
Abgaben bezahle.

so sind die Abgaben im Ganzen sehr gering, und sie
müssen noch vermindert werden, sobald die Schulden getilgt sind, und die Bevölkerung, also auch
mit ihr die Zahl der Beisteuernden zunimmt.

———————————

Die

Die

Konstituzionen

der einzelnen

Nordamerikanischen Staaten.

E.

Maſſachuſetts-Bay.

Unter den vier nördlichen Staaten, New-Hamp-
ſhire, Maſſachuſett, Rhode-Island und Connecticut, die ſonſt Neuengland hießen, gab ſich Maſſachuſett während der Revoluzion zuerſt eine eigene
bleibende Konſtituzion, welche nachher von den
Staaten New-Hampshire und Vermont zum Vor-
bilde genommen wurde.

Maſſachuſett beſaß ſchon vor der Revoluzion eine
auf die Grundſätze der engliſchen Freiheit errichtete
Verfaſſung, die durch den zweiten ihm ertheilten
Freibrief von König Wilhelm dem Dritten, im
Jahre 1691 ihre nähere Beſtimmung erhalten
hatte. Die Landesregierung war in den Händen
eines königlichen Guvernörs und einer Generalverſammlung. Letztere war in ein Ober- und in ein
Unterhaus getheilt. Das Unterhaus, oder die
eigentliche Aſſembly, beſtand aus Deputirten der Ortſchaften. Eine jede derſelben, die vierzig Freiſaſſen
zählte, konnte einen Deputirten zur Aſſembly ſchi-
ken. Das Oberhaus beſtand aus dem Guvernör
und einem Rathe von acht und zwanzig Perſonen,
die jährlich von den Mitgliedern des alten Rathes
und von dem Unterhauſe gewählt wurden. Den Guvernör berief der König; aber die Verſammlung

bewilligte ihm nur auf ein Jahr den Gehalt,
(gewöhnlich 1000 Pf.) und machte ihn dadurch abhängiger. Die Versammlung hatte die gesetzgebende
Gewalt; aber der König mußte seine Genehmi-
gung dazu geben, wenn die Gesetze rechtsgültig werden sollten. Der Gouvernör berief die Versammlung, und hob sie auf; auch hatte er eine verneinende Stimme. Er besetzte alle Stellen bei der
Miliz, und überhaupt alle Kriegesbedienungen; so
wie auch mit Zuziehung des Rathes alle Ziviläm-
ter, diejenigen ausgenommen, welche die Einkünfte des Staates besorgten. Die Generalversammlung hatte auch die Macht, Gerichtshöfe anzuordnen. Es gab Friedensgerichte, Unter- und Ober-
Provinzialgerichte, welche im Namen des Königs
in Zivil- und Kriminalfällen richteten; die höchste
Instanz aber war der König. Doch galt nur in
Sachen von 300 Pfund Belang die Appellazion an
den König im Rathe.

Als nun durch die Revoluzion die alte Ordnung
der Geschäfte aufgehoben wurde, da berief dieser
Staat eine Konvenzion nach Cambridge, welche ihre
Sitzung am ersten September 1779 eröffnete, und
bis zum zweiten März 1780 fortsetzte. Das Resultat ihrer Untersuchungen war die neue Konstituzion.
Außer einer Erklärung der Volksrechte in 30 Paragraphen, besteht diese Konstituzion aus sechs Abschnitten, von denen jeder in Paragraphen abgetheilt ist, welche wieder in einzelne numerirte Sätze
zerfallen. Das größte Verdienst um diese neue Konstituzion erwarb sich Herr John Adams, der jetzige
Vize-Präsident der Vereinigten Staaten, ein
Mann von einem scharfen Beobachtungsgeiste, der
als Staatsmann die Menschen, und als Gelehrter
die Geschichte und Politik auf das gründlichste studiert hatte. Als er von seiner ersten Gesandtschaft

nach Paris zurückkam, wurde er nach Cambridge berufen, um das hier angefangene Werk zu vollenden.

Die Konstituzion von Massachusett ist zum Theil auf die Verfassung von England aufgebaut; aber mit wesentlichen Veränderungen. Die drei verschiedenen Mächte, die gesetzgebende, ausübende und richtende sind auf das künstlichste gegen einander abgewogen. Die gesetzgebende Gewalt besitzt die Generalversammlung, die aus einem Senate und dem Hause der Repräsentanten besteht. Die ausübende Gewalt führt ein jährlich gewählter Gubernör, der eine negative Stimme gegen die Gesetzgebung hat, und nur in bestimmten Fällen durch einen Rath eingeschränkt wird. Die richtende Gewalt wird von der Legislatur angeordnet; die Richter werden von dem Gubernör, mit Einwilligung seines Rathes ernennt; er kann sie aber nur auf Verlangen der beiden Häuser der Legislatur ihres Amtes entsetzen.

Die Erklärung der Rechte entwickelt die Grundsätze, auf welche die ganze Verfassung errichtet wurde; sie ist daher ein wesentlicher Theil der Konstituzion *).

Erster Theil.

Erklärung der Rechte der Einwohner des Freistaates von Massachusett.

1. Alle Menschen werden frei und gleich geboren **), und haben gewiße natürliche, wesentliche

*) The Constitutions of the independent Staates of America, by William Jackson, London 1783. Constitutions des treize Etats-Unis de l'Amerique, Paris 1792, 2 Voll.
**) Die erste französische Konstituzions-Akte (von

E 3

und unveräußerliche Rechte. Dahin gehört das
Recht, Leben und Freiheit zu genießen; ein Eigenthum zu erwerben, zu besitzen, und zu vertheidigen;
Sicherheit und Glückseligkeit zu suchen und zu erhalten.

2. Alle in der Gemeinheit lebende Menschen
haben das Recht und die Pflicht, das höchste Wesen, den großen Schöpfer und Erhalter des Weltall
öffentlich, und zu bestimmter Zeit zu verehren. Niemand soll an seiner Person, seiner Freiheit oder seinem Vermögen, wegen der Art und der Zeit seines
Gottesdienstes, den er nach der Ueberzeugung seines
Gewissens einrichten mag; oder wegen Religions-
Meinungen gefährdet oder eingeschränkt werden;
vorausgesetzt, daß er nicht die öffentliche Ruhe störe,
oder andern in ihrem Gottesdienste hinderlich sei.

3. Da die Glückseligkeit eines Volkes, die gute
Ordnung und die Aufrechthaltung der bürgerlichen
Regierung, wesentlich von der Biederkeit, von der
Religion und der Moralität abhängt; und die
Grundsätze derselben nicht anders durch eine ganze
Gemeinheit ausgebreitet werden können, als durch
einen öffentlichen Gottesdienst, und durch öffentlichen Unterricht in den Vorschriften der Rechtschaffenheit, der Religion und der Moral; so hat also
das Volk dieses Staates, um seine Glückseligkeit zu
fördern, und um die gute Ordnung und die Regierung aufrecht zu erhalten, das Recht, seine Gesetzgebung zu autorisiren, daß sie die verschiedenen Ortschaften, Kirchsprengel, Bezirke, oder anderen politischen Korporazionen und religiösen Sozietäten
anhalte und bevollmächtige, aus ihren Mitteln, die

1791) setzt bestimmter hinzu, „gleich an Rechten;“
aber dieser Satz wird durch einen Nachsatz, „und
bleiben es,“ so erweitert, wie es in keiner amerikanischen Erklärung geschehen ist.

Kosten, die der öffentliche Gottesdienst und der Unterhalt protestantischer Lehrer der Rechtschaffenheit, der Religion und der Moral erfordert, aufzubringen, wo solches nicht aus eignem Antriebe geschehen sollte.

Das Volk dieses Freistaates hat auch das Recht seine Gesetzgebung zu bevollmächtigen, daß sie allen Unterthanen es zur Pflicht mache, dem Unterrichte der öffentlichen Lehrer zur bestimmten Zeit beizuwohnen, wenn sie anders diesem Unterrichte nach ihrem Gewissen und ohne Beschwerde beiwohnen können.

Die verschiedenen Ortschaften, Kirchsprengel, Bezirke und übrigen politischen Korporazionen und religiösen Sozietäten, sollen auf immer das ausschließende Recht behalten, ihre Prediger selber zu wählen, und mit ihnen wegen des Gehaltes zu kontrahiren.

Das Geld, das ein Unterthan zum Unterhalte des öffentlichen Gottesdienstes und der Prediger zahlt, soll, wenn es von ihm verlangt wird, ganz zum Unterhalte des oder der Prediger seiner eignen Sekte verwendet werden, wenn er anders ihrem Unterrichte beiwohnt. Sonst kann es zum Unterhalte des oder der Prediger des Kirchsprengels oder Distriktes verwendet werden, in welchem es erhoben wurde.

Alle christlichen Sekten, deren Bekenner sich friedlich, und als gute Unterthanen des Freistaates betragen, sollen eines gleichen Schutzes der Gesetze genießen: und nie soll eine Sekte der andern gesetzmäßig unterworfen werden.

4. Das Volk dieses Freistaates hat das ausschließende Recht, sich selber als ein freier, suveräner und unabhängiger Staat *) zu regieren, und

*) Diese Erklärung ist der Suveränität der Krone

E 4

jede Gewalt und Gerechtsame auszuüben, die nicht
jetzt, oder ins künftige, ausdrücklich von ihm den
im Kongreße verſammelten Vereinigten Staaten von
Amerika übertragen iſt, oder übertragen wird.

5. Da alle Gewalt urſprünglich in dem Volke
ruhet, und von ihm verliehen iſt; ſo ſind die verſchiedenen Magiſträte und Beamten der Regierung,
die entweder die geſetzgebende, die ausübende, oder
die richterliche Gewalt beſitzen, nur die Stellvertreter und Sachwalter des Volkes, und ihm jeder
Zeit verantwortlich.

6. Kein einzelner Menſch, keine Korporazion oder
Aſſoziazion, hat einen andern Rechtsgrund, Vortheile
oder ausſchließende Privilegien, die von denen der Geſammtheit verſchieden wären, zu erhalten, als nur die
Erwägung ſeiner oder ihrer der Geſammtheit geleiſte-
ten Dienſte. Da nuñ aber dieſer Rechtsgrund ſeiner
Natur nach nicht erblich ſein, nicht auf Kinder, Abkömmlinge oder Blutsverwandte übergehen kann;
ſo iſt der Begriff eines gebornen Magiſtrates, Ge-
ſetzgebers oder Richters abſurd und unnatürlich.

7. Der Zweck der Regierung iſt das gemein-
ſchaftliche Beſte, die Beſchützung, Sicherheit und
das Glück des Volkes; nicht der Vortheil, die Ehre
oder der Privatnutzen eines Mannes, einer Familie,
oder einer Klaſſe von Menſchen. Das Volk hat daher allein das unbeſtreitbare und unveräußerliche
Recht, die Regierung zu konſtituiren; ſie zu reformiren, zu verändern, oder mit einer andern zu ver-
tauſchen, wenn es ſeine Beſchützung, ſeine Sicherheit und ſein Glück erfordert.

8. Damit nicht diejenigen, die mit einer öffentlichen Autorität bekleidet ſind, Unterdrücker des

England entgegen geſetzt; ſie hat aber in Rückſicht
auf die Union der Staaten eine neue Beſtimmung
erhalten.

Volkes werden, so hat es das Recht, zu solcher Zeit, und auf eine solche Art, als es seine Konstituzion der Regierung vorschreibt, seine Beamten in den Privat-Stand zurück zu schicken, und die erledigten Aemter durch regelmäßige Wahlen wieder zu besetzen.

9. Alle Wahlen müssen frei sein; und alle Einwohner dieser Republik, welche solche Eigenschaften besitzen, als die Konstituzion vorschreibt, haben ein gleiches Recht, Beamte zu wählen, und dazu gewählt zu werden.

10. Jedes Individuum der Gesammtheit hat ein Recht, von ihr in dem Genusse seines Lebens, nach festen Gesetzen, beschützt zu werden. Es ist daher verpflichtet, seinen Theil zu den Kosten dieses Schutzes beizutragen; persönliche Dienste oder eine Entschädigung dafür, wenn es nöthig ist, zu leisten; aber kein Theil des Eigenthumes eines Individuums kann rechtmäßig ihm genommen, oder zum öffentlichen Nutzen verwendet werden, ohne seine eigne, oder des repräsentirenden Körpers des Volkes, Einwilligung. Kurz das Volk dieser Republik kann durch keine andere Gesetze verpflichtet werden, als durch solche, die mit Einwilligung seines konstituzionsmäßigen repräsentirenden Körpers gegeben sind. Und wenn es die allgemeinen Bedürfnisse heischen, daß das Eigenthum eines Individuums zum öffentlichen Nutzen verwendet werde, so muß es eine gehörige Entschädigung dafür erhalten.

11. Jeder Unterthan der Republik muß in den Gesetzen ein sichres Hülfsmittel gegen alle Beleidigungen finden, die seiner Person, seinem Eigenthume oder seiner Ehre zugefügt werden. Er muß Recht und Gerechtigkeit freiwillig erhalten, ohne sie erkaufen zu müssen; vollständig und ohne Weigerung; schnell, ohne Verzug; den Gesetzen angemessen.

E 5

12. Kein Unterthan soll gezwungen werden, für ein Verbrechen oder eine Beleidigung verantwortlich zu sein, wenn es nicht vollständig und deutlich, substanziel und formel in der Klage ihm vorgelegt worden; auch soll Niemand gezwungen werden, sich selber anzuklagen, oder Zeugniß gegen sich abzulegen. Jeder soll das Recht haben, alle ihm günstigen Beweise vorzutragen; bei dem Verhör derer, die gegen ihn zeugen, zugegen zu sein; und selber, oder durch seinen Sachwalter, wie er es lieber will, vollständig seine Vertheidigung zu führen. Kein Unterthan soll eingezogen, eingekerkert, seines Eigenthumes, seiner Rechte oder Privilegien beraubt, aus dem Schutze der Gesetze verstoßen *), verbannt, oder am Leben, an der Freiheit oder an dem Eigenthume bestraft werden, als nur nach dem

---

*) Als die Könige von England den Usurpazionen der Päpste Einhalt thun wollten, gaben sie die strengsten Gesetze gegen diejenigen, die den Einfluß der Hierarchie förderten. Den Anfang machte Eduard der Erste. Unter Elisabeth wurden die Strafgesetze dieser Art erweitert, und auch auf solche ausgedehnt, die den Supremats-Eid nicht schwören wollten. Vergehen dieser Art nannte man praemunire, weil die Anklage-Akte mit den Worten praemunire facias anhebt. Die Schuldigen wurden durch das praemunire dem Schutze der Gesetze entzogen, ihre Güter wurden konfiszirt, und ihre Person der Willkür des Königs überlassen. Eduard Coke vertheidigt sogar das Recht, einen solchen aus dem Schutze der Gesetze verstoßene (outlawed) ungestraft tödten zu können. Diesen das Völker- und Menschen-Recht beleidigenden Mißbrauch verbietet Statut 5, Kap. 1, der Königin Elisabeth. Nach Statut 6, Kap. 18, von Georg I. wird auch denen die Strafe des praemunire angedroht, die sich auf verderbliche Spekulazionen nach der Süd-See einlassen würden. S. Blackstone Commentaries V. Cap. 8.

Urtheile von seines Gleichen, oder nach dem Landesgesetze *).

Die Legislatur soll kein Gesetz geben, wodurch
irgend jemandem eine entehrende oder eine kapital
Strafe, ohne ein Verhör durch Geschworne **),

*) Nisi per legale judicium parium suorum, vel
per legem terrae. *Magna Charta.* c. 29.

**) Der Ursprung des Gerichts der Geschwornen ver-
liert sich in die ältesten Zeiten, so daß einige diese
vortreffliche Einrichtung von den frühesten Ureinwoh-
nern von Britannien ableiten wollen; andere den
großen Gott des Norden, den Wodan zum Erfin-
der derselben machen. Ihre Aehnlichkeit mit der
altdeutschen Gerichtsverfassung, der zufolge ein jeder
durch seines Gleichen unter dem Vorsitze des Regen-
ten oder eines von ihm ernannten Richters, und
mit Beirathe mehrerer Beisitzer oder Schöppen,
gerichtet wurde, beweißt hinlänglich, daß sie germa-
nischen Ursprunges ist. (S. Kaiser Konrad des ersten
Gesetz de judicio parium in Georgisch Corp. jur.
germ. p. 1275.) Sie erhielt sich nur in England in ihrer ganzen Kraft, weil sie nicht durch
das römische Recht verdränat ward. Eben so findet
sie sich nun auch in Nord-Amerika. Die Entscheidung der Geschwornen gilt sowohl in Zivil-Sachen,
wenn es die Partheien verlangen; als vornehmlich
bei Kriminal-Fällen auf folgende Art. Wenn Jemand eines Verbrechens, oder der Störung der
öffentlichen Ruhe angeklagt werden soll; so wird er
auf einen Arrestbefehl des Friedensrichters einaezo-
gen und von demselben verhört, (Blackstone VI,
C. 21); kann er sich hinlänglich legitimiren, so
wird er sogleich freigelassen; wo nicht, so muß er
Bürgschaft stellen, daß er vor Gerichte erscheinen
will. (Die amerikanischen Gesetze schreiben ausdrücklich vor, daß diese Bürgschaft nicht übertrieben groß seyn soll.) Hat er aber ein Hauptverbre-
chen begangen, so wird er gefänglich verwahrt, bis
zur nächsten Sitzung des Gerichts. (Das höhere
Gericht bereiset in den amerikanischen Staaten eben
so wie in England, die Grafschaften zu bestimmten
Zeiten.) Bei der Eröffnung des Gerichtes muß die

zugesprochen würde. Nur allein die Gesetze für die
die Armee und Marine machen von dieser Regel
eine Ausnahme.

Anklage noch einmal untersucht werden, ob sie
Statt finden kann. Dazu ernennet der Sherif die
große Jury, die aus mehr als 12 und weniger als
24 Geschwornen besteht. Wenn 12 dieser Geschwornen übereinstimmen, daß die Klage Statt finden
könne, so ist der Gefangene erst indicted oder angeklagt; stimmen nicht so viele zusammen, so ist er
sogleich frei. Zu dieser großen Jury werden die
angesehensten Ansäßigen der Grafschaften gewählt,
denen man Ehrlichkeit und gute Absichten zutrauen
kann. Wenn nun dem Angeklagten die schriftliche
Klage (bill of indictment) vorgelesen ist, so wird
er gefragt, wie er gerichtet werden will. Durch
die Antwort, „von Gott und meinem Vaterlande,‟
erklärt er, daß er von seines Gleichen gerichtet sein
will. Der Sherif muß also die kleine Jury berufen, die aus 12 Freihaltern besteht, die in der Grafschaft wohnen, wo die That begangen ist. Er hebt
zu dem Behufe aus dem Verzeichniß der Freihalter,
die in der Grafschaft ansäßig sind, eine Anzahl von
48 aus; allein der Angeklagte kann zu seiner Beruhigung, daß keine Partheilichkeit bei der Wahl der
Geschwornen statt findet, erstens das ganze Verzeichniß verwerfen, und dann aus der großen Zahl, 20,
ohne Grund anzugeben, wegstreichen, die übrigen
aber aus mehreren Gründen verwerfen, wenn etwa
einige darunter seine Feinde wären, oder ihr guter
Name sonst beflecket ist. Sollte der Angeklagte
zu viele verwerfen, so werden auf den schriftlichen
Befehl des Richters noch neue (decem oder octo
tales) ernennt. Ist die Zahl endlich vollzählig, so
werden sie vereidet. Darauf wird der Prozeß eröffnet; die Zeugen werden in Gegenwart des Verklag-
ten verhört; der Verklagte vertheidigt sich selber
oder durch seinen Sachwalter; und bei offnen Thüren. Ist nun alles zu Ende; so rekapitulirt ein
Richter die Fakta kürzlich, und zeigt den Geschwornen die Hauptgesichtspunkte des Streites; sagt ihnen auch seine Meinung über die Zeugnisse und das
Gesetz. Alsdann entfernen sich die Geschwornen in

13. Bei kriminal Prozessen wird das Leben, die Freiheit und das Eigenthum der Bürger vorzüglich dadurch gesichert, wenn die Thatsachen in der Gegend, wo sie vorgefallen, beglaubigt werden.

14. Jeder Unterthan hat ein Recht, gegen jede ungegründete Nachsuchung oder Einziehung seiner Person, seines Hauses, seiner Papiere und seiner ganzen Habe, gesichert zu sein.

Alle kriminal Arrestbefehle (Warrants) widersprechen aber diesem Rechte, wenn sie nicht vorher

ein Nebenzimmer, wo sie ohne Essen, Trinken und Feuer so lange allein bleiben müssen, bis sie über den Ausspruch einstimmig geworden sind. Die Geschwornen entscheiden nicht nur über die That, sondern auch über die Strafbarkeit (of the law as well as of fact.) Ihr Ausspruch, schuldig oder nicht schuldig, heißt ein General-Verdikt, (vere dictum); sollte ihnen die That zwar deutlich, aber der Grad der Strafbarkeit dunkel sein, z. B. sollten sie gewiß sein, daß jemand einen andern getödtet hat, aber es bezweifeln, ob es ein absichtlicher Mord, oder ein zufälliger oder durch Nothwehr veranlaßter Todtschlag sei, so daß sie also nicht wüßten, ob sie guilty of mansshlaugter oder guilty of murder aussprechen sollten; so können sie die Entscheidung der Strafbarkeit den Richtern überlassen (super tota materia petunt discretionem justitiariorum); dann heißt ihr Ausspruch ein Spezial-Verdikt. Die Konstituzion von Georgien verbietet diese Spezial-Verdikte; sie befielt den Geschwornen, die Meinungen der Richter in einem solchen Falle zu verlangen, und dann zu entscheiden. Haben die Geschwornen einen Angeklagten nicht schuldig befunden, so wird er sogleich freigelassen, und er darf nie wieder wegen desselben Verbrechens angeklagt werden. Ist er schuldig befunden, dann spricht ihm der Richter die durch den Buchstaben des Gesetzes bestimmte Strafe zu. S. Blackstones Commentaries V, Cap. XXIII. und VI. Cap. XXVII. Vergl. de Lolme über die Staatsverfassung von England. Uebers. S. 141. u. s. w.

durch einen Eid, oder eine Verſicherung an beſſen
Statt *), bekräftigt ſind: und wenn der Befehl
an einen Zivilbeamten, verdächtige Oerter zu
durchzuſuchen, ein oder mehr verdächtige Perſonen
einzuziehen, oder ihr Eigenthum in Gewahrſam zu
nehmen, nicht mit einer ſpeziellen Bezeichnung der
Perſon oder der Objekte des Nachſuchens, des Ar-
reſtes, oder der Einziehung begleitet iſt. Aber es
ſoll kein Arreſtbefehl anders ertheilet werden, als in
den von Geſetze vorgeſchriebenen Fällen, und nach der
geſetzmäßigen Formalität **).

15. Bei allen Streitigkeiten über das Eigenthum, und bei allen Prozeſſen zwiſchen zwei oder
mehr Perſonen, haben die Partheien das Recht,
durch Geſchworne gerichtet zu werden, ausgenommen in ſolchen Fällen, bei denen vormals eine andere Gerichtsordnung Statt gefunden hat. Jene
Prozeßordnung ſoll unverletzt bleiben, die Legislatur müßte es denn für nöthig finden, ſie bei Streit-
ſachen, die auf der offenen See vorfallen, oder den
Sold der Matroſen betreffen, abzuändern.

16. Die Freiheit des Preſſe iſt ein weſentliches
Erforderniß zur Sicherheit der Freiheit dieſes Staa-

---

*) Dieſe Klauſel iſt zum Behufe der Quäker hinzuge-
fügt, die keinen Eid ablegen.

**) Der Arreſtbefehl wird gewöhnlich von dem Frie-
densrichter ausgefertigt; in England aber auch, in
außerordentlichen Fällen, von dem geheimen Rathe,
oder von den Staatsſekretären. Das Arretiren kann
hier auf vierfache Art geſchehen: 1. durch ein Warrant, 2. durch einen Beamten, ohne Warrant, durch
den Friedensrichter, Sherif, Coroner oder Conſta-
bel, 3. durch einen Privatmann, ohne Warrant,
wenn er jemanden antrifft, der eine Felonie begeht,
4. nach dem öffentlichen Nothruf vom Volke ſelber.
Blackſtone VI, C. XXI.

tes; sie darf daher in diesem Staate nicht eingeschränkt werden.

17. Das Volk hat das Recht Waffen zu halten,
und sie zur allgemeinen Vertheidigung zu tragen.
Da aber stehende Armeen in Friedenszeiten der Freiheit gefährlich sind, so darf keine ohne Bewilligung
der Legislatur gehalten werden *); und die militärische Gewalt soll jederzeit in strenger Subordination
unter der Zivilgewalt gehalten, und von ihr regieret
werden.

18. Um die Vortheile der Freiheit, und die
freie Regierung aufrecht zu erhalten, ist eine häufige
Rückerinnerung an die fundamental Grundgesetze
der Konstituzion, und eine beständige Anhänglichkeit
an die Vorschriften der Frömmigkeit, Gerechtigkeit,
der Mäßigkeit, des Fleißes und der Sparsamkeit,
durchaus nöthig. Das Volk muß also eine besondere Aufmerksamkeit auf diese Grundsätze richten,
wenn es seine Beamten und Repräsentanten wählt;
und es hat ein Recht, von seinen Gesetzgebern und
Magistraten eine genaue Befolgung derselben bei
der Abfassung und Ausübung aller für die gute Verwaltung erforderlichen Gesetze zu fordern.

19. Das Volk hat das Recht, sich auf eine
ordentliche und friedliche Art zu versammeln, um
sich über das allgemeine Beste zu berathschlagen;
seinen Repräsentanten Instrukzionen zu ertheilen; und von der Legislatur durch Addressen, Petizionen oder Vorstellungen die Abstellung eines
ihm zugefügten Unrechtes, oder seiner Beschwerden,
zu verlangen.

20. Die Gewalt, Gesetze oder deren Ausübung
zu suspendiren, muß nur von der Legislatur, oder

*) Nach der neuen Unionsverfassung, auch nicht ohne
Erlaubniß des Kongresses.

auf Autorität derselben, die sie auf bestimmte Fälle ertheilt hat, ausgeübt werden.

21. Die Freiheit im Berathschlagen, Sprechen und in Streitreden in beiden Häusern der Legislatur ist den Rechten des Volkes so zuträglich, daß Niemand deswegen an irgend einem andern Orte, oder vor einem Gerichte angeklagt werden darf.

22. Die Legislatur muß sich häufig versammlen, um Beschwerden abzustellen, die Gesetze zu verbessern, zu verstärken, zu befestigen, und um neue zu geben, wie es das allgemeine Beste erfordert.

23. Subsidien, Auflagen, Taxen, Imposten oder Zölle sollen auf keine andere Art auferlegt oder gehoben werden, als mit Einwilligung des Volkes, oder seiner Repräsentanten in der Legislatur.

24. Gesetze, wodurch Handlungen für strafbar erklärt werden, die vor einem darüber gegebenen Gesetze geschehen, und die durch kein vorhergehendes Gesetz für strafbar erklärt wurden, sind ungerecht, unterdrückend, und widersprechen den fundamental Grundsätzen einer freien Regierung.

25. Kein Unterthan soll, in irgend einem Falle oder zu irgend einer Zeit, des Hochverrathes (treason) oder der Felonie von der Legislatur schuldig erklärt werden *).

26.

*) Hochverrath, high-treason, ist in England das Verbrechen, welches ein Unterthan begeht, wenn er dem Könige nach dem Leben trachtet, die Gemalin oder die älteste Tochter des Königs, oder die Frau des Kronprinzen verführt; die Waffen gegen den König ergreift, oder die Feinde des Königs unterstützt; wenn er das große oder kleine Siegel nachmacht, oder falsche Münzen prägt, den Groskanzler, oder einen Oberrichter ermordet. — Verrath, petty-treason, wird der treulose Mord genannt, den eine

Frau

26. Kein Magistrat, oder Gericht soll übertrieben große Kauzionen verlangen, noch zu große Geld-

Frau an ihrem Manne, ein Diener an seinem Herrn,
ein Geistlicher an seinem Bischofe begeht. Unter
dem Namen der Felonie begreift man in England
alle Arten von Verbrechen, wodurch der Schuldige
die Konfiskazion seiner Güter bewirkt; und noch,
nach Verhältniß des Verbrechens, eine Kapitalstrafe
sich zuzieht. Alle Kapitalverbrechen, die Todes-
strafe und Konfiskazion mit sich bringen, also selbst
auch der Verrath gehören zur Felonie; aber auch
andere, die nicht mit dem Tode bestraft werden,
als Selbstmord, Todtschlag aus Versehen oder bei
der Selbstvertheidigung, kleine Räuberei — also
blos deswegen, weil sie die Konfiskazion bewirken.
Einige leiten den Namen von fallere ab, daher fa-
lonia; Eduard Coke meint, es sey crimen animo
felleo perpetratum, welches mit der Konfiskazion
der Länder eines Vasallen bestraft werde. Spell-
man leitet ihn aus dem Deutschen ab, von fee ein
Lehn, und von dem angehängten Worte Lohn,
pretium feudi; welches also so viel als den Verlust
des Lehens bedeute. S. Blackstone V, Cap. VI.
und VII. — Obgleich der Begriff des Hochverraths
unter Eduard III. besonders fester gestellt ward; so
wurden doch seitdem öfters die Klagen wegen Hochverrath weiter ausgedehnt. Die Richter mußten
sich in diesen Fällen an den König und das Parlament wenden, und von daher die Entscheidung erwarten. Der Begriff des Hochverrathes wurde daher oft durch neue Statuten in einzelnen Fällen erweitert. Die gesetzgebende Gewalt reißt also in diesem Falle die Rechte der richtenden an sich. Dieses
gefährliche Recht der Erweiterung des Begriffes
vom Hochverrathe und Felonie wird der Legislatur
von Massachusett mit Recht genommen. Es braucht
nur der Begriff des Hochverrathes unbestimmt zu
bleiben, sagt Montesquieu, und die Regierung wird
sich den Weg zur Despotie bahnen. — Es ist in
Massachusett im Jahre 1777 ein Gesetz wegen des
Hochverrathes gegeben, wodurch derjenige zum Tode
verurtheilt wird, der, wenn er zur Treue verpflichtet ist, die Waffen gegen diesen oder die Vereinigten

ſtrafen, oder grauſame und ungewöhnliche Leibes-
ſtrafen zu erkennen.

27. In Friedenszeiten ſoll kein Soldat in irgend ein Haus, ohne Einwilligung des Eigners,
einquartiert werden; und im Kriege ſollen die Zivil-
Magiſträte, nach der von der Legislatur vorgeſchriebenen Art, die Einquartierung beſorgen.

28. Niemand kann in irgend einem Falle dem
Krieges-Gerichte, oder den Strafen des Krieges-
rechtes unterworfen werden, der nicht bei der Armee oder der Marine dient; die Miliz kann ihm
dann nur unterworfen werden, wenn ſie wirklich im
Dienſte iſt; aber doch nur auf Autorität der Legislatur.

29. Um die Rechte eines jeden Individuums,
ſein Leben, ſeine Freiheit, ſein Eigenthum und
ſeine Ehre zu ſichern, iſt es nöthig, daß die Geſetze
unpartheiiſch ausgelegt und die Gerechtigkeit ohne
Anſehen der Perſon verwaltet werde. Jeder Bürger hat das Recht, von Richtern ſo frei, unpartheiiſch und unabhängig gerichtet zu werden, als es
das Loos der Menſchheit nur zuläßt. Es iſt daher
nicht nur der Klugheit angemeſſen, ſondern auch
das beſte Sicherungsmittel der Rechte des Volkes
und jedes einzelnen Bürgers, daß die Richter des
Obergerichtes ihr Amt ſo lange behalten, als ſie es
treu verwalten; und daß ihnen ein angeſehener Gehalt durch die Geſetze zugeſichert werde.

30. Die geſetzgebende Gewalt ſoll ſich nie der
Rechte der ausübenden und richtenden, oder einer
von beiden anmaßen; und ſo auch nicht die exeku-

Staaten ergreift. Die übrigen Todesſtrafen ſind
genau beſtimmt: vorſetzlicher Mord, Feueranlegen
bei Nacht, Einbruch, Straßenraub, Nothzucht, So-
domie und Kindermord werden mit dem Strange
beſtraft.

tive Gewalt der Rechte der gesetzgebenden und
richtenden oder einer von beiden; noch auch die
richtende, der Rechte der gesetzgebenden und ausübenden, oder einer von beiden; damit die Gesetze
und nicht die Menschen regieren.

Zweiter Theil.
Regierungsform.

I.
Die gesetzgebende Gewalt.

1. Die Generalversammlung.

Die Generalversammlung oder die Legislatur besteht aus zwei Theilen; einem Senate und dem
Hause der Repräsentanten. Sie versammlet sich
jährlich am letzten Mittewochen des Mai, und
so oft im Jahre, als sie es nöthig findet: sie
wird aber jährlich an dem Tage vor dem letzten Mittewochen des Monat Mai entlassen, um der neuge-
wählten Platz zu machen.

Bei ihren Berathschlagungen hat jeder der beiden Theile, aus denen sie besteht, eine negative
Stimme gegen den andern; aber keine Bill oder
kein Beschluß des Senates, oder des Hauses der Repräsentanten kann Rechtskraft erhalten, bevor er
nicht dem Gouverneur zur Durchsicht vorgelegt worden. Wenn er ihn billigt, muß er ihn unterschreiben; wo nicht, so muß er ihn mit seinen schriftlich
aufgesetzten Einwürfen dem Senate, oder dem

F 2

Hause der Repräsentanten, wo er zuerst vorgeschlagen worden, zurück schicken. Wenn nun hier die Einwürfe gehörig erwogen, und die Bill oder der Beschluß nochmals in Ueberlegung genommen, und dennoch zwei Dritttheile des Senates oder des Hauses der Repräsentanten dafür stimmen, so muß der eine Theil der Legislatur dem andern die Bill oder den Beschluß mit sammt den Einwendungen zu schicken, und wenn auch hier zwei Dritttheile dafür stimmen, dann erhalten die Bill oder der Beschluß Gesetzeskraft. Aber in solchen Fällen müssen beide Häuser mit ja und nein stimmen, und die Namen der Stimmenden werden in dem Protokolle aufgezeichnet. Schickt der Gouvernör die Bill oder den Beschluß nicht binnen fünf Tagen nach dem Empfange zurück, so erhalten sie Gesetzeskraft.

Der General-Versammlung sind folgende Rechte anvertraut: Sie errichtet und konstituirt Ober- und Unter-Gerichte, über Kriminal- und Zivil-Prozesse, welche im Namen der Republik instruiren und richten. — Sie kann ferner alle Arten nützlicher und vernünftiger Anordnungen, Gesetze, Anweisungen und Instrukzionen, mit oder ohne Verpönungen ertheilen, wenn sie nur nicht der Konstizion zuwider, sondern zum Gemeinwohl dienlich sind. — Ferner kann sie solche Zivil-Beamte der Republik jährlich ernennen oder ansetzen, oder durch festgesetzte Gesetze bestimmen, für deren Ansetzung und Wahl anderweitig in dieser Konstituzion nicht gesorgt worden. — Sie bestimmt die Pflichten, die Gewalt und die Gränzen der Zivil- und Militär-Beamten, und die Formeln, auf die sie konstituzionsmäßig beeidigt werden. — Sie beschützt nach Billigkeit und Verhältniß, die Einsassen, Einwohner und liegenden Gründe in der Republik; und belegt die Produkte, Güter, Waaren und Materia-

llen, die eingeführt *), produzirt und verarbeitet
werden mit billigen Abgaben; um dadurch die Einkünfte zu heben, welche auf die von dem jedesmaligen Guvernöre unterschriebene Vollmacht, mit
Beirath und Einwilligung des Rathes, zum öffentlichen Gebrauche ausgeliefert und angewendet werden, um die Regierung der Republik zu unterhalten und zu vertheidigen, und die Unterthanen derselben zu beschützen und aufrecht zu erhalten.

Da die öffentlichen Abgaben, oder doch ein Theil
derselben, wie bisher nach den Köpfen und den liegenden Gründen, gehoben werden sollen; so sollen
wenigstens alle zehn Jahre einmal, und so oft als
es die Generalversammlung befehlen wird, die Güter tarirt werden, damit die Abgaben gleich vertheilt werden können.

2. Der Senat.

Der Senat, der erste Zweig der gesetzgebenden
Gewalt, besteht aus vierzig Mitgliedern, (Räthen
und Senatoren,) die von den Freihaltern und andern Einwohnern der Distrikte, welche durch die
Konstituzion dazu berechtigt sind, auf ein Jahr gewählet werden.

Zu einem Senator kann nur ein solcher Einwohner gewählt werden, der entweder ein Freigut
von wenigstes dreihundert Pfund am Werthe,
oder ein Personalvermögen von wenigstens sechshundert Pfund, oder beides zusammen von glei-
chem Belange, besitzt, seit fünf Jahren vor der
Wahl Einwohner der Republik gewesen ist, und
es zur Zeit der Wahl in dem Distrikte, der ihn
wählt, noch wirklich ist.

*) Nicht mehr seit der neuen Unions-Verfassung.

Die Generalversammlung bestimmt die Gränzen der Distrikte, und (nach dem Belang der Abgaben eines jeden Distrikts) die Zahl der Senatoren, die aus demselben gewählt werden. Es dürfen nie weniger als dreizehn Distrikte angenommen werden, und keiner darf so groß sein, daß mehr als sechs Senatoren aus demselben gewählt werden könnten *).

Das Recht zur Wahl sich zu versammlen, haben theils alle männlichen Einwohner der Ortschaften, die ein und zwanzig Jahre und drüber alt sind, ein Freigut, welches drei Pfund jährlich einbringt, oder sonst ein Vermögen von sechszig Pfund besitzen; theils die Einwohner nicht inkorporirter Pflanzungen, wenn sie jene Qualitäten besitzen, und zur Unterhaltung des Staates Abgaben erlegen.

Die Einwohner der Ortschaften werden sieben Tage vor dem ersten Montag des Aprils von ihren Selectmen oder Vorstehern zur Wahlversammlung auf den genannten Tag berufen; die Selectmen sammlen die Stimmen, sortiren und zählen dieselben vor der Versammlung, und in Gegenwart des Townclerk oder Schreibers; letzterer nimmt nun in Gegenwart des erstern, und vor der ganzen Versammlung das Protokoll auf, worin die Namen derjenigen, für welche gestimmt worden, und die Zahl der Stimmen gegen sie, aufgezeichnet werden. Eine

---

*) Man behielt die alte Eintheilung nach Grafschaften vors erste. Massachusettsbay mit der Provinz Maine eingerechnet, enthält deren sechzehn. Die Konstitution setzte die Zahl der aus ihnen zu wählenden Senatoren also fest. Aus Suffolk, sechs; aus Essex, sechs; aus Middlesex, fünf; aus Hampshire, vier; aus Plymouth, drei; aus Barnstable, einen; aus Bristol, drei; aus York, zwei; aus Dukes-county und Nantucket, einen; aus Worcester, fünf; aus Cumberland, einen; aus Lincoln, Hancock und Washington, einen; aus Berkshire zwei.

Kopie des Protokolls, von den Vorstehern und dem Schreiber unterzeichnet und versiegelt, wird dem Sherif der Grafschaft zum wenigsten dreißig Tage vor dem letzten Mittewochen des Mai von dem Schreiber überreicht; und der Sherif muß alle erhaltene Zertifikate wenigstens siebenzehn Tage vor dem genannten Termine dem Staatssekretär übergeben.

Nach eben dieser Ordnung werden die Stimmen der Einwohner der Pflanzungen von ihren Assessoren oder Taxirern an den Orten eingesammelt, welche die letztern anweisen.

Endlich dürfen auch alle Personen, die nicht inkorporirte Plätze bewohnen, aber doch die oben bestimmten Qualitäten besitzen, und von einer benachbarten Ortschaft mit beschatzet werden, ebenfalls in dieser Ortschaft an der Wahl der Senatoren Antheil nehmen.

Der Guvernör und fünf Mitglieder des Rathes müssen darauf die eingesandten Protokolle untersuchen, und die durch die Mehrheit der Stimmen ernannten Senatoren vierzehn Tage vor dem letzten Mittewochen des Mai zum Antritte ihres Amtes an dem genannten Tage einladen.

Der Senat ist selber höchster Richter über die Rechtmäßigkeit der Wahl und die Qualität seiner Mitglieder; er erklärt am benannten letzten Mittewochen des Mai, wer von jedem Distrikte zum Senator durch die Stimmenmehrheit ernannt worden. Gesetzt, es wäre nicht die volle Zahl eines Distriktes durch die Stimmenmehrheit bestimmt; so müssen die Mitglieder des Hauses der Repräsentanten und die bereits ernannten Senatoren, die Namen derjenigen aus dem Protokoll ausheben, welche die meisten Stimmen in dem Distrikte erhielten, ohne gewählt zu werden, und aus ihnen, durch das Loos die fehlenden Senatoren ergänzen. Auf diese Art müssen auch alle durch Todesfälle, Entfernung aus dem Staate, oder auf andere Art erledigten Stellen, sobald als möglich wieder besetzt werden.

Der Senat kann seine Sitzungen abjourniren oder aussetzen; aber nicht länger als auf drei Tage; er wählt seinen Präsidenten, und seine übrigen Beamten, und bestimmt sich selber die Vorschriften seines Verfahrens. Zu einer gültigen Sitzung müssen wenigstens sechszehn Mitglieder erscheinen.

Der Senat hat die richterliche Gewalt über die von dem Hause der Repräsentanten bei ihm angebrachten Klagen wegen schlechter Staatsverwaltung, gegen Staatsbeamte die ihre Pflicht verletzen. Aber vor der Eröffnung des Prozesses müssen die Senatoren schwören, treu und unpartheiisch zu richten. Sie können zu keiner andern Strafe verurtheilen, als daß der Ueberführte von seinem Dienste entfernt, und für unfähig erklärt werde, ferner eine Ehrenstelle, oder ein Amt in dieser Republik zu erhalten. Der Verurtheilte ist aber alsdann den andern Gerichten und der Strafe nach den Landesgesetzen unterworfen.

3. Das Haus der Repräsentanten.

Die Repräsentanten des Volkes werden jährlich nach dem Grundsatze der Gleichheit gewählt. Jede inkorporirte Ortschaft, welche hundert und funfzig steuerbare Köpfe zählt, kann einen Repräsentanten wählen; enthält sie dreihundert und fünf und siebenzig steuerbare Köpfe, so kann sie zwei Repräsentanten wählen; jede von sechshundert, wählt drei; steigt sie noch über diese Volkszahl, so wird noch von jedem dazu kommenden zweihundert und fünf und zwanzig Köpfen einer mehr gewählt.

Das Haus der Repräsentanten kann in Zukunft den Ortschaften, die sich inkorporiren, das Recht, einen Repräsentanten zu wählen, nur alsdann verleihen, wenn sie hundert und funfzig steuerbare Köpfe zählen. Es kann aber solchen Ortschaften Strafen auflegen, die es verabsäumen, Repräsentanten zu wählen und abzuschicken.

Die Kosten für die Reise nach der Generalversammlung, und für eine Rückreise während der Session, sollen aus der Staatskasse den Mitgliedern bezahlt werden, die sich zur rechten Zeit einfinden, und nicht ohne Erlaubniß wegreisen *).

Die Wahl der Repräsentanten geschieht jährlich zehn Tage vor dem letzten Mittewochen des Mai, durch schriftliche Stimmablegung. Wahlfähig ist ein jeder, der wenigstens seit einem Jahre Einwohner einer Ortschaft ist, und in derselben ein Freigut von hundert Pfund am Werthe, oder ein schatzbares Vermögen von zweihundert Pfund besitzt. Das Recht zu wählen, besitzen alle männlichen Einwohner von ein und zwanzig Jahren und drüber, die wenigstens seit einem Jahre in der Ortschaft wohnen, und in derselben ein Freigut, welches jährlich drei Pfund einbringt, oder irgend ein Vermögen von sechszig Pfund besitzen.

Das Haus der Repräsentanten ist der Großinquisitor der Republik. Es bringt alle Klagen gegen die Staatsverwaltung bei dem Senate an. In ihm

---

*) Jeder Repräsentant bekommt von seiner Ortschaft, wenn er in der Versammlung gegenwärtig ist, täglich sechs Schilling. Jedes Mitglied des Senats bekommt sechs Schilling und sechs Pence; wenn es aber zugleich im Rathe sitzt, sieben Schilling. S. Ebelings Geographie. Th. 1. S. 257. Die Zahl der Mitglieder des Hauses der Repräsentanten belief sich im Jahre 1792 auf 203. S. Ebeling. S. 257.

werden alle Geld-Bills ursprünglich entworfen;
aber der Senat kann bei denselben, so wie bei andern Bills-Verbesserungen vorschlagen. Es kann
sich adjourniren; aber nicht länger als auf zwei Tage; sechszig Mitglieder müssen wenigstens zugegen
sein, wenn eine Sitzung gültig sein soll. Es untersucht die Gesetzmäßigkeit der Wahl seiner Mitglieder; wählt sich seinen Sprecher, so wie seine
übrigen Beamten, und setzt die Regeln seines eigenen Verfahrens fest. Es hat das Recht einen jeden,
nur kein Mitglied, mit Gefängniß zu strafen, der
das Haus durch Unordnungen oder durch ein ver-
ächtliches Benehmen in demselben beleidigt; oder
der an dem Orte, wo die Generalversammlung
gehalten wird, während der Sitzung, der Person
oder den Gütern ihrer Mitglieder wegen solcher
Dinge, die in dem Hause gesagt oder geschehen sind,
Unrecht zufügen will; oder der einen Zeugen oder
eine andere Person, die in dem Hause zu erscheinen
beordert ist, auf dem Hinwege oder der Rückkehr
anfällt oder aufhält; oder der eine auf Befehl des
Hauses verhaftete Person in Schutz nimmt.

Ein Mitglied des Hauses der Repräsentanten
kann während seiner Hin- und Her-Reise und seines Aufenthaltes bei der Generalversammlung, weder gefänglich eingezogen, noch angehalten werden,
Bürgschaft zu stellen.

Der Senat hat in ähnlichen Fällen ein gleiches
Recht; auch der Gouvernör und der Rath können in
solchen Fällen Strafen zuerkennen; aber alle drei
können nur, eben so wie das Haus der Repräsentanten, höchstens auf dreißig Tage Arrest wegen solcher Vergehungen zuerkennen.

II.

Die ausübende Gewalt.

1. Der Guvernör.

Die ausübende Gewalt besitzt der Guvernör, der den Titel Erzellenz führt, und jährlich gewählt wird.

Zu diesem Amte kann nur ein Mann gewählt werden, der wenigstens seit sieben Jahren Einwohner der Republik war, ein Freigut in derselben besitzt, das tausend Pfund werth ist; und der sich zur christlichen Religion bekennt.

Er wird am ersten Montag des April von eben den Einwohnern der Ortschaften gewählt, welche das Recht haben, Senatoren und Repräsentanten zu ernennen. Die Vorsteher und der Schreiber verfahren dabei eben so, wie bei der Wahl der Senatoren. Der Schreiber fördert das Protokoll dreißig Tage vor dem letzten Mittewochen des Mai an den Sherif; und dieser überreicht es siebenzehn Tage vor dem genannten Termine dem Staatssekretär. Letzterer bringt die Protokolle am letzten Mittewochen des Mai vor den Senat und das Haus der Repräsentanten. Ist die Wahl durch die Mehrheit der Stimmen entschieden, so wird sie von der Generalversammlung publizirt; hat keiner eine Stimmenmehrheit für sich, so muß das Haus der Repräsentanten von vier Kandidaten, welche die meisten Stimmen haben, durch Kugeln zwei ausheben; aus diesen wählt der Senat durch Kugeln den Guvernör *).

---

*) Wenn also z. B. hundert Stimmen wählten, so müßte derjenige, der ohne weitere Formalitäten, durch die Mehrheit zum Guvernör ernennt werden sollte, wenigstens ein und funfzig Stimmen für sich haben; hat aber keiner so viel für sich; sondern es haben etwa vier Kandidaten gegen zwanzig und zwei

Der Guvernör versammlet, nach Gutdünken, den ihm zur Seite gegebenen Rath, und berathschlagt sich mit demselben, oder wenigstens mit fünf Mitgliedern desselben, über die Verwaltung der Angelegenheiten des Staates nach der Konstituzion und den Landesgesetzen.

Mit Zuziehung des Rathes kann der Guvernör die beiden Häuser der Generalversammlung adjourniren und prorogiren, wenn sie es verlangen, doch letzteres nicht über neunzig Tage lang; er kann sie aber auch wieder vor der bestimmten Zeit zusammen berufen; auch den Ort der Versammlung in Nothfällen verändern; und er entläßt die Generalversammlung am Tage vor dem lezten Mittewochen des Mai; auch entscheidet er, wenn beide Häuser über die Nothwendigkeit oder die Dauer der Aussetzung oder des Aufschubes ihrer Versammlung nicht einig sind.

Der Guvernör ist Oberbefehlshaber der Land- und Seemacht dieses Staates; und kann als solcher selber, oder durch einen andern Offizier, die Miliz und die Marine versammlen und üben; sie zur Vertheidigung des Vaterlandes, wenn es angegriffen würde, mobil machen, und sie innerhalb und außer den Gränzen desselben gegen den Feind anführen; er übt das Kriegesrecht aus zur Zeit des Krieges, oder bei einer Rebellion, wenn die Legislatur ihr Dasein erklärt hat; er kann aber keinen Einwohner wider seinen Willen, oder ohne Einwilligung der General-Versammlung zwingen, über die Gränze zu marschiren oder zu schiffen; es sei denn zur Vertheidi-

gegen zehn Stimmen erhalten; so wählt das Haus der Repräsentanten aus den vier erstern durch Ballotiren zwei; und von diesen wählt der Senat den Guvernör.

gung solcher Theile des Staates, wohin man auf keine andere Weise kommen kann.

Er kann mit Zuziehung des Rathes überführte Verbrecher begnadigen; nur nicht solche, die auf die Anklage des Hauses der Repräsentanten, wegen schlechter Staatsverwaltung vom Senate verurtheilt worden; auch kann er nicht vor Beendigung eines Prozesses gültige Pardonbriefe ertheilen.

Er ernennt, mit Beirath und Einwilligung des Rathes, alle Justiz-Beamte, den Generalprokurator *), den Generalfiskal **), alle Sherifs ***), Koroners †), und Testaments-Registratoren (Registers of Probate.)

*) Attorney-general. Er hat Sitz im Obergerichte mit einem stehenden Gehalte (300 Pf.) In England hat der Generalprokurator den vierten Rang unter den Advokaten. Die Prokuratoren sind Stellvertreter der abwesenden Partheien, die nicht vor den Schranken erscheinen können oder wollen.

**) Solicitor-general. Er hat in England den fünften Rang unter den Advokaten.

***) Ein Sherif (Custos Comitatus) ist der höchste Polizei-Beamte jeder Grafschaft. Er verhört und entscheidet Prozesse über Sachen, die nicht über 40 Pfund werth sind. Er ist der höchste Beschützer des Friedens und der Ordnung in seinem Distrikte, nach den Vorschriften des Gesetzes; er kann daher Friedensstörer ex officio verhaften, und Verbrecher aufsuchen. Er vollzieht die Urtelsprüche der Gerichte. Er beruft die Jüry. Bei Zivil-Prozessen läßt er arretiren, und nimmt Bürgschaften an. Bei Kriminal-Fällen, vollzieht er die Sentenz. Unter ihm stehen die Untersherifs und Gefangenwärter.

†) Das Amt eines Koroner (Coronator in England genannt, weil er mit Prozessen beschäftigt ist, welche die Krone angehen) hat viel Aehnlichkeit mit dem des Sherif. Es ist seine Pflicht, Nachsuchung anzustellen, wenn jemand plötzlich, oder im Gefängnisse stirbt. Er instruirt Prozesse gegen Mörder,

Die Kapitäne und Subalternen werden schrift-
lich von ihren Kompanieen gewählt, und müssen
wenigstens 21 Jahr alt sein; die Kapitäne und
Subalternen wählen die Stabs-Offiziere; und diese
die Brigadiere; der Guvernör giebt allen Offizieren
ihre Bestallung und bestimmt ihren Rang. Aber
die Legislatur bestimmt durch bleibende Gesetze die
Art der Zusammenberufung und des Votirens der
Wählenden; so wie auch der Zertifikate die dem
Guvernör über die Wahlen überreicht werden. Die
General-Majore werden vom Senate und dem
Hause der Repräsentanten ernannt, und der Guvernör fertigt ihnen die Bestallung aus. Sollten
aber die Wähler der Brigadiere, der Stabsoffiziere, Kapitäne und Subalternen nach der gesetzlichen
Aufforderung die Wahl versäumen oder verweigern,
so muß der Guvernör, mit Zuziehung des Rathes,
diese Stellen besetzen.

Ein gesetzlich bestallter Offizier kann auf keine
andere Art seines Dienstes entsetzt werden, als durch
eine Addresse beider Häuser an den Guvernör, oder
durch einen Prozeß vor dem Kriegsgerichte.

Die kommandirenden Offiziere der Regimenter ernennen ihre Adjutanten und Quartiermeister selber;
der Guvernör ernennt den Generaladjutanten; so
wie auch, mit Zuziehung des Rathes, die Offiziere,
welche der Staat zur Unionsarmee schickt; und alle
Offiziere der Festungen und Besatzungen.

---

aber nur super visum corporis; also nur auf der
Stelle wo sich der Leichnam findet, und auf die
Aussage von 4 bis 6 Geschwornen aus der Gegend
wo der Mord begangen. Er verhaftet solche Personen, die auf eine eidliche Aussage im Verdachte
eines Verbrechens sind; und untersucht, ob ein An-
geklagter liegende Gründe, Thiere oder Mobilien besitzt, die konfiszirt werden können.

Ohne eine schriftliche, mit Bewilligung des Rathes ertheilte Vollmacht des Guvernörs, darf die Schatzkammer, das zur Vertheidigung und Aufrechterhaltung des Staates bewilligte Geld nicht auszahlen, die Gelder ausgenommen, die zur Einlösung der Kreditscheine, oder der Zinsen derselben nöthig sind.

Alle öffentliche Büreaux, der Generalkommissär, alle Vorsteher der Magazine, und alle Kommandanten der Festungen und Garnisonen müssen dem Guvernör alle drei Monate, und außer dem so oft er will, von den ihrer Aufsicht anvertrauten Gütern des Staates Bericht abstatten; und ihm alle Briefe und Anzeigen, welche die Gemeinheit angehen, und an sie geschickt werden, zur Einsicht mittheilen.

Um den Guvernör von Nahrungssorgen und von dem Einflusse einzelner Mitglieder der Legislatur unabhängig zu machen, und ihn in den Stand zu setzen, auf eine seiner Würde anständige Art zu leben, soll ihm die Gesetzgebung einen hinlänglichen Gehalt festsetzen; so auch den Richtern des Obergerichtes *).

2. Der Unterguvernör.

Der Unterguvernör wird jährlich auf dieselbe Art, wie der Guvernör, gewählt. Er hat den Titel: His Honour. Um zu diesem Posten zu gelangen, muß ein Bürger eben die Qualitäten besitzen, die zu einem Guvernör erforderlich sind.

---

*) Der Guvernör hat gegenwärtig 800 Pfund, der Unterguvernör 160 Pfund Gehalt; der erste Richter des Obergerichtes hat 370 Pfund; die vier übrigen Richter 350 Pfund; der Generalprokurator 300 Pf. S. Ebelings Geogr. 1ster Th. S. 260 und 266.

Er ist beständiges Mitglied des Rathes, ausgenommen bei einer Vakanz der Guvernörstelle; und er präsidirt im Rathe, wenn der Guvernör abwesend ist; beide haben aber keine Stimme im Rathe.

Wenn die Stelle des Guvernörs durch einen Todesfall, durch Abwesenheit aus dem Staate, oder auf eine andere Art, erledigt wird, so übernimmt der Unterguvernör alle Geschäfte des erstern, und erlangt alle ihm gesetzlich übertragene Rechte.

3. Der Rath.

Dem Guvernör ist in den Geschäften der ausübenden Gewalt ein Rath zur Seite gestellt, der aus neun Mitgliedern, außer dem Unterguvernör, besteht. Der Guvernör versammlet ihn nach Willkühr zu Berathschlagungen über Staatsgeschäfte; und es müssen wenigstens fünf Räthe zugegen sein.

Die neun Räthe werden am letzten Mittewochen des Mai aus der Zahl der gewählten Senatoren durch eine gemeinschaftliche, in einem Zimmer angestellte Ballotage beider Häuser der Legislatur, ernennt. Die Stellen der Gewählten bleiben im Senate unbesetzt; doch dürfen nicht mehr als zwei Räthe aus einem Distrikte genommen werden. Sie haben den Rang gleich nach dem Unterguvernör.

Ihre Beschlüsse und Rathschläge müssen in einem Protokolle aufgezeichnet, und von den gegenwärtigen Mitgliedern unterschrieben werden; auch kann jedes Mitglied seine der Mehrheit widersprechende Meinung beifügen. Beide Häuser der Legislatur haben das Recht, dieses Protokoll von Zeit zu Zeit zur Einsicht zu verlangen.

Sollten einmal die Stellen des Guvernörs und Unterguvernörs zugleich vakant sein, so tritt der Senat in die vollen Rechte derselben.

4. Die

**4. Die übrigen Beamten der ausüben-
den Gewalt.**

Der Staatsfekretär, der Schatzmeister, der
Obereinnehmer, der Generalkriegskommissär, die
öffentlichen Notarien und die Hafen-Kontrollöre
(Naval-Officers) werden jährlich von den beiden
Häusern der Generalversammlung, die sich dazu in
einem Zimmer versammlen, gewählt. Zu der Stelle
eines Schatzmeisters und Obereinnehmers kann ein
Subjekt höchstens nur fünf Jahre hinter einander
gewählt werden.

Das Archiv des Staates steht unter der Aufsicht des Staatsfekretäres; er kann die Unteroffizian-
ten ansetzen, ist aber für sie verantwortlich; und er
muß, wenn es verlangt wird, vor dem Guvernör
und dem Rathe, und vor den Häusern der Legislatur, persönlich, oder durch seine Deputirte erscheinen.

III.

Richtende Gewalt.

Alle Justizbeamte erhalten eine Anweisung ihrer
Rechte und Pflichten, und werden darauf vereidet.
Sie behalten ihr Amt so lange, als sie sich gut verhalten; wenn anders nicht einigen durch diese Konstituzion eine bestimmtere Gränze gesetzt ist. Der
Guvernör kann aber, auf Ansuchen beider Häuser
der Legislatur, mit Einwilligung des Rathes alle
ihres Amtes entsetzen.

Die Legislatur, so wie der Guvernör und der
Rath, haben das Recht, die Richter des Obergerichtes bei wichtigen Rechts-Fällen um ihre Meinung
zu befragen.

G

Damit das Volk nicht durch unfähige oder treulose Friedens-Richter zu lange gedrückt werden
könnte, so soll die Vollmacht derselben höchstens
sieben Jahre lang dauern; sie kann darauf entweder
wieder erneuert, oder es können auch andere Friedensrichter ernennt werden.

Die Erbschaftsgerichte sollen an solchen Oertern
und Tagen gehalten werden, als es für das Volk am
bequemsten ist; die Legislatur soll von Zeit zu Zeit
beides bestimmen.

Alle Heiraths-, Ehescheidungs- und Verpflegungs-
Angelegenheiten, und alle Appellazionen von den
Erbschaftsgerichten, sollen vor den Guvernör und
den Rath gebracht, und von ihnen entschieden werden, bis die Legislatur hierüber anders verfügt*).

*) Das höchste Gericht ist das O b e r g e r i c h t, das
an 15 Oertern von den herumreisenden Richtern, zur
bestimmten Zeit gehalten wird. Es entscheidet, als
das Oberappellazions-Gericht, in letzter Instanz.
Das Gericht der gemeinen Klagen wird in
jeder Grafschaft von einheimischen Richtern, an bestimmten Tagen und Oertern, wenigstens alle halbe
Jahre gehalten, und entscheidet in bürgerlichen
Prozessen, welche über 40 Schilling belangen. Es
können auch Streitsachen durch Schiedsrichter geschlichtet werden, welches dann Rechtskraft erlangt,
wenn es bei der nächsten Sitzung des Gerichtes der
gemeinen Klagen angezeigt wird. Das a l l g e m e i-
n e F r i e d e n s g e r i c h t wird von den Friedensrichtern jeder Grafschaft zu gleicher Zeit mit jenem
Gerichte der gemeinen Klagen gehalten. Es entscheidet über Prozesse, die nicht über 40 Schilling
belangen, und wacht über die innere Ruhe. Da die
Friedensrichter über die Aufrechterhaltung der Ruhe
wachen, so haben sie auch das Recht, Verbrecher
gefänglich einzuziehen. Zwei Friedensrichter zusammen können einen Angeklagten verhören, und über
die Beschaffenheit des Verbrechens entscheiden. —
Die E r b s c h a f t s-G e r i c h t e (Courts of Probate)
werden monatlich in den Grafschaften gehalten;

IV.

Die Deputirten, welche dieſer Staat an den Kongreß der Vereinigten Staaten ſchickt, werden jährlich von beiden Häuſern der Generalverſamm= lung im Monat Junius gewählt, und treten ihr Amt am erſten Montag des nächſt folgenden Novem= bers auf ein Jahr an. Sie bekommen eine vom Gu= vernör unterſchriebene und mit dem Staatsſiegel verſehene Vollmacht; ſie können aber auch während des Jahres wieder zurück berufen, und von neuen De= putirten abgelößt werden.

V.

Die Konſtituzion nimmt in dem fünften Haupt= ſtücke die Wiſſenſchaften und Künſte beſonders in ih= ren Schutz. Sie ſichert der Univerſität zu Cam= brigbe *) und ihren Lehrern alle Rechte und Privile=

Jede Grafſchaft hat ihren Erbſchaftsrichter und ei= nen Erbſchaftsregiſtrator, die über die Ausübung der Teſtamente wachen, und überhaupt die Ge= ſchäfte eines Pupillenkollegiums verſehen. Von dem Gerichte der gemeinen Klagen, und von dem allgemeinen Friedensgerichte, wird an das Oberge= richt appellirt; von dem Erbſchaftsgerichte aber an den Guvernör und den Rath, wo auch alle Eheſa= chen entſchieden werden. — Außerdem befinden ſich noch in Muſſachuſett, wie in allen übrigen Staaten das Ober=Bundesgericht, die wandeln= den, und die Diſtrikt=Gerichte der Ver= einten Staaten, welche die durch die neue Kon= ſtituzion der Vereinigten Staaten beſtimmte Gerichts= barkeit ausüben. (S. unten die Unions=Kon= ſtituzion.)

*) Dieſe Univerſität entſtand aus dem im Jahre 1636 geſtifteten Harvardkollegium, das ſeinen Namen von dem Prediger Harvard erhielt, der es mit ei= nem Legate beſchenkte. S. Ebelings Geogr. Th. 1. S. 304.

G 2

gien und alle Legate, die sie besitzt, und bestallt den
Guvernör und Unterguvernör, nebst dem Rathe,
dem Senate und sechs Predigern der nächsten Kon=
gregazionalkirchen zu Oberaufsehern derselben.

Sie fordert ferner die Einwohner zur Ausbrei=
tung der Wissenschaften und Künste mit folgenden
merkwürdigen Worten auf:

„Die allgemeine Ausbreitung der Weisheit und
der Kenntniße, so wie der Tugend unter dem Volke,
ist zur Aufrechterhaltung seiner Rechte und seiner
Freiheit durchaus nöthig. Sie hängt aber von der
Vermehrung und Unterstützung der Erziehungsan=
stalten in den verschiedenen Gegenden des Landes,
und unter den verschiedenen Klassen der Einwohner
ab. Es ist daher die Pflicht der Legislatur und al=
ler Magisträte, in Zukunft das Aufblühen der Lite=
ratur, der Wissenschaften, und aller Pflanzschulen
derselben, besonders der Universität zu Cambridge
und aller öffentlichen und gelehrten Schulen zu be=
fördern; alle Privat=Sozietäten und öffentlichen
Anstalten, Belohnungen und Privilegien zur Be=
förderung des Ackerbaues, der Künste und Wissen=
schaften, des Handels, der Manufakturen und der
Naturgeschichte des Landes zu unterstützen; und die
Grundsätze der Humanität und des allgemeinen
Wohlwollens, der öffentlichen und der Privat=Wohl=
thätigkeit, des Fleißes und der Frugalität, der Ehr=
lichkeit und der Gewissenhaftigkeit in Geschäften; so
wie auch die Biederkeit und die gute Laune des Vol=
kes, alle gesellige Gefühle und edle Gesinnungen
zu verbreiten und zu nähren.“

VI.

Die Konstituzion enthält endlich noch folgende
Verfügungen.

Der Guvernör und Unterguvernör, so wie jeder
Rath, Senator und Repräsentant müssen beim Antritte ihres Amtes folgende Erklärung von sich geben,
und unterschreiben.

„Ich erkläre, daß ich an die christliche Religion
glaube, und von ihrer Wahrheit überzeugt bin; und
daß ich mit Fug und Recht das Eigenthum besitze,
welches mich, der Konstituzion zufolge, zu dem Amte,
wozu ich gewählt worden, fähig macht."

Der Guvernör, Unterguvernör und die Räthe
müssen diese Erklärung vor den beiden Häusern der
Legislatur unterschreiben; und die Mitglieder der
letztern vor dem Guvernör und Rathe.

Ein jeder der zu den obengenannten Aemtern,
oder zu irgend einem richterlichen, exekutiven oder
militärischen Posten ernennt wird, muß einen Eid
ablegen und unterschreiben; wodurch er die Suveränität und Unabhängigkeit der Republik Massachusett
anerkennt; dem Könige, oder jeder andern Regierung von England, oder von irgend einem andern
Lande abschwört, und nur die Autorität des Kongresses der Vereinigten Staaten anerkennt; und ver-
spricht daß er treu und unpartheiisch sein Amt nach
den Vorschriften der Konstituzion und der Gesetze
verwalten will.

Wenn ein Quäcker zu einem Amte gewählt werden sollte, so werden die Eidesformeln ausgelaßen,
und an ihrer Stelle die Worte gesetzt, „solches ver-
„spreche ich unter der Strafe des Meineides."

Weder der Guvernör, noch der Unterguvernör
oder die Richter des Obergerichtes dürfen noch ein
anderes Amt führen, als ihnen nach dieser Konstituzion anvertraut ist; auch dürfen sie nicht eine Pension
von irgend einer Macht annehmen. Die Richter des
Obergerichtes können auch das Amt eines Friedensrichters bekleiden; folgende Beamte aber können

nicht zugleich noch ein Amt verwalten: die Erb-
schaftsrichter, Sherifs, Testament- und Kontrakt-
Registratoren. Ueberhaupt darf keiner mehr als
zwei Bedienungen von denen zugleich verwalten, die
von dem Guvernör, der Legislatur, den General-
oder Spezial-Volksversammlungen vergeben werden; doch sind die Dienste bei der Miliz und das
Amt der Friedensrichter von dieser Einschränkung
ausgenommen.

Folgende Beamte: die Oberrichter, der Staatssekretär, der Generalprokurator, Generalfiskal,
Schatzmeister oder Obereinnehmer, Erbschaftsrich-
ter, und General-Kommissär; der Präsident, die
Professoren und Lehrer der Universität, die Sherifs, der Sekretär des Hauses der Repräsentanten,
die Erbschafts- und Kontrakt-Registratoren, die
Sekretäre des Obergerichtes und der Untergerichte,
und die Zollbeamten — können nicht zugleich bei ihrem Amte zu Senatoren oder Repräsentanten gewählt werden. Und sollte ein Senator oder Repräsentant eines der genannten Aemter annehmen, so
wird seine Stelle bei der Legislatur sogleich vakant.

Wer der Bestechung bei einer Wahl zu einem
Amte gerichtlich überführt worden, kann nie eine
Stelle bei der Legislatur, oder sonst ein wichtiges
Amt erlangen.

Wenn in dieser Konstituzion die Rede von Gelde
ist, so wird der Werth desselben nach Silber, zu
sechs Schilling acht Pence per Unze angenommen;
die Legislatur hat aber das Recht den Maaßstab des
Vermögens, nach welchem sich die Einwohner zu
den Aemtern qualifiziren, zu erhöhen, wie es die
Umstände der Republik erfordern.

Alle Gesetze, die bisher in der Kolonie Massachusett galten, behalten ihre Kraft, wenn sie nicht den
Rechten dieser Konstituzion widersprechen, bis sie von

der Legislatur aufgehoben werden. Die habeas
corpus Akte bleibt aber in voller Kraft, und kann
nicht von der Legislatur suspendirt werden, ausgenommen in den dringendsten Nothfällen, und nicht
länger als auf zwölf Monate.

Um die Grundsätze dieser Konstituzion desto fester zu gründen, alle Eingriffe in dieselbe zu vermeiden, und solche Veränderungen zu machen, als die
Erfahrung für nothwendig erklärt hat; soll die Generalversammlung im Jahre 1795 alle wahlfähigen
Einwohner der Ortschaften und Pflanzungen von ihren Vorstehern und Taxirern versammlen und befragen lassen, ob sie eine Revision und Verbesserung
der Konstituzion für nöthig und nützlich halten.
Wenn zwei Drittheile für das letztere stimmen, so
soll die Generalversammlung den verschiedenen Ortschaften befehlen, in dieser Absicht Abgeordnete zu
einer Konvenzion zu schicken; und diese Abgeordneten sollen auf dieselbe Art gewählt werden, als die
Repräsentanten bei der Legislatur.

Die Formel, die den Gesetzen vorgesetzt wird,
lautet also: Befohlen vom Senate und
dem Hause der Repräsentanten in der
Generalversammlung, und in Vollmacht
derselben.

Das Original dieser Konstituzion wird vom
Staatssekretäre im Archive aufbewahrt. Sie ist
ein Theil der Landesgesetze, und wird hinfort allen
Ausgaben dieser Gesetze vorgedruckt.

New-Hampshire.

Die frühere Verfassung von New-Hampshire entwickelte sich unter langwierigen Streitigkeiten mit

den Erben des ersten Anbauers John Mason, und mit
dem benachbarten Massachusett, so wie endlich mit
der königlichen Regierung selber. Nach einer fast
vierzigjährigen Vereinigung mit Massachusett, errichtete endlich König Karl der Zweite im Jahre
1679 eine eigne königliche Regierung in New-Ham-
shire, welche 95 Jahre dauerte. Der König ernannte einen Präsidenten und die Regierungs-
räthe, welche die Gerichte anordneten; er erlaubte
aber den Einwohnern eine Assembly, so lange er es
für gut fände, zu berufen. Diese Versammlung
sollte zwar mit dem Rathe und dem Präsidenten gemeinschaftlich Gesetze geben; aber der König behielt
sich die Bestätigung vor. Diese Assembly drang
aber bald auf das Recht eingeborner Engländer,
daß nur sie Geldbills bewilligen könnte. Jakob der
Zweite setzte 1686 über Neu-England einen Gene-
ralguvernör, und über jede einzelne Provinz desselben einen Unterguvernör. New-Hampshire erfuhr
also unter den Kabalen der doppelten Statthalter
viele Widerwärtigkeiten, bis es 1741 für ein besonderes königliches Guvernèment erklärt wurde, und
seinen eigenen Statthalter erhielt. Der letzte war
John Wentworth, der den Ruf eines gerechten und
billigen Mannes verdiente. Er verließ die Provinz
im Jahre 1775, als sie an dem Kriege gegen England Antheil genommen, und als ihre zu Exeter errichtete Konvenzion Abgeordnete zu dem Kongreße
nach Philadelphia geschickt hatte. Eine neue Konvenzion zu Exeter sorgte noch am Ende des Jahres
für die Einrichtung der Regierung. Es wurde ein
neues Haus der Repräsentanten, nach einer Volkszählung errichtet, und dieses wählte sich einen Rath
von Zwölfen nebst einem Präsidenten. Beide Häuser machten nunmehr die neue Legislatur aus. Sie
entwarf im Jahre 1776 vorläufig eine sehr unvoll-

kommene Konstituzion *); aber noch immer mit der
Rückssicht, daß der Streit mit Großbritannien friedlich beigelegt werden möchte. Bald darauf erklärte
sich das Volk für die Unabhängigkeit, und da nun
die Konstituzion von 1776 die Ordnung nicht aufrecht erhalten konnte; so wurde endlich eine Konvenzion nach Concord berufen, welche zwischen den Jahren 1781 und 1783 die neueste Verfassung von New-
Hampshire, nach den Grundsätzen der Konstituzion
von Massachusett, ansarbeitete. Sie wurde am
zweiten Junius 1784 feierlich anerkannt und eingeführt **). Die Konstituzionsakte zerfällt in zwei
Theile. Den Anfang macht eine Erklärung der
Bürger- und Menschen-Rechte; dann folgt die Verfassung selber. Sie ist beinah eben so balanzirt,
wie die von Massachusett. Die gesetzgebende Gewalt ist in den Händen einer Generalversammlung;
die ausübende hat ein Präsident und der Rath.
Die Negative des Präsidenten ist blos auf den Senat eingeschränkt, wo er bei der Stimmengleichheit
eine entscheidende Stimme hat. Die Anordnung
der Justiz hängt von der Generalversammlung ab;
aber der Präsident und der Rath ernennen die Richter. Keine Stagtsbedienung kann je erblich werden.

---

1. Gesetzgebende Gewalt.

Die Generalversammlung besteht aus einem Senate und einem Hause der Repräsentanten. Beide

*) Jacksons Constitutions. London. 1783. S. 30.
et Constitutions des treize Etats-Unis. Paris.
1792. T. 1, p. 5.
**) Sie ist der Gesetzsammlung Perpetual Laws of
New-Hampshire. Portsmouth 1789. vorgedruckt;
und von Herrn Ebeling in der Erdbeschr. B. 1.
S. 50. im Auszuge mitgetheilt.

G 5

haben eine verneinende Stimme gegen einander; können sich selber, doch nur auf zwei Tage adjourniren; ihre Sitzung wird jährlich im Junius aufgehoben, und von der neu gewählten Legislatur abgelöst. Ihre Tagebücher müssen gedruckt; und wenn es ein Mitglied verlangt, müssen die Namen derjenigen beigesetzt werden, die mit ja oder nein, für oder wieder ein Gesetz stimmten.

Die Mitglieder der Legislatur werden jährlich im März in den Ortschaften gewählt. Das Stimmrecht bei der Wahl hat jeder männliche Einwohner einer Ortschaft, der bereits 21 Jahre alt ist, und Kopfgeld bezahlt; so auch die männlichen Einwohner der nicht inkorporirten Pflanzungen, die Abgaben bezahlen.

Zu einem Senator kann nur ein Eigenthümer eines Freigutes von 200 Pfund am Werthe gewählt werden; er muß aber protestantischer Religion, bereits 30 Jahre alt, zur Zeit der Wahl in dem Distrikte, der ihn wählt ansässig sein, und überhaupt sieben Jahre lang wenigstens in dem Staate gewohnt haben. Die Zahl der Senatoren ist vors erste auf 12 bestimmt; (5 für die Grafschaft Rockingham, 2 für Stafford, 2 für Hillsborough, 2 für Cheshire, 1 für Grafton.) Die Legislatur kann aber den Staat in mehrere Distrikte theilen, und die Zahl der aus denselben zu wählenden Senatoren, nach dem Verhältnisse der Abgaben, die jeder zählt, bestimmen.

Ein Repräsentant muß wenigstens ein Freigut von 100 Pfund am Werthe besitzen, wovon die Hälfte in dem Distrikte, der ihn wählt, und in dem er wohnt, liegen muß. Er muß schon seit 2 Jahren in dem Staate ansässig gewesen sein, und sich zur protestantischen Religion bekennen. Die Repräsentanten werden durch Kugeln gewählt; ihre

Zahl richtet sich nach der Volksmenge. Jede Ortschaft welche 150 schaßbare männliche Einwohner,
21 Jahre und darüber alt, enthält, kann einen
Repräsentanten wählen; von 450 werden zwei, und
sofort von jeden 300 einer mehr ernennt. Hat eine
Ortschaft unter 150 schaßbare Einwohner, so vereinigt die Legislatur mehrere Ortschaften zur Wahl
eines Repräsentanten.

Von der Wahl zur Legislatur sind ausgeschlos-
ßen; alle Gerichts- Polizei- und Finanz-Beamte,
alle Offiziere der Unions-Armee, der Staatssekretär und Schaßmeister, und alle Professoren und
Lehrer öffentlicher Anstalten.

Die Reisegelder werden den Mitgliedern der
Generalversammlung vom Staate gut gethan; die
Repräsentanten erhalten von ihren Ortschaften Ta-
gegeld.

Der Senat

untersucht die Rechtmäßigkeit der Wahl seiner
Mitglieder, wählt seine Beamten, bestimmt die
Regeln seines eignen Verfahrens. Zu einer gültigen
Sißung müssen wenigstens sieben Mitglieder da sein,
und fünf Stimmen entscheiden. Er richtet über die
Verbrechen der Staatsbedienten, die das Haus der
Repräsentanten vor ihm anklagt; straft aber nur
mit Abseßung und Unfähigmachung zu öffentlichen
Aemtern.

Das Haus der Repräsentanten

hat allein das Recht, Geld zu bewilligen und Abgaben aufzulegen; doch kann der Senat Verbesserungen
sowohl bei den Geldbills, als bei allen übrigen vorschlagen, und dazu einwilligen. Ferner hat es das

Recht, Staatsbeamte anzuklagen; über das Betragen der Mitglieder im Hause, und über alle gegen
das Haus unmittelbar begangene Verbrechen zu richten (letzteres Recht besitzt auch der Senat, der Präsident und der Rath). Das Haus wählt seinen
Sprecher und seine übrigen Beamten. Die Mehrheit der Mitglieder macht eine gültige Versammlung
aus; wenn weniger als zwei Drittheile abwesend
wären, so müssen zwei Drittheile der Anwesenden
einstimmig sein, um eine Sache rechtsgültig abzuthun.

2. Ausübende Gewalt.

Der Präsident wird jährlich in eben den
Versammlungen, welche die Mitglieder der Gesetzgebung ernennen, gewählt. Wenn die Stimmen
unter mehrere der Wahlfähigen getheilt sind, so
schlägt das Haus der Repräsentanten zwei von denen
vor, welche die meisten Stimmen haben, und der
Senat wählt durch Kugeln einen davon zum Präsidenten. Er muß wenigstens 30 Jahr alt, seit
7 Jahren Einwohner des Staates, ein Protestant,
und ein Besitzer liegender Gründe von 500 Pfund
am Werthe sein, wovon die Hälfte ein Freigut im
Staate sein muß.

Der Rath besteht aus 5 Mitgliedern, wovon zwei aus dem Senate, und drei aus dem Hause
der Repräsentanten durch vereintes Ballotiren beider Häuser gewählt werden.

Die Gesetzgebung bestimmt dem Präsidenten
und den Räthen einen mäßigen Gehalt.

Der Präsident hat den Titel Exzellenz. Er hat
den Vorsitz im Senate, und seine Stimme entscheidet, wenn alle gleich sind. Er kann, mit Einwilli-

gung des Rathes, die Gesetzgebung, wenn sie keine
Sitzung hält, von Zeit zu Zeit prorogiren, nur nie=
mals über 90 Tage zusammengenommen. Auf Ver=
langen kann er beide Häuser adjourniren, und im
Nothfalle wieder vor der bestimmten Zeit zusammen
berufen. Er ist Oberbefehlshaber zu Wasser und zu
Lande; doch darf er nicht eher das Kriegesrecht über
die Land= und Seemacht und die Miliz ausüben,
als bis die Legislatur erklärt hat, daß der Staat im
Kriege oder im Aufruhr sei; auch darf er die Trup=
pen nicht wider ihren eignen Willen, oder ohne Be=
fehl der Gesetzgebung, über die Gränzen des Staates
führen. Alle Seeoffiziere, der General, und die
Stabsoffiziere werden von ihm und dem Rathe er=
nennt; die Kapitäne und Subalternen der Regimen=
ter wählt er allein aus denen, die von ihren Stabs=
offizieren vorgeschlagen werden. Auch ernennt er
alle Offiziere, die der Staat zur Unionsarmmee
schickt. Er ernennt mit dem Rathe gemeinschaftlich
die Richter und Gerichtsbeamten. Er kann, mit
Beistimmung des Rathes, verurtheilte Verbrecher
begnadigen, die vom Hause der Repräsentanten An=
geklagten ausgenommen. Ohne seine Vollmacht
kann der Schatzmeister keine Gelder auszahlen, aus=
genommen Staatsschulden und deren Zinsen.

Der Staatssekretär hat das Archiv unter
seiner Aufsicht; er ernennt seine Sekretäre und ist
für sie verantwortlich.

Dem Schatzmeister ist die Staatskasse anver=
vertraut; der Generalkommissär hat die
Versorgung des Militärs und die Kriegesvorräthe
und Magazine unter seiner Aufsicht.

Jede Grafschaft wählt ihren besonderen Schatz=
meister und einen Registrator der Kon=
trakte und Testamente; auch ist über jede ein

Sherif gesetzt, der über die Ausübung der Verordnungen wacht.

Die Abgeordneten zum Kongreße werden jährlich
vom Senate und von dem Hause der Repräsentan-
gewählt, und müssen gleiche Eigenschaften mit dem
Präsidenten haben. Sie können innerhalb des Jahres zurück berufen und es können an ihre Stelle
andere geschickt werden. Keiner darf während seines Amtes eine mit Besoldung verbundne Stelle
in irgend einem andern Staate haben; noch sein
Amt innerhalb sechs Jahren, länger als drei Jahre
verwalten.

Die Gesetzformel ist: von dem Senate und
Hause der Repräsentanten in der Generalversammlung verordnet.

Alle sieben Jahre soll eine Konvenzion berufen
werden, um die Konstituzion zu revidiren. Jede
vorgeschlagene Verbeßrung muß den Ortschaften vorgelegt, und von zwei Drittheilen der gegenwärtigen
Stimmfähigen genehmigt werden, ehe sie gültig
werden kann.

Die Justiz ist nach englischen Grundsätzen organisirt, auch gilt noch das englische gemeine Recht, und
die vor der Revoluzion gegebnen Gesetze, bis sie
durch neue Gesetze aufgehoben werden. Die Richter
müssen unentgeldlich und auf das schnellste Recht
sprechen. Bei jedem Prozesse wird das Faktum von
zwölf Geschwornen entschieden; sie entscheiden über
schuldig oder unschuldig; und sie werden in der Versammlung der Ortschaften aus denjenigen Freisaßen
durch das Loos gewählt, die von den Vorstehern vorgeschlagen werden. Eben so wird auch die große
Jury gewählt, die aus 13 bis 24 Geschwornen besteht, welche beurtheilen, ob in einer Sache eine
Klage statt finden könne.

An der Spitze der richtenden Gewalt steht ein

Obergericht (Superior court) welches aus einem Oberrichter und drei Richtern besteht Es verwaltet die höchste Kriminal- und Zivil-Justiz in
letzter Instanz. Es bereiset jährlich die Grafschaften. Außerdem giebt es ein Untergericht für
gemeine Klagen; ein allgemeines Friedensgericht, und ein Erbschaftsgericht
nebst den Unionsgerichten.

Vermont.

An der westlichen Gränze von New-Hampshire,
zwischen dem westlichen Ufer des Connecticut-Stromes
und der östlichen Gränze von Neu-York, dehnt sich
der neu entstandene Staat Vermont aus, und endet
gegen Norden an der kanadischen Gränzlinie (45° N.
Br.), gegen Süden an Massachusetts-Bay. Seit
dem Jahre 1749 hatte die Regierung von New-
Hampshire angefangen, die Ländereien jenseits
des Connecticut zu veräußern. So wurden hier
seit 1755 nach und nach Ortschaften angelegt; aber
die Provinz New-York machte, zufolge ihres Freibriefes, der Kolonie New-Hampshire das Recht strei-
tig, jene Ortschaften verleihen zu können. Es entstand ein zehnjähriger Streit darüber, ohngeachtet
einer königlichen Entscheidung vom Jahre 1764,
daß das westliche Ufer des Connecticut die Gränze
von New-Hampshire sein sollte. Die unruhigen
und gereizten Einwohner der neuen Pflanzungen entzogen sich bei diesem Streite der Gerichtsbarkeit beider über sie zankenden Kolonieen. Beim Ausbruche
des Revoluzionskrieges bewaffneten sie sich, und
wurden den Engländern durch ihre Tapferkeit furchtbar. Nachdem der Kongreß sich für unabhängig er-

klärt hatte, sahen sich die Einwohner jener neuen
Anlagen auch für völlig unabhängig an, und erklärten ihre Unabhängigkeit auf einem im Jahre 1776
berufenen Konvente. Jezt nahm auch der Staat
zuerst den Namen Vermont an, von dem ihn durch-
schneidenden grünen Gebürgen. Die Einwohner
von Vermont vermehrten sich außerordentlich durch
Eingewanderte aus Neu-England. Der neue
Freistaat gab sich indessen eine eigne Konstituzion,
und bemühte sich lange vergebens, in die Union aufgenommen zu werden, ja er drohete sogar sich mit
Canada zu vereinigen. Nach vielen heftigen
Streitigkeiten kam endlich 1790 ein Vergleich zwischen Neu-York und Vermont zu Stande. Ersteres erkannte die Unabhängigkeit des letztern für eine
Summe von 30,000 Dollars an; und gleich darauf
wurde Vermont in die Union der Vereinigten Staaten
aufgenommen. (Durch die Akten des Kongreßes vom
6ten Dez. 1790 und vom 18ten Februar 1791.)
Vermont ist in sieben Grafschaften vertheilt, und
zählte schon im Jahre 1790; 85,539 Einwohner *).
Die Grundsätze der Staatsverfassung von Vermont
wurden im Jahre 1777 auf einem Konvente zu
Windsor festgesezt, und auf einem zweiten Konvente
1786 nochmals verbessert und bestätigt **). Man
erkennt in ihnen zwei Quellen, aus denen sie geschöpft
sind. Als Abkömmlinge der ehemaligen Kolonieen
von Neu-England, behielten die Freihalter von
Vermont die meisten von denjenigen Grundsätzen
bei,

*) S. den Etat der Bevölkerung der Verein. Staat.
im Göttingischen Hist. Magazin im 4ten Stücke
des 2ten Bandes. 1793.
**) Die Konstituzions-Akte steht in der neuesten Aus-
gabe der Constitutions of the several United
States with the Federal Constitution. Philadelphia 1791. by Mathew Carey.

auf welchen Maſſachuſett ſeine Verfaſſung errich=
tete; aber als Pflanzer eines neuen Staates, in
welchem bei einer geringen Volkszahl, und einer
größern Gleichheit des Grundeigenthumes auch eine
vollkommnere Gleichheit der Staatsbürger möglich
iſt, neigten ſie ſich in einigen weſentlichen Theilen
der Verfaſſung auf die Seite der reineren demokra=
tiſchen Grundſätze, die Pennſylvanien in ſeiner Ver=
faſſung längſt vor der Revoluzion aufgeſtellt, und
auch bei ſeiner Wiedergeburt beibehalten hatte. Mit
Recht führten die Stifter des Staates Vermont das
neuengländiſche Syſtem der Ländervertheilung nach
Ortſchaften ein. Dieſe Ortſchaften ſind wieder in
größere Diſtrikte, Grafſchaften genannt, vertheilet.
Sie beſorgen ihre inneren Polizei=Angelegenheiten
auf dieſelbige Art, wie die Ortſchaften in Maſſa=
chuſett, u. ſ. w. In keiner derſelben iſt ein Ort an=
zutreffen, der nach unſeren Begriffen eine Stadt ge=
nennt werden könnte. Sie beſtehen alle aus den
Landſitzen der Freihalter, die bald in größerer, bald
in geringerer Entfernung von einander liegen; ſelten
dorfartig zuſammengebaut ſind. Eine Kirche, oder
ein Gerichtshaus, veranlaßen hier gewöhnlich den
Anbau mehrerer Wohnhäuſer auf einem engen Be=
zirke; und geben einer ſolchen Gruppe das Anſehen
eines Fleckens oder einer Stadt. So entſtand Ben=
nington, ehemals die ſogenannte Hauptſtadt des
Staates, die 2400 Einwohner zählte; ſo ſind
Windſor und Rutland, in welchen jetzt die Gene=
ralverſammlung abwechſelnd ihre Sitzung hält, noch
erſt im Werden. Bei einer ſolchen Einfachheit der
Lebensweiſe; und bei einer ſo allgemeinen Gleichheit
dieſer, vom Ackerbaue und von der Viehzucht leben=
den Freiſaßen, iſt es nicht zu verwundern, daß die
Geſetzgeber zu Windſor die ariſtokratiſchen Grund=
ſätze, wodurch das reichere und mächtigere Maſſa=

H

chusett das Gleichgewicht seiner Verfassung zu befestigen suchte, verwarfen. Vermont erhielt dadurch eine ungetheilte Gesetzgebung, die allein aus dem Hause der Repräsentanten besteht. Aber eben diese Gesetzgeber schienen dennoch von einer ungetheilten Legislatur künftig Ungerechtigkeiten zu befürchten; sie ahmten daher nicht nur der unvermischt-demokratischen Verfassung von Pennsylvanien darin nach, daß sie einen Rath der Zensoren errichteten; sondern sie gingen auch noch weiter, als die Gesetzgeber von Pennsylvanien, indem sie dem Gouvernöre und seinem Rathe eine negative Stimme gegen die Gesetzgebung gaben. So entstand also hier wieder eine neue Form der Regierung; eine Mischung aus demokratischen und monarchischen Grundsätzen.

Die Konstituzionsakte zerfällt in zwei Hauptstücke; das erste enthält die Erklärung der Rechte; das andere die Regierungsform in vierzig Artikeln.

Die Erklärung der Rechte ist aus der Konstituzion von Massachusett entlehnt, und enthält nur wenige Zusätze oder Abänderungen. Zu den letztern gehört das Verbot, daß sich die Regierung durchaus nicht in Religionssachen mischen soll; es wird den Christen bloß zur Pflicht gemacht, den Sonntag zu feiern, und einen ihnen beliebigen Gottesdienst zu unterhalten.— Dieser Erklärung ungeachtet schreibt doch die Konstituzion den Repräsentanten des Volkes und allen Zivilbeamten ein Religions-Bekenntniß vor, das jener eingeräumten Gewissensfreiheit widerspricht. Sie müssen nämlich beim Antritte ihres Amtes eine Erklärung unterschreiben, daß sie das alte und neue Testament für göttlich inspirirt halten, und daß sie sich zur protestantischen Religion bekennen. — Der Sklavenhandel wird ausdrücklich verboten. Das Recht des Auswanderns wird den Einwohnern zugesichert. Außer der Preßfreiheit wird auch die Frei-

heit im Reden über Staatsangelegenheiten in Schutz
genommen.

Die drei Gewalten der Regierung sind auf das
genaueste von einander getrennt.

1. Die gesetzgebende Gewalt ist der Generalversammlung übertragen, die aus dem
Hause der Repräsentanten besteht. Alle Freihalter,
die 24 Jahr und darüber alt sind, seit einem Jahre
vor der Wahl im Staate wohnen, und sich friedlich
betragen haben, wählen in ihren Ortschaften, jährlich am ersten September, durch Kugeln, aus der
Zahl der klugen und tugendhaften Freihalter, die
Repräsentanten. Jede Ortschaft, die binnen sieben
Jahren nach der Einführung der Konstituzion 80
schätzbare Einwohner zählt, wählt 2 Repräsentanten, jede andere nur einen; nach sieben Jahren schicken alle Ortschaften nur einen Repräsentanten.
Die Wähler müssen schwören, oder an Eides Statt
versichern, daß sie unpartheilsch wählen wollen;
die Gewählten müssen eidlich betheuern, daß sie
dem Staate treu sein, und die Volksrechte heilig
halten wollen.

Die Gesetzgebung eröffnet ihre Sitzung am zweiten Donnerstage des Oktobers, bei offenen Thüren.
Jedem, der sich anständig beträgt, ist der Zutritt
zu dem Versammlungssaale erlaubt; ausgenommen
bei Angelegenheiten, die geheim bleiben müssen.
Die Gesetzgebung wählt ihren Sprecher und ihre
übrigen Beamten nebst dem Staatssekretäre; sie
urtheilt über die Wahl ihrer Mitglieder, und kann
sich selber adjourniren oder prorogiren; doch darf
sie der Guvernör mit Zuziehung des Rathes in dringenden Angelegenheiten früher wieder zusammen rufen. Mehr als die Hälfte der Mitglieder muß versammlet sein, um ein Geschäft vorzunehmen; zwei
Drittheile, wenn Abgaben aufgelegt werden sollen.

Das Tagebuch wird gedruckt, wenn es ein Drit,
theil der Mitglieder verlangt; auch die Stimmen
für und wider einen Vorschlag, nebst den Grün,
den, so bald es nur ein Mitglied fordert. Die
Legislatur darf die Konstituzion nicht umändern;
aber sie giebt, den Grundsätzen derselben angemessen
neue Gesetze; hilft den Beschwerden der Staatsbür,
ger ab; legt Taren auf; hat das Recht Staatsbe,
amte wegen schlechter Verwaltung vor dem Guver,
nöre und Rathe, und überhaupt alle Staatsverbre,
cher anzuklagen, kann sie aber auch begnadigen, doch
kann sie nicht jemanden des Hochverrathes oder der
Felonie schuldig erklären; sie inkorporirt Grafschaf,
ten, Ortschaften und Städte; wählt die Abgeordne,
ten an den Kongreß; ernennt, mit dem Rathe
jährlich oder öfters die Richter, Sherifs und Frie,
densrichter, auch die Generalmajore und Briga,
diere; wenn es nöthig ist. Sie muß aber alle Bills,
ehe sie Gesetzeskraft erhalten dem Guvernöre und
dem Rathe zur Durchsicht vorlegen, und deren
schriftliche Meinung abwarten. Erfolgt dieselbe
nicht binnen fünf Tagen, oder vor Ablauf der Si,
tzung, so erhält die Bill Gesetzeskraft. Werden aber
Veränderungen vorgeschlagen, und die Versamm,
lung will sie nicht annehmen, so kann der Guver,
nör mit dem Rathe die Bill bis zur nächsten Sitzung
der Versammlung aufschieben.

2. Die ausübende Gewalt besitzt ein Gu,
vernör, dem ein Unterguvernör, und ein Rath von
zwölf Mitgliedern zur Seite steht. Diese Beamten
der ausübenden Gewalt werden jährlich an dem all,
gemeinen Wahltage von den Freihaltern schriftlich
gewählt; die Stimmen werden der Generalver,
sammlung versiegelt zugeschickt, und sie läßt sie
durch einen beeidigten Ausschuß zählen; doch müssen
die Mitglieder des Rathes bei der Ernennung des

Guvernôres zugegen sein. Wenn der Guvernôr nicht durch eine Stimmenmehrheit gewählt ist, so ernennt ihn die Generalversammlung durch Ballotiren.

Der Guvernôr hat den Titel Exzellenz; er ist Generalkapitän und Chef der Miliz; kommandirt aber nur auf Verlangen des Rathes die Truppen selber. Er hat Sitz und Stimme im Rathe, wie der Unterguvernôr, der während der Abwesenheit des des erstern seine Stelle vertritt.

Im Rathe muß die Mehrheit gegenwärtig sein, um ein Geschäft vorzunehmen. Er bestallt mit dem Guvernôre, alle Staatsbeamte, und ernennt auch diejenigen, die nicht vom Volke oder von der Generalversammlung gewählt werden; besetzt auch einstweilen alle erledigte Stellen. Er besorgt die Geschäfte mit den übrigen Staaten, und mit allen Staatsbeamten, und bereitet die Angelegenheiten vor, die er der Generalversammlung vorzutragen nöthig findet. Er richtet über die von der Generalversammlung angeklagten Staatsbeamten, mit Beirath der Oberrichter. Er kann Verbrecher begnadigen, nur nicht im Falle des Hochverrathes oder Mordes, wo er nur Aufschub der Strafe bis zur nächsten Sitzung der Generalversammlung gewähren kann. Er kann auch mit dem Guvernôre, während der Vakanz der Generalversammlung, Waaren auf 30 Tage mit Embargo belegen und ihre Ausfuhr verbieten. Er versammlet sich mit der Generalversammlung an einem Orte. Der Guvernôr ist Präsident des Rathes, hat aber nur eine entscheidende Stimme; wenn die übrigen gleich getheilt sind. Der Unterstatthalter hat mit den übrigen Räthen eine gleiche Stimme; außer wenn er die Stelle des Guvernôrs vertritt. Jedes Mitglied

H 3

kann die Gründe im Protokolle aufführen. Die Räthe sind Friedensrichter durch den ganzen Staat. Auch bewahrt der Rath das große Siegel des Staates.

Der Schatzmeister wird jährlich wie die Räthe gewählt. Er muß eben so wie der Guvernör, die Räthe und Repräsentanten, vor' der Wahl zwei Jahre lang im Staate ansässig gewesen sein.

Der Guvernör, Unterguvernör, die Oberrichter, der Schatzmeister, die Räthe und Repräsentanten, und der Generalfeldmesser können nicht zugleich zwei dieser Aemter verwalten; und wer ein Amt beim Kongreße hat, kann keines in diesem Staate zugleich erhalten.

3. Die richterliche Gewalt ist eben so, wie in Massachusett, und nach denselben Grundsätzen, die dort in der Erklärung der Rechte entwickelt sind, organisirt. Die Richter werden von der Generalversammlung, dem Guvernöre und dem Rathe gemeinschaftlich ernennt. Von den Friedensgerichten gilt die Appellazion an die Grafschaftsgerichte, die jährlich einigemal ihre Sitzung halten; in verschiedenen Distrikten sind Erbschaftsgerichte; von beiden gilt die Appellazion an das Obergericht, welches auch zugleich das einzige Kriminalgericht ist. Die Oberrichter sind Friedensrichter durch den ganzen Staat; die Grafschaftsrichter für ihre Bezirke. Das Obergericht und die Grafschaftsgerichte haben auch die Rechte eines Kanzleigerichtes in Angelegenheiten blödsinniger Personen, u. s. w. Doch kann die Legislatur auch ein besonderes Kanzleigericht ernennen. Hierzu kommen noch die Unionsgerichte.

Zur Aufrechterhaltung der Konstituzion ist verordnet, daß alle sieben Jahre ein Rath der Zensoren von 13 Mitgliedern (eben so wie die Räthe) am

Ende des März auf ein Jahr gewählt werden
soll. Nur darf kein Mitglied des Rathes oder der
Legislatur dazu ernennt werden. Diese Zensoren
versammlen sich in der ersten Woche des Junius,
und untersuchen, ob die Konstituzion unverletzt geblieben, und die ausübende und gesetzgebende Gewalt ihre Schuldigkeit gethan haben; ob die Auflagen rechtmäßig vertheilt, und die Einkünfte gut verwendet worden. Sie können daher alle Staatspa-
piere und Rechnungen zur Einsicht verlangen, einzelne Bürger verhören; Anklagen der Beamten vorschreiben, Verweise geben, die Aufhebung nachthei-
liger Gesetze empfehlen. Wenn zwei Drittheile der
Zensoren es verlangen, können sie einen Konvent
berufen, der sich binnen zwei Jahren versammlen
muß, um die Konstituzion durchzusehen und zu verbessern; doch müssen die neuen Vorschläge sechs Monate vor der Sitzung öffentlich bekannt gemacht werden, damit das Volk sich davon belehren und seinen
Repräsentanten seine Meinung sagen könne.

Rhode-Island.

Rhode-Island war bereits vor der Revoluzion
ein fast ganz unabhängiger Freistaat. König Karl
der Zweite hatte dieser Kolonie im vierten Jahre seiner Regierung 1663 durch einen Freibrief, die
gesetzgebende, ausübende und richtende Gewalt ganz
überlassen, und nur die Bedingung hinzugefügt, daß
sie keine Gesetze entwerfen sollte, die den englischen
zuwider wären, und daß sie ihm und seinen Nachkommen den fünften Theil von allem Gold- und
Silbererze, das gefunden werden möchte, zur Entschädigung geben sollte.

H 4

Die gesetzgebende und ausübende Gewalt, war
jenem Freibriefe zufolge einem Hause der Deputirten,
einem Rathe von zehn Assistenten und einem Ober-
und Unterstatthalter anvertraut; aus diesen Gliedern bestand die Generalversammlung, und von
ihnen ward auch die richtende Gewalt angeordnet,
und jeder Richter ernannt.

Der Ober- und Unterstatthalter, die Beisitzer
und die übrigen Staatsbeamten, als der Sekretär
und der Schatzmeister, wurden jährlich im März
von den Freisassen der Ortschaften erwählt; die ge-
sammelten Stimmen wurden darauf versiegelt der
Generalversammlung zugeschickt; und sie prokla-
mirte alsdann die Gewählten. Die Deputirten
wurden ebenfalls von den Freisassen nach dem Verhältniß der Volkszahl gewählt, bekamen aber keinen
Gehalt. Vakanzen während des Jahres wurden
von der Generalversammlung besetzt.

Die Generalversammlung trat jährlich am ersten
Mittewochen des Mai ihr Amt an, und sollte sich
außer dieser ersten Sitzung noch einmal am letzten
Mittewochen des Oktobers, und überhaupt so oft
als es nöthig wäre, versammeln. In dringenden
Fällen sollte der Statthalter, oder in dessen Abwesenheit der Unterstatthalter die Generalversammlung
berufen können.

Die Mehrheit der Stimmen entschied in der
Generalversammlung; aber der Statthalter, Unterstatthalter und sechs Assistenten mußten ihre Einwilligung zu jeder Sache geben, die Rechtskraft erhalten sollte. Waren die Stimmen der zehn Assistenten
gleich getheilt, so gab der Statthalter den Aus-
schlag; aber er hatte keine verneinende Stimme gegen irgend ein Gesetz der beiden Häuser.

Der Statthalter, oder in dessen Abwesenheit
der Unterstatthalter und der Rath der Assistenten,

hatten das Recht alle Militär-Stellen bei der Miliz zu besetzen, die Einwohner zu exerziren, und
feindliche Angriffe mit Gewalt zurück zu halten.

Rhode-Island fand es nach der Revoluzion nicht
für nöthig seine Verfassung zu ändern. Man bestimmte nur in einigen Fällen die alte Verfassung
etwas genauer. Die Generalversammlung behielt
die gesetzgebende Gewalt, und blieb in zwei Kammern getheilt. Die erste, oder der Senat besteht
aus dem Guvernör und den zehn Assistenten,
die den Titel Esquires führen; der Guvernör hat
den Vorsitz, und seine Stimme entscheidet, wenn
die Stimmen der Assistenten gleich getheilt sind.
Die zweite Kammer, oder das Haus der Repräsentanten besteht aus den Abgeordneten der Städte und
Ortschaften. In beiden Häusern können Bills vorgeschlagen werden; die Stimmenmehrheit in beiden
entscheidet; der Guvernör hat aber keine Negative.
Er stimmt nur im Senate mit. Die Generalversammlung regulirt die Miliz, inkorporirt Ortschaften, legt Taxen auf, errichtet Gerichtshöfe, begnadigt Verbrecher, nimmt auch in wichtigen
Streitsachen Appellazion von dem höchsten Gerichte
an. Sie ernennt alle Zivil- und Militär-Beamte;
außer dem Statthalter, Staatssekretär, Generalprokurator und dem Schatzmeister, die jährlich vom
Volke gewählt werden. Sie hat das Recht, den
Statthalter, oder irgend eines ihrer Mitglieder abzusetzen, und bis zur nächsten Volkswahl die Stelle
zu vergeben. Sie versammlet sich im Mai und im
Oktober; doch kann sie der Guvernör im Nothfalle
berufen. Die Assistenten werden auf ein Jahr; die
Repräsentanten auf ein halbes Jahr von den
Freihaltern in den Ortschaften (im März und im
September) gewählt; sie bekommen aber kein Tage-
geld. — Die ausübende Gewalt hat der Guver-

nör, oder in seiner Abwesenheit der Unterguvernör.
Er wird jährlich gewählt; er muß ein Freigut und
das Stimmrecht besitzen; die Generalversammlung
bewilligt ihm jährlich seinen Gehalt, und er führt
den Titel Exzellenz.   Die Richter werden von der
Generalversammlung ernennt; aber die Dauer ihres
Amtes hängt von der Willkühr der Legislatur ab. —
In jeder der Grafschaften dieses Staates ist ein Gericht für gemeine Prozesse; und ein Friedensgericht,
welches zur Beilegung der Streitigkeiten jährlich
zweimal gehalten wird.   Von diesen Untergerichten
gilt die Appellazion an das Obergericht, dessen Gerichtsbarkeit sich über den ganzen Staat erstreckt,
und das zweimal im Jahre jede Grafschaft bereiset.
Die Entscheidung der Prozesse durch Geschworne
ist in ihrer vollen Gültigkeit geblieben.   Erbschafts-
sachen werden von den Ortschaftsregierungen besorgt.   Uebrigens dulden die Gesetze keine herrschende
Kirche.   Ein jeder, der ein höchstes Wesen verehrt,
wird von den Gesetzen beschützt, ohne Rücksicht auf
eine Sekte *).   Die halbjährige Wahl des Hauses
der Repräsentanten, und die Abhängigkeit der Richter, sind große Fehler dieser Verfassung, und
Quellen vieler Kabalen.

Connecticut.

Connecticut hatte durch einen Freibrief, den ihm
Karl der Zweite im vierzehnten Jahre seiner Regierung 1674 ertheilte, eine eben so freie Verfassung
als Rhode-Island erhalten.   Die gesetzgebende,
ausübende und richtende Gewalt war ganz dem Volke

------

*) The Constitutions of Amer. p. 100 sq. Mosers
Nord-Amerika Th. 1. p. 279 sq. Burnaby. S. 150.

überlaßen; nur unter der Bedingung, daß seine Verfügungen den englischen Gesetzen nicht zuwider wären. Der König hatte sich nur den fünften Theil von allem Gold- und Silbererze, welches ausgegraben werden möchte, vorbehalten. Connecticut hat daher seine freie Verfassung im Wesentlichen nicht verändert; seine Gesetzgebung hat nur in einigen Theilen Verbesserungen hinzu gefügt.

Die gesetzgebende Gewalt besitzt die General versammlung. Sie besteht aus einem Ober- und Unterhause. Das erstere, auch der Rath genannt, wird von dem Guvernöre, dem Unterguvernöre und einem Rathe von zwölf Assistenten; das letztere von den Repräsentanten der verschiedenen Ortschaften gebildet.

Der Guvernör, Unterguvernör, die Assistenten, der Schatzmeister und Staatssekretär werden jährlich in der Versammlung der freien Männer der Ortschaften, am Montag nach dem ersten Dienstag des Monat April gewählt. Die Namen der Kandidaten werden auf ein Stück Papier geschrieben; auf der andern Seite desselben wird das Amt, und die Ortschaft angemerkt. Ein Konstabel sammlet und versiegelt diese Zettel vor der Versammlung der Ortschaft, darauf werden sie an die Generalversammlung geschickt, welche sich auf den zweiten Donnerstag des nächsten Mai versammlet. Hier wird alsdann, wenn sich die Repräsentanten einen Sprecher und Sekretär ernannt haben, ein Ausschuß von beiden Häusern festgesetzt, welcher die Stimmen zählt, und die Gewählten proklamirt. Bei der Wahl der Assistenten ist noch folgende besondere Einrichtung zu merken. In der Versammlung der Freimänner im September zur Wahl ihrer Repräsentanten, werden 20 Kandidaten zu jener Würde schriftlich ernannt. Die Stimmen werden versiegelt der Generalversammlung des nächsten Oktobers zugeschickt. Ein Ausschuß aus beiden Häusern sucht die zwanzig Kandidaten aus, welche die mehresten Stimmen haben; aus ihnen werden hernach im nächsten April auf die oben beschriebene Art die zwölf Assistenten von den Freimännern gewählt.

Die Repräsentanten werden jährlich zweimal gewählt; an dem genannten Tage des Mai, und im September. Jede Ortschaft kann zwei ernennen.

Jeder Freimann, der zur Wahl der Repräsentanten zugelassen wird, kann auch zu den Aemtern des Staates gewählt werden. Es gehören aber dazu folgende Eigenschaften. Er muß 21 Jahr alt sein, sich friedlich und anständig aufführen, ein Freigut von 40 Schilling Ertrag, oder ein Personal-Vermögen von 40 Pfund besitzen. Wenn die Vorsteher der Ortschaften diese Eigenschaften attestiren, dann wird er als Freimann anerkannt, und als solcher vereidet, dem Staate treu zu sein. Die Schreiber der Ortschaften führen die Liste der Freimänner, und nur ein Urtheilspruch des Obergerichtes wegen schlechter Aufführung raubt den Einwohnern das Recht eines Freimannes.

Die Generalversammlung hat jährlich zwei festgesetzte Versammlungen oder Sitzungen: am zweiten Donnerstage des Mai und des Oktobers; aber der Gouvernör, oder in seiner Abwesenheit der Unterguvernör, kann sie zu jeder Zeit, bei besondern Vorfällen, zusammen berufen.

Die Generalversammlung hat das Recht Gesetze zu geben, und Abgaben aufzulegen; Gerichtshöfe zu errichten, Richter anzustellen, und sie nach Gefallen abzusetzen; alle Departements, Magiträte oder Beamte zur Rechenschaft zu fordern; und sie nach Recht und Gerechtigkeit gefänglich einzuziehen und abzusetzen; endlich kann sie auch Verurtheilte in Kri-

minal, und Kapital-Fällen nach Gutbefinden begnadigen.

Der Guvernör, oder in seiner Abwesenheit der
Unterguvernör hat im Ober-Hause, so wie der
Sprecher im Unterhause eine entscheidende Stimme,
wenn die Stimmen der Mitglieder der respektiven
Häuser, den Guvernör und den Sprecher mit ein-
geschlossen, gleich getheilt sind.

Der Guvernör ist Generalkapitän der Miliz;
der Unterguvernör aber Generallieutenant; die übrigen Generale und Stabsoffiziere werden von der
Generalversammlung ernennt, und erhalten von
dem Guvernöre ihre Bestallung. Die Kapitäne und
Subalternen werden von ihren Kompanieen gewählt; aber die Generalversammlung muß die Wahl
erst billigen; dann bestallt sie der Guvernör. Alle
Offiziere behalten ihren Posten so lange, als es die
Generalversammlung für gut findet; und sie können
nicht anders als mit Bewilligung des Generalkapi-
tänes den Dienst verlassen; sonst müssen sie zur
Strafe wieder als Gemeine diehen.

Die Richter werden jährlich von der Generalversammlung angestellt; doch werden gewöhnlich dieselbigen Personen, so lange sie sich gut betragen, in
ihrem Amte wieder erneuert. Die Sherifs werden
ohne Zeitbestimmung von dem Guvernöre und dem
Oberhause ernennt, und nach Gutbefinden abgesetzt.

Das Obergericht besteht aus einem Oberrichter
und vier Richtern. Es entscheidet in allen Kriminal-Fällen über Leben und Tod, oder über Verbannung. Es urtheilt über Ehescheidungen, und
nimmt Appellazionen von den niedern Gerichten der
Grafschaften an. Es hält jährlich in jeder Grafschaft zwei Sitzungen.

Jede Grafschaft hat ein Untergericht, welches

aus einem Richter und vier Friedensrichtern besteht.
Es entscheidet in allen Kriminal-Fällen, die nicht
mit dem Tode oder der Verbannung bestraft werden; und über alle Zivil-Prozesse, wenn die Sache
40 Schilling und drüber betrifft.

Bei dem Ober und den Untergerichten entscheiden die Geschwornen nach dem gemeinen Gesetze die
Thatsachen.

In Sachen die nicht über 40 Schilling betreffen,
entscheiden die Friedensrichter; so auch über einige
Kriminal-Fälle, wenn die Strafe nicht über 40 Schil-
linge beträgt, oder der Schuldige nur mit zehn Geis-
selhieben bestraft oder in den Block gelegt wird.

Es giebt auch für gewisse Bezirke Erbschaftsgerichte; bei jedem steht ein Richter, der Testamente
bescheinigt; die Güter der ohne Testamente verstorbenen administrirt, und über ihre Vertheilung die
Aufsicht hat; der Vormünder ernennt, u. s. w. Von
diesen Gerichten kann an das Obergericht appellirt
werden.

Die Ober- und Untergerichte ernennen ihre Sekretäre selber. Die Gerichte in den Grafschaften
erkennen in Billigkeitssachen von 5 bis 200 Pfund;
das Obergericht in Sachen von 200 bis 800 Pfund;
die Generalversammlung in allen Sachen über 800
Pfund. Die Prokuratoren werden von den Gerichten der Grafschaften beeidigt. *) Die Verfassung
der Grafschaften und Ortschaften ist von der in
Massachusett nicht verschieden. Die Konstituzion
von Connekticut hat dieselben Fehler, als die von
Rhode-Island; die Mitglieder der Gesetzgebung
wechseln zu oft; die richtende Gewalt ist von der gesetzgebenden zu abhängig; und die Gränzen der ausübenden Macht sind zu wenig bestimmt; dennoch

*) S. Ebelings Amer. Bibl. S. 509. The Constitu-
tions of America p. 132.

scheint dieser Staat einer vollkommneren Ruhe und Glückseligkeit zu genießen als jener. Die Ursache liegt also wohl in dem Geiste der Einwohner.

- - - - - -

New-York.

Die Konstituzion von New-York ward in einer Konvenzion im Jahre 1777 entworfen, und am 20ten April angenommen. Sie besteht aus 42 Artikeln.

I.

Die höchste gesetzgebende Gewalt ist zwei von einander verschiedenen Körpern anvertraut; der Versammlung des Staates von New-York; und dem Senate des Staates von New-York. Aus beiden besteht die Legislatur; und sie müssen sich wenigstens einmal des Jahres versammlen. Damit aber kein Gesetz gegen den Geist der Konstituzion, oder gegen das Gemeinwohl, aus Uebereilung angenommen werde; sollen der Gouvernör, der Kanzler, und die Richter des Obergerichtes, oder doch zwei von ihnen, einen Rath bilden, welcher alle Vorschläge oder Bills der Legislatur durchsieht, ehe sie Gesetzeskraft erhalten. Sie sollen sich dazu unentgeltlich versammlen, wenn die Legislatur ihre Sitzungen hält. Wenn dieser Rath, oder die Mehrheit desselben gegen eine Bill Einwendungen zu machen hat, müssen dieselben mit der Bill zugleich schriftlich dem Senate, oder der Versammlung, wo sie zuerst vorgeschlagen worden, binnen zehn Tagen nach der Präsentazion, oder wenn sich die Legislatur adjournirt hätte, am ersten Tage ihrer Sitzung nach dem Verlaufe jenes Termines, zuge-

schickt werden. Die Einwendungen müssen alsdann
in das Protokoll des Hauses eingetragen, und die
Bill muß von neuem in Erwägung genommen werden. Wenn nach einer zweiten Erwägung dennoch
zwei Drittheile des Senates, oder der Versammlung
für sie stimmen, dann muß sie das eine Haus der
Legislatur mit den Einwendungen an das andere
schicken; wird sie auch hier nach einer zweiten Erwägung von zwei Drittheilen der Mitglieder gebilligt, dann erhält sie Gesetzeskraft.

Die Versammlung soll wenigstens aus
70 Mitgliedern bestehen, die jährlich von den Grafschaften gewählt werden *). Sieben Jahre nach der
Beendigung des Krieges mit Großbritannien soll,
unter der Direkzion der Legislatur eine Zählung der
Wähler und der Einwohner angestellt, und die Zahl
der Repräsentanten da nach verändert werden. Alle
sieben Jahre soll diese Zählung erneuert werden;
und wenn sich die Zahl der Wähler in einer Grafschaft nach der ersten Zählung um ein siebenzig Theil
vermehrt oder vermindert hat, so soll die Zahl der
Repräsentanten derselben für jedes siebenzig Theil
mit einem vermehrt oder vermindert werden.

Da die Meinungen getheilt waren, ob es der
Freiheit zuträglicher sei, durch Kugeln, oder durch
lautes Stimmen zu wählen; so blieb es während
des Krieges bei der letztern Gewohnheit; es sollte
aber nach der Beendigung desselben die Legislatur das
Ballotiren einführen und anordnen; und wenn der
Ver-

*) New-York enthielt damals 14 Grafschaften. Die
Konstituzion setzte für jede Zahl der Repräsentanten
fest. Für die City und die County New-York 9.
Für die City und County Albany 10. Für Dutcheß
10. Westchester 6. Ulster 6 Suffolk 5. Queens County 4. Orange 4. Kings 2. Richmond 2. Tryon 6. Charlotte 4. Cumberland 3. Gloucester 2.

Versuch der Erwartung nicht entspräche, sollte sie das laute Stimmen wieder verordnen können.

Jeder männliche volljährige Einwohner, der in einer der Grafschaften dieses Staates wenigstens sechs Monate vor der Wahl gewohnt hat, und ein Freigut von zwanzig Pfund am Werthe, oder ein Lehen (tenement) von jährlich 40 Schilling in dieser Grafschaft besitzt, und wirklich Abgaben bezahlt, kann zum Repräsentanten derselben in der Versammlung gewählt werden. Die Einwohner der City Albany, die jetzt Freimänner sind, und diejenigen der City New-York, die an und vor dem 14ten Oktober des Jahres 1775 Freimänner geworden sind, und dort wirklich wohnen, sollen ebenfalls das Recht haben, an besagten Oertern die Repräsentanten zu wählen *). Jeder Wahlfähige soll vor der Wahl, wenn es die Aufseher verlangen, den Eid der Treue gegen den Staat ablegen; Quäker sollen nur eine Versicherung derselben geben.

Die also gewählte Versammlung soll ihren Sprecher ernennen, über ihre eignen Mitglieder Richter sein, dieselbigen Privilegien haben und auf gleiche Art die Geschäfte betreiben, als vormals die rechtmäßige Versammlung der Kolonie von New=York. Die Mehrheit der Mitglieder soll eine gültige Sitzung ausmachen.

Der Senat soll aus 24 Mitgliedern bestehen, die aus der Zahl der Freihalter, und von solchen Freihaltern gewählt werden, die ein Freigut von hundert Pfund am Werthe, nach Abzug aller dar-

---

*) Durch diese Klausel wird also nur von den Freimännern der beiden Städte verlangt, daß sie wirklich in derselben wohnhaft sind. Es werden aber auch dadurch die von den englischen Generalen nach jenem Termine ernannten Freimänner von dem Wahlrechte ausgeschlossen.

J

auf haftenden Schulden beſitzen. Dieſe Senatoren
werden auf vier Jahre gewählt. Gleich nach der
erſten Wahl werden ſie durch das Loos in vier Klaſſen getheilt, ſo daß ſechs Mitglieder zu jeder gehören. Die Mitglieder der erſten Klaſſe legen ihr Amt
nach Verlauf des erſten Jahres nieder, und ſo die
der zweiten Klaſſe im folgenden Jahre u. ſ. w. ſo
daß alſo immer der vierte Theil des Senates auf ein
Jahr gewählt iſt.

Die Senatoren ſollen nach folgender Vorſchrift
gewählt werden. Die Grafſchaften wurden in vier
Diſtrikte getheilt; die Stadt und Grafſchaft New-
York, die Grafſchaften Suffolk, Weſtcheſter, Kings,
Queens und Richmond wurden zu dem ſüdlichen Diſtrikte gerechnet; die Grafſchaften Dutcheſs, Ulſter
und Orange zu dem mittlern; die Stadt und Grafſchaft Albany, und die Grafſchaft Tryon zu dem
weſtlichen; und die Grafſchaften Charlotte, Cumberland und Glouceſter zum öſtlichen. Aus dem erſtern wurden neun Senatoren, aus dem zweiten
ſechs, aus dem dritten ſechs, und aus dem vierten
drei Senatoren von den Freihaltern gewählt.

Aber gleich nach dem Kriege ſollte eine Zählung
angeſtellt, und die Zahl der Senatoren nach der Bevölkerung der Diſtrikte genauer beſtimmt werden.
Wenn ſich nach dieſer Zählung die Zahl der Wahlfähigen in einem Diſtrikte um ein Zwanzigtheil
vermehren würde, dann ſollte auf den Diſtrikt
ein Senator mehr gewählt werden. Die Legislatur
kann aber den Staat nach Gutfinden in andere Grafſchaften und Diſtrikte eintheilen. Der Senat iſt
Richter über ſeine eignen Mitglieder; und die Mehrheit derſelben iſt erforderlich, um ein Geſchäft anzu-
fangen.

Weder die Verſammlung, noch der Senat ſollen
ſich auf längere Zeit, als auf zwei Tage, ohne ge-

genseitige Einwilligung adjourniren können. Wenn
die Versammlung und der Senat verschiedner Meinung sind, muß über die Sache, in Gegenwart beider, durch Kommitteen konferirt werden, die von
jedem Hause durch Kugeln gewählt werden. Beide
Häuser halten ihre Versammlung bei offnen Thüren;
ausgenommen wenn das Wohl des Staates das Gegentheil erfordert; auch führen sie ihre Tagebücher
wie vorher in der Kolonie gewöhnlich gewesen, und
lassen sie von Tage zu Tage publiziren, wenn es die
Geschäfte der Legislatur verstatten.

Die Zahl der Senatoren soll nicht über hundert,
und die der Repräsentanten nicht über dreihundert steigen. Ist die Zahl in beiden Häusern voll, so muß
sie nach der Volksmenge in der Zukunft auf die Distrikte und Grafschaften verhältnißmäßig vertheilt
werden.

Uebrigens soll kein Mitglied dieses Staates seiner Freiheit oder Rechte und Privilegien, die den
Unterthanen dieses Staates durch die Konstituzion
zugesichert sind, auf eine andere Art für verlustig
erklärt werden, als durch die Landesgesetze oder
durch ein Urtheil von seines Gleichen.

II.

Die höchste ausübende Gewalt und
Autorität besitzt der Guvernör. Alle drei
Jahre, und außerdem so oft als die Stelle des Guvernörs vakant wird, soll ein weiser vernünftiger
Freihalter dieses Staates von den Freihaltern, die
zur Wahl der Senatoren berechtigt sind, durch Ballotiren gewählt werden. Die Wahl geschieht jedesmal zu der Zeit, wenn die Repräsentanten in jeder Grafschaft gewählt werden, und an demselbigen Orte.

Der Guvernör behält sein Amt drei Jahre lang.

Er ist General und Oberbefehlshaber der Miliz, und Admiral der Flotte des Staates. Er hat das Recht die Versammlung und den Senat bei außerordentlichen Gelegenheiten zusammen zu berufen; sie von Zeit zu Zeit zu prorogiren, doch darf die Prorogazion nicht länger als sechzig Tage in einem Jahre dauern. Er kann überführten Verbrechen die Strafe erlassen, oder sie aufschieben, Hochverräther und Mörder abgerechnet; bei diesen kann er nur die Vollziehung des Urtheils aufschieben, bis es der Legislatur bei ihrer nächsten Sitzung vorgelegt werden kann; und diese begnadigt, oder läßt das Urtheil vollziehen, oder gewährt noch Aufschub.

Es ist die Pflicht des Guvernörs, die Legislatur bei jeder Sitzung, von der Lage des Staates, in so fern es sein Departement angeht, zu benachrichtigen; solche Gegenstände zur Ueberlegung vorzuschlagen, als das Gemeinwohl zu heischen scheint; mit dem Kongreße der Union, und mit den andern Staaten zu korrespondiren; mit allen Zivil- und Militär-Beamten die nöthigen Geschäfte abzuthun; nach besten Einsichten dafür zu sorgen, daß die Gesetze treu ausgeübt werden; und alle die Maasregeln auszuführen, welche die Legislatur beschließt.

Zugleich mit dem Guvernöre, und auf gleiche Art, wird auch der Unterguvernör gewählt, und seine Stelle bei einer entstehenden Vakanz wieder besetzt. Der Unterguvernör ist Präsident des Senates, und hat eine entscheidende Stimme in demselben, wenn die übrigen gleich getheilt sind. Sonst hat er aber bei keiner andern Gelegenheit eine Stimme. Sollte der Guvernör eines Staatsverbrechens angeklagt werden, oder sollte seine Stelle durch Entfernung vom Dienste, durch den Tod, durch Resignazion, oder durch Abwesenheit aus dem Staate erledigt werden; dann soll der Unterguver-

nör so lange sein Amt verwalten, bis ein neuer Guvernör gewählt worden, oder der abwesende oder
angeklagte zurückkehrt, oder losgesprochen wird.
Wenn aber der Guvernör zur Zeit eines Krieges,
mit Bewilligung der Legislatur, an der Spitze der
Truppen außerhalb der Gränzen des Staates geht,
so behält er sein Kommando zu Wasser und zu
Lande.

Wenn der Unterguvernör das Guvernement
führt, oder wenn er nicht als Präsident im Senate
erscheinen kann; so sollen die Senatoren einstweilig
einen Präsidenten aus ihrer Mitte wählen. Und
wenn während der Vakanz der Guvernörstelle auch
der Unterguvernör eines Staatsverbrechens angeklagt, abgesetzt werden, resigniren, sterben, oder
außerhalb des Staates abwesend sein sollte; dann
soll der Präsident des Senates das Guvernement führen, bis die erledigten Stellen wieder besetzt sind.

Die Legislatur ernennt den Schatzmeister;
es darf aber kein Mitglied der Legislatur dazu
gewählt werden.

Die Versammlung ernennt ferner jährlich aus
jedem der großen Distrikte einen Senator zu einem
Rathe, (Council of Appointment) welcher die
Staatsbeamten erwählt, deren Ernennung in dieser
Konstituzion nicht festgesetzt ist. Der Guvernör,
oder der Unterguvernör, oder der Präsident des
Senates, der jedesmal das Guvernement führt, ist
Präsident dieses Rathes, und hat eine entscheidende
Stimme, sonst aber keine. Er bestellt die durch die
Mehrheit dieses Senates ernannten Beamten. Die
genannten Senatoren können aber nicht zwei Jahre
hinter einander zu dem Rathe gewählt werden.

Alle Militär-Beamte werden auf willkürliche
Zeit angestellt; alle bestallten Zivil- und Militär-

J 3

Beamte bekommen ihre Bestallung von dem Guvernöre. Der Kanzler, die Richter des Obergerichtes, und der erste Richter bei jedem Provinzial-Gerichte behalten ihr Amt, so lange sie sich gut betragen, und bis sie sechzig Jahr alt werden.

Der Kanzler und die Richter des Obergerichtes
sollen nicht zu gleicher Zeit ein anderes Amt führen;
doch können sie bei besondern Ereignissen zu Abgeordneten an den General-Kongreß ernennt werden. Auch
die ersten Richter der Provinzial-Gerichte sollen nicht
zu gleicher Zeit ein anderes Amt annehmen, ausgenommen die Stelle eines Senators, oder Abgeordneten an den General-Kongreß.

Die Sherifs und Coroners werden jährlich gewählt; keiner soll eines dieser Aemter länger als
vier Jahre hinter einander behalten; auch dürfen die Sherifs kein ander Amt zugleich führen.

Der Kanzler ernennt die Registratoren und Sekretäre des Kanzeleigerichtes; die Sekretäre des Obergerichtes werden von den Richtern desselben; die Sekretäre des Erbschaftgerichtes auch von den Richtern
desselben; der Registrator und Marschall des Admiralitäts-Gerichtes von dem Richter dieses Gerich-
richtes ernennt. Der Marschall, die Registratoren
und Sekretäre behalten ihr Amt nach dem Gutbefinden dessen, der sie angestellt hat.

Alle Prokuratoren, Fiskale und Rechts-Konsu-
lenten werden von dem Gerichte, vor welchem sie
praktisiren wollen, angestellt, und von dem obersten
Richter desselben eingeführt. Sie müssen sich an
die Ordnung und an die Vorschriften dieser Gerichte halten.

Alle Aemter, deren Dauer in dieser Konstituzion nicht festgesetzt ist, sollen nach dem Gutbefinden
des Kollegiums, das sie ertheilt, dauern; doch sollen die Provinzial-Richter, den ersten abgerechnet,

und die Friedensrichter, wenigstens alle drei Jahre ernennt werden.

Die Ortschafts-Schreiber (Town-clerks) Inspektoren, Schatzmeister, Konstabels, die Einnehmer und alle übrige vom Volke gewählte Beamte, sollen immer so gewählt werden, als es die gegenwärtigen oder künftigen Gesetze der Legislatur anordnen. So auch die Leihbank-Offizianten, die Schatzmeister der Grafschaften, und die Schreiber der Inspektoren.

Die beiden Häuser der Legislatur ernennen die Abgeordneten an dem General-Kongreß.

Die Formel der Gesetze lautet also: Befohlen von dem in dem Senate und der Versammlung repräsentirten Volke des Staates von New-York.

III.

Die Legislatur soll ein Gericht zur Untersuchung der Klagen wegen schlechter Staatsverwaltung, und zur Revision der Prozesse errichten, welches aus dem Präsidenten des Senates, den Senatoren, dem Kanzler und den Richtern des Obergerichtes, oder doch aus der Mehrheit derselben bestehen, und nach den Vorschriften der Legislatur verfahren soll. Wenn aber der Kanzler, oder einer von den Richtern selber angeklagt würde, so ist er dadurch bis zur Entscheidung von seinem Amte suspendirt. Eben so, wenn eine Appellazion von dem Billigkeits-Gerichte angebracht wird, so soll der Kanzler *) die Gründe seines Urtheils vortragen, aber bei dem Endurtheil

---

*) Das Kanzleigericht, dessen Vorsteher der Kanzler ist, mildert hier, wie in England die strengen Aussprüche des buchstäblichen Rechtes nach gewissenhafter Billigkeit, und ist also das Billigkeits-Gericht (Court of equity).

J 4

nicht mitſtimmen. Wird von einem Urtheilſpruche des Obergerichtes appellirt, ſo ſollen die Richter die, Gründe ihres Ausſpruches darlegen, aber bei der Beſtätigung oder Umſtoßung deſſelben nicht mitſtimmen.

Die Repräſentanten des Volkes in der Verſammlung haben allein das Recht, Klagen gegen Staatsbeamte wegen ſchlechter Verwaltung zu erheben; es müſſen aber zwei Drittheile der gegenwärtigen Mitglieder für die Anklage ſtimmen. Vor der Eröffnung des Prozeſſes müſſen die Mitglieder des obgenannten Gerichtes ſchwören, daß ſie treu und unpartheiiſch, nach Thatſachen entſcheiden wollen; zwei Drittheile der Mitglieder können einen gültigen Ausſpruch thun; ſie können aber zu keiner andern Strafe verurtheilen, als zur Abſetzung von dem Amte, und zur Unfähigmachung zu jedem Amte im Staate; der alſo Ueberführte iſt aber demnächſt den Kriminalgerichten und den Strafen der Landesgeſetze unterworfen.

Aber jedem, der wegen eines Staatverbrechens von dem Hauſe der Repräſentanten angeklagt, und alsdann vor Gerichte peinlich belangt wird (in every trial on impeachment or indictment) ſoll wie bei einem Zivil-Prozeſſe, ein Advokat zugeſtanden werden.

Das engliſche gemeine Recht (Commonlaw), die Statuten von England und Großbritannien (statute-law), und die Geſetze der Legislatur der Kolonie New-York, wie ſie zuſammen das Geſetzbuch beſagter Kolonie am 19ten April 1775 ausmachten, ſollen noch ferner in dieſem Staate gelten; die Legislatur kann ſie aber von Zeit zu Zeit verändern. Alle temporären Geſetze jener genannten Sammlungen ſollen mit dem Termine ihrer Dauer erlöſchen; aber alle diejenigen, wo-

durch eine herrschende Kirche, oder die Souveräni=
tät und die Rechte des Königs von Großbritannien
und seiner Vorfahren über die Kolonie New=York
festgesetzt wurden, oder welche dieser Konstituzion
widersprechen, sind hiermit aufgehoben. Die Be=
schlüsse des Kongreßes der Kolonie New=York, so
wie der Konvenzion des Staates New=York, die
jetzt gelten, und dieser Konstituzion nicht zuwider
sind, sollen als Landesgesetze gelten; doch bleiben
sie den Veränderungen unterworfen, welche die Le=
gislatur von Zeit zu Zeit vornehmen wird.

. Alle Bewilligungen an Ländereien, und alle Frei=
briefe, welche politischen Korporazionen in diesem
Staate von den Königen von England vor dem 14ten
Oktober 1775 verliehen sind, behalten ihre Gültig=
keit; auch sollen sie nicht weder wegen Nichtgebrauch
noch Mißbrauch zwischen dem 19ten April 1775 und
der Publikazion dieser Konstituzion, aufgehoben wer=
den. Alle solche Offizianten, welche jenen Freibrie=
fen zu Folge von dem Gouvernör der Kolonie ange=
stellt wurden, sollen hinfort von dem Rathe er=
nennt werden, dem diese Konstituzion die Beße=
hung der Aemter übertragen hat.

Um Frieden mit den Indiern zu erhalten, und
die Betrügereien zu verhindern, wodurch sie so oft
zum Mißvergnügen gereizt werden; soll kein Kauf,
oder Kaufkontrakt wegen Ländereien seit dem 14ten
Oktober 1775 mit den Indiern in diesem Staate
gelten, wenn er nicht unter der Aufsicht der Legisla=
tur gemacht ist.

Da es die Grundsätze einer vernünftigen Frei=
heit erfordern, daß nicht nur die bürgerliche Ty=
rannei, sondern auch die geistige Unterdrückung und
Intoleranz, womit die Andächtelei und der Ehr=
geiz schwacher und verworfner Priester und Für=

J 5

ften die Menschheit gefoltert haben, verbannt sei;
so soll jedermann in diesem Staate, ohne Unterschied oder Vorzug einer Sekte, freien Gottesdienst
ausüben; wenn er anders nicht diese Gewissensfreiheit so mißdeutet, daß er sie zur Beschönigung zügel-
loser Ausschweifungen, oder solcher Handlungen,
die dem Frieden und der Sicherheit dieses Staates
zuwider sind, gebraucht.

Da die Diener des Evangeliums zum Gottesdienste und zur Seelsorge bestimmt sind, und also
von ihren großen Pflichten nicht abgehalten werden
dürfen; so soll kein Prediger oder Priester von irgend einer Genossenschaft in Zukunft zu einem Zivil-
oder Militär-Amte in diesem Staate gewählt werden können.

Weil es die Sicherheit eines Staates erfordert,
daß er immer im Wehrstande sei; und da es eines
jeden, der des Schutzes der Gemeinheit genießt,
Pflicht ist, immer fertig und willig zu sein, sie zu
vertheidigen; so soll die Miliz dieses Staats immer,
sowohl im Kriege als im Frieden, bewaffnet, geübt und zum Dienste fertig sein: Und da die Quäcker aus Gewissensbedenklichkeiten die Waffen nicht
tragen wollen; so sollen sie dem Staate anstatt der
persönlichen Dienste so viel an baarem Gelde erlegen,
als die Legislatur bestimmen wird. Auch sollen in
allen Grafschaften hinlängliche Zeughäuser auf Kosten des Staates unterhalten werden.

Die Entscheidung der Klagen durch die Geschwornen, soll in allen Fällen, wie sie bisher üblich gewesen, bleiben.

Die Legislater dieses Staates soll keine Acts
of attainder mehr geben, als wegen solcher Verbrechen, die vor der Beendigung des gegenwärtigen Krieges begangen sind; und diese Acts sollen

nicht eine corruption of blood bewirken *). Auch
soll die Legislatur keine andere Gerichtshöfe eröffnen
können, als solche, die nach dem gemeinen Rechte
richten **).

Die Legislatur hat das Recht, eingewanderte
Ausländer zu naturalisiren; sie müssen aber dem
Staate Treue schwören, und allen Gehorsam gegen
auswärtige Fürsten und Staaten in Religions- und
Zivil-Sachen abschwören ***).

---

*) Man unterscheidet in der englischen Kriminal-Ju-
stiz folgende Begriffe. Derjenige, der wegen Hochverrath oder Felonie angeklagt ist, wird 1 convic-
ted, überführt; 2 attainted, attinctus, gebrannt,
markt. Nach der Ueberführung ist er noch nicht ber
Rechte eines Bürgers beraubt; er kann sich noch
vertheidigen, er ist noch nicht bürgerlich tod; er
kann noch Aufschub der Exekution, noch Pardon
erhalten. So bald aber das Urtheil über ihn gesprochen ist, dann sprechen That und Recht gegen
ihn, und er kann nichts mehr zu seiner Vertheidigung vordringen; er ist durch Antizipirung seiner
Strafe schon bürgerlich tod. Es wird also ein Verbrecher attainted wenn das Todesurtheil wirklich
über ihn gesprochen ist, oder ein, diesem Urtheil
ähnliches über ihn ergangen; z. B. wenn er sich ver-
birgt oder sich der Gerechtigkeit entzieht, und das
Konfiskations-Urtheil über ihn gesprochen wird. Die
Folgen des Ausspruches attainted sind 1 Konfiskazion des Vermögens; 2. the corruption of blood
wodurch ihm das Recht genommen wird, Güter
von seinen Vorfahren zu erben, und bereits in Besitz genommene zu behalten, oder zu vererben. Und
alle seine Nachkommen sind dadurch von jeder Erbschaft ausgeschlossen, die ihnen von ältern Vorfahren
zufallen müßte. Der König konfiszirt die Erbschaft.
S. Blackstone VI. 29. Diese harte Strafe ist aus der
normännischer Feudal-Verfassung übrig geblieben.
**) The Constitut. of Amer. p. 139. sq.
***) Es giebt in New-York folgende Gerichte. 1. Das
Kanzleigericht. 2. Das Obergericht. 3. Das Ge-

New-Yersey.

Als New-Yersey im Jahre 1738 wieder von dem
Guvernement von New-York getrennt wurde,
ernannte der König einen Guvernör und einen Rath
von zwölf Mitgliedern, welche das Oberhaus der
Generalversammlung von New-Yersey bildeten.
Das Unterhaus oder die Assembly bestand aus 26
Deputirten, die von solchen Freihaltern gewählt
wurden, die 1000 Acker Land in der Provinz besaßen. Die Generalversammlung hatte die gesetzgebende Gewalt, und jedes Haus hatte eine verneinende Stimme gegen das andere. Der Guvernör
hatte die ausübende Gewalt, und war zugleich Vize-
Admiral und Kanzler. Von den Gerichtshöfen galt
die Appellazion an den König im geheimen Rathe*).

Die alte Verfassung der Kolonie wurde auf dem
Provinzial-Kongresse zu Burlington am 2ten Jul.
1776 durch die Einführung einer neuen Konstituzion
nach den Grundsätzen der Unabhängigkeit umgeändert. Sie besteht aus 23 Artikeln.

Die Regierung ist einem Guvernöre, einem
gesetzgebenden Rathe, und einer Generalversammlung übertragen.

Die Mitglieder des Rathes und der Generalversammlung werden jährlich am zwölften Donnerstage
des Oktobers von den volljährigen Einwohnern, die
ein Gut von 50 Pf. am Werthe besitzen, und seit 12

_____

richt der Staatsanklagen und der gerichtlichen Ir-
rungen. 4. Das Gericht der gemeinen Klagen.
5. Das allgemeine Friedensgericht. 6. Das Vor-
munds- und Erbschaftsgericht. 7. Die Unionsgerichte.

*) S. Burnaby's Reisen. Uebers. S. 122.

Monaten vor der Wahl wirklich in der Grafschaft, für die sie stimmen, wohnen, gewählt. Jede Grafschaft wählt ein Mitglied für den gesetzgebenden Rath, und drei Repräsentanten zur Versammlung. Doch hat die Legislatur das Recht mit Uebereinstimmung der Mehrheit beider Häuser, die Zahl der Mitglieder der Versammlung nach der Volkszahl zu verändern; nur dürfen ihrer nie weniger als 39 sein. Die Mitglieder des gesetzgebenden Rathes müssen wenigstens seit einem Jahre vor der Wahl Einwohner und Freihalter der Grafschaft sein, die sie wählt, und wenigstens 100 Pf. an real und personal Vermögen in derselben besitzen; die Mitglieder der Versammlung aber müssen auch seit einem Jahre Einwohner der Grafschaft sein, und ein real und personal Vermögen von 500 Pf. in derselben besitzen. Die Richter des Obergerichtes und der übrigen Gerichte, die Sheriffs und alle übrigen Beamte, Friedensrichter ausgenommen, können nicht zugleich Mitglieder der Legislatur werden.

Die gesetzgebende Gewalt ist zwischen dem gesetzgebenden Rathe und der Generalversammlung getheilt. Beide Häuser eröfnen ihre Sitzung von einander abgesondert am zweiten Donnerstage nach der Wahl. Zu jedem Gesetze wird die Uebereinstimmung beider Häuser erfordert. Sieben Mitglieder des Rathes müssen zu einem Geschäfte zugegen sein, doch kann kein Gesetz anders gegeben werden als in Gegenwart und mit Einwilligung der Mehrheit der Repräsentanten in beiden Häusern.

Die Versammlung wählt sich einen Sprecher und ihre übrigen Beamten; richtet über die Wahl und die Qualifikazion ihrer eignen Mitglieder; oder sie adjournirt sich selber; bringt Bills in Vorschlag; hat allein das Recht Geldbills zu bewilligen; und bevollmächtigt ihren Sprecher, sie bei ausserordent-

lichen Fällen zusammen zu berufen. Endlich klagt
sie auch die Staatsbeamten wegen Vergehungen
bei dem Rathe an.

Der gesetzgebende Rath hat ebenfals das
Recht Bills in Vorschlag zu bringen, und alle übrigen Rechte der Versammlung; nur kann er keine
Geldbills vorschlagen oder ändern. Der Guvernör
oder Vizepräsident kann ihn von Zeit zu Zeit zusammen berufen; doch muß er jedesmal sich versammlen,
wenn die Assembly ihre Sitzung hält; der Sprecher
derselben muß daher sogleich dem Guvernör oder Vizepräsidenten Zeit und Ort melden, wenn und wo
sich das Haus der Versammlung adjournirt. Er
entscheidet über die Anklagen der Versammlung gegen Staatsbeamte, und entsetzt sie ihrer Aemter.

Die höchste ausübende Gewalt hat der
Guvernör; oder in seiner Abwesenheit der Vizepräsident des Rathes; beide werden jährlich
von dem Rathe und der Versammlung am ersten
Tage ihrer Sitzung gemeinschaftlich durch die Mehrheit der Stimmen gewählt. Der Guvernör ist be-
ständiger Präsident des Rathes, und hat eine entscheidende Stimme in demselben, er ist zugleich Kanzler, Generalkapitän und Oberbefehlshaber der Miliz; ihm zur Seite steht ein geheimer Rath der aus
drei oder mehrern Mitgliedern des gesetzgebenden
Rathes besteht.

Der Guvernör und der Rath sind die höchste Instanz in allen Rechtsfällen; sie können Verbrecher die
wegen Verrätherei, Felonie, oder anderer Vergehungen verurtheilt sind, begnadigen.

Die Zivil und Militär-Aemter des Staates werden auf folgende Art besetzt.

Die Kapitäne und Subbalternen werden von ihren Kompanien erwählt; Stabsoffiziere und Generale von dem Rathe und dem Guvernöre.

Die Richter des Obergerichtes werden auf sieben
Jahre; die Richter der Gerichte der gemeinen Klagen in den Grafschaften, die Friedensrichter, die
Sekretäre des Ober- und der Unter-Gerichte, der Generalprokurator, die provinzial Sekretäre, auf fünf
Jahre; und die provinzial Schazmeister auf ein
Jahr, von dem Rathe und der Versammlung gewählt, und von dem Guvernör, oder in dessen Abwesenheit von dem Vizepräsidenten bestallt. Nach Verlauf der genannten Termine können dieselben Personen wieder gewählt werden.

Jede Grafschaft hat ihren Sherif und einige
Koroners, welche von den Einwohnern zugleich mit
den Repräsentanten jährlich gewählt werden. Dieselbe Person kann nur drei Jahre hinter einander,
und alsdann erst wieder nach einer Frist von drei
Jahren zu jenen Aemtern ernennt werden. Sie
werden von dem Guvernör oder Vizepräsidenten,
und durch die Unterschrift von sechs Freihaltern der
Grafschaft, bestallt.

Jede Ortschaft wählt sich in ihrer jährlichen Ort-
schaftsversammlung ihre Constabels, und drei oder
mehr vernünftige Freihalter, welche die Klagen
wegen unbilliger Beschazung, an gewissen Tagen,
die sie dem Volke bekannt machen, anhören, und
entscheiden.

Es giebt keine herrschende Religionsparthei in
diesem Staate. Jeder kann nach seinem Gewissen
die Gottheit verehren. Auch ist keiner gezwungen,
der Kirche Zehnten oder Abgaben zu bezahlen. Die
Beiträge zur Unterhaltung der Kirchen und der
Geistlichen sind eines jeden Gutbefinden überlassen.
Jeder der zu irgend einer protestantischen Genossenschaft gehört, kann Mitglied der Legislatur werden,
oder sonst ein Staatsamt verwalten.

Was die Gerechtigkeitspflege anbetrift, so bleiben

das gemeine englische Recht und die Statuten wie ehemals in Gültigkeit, (die Verfügungen ausgenommen, welche dieser Konstituzion zuwider laufen) bis sie die Legislatur abzuändern für gut findet. Aber die Entscheidung durch Geschworne bleibt auf immer als ein Landesgesetz. Auch behalten die Gesetze der Provinz New-Jersey, nach der Ausgabe des Herrn Allinson ihre volle Kraft (diejenigen abgerechnet, die dieser Konstituzion widersprechen) bis sie die Legislatur abändern wird.

Alle Angeklagte haben das Recht, so wie ihre Kläger, Zeugen und Sachwalter für sich zu stellen. Auch soll das Vermögen der Selbstmörder hinfort nicht mehr konfiszirt werden; noch auch diejenige Sache, wodurch ein Mensch zufälligerweise getödtet würde, dem Fiskus anheim fallen *).

New-Jersey behielt anfänglich noch in Rücksicht der Möglichkeit einer Aussöhnung mit Großbritannien den Titel einer Kolonie bei, und versprach auch in diesem Falle, die Konstituzions Akte wieder aufzuheben. Die Formel der Gesetze war: Befohlen von dem Rathe und der Generalversammlung dieser Kolonie, und auf Autorität derselben.

Die Mitglieder der Legislatur müssen beim Antritte ihres Amtes schwören, daß sie nicht in irgend ein Gesetz, Votum, oder Verfahren, einwilligen wollen welches ihnen dem allgemeinen Wohle zuwider scheinet, oder wodurch die jährliche Wahl der Mitglieder der Legislatur, die Gewissensfreiheit, oder die

*) Nach altenglischer Sitte war sonst eine solche Sache, als ein Wagen u. s. w. an die Kirche verfallen und hieß daher ein Deodand. Nach der Reformazion fiel sie dem Landesherrn zu.

die Entscheidung der Prozesse durch Geschworne abgeschaft würde.

———

Pennsylvanien.

Wilhelm Penn, der Sohn des unter Cromwell
berühmten Admirals Wilhelm Penn, ein Quäker,
hatte die von ihm benannte Kolonie von König
Karl den zweiten 1650 zum Eigenthume, mit allen landesherrlichen Rechten, erhalten. Penn entwarf also eine Regierungsverfassung, die von den
Einwohnern angenommen wurde. Er ließ einer
Landesversammlung die gesetzgebende Gewalt; er ernennte aber einen Statthalter und einen Rath, so
wie die Richter der Gerichtshöfe. Die Generalversammlung bestand nur aus einem Hause, aus den
Repräsentanten der Grafschaften, die von den Einwohnern derselben gewählt wurden, deren Vermögen
auf 50 Pf. geschätzt wurde, und die 12 Jahre in der
Kolonie ansäßig waren. Die Familie Penn behielt
die Erbstatthalterschaft, und setzte bis auf die Revoluzion den Unterstatthalter so wie den Rath ein; aber
die Versammlung bewilligte dem erstern jährlich den
Gehalt, und der Rath konnte nicht an der Gesetzgebung Theil nehmen. Penns Nachkommen behaupteten das Eigenthumsrecht über alle unverkaufte Ländereien; sie wohnten aber gewöhnlich in London *).
Beim Ausbruche der Revoluzion ergriffen sie die Parthei des Königs; die Regierung von Pennsylvanien
erklärte sie daher ihrer Ländereien und Einkünfte
verlustig, und beschloß ihnen eine Entschädigung von
150,000 Pfund in Papiergelde zu zahlen; wovon

*) S. die ausgeschriebuen Nachrichten in Mosers
Nord-Amerika Th. 2. S. 203. u. s. w.

K

aber nur der erste Termin abgetragen wurde. Der
Verluſt der Familie wurde in England, wenn anders
die Angabe in Briſſots *) Reiſen kein Druckfehler
iſt, auf 500,020,000 Pfund geſchätzt, Eine unge-
heure Uebertreibung, die eben ſo lächerlich iſt, als die
Aeuſſerung eines deutſchen Hauptmannes in Schlözers
neuem Briefwechſel, 3. Th. S. 149, daß er Bedenken tragen würde, ſein Patent gegen ganz Pennſylvanien an den achtbaren Grafen Penn abzutreten,
wenn er in dieſem Lande wohnen ſollte.

Die neue Konſtituzion von Pennſylvanien wurde in einer Konvenzion zu Philadelphia im Jahre
1776 entworfen und angenommen. Sie unterſcheidet ſich von der Verfaſſung der meiſten übrigen
Staaten hauptſächlich dadurch, daß ſie nach den
Begriffen einer reinen Demokratie gebildet iſt. Die
geſetzgebende Gewalt iſt einfach und ungetheilt, einer
Verſammlung der Repräſentanten übertragen; die
ausübende hingegen iſt unter Mehrere, unter einem
Präſidenten und einem vollziehenden Rathe gleich
getheilt. Die ausübende Gewalt hat auf keine Art
eine Negative gegen die geſetzgebende. Hier iſt
alſo nicht die künſtliche Balanz, von der ſich die übrigen Staaten die Feſtigkeit ihrer Verfaſſung verſpre-
chen. Die Geſetzgeber von Pennſylvanien ſchienen
den Mangel des Gleichgewichtes durch zwei Mittel
erſetzen zu wollen, die ſchwerlich ihrer Abſicht ent-
ſprechen werden. Sie wollen die Geſetzgebung in
Schranken halten, indem ſie ihr vorſchreiben, alle
Bills, die publizirt werden können, erſt dem Volke
im Drucke vorzulegen, ehe ſie zum drittenmale in
der Legislatur vorgeleſen werden; und ſie nicht eher,
als in der nächſten Sitzung zu Geſetzen auszuferti-
gen, wenn die Sache anders Aufſchub erlaubt. Die

---

*) S. Briſſots Reiſe durch die Vereinten Staaten von
N. A. im Magazine der Reiſebeſchr. B. 7. S. 180.

Einschränkungen, die bei dieser nachtheiligen Ver-
zögerung nothwendig waren, sind schon hinreichend,
der Kabale den Weg zu zeigen, wie sie auf eine
schleunige Art, auch die nachtheiligsten Maaßregeln
durchsetzen kann, ohne sie erst vor dem Publikum
bekannt zu machen. Und was kann die Folge sein,
wenn die Bills wirklich publizirt werden? Man
wird dagegen und dafür schreiben, und die Legislatur wird handeln, wie es ihr beliebt. Oder sollen
die Dämagogen das Volk auffordern, das heilige
Recht der Pike zu gebrauchen? davor möge ein
guter Schutzgeist die Pennsylvanier bewahren! Eben
so zweckwidrig, wo nicht selbst gefährlich, scheint mir
das Zensoren Amt zu sein, welches nach Verlaufe
von sieben Jahren gewählt werden, und jedesmal ein
Jahrlang Großinquisitor über die Staatsverfassung
sein soll. Wenn sich die Maschine nicht durch ihr
Gleichgewicht halten kann, so wird sie schwerlich wieder durch eine schwache Hülfe gerettet werden; soll
aber das Zensoren Amt mit aller Kraft ausgerüstet werden, so ist zu befürchten, daß es einst die Rolle der
triumviri reipublicae constituendae spielen wird.

Die Verfassung von Pennsylvanien wurde unter
dem Vorsitze des vortreflichen Franklin ausgearbei-
tet. Man sollte daher schließen, daß ihre Grundsätze auch die seinigen gewesen wären. Der Fort-
setzer der lehrreichen Lebensgeschichte, die Franklin
unvollendet hinterließ, Dr. Stüber, versichert auch,
daß eine ungetheilte Legislatur und eine getheilte
ausübende Gewalt immer Franklins Idee gewesen
wäre. Jene Vermuthung und diese Nachricht,
die sich auf eine in Amerika allgemeine Sage zu
gründen scheint, wird, wenn ich nicht irre, durch
eine Anekdote widerlegt, die Adams *) über diese

*) Defence of the Const. Vol. I. p. 106. ed. Lon-
don 1794.

Sache mittheilt. Man war in der Konvenzion zu
Philadelphia lange nicht einig, ob man die Legislatur in zwei Kammern vertheilen sollte oder nicht.
Endlich ward auch der Präsident Franklin um seine
Meinung gefragt. Wie es denn immer seine
Gewohnheit war, nie eine lange Rede zu halten,
sondern seine Meinung durch ein Gleichniß, oder
durch eine artige Erzählung zu versinnlichen; so soll
er auch diesmal geantwortet haben: „Zwei Kammern in der Legislatur schienen ihm der Methode
der Fuhrleute ähnlich, die, wenn sie eine schwere
Ladung mit vier Pferden einen steilen Berg hinab-
fahren sollten, zwei Pferde von der Deichsel weg-
nähmen, sie hinten an den Wagen spannten, und
sie bergan trieben; die beiden vordern Pferde, nebst
der Last der Ladung überwänden indessen die Kraft
der hintern Pferde, und zögen sie langsam und
mäßig den Berg hinab.“ — Nach meiner Ueberzeugung spricht dieses Gleichniß für die Theilung der Legislatur in zwei Kammern, damit eine
die andere im Gleichgewichte halte. Dennoch soll
die Konvenzion das Gegentheil daraus gefolgert
haben.

Die Konstitutions-Akte besteht aus einer Erklärung der Rechte; und aus 47 Paragraphen.

Erklärung der Rechte.

Die Erklärung der Rechte ist dem Sinne nach
ganz dieselbe, wie die des Staates von Massachu-
sett, ja beinah mit denselben Worten abgefaßt.
Die Paragraphen sind folgenden Innhaltes. I. Alle
Menschen werden gleich geboren, und haben das
Recht, Glückseligkeit zu suchen. II. Religions- und
Gewissens-Freyheit darf nicht verletzt werden.

III. Das Volk hat allein das Recht, die innere Regierung des Staates einzurichten. IV. Alle Gewalt entspringt von dem Volke; die Beamten sind
seine Diener. V. Der Zweck der Regierung ist Gemeinwohl und allgemeine Sicherheit, nicht Privat-
Vortheil Einzelner; die Gemeinheit kann die Regierung verändern. VI. Die Beamten der gesetzgebenden und ausübenden Gewalt müssen nach bestimmter Zeit in den Privatstand zurückkehren.
VII. Alle Wahlen müssen frei sein; jeder, der an
der Gemeinheit ein Interesse hat, muß das Wahlrecht besitzen. VIII. Jeder ist für seine Sicherheit
Abgaben und persönliche Dienste schuldig; es darf
ihm aber nichts ohne seine oder der gesetzmäßigen
Repräsentanten Einwilligung genommen werden.
Wer aus Gewissensbedenklichkeiten sich weigert, die
Waffen zu ergreifen, darf nicht gezwungen werden,
wenn er dafür eine Entschädigung erlegt. Auch ist
das Volk durch keine Gesetze gebunden, in die es
nicht eingewilligt hat. IX. Bei Kriminalprozessen
hat jeder das Recht, sich selber und durch seine Sachwalter sich zu vertheidigen, nach der Ursache und
Beschaffenheit seiner Anklage zu fragen, mit den
Zeugen zugleich verhört zu werden, alle Beweise
für sich aufzusuchen, bald, und durch das einstimmige Urtheil unpartheiischer Geschworner aus derselben Gegend, gerichtet zu werden. Niemand kann
gezwungen werden, gegen sich selber zu zeugen; noch
seine Freiheit anders verlieren, als durch die Gesetze
des Landes, oder durch ein Urtheil von seines Gleichen. X. Arrest-Briefe können nur auf eidliche
Aussage, oder Versicherung an deren Statt, und
auf eine genaue Bezeichnung der Personen und Sachen, die eingezogen werden sollen, ausgefertigt werden. XI. Bei Prozessen über Eigenthum und bei
Privat-Händeln haben die Partheien das Recht,

sich durch Geschworne richten zu lassen. XII. Das
Volk hat alle Freiheit im Reden und Schreiben,
und kann seine Gedanken publiziren. XIII. Es hat
auch das Recht, die Waffen zu seiner Vertheidigung
zu tragen; stehende Armeen dürfen in Friedenszeiten
nicht gehalten werden; die militärische Macht muß
in strenger Subordinazion gehalten werden, und
der bürgerlichen unterworfen sein. XIV. Das Volk
muß bei der Wahl seiner Beamten und Repräsen=
tanten auf treue Anhänglichkeit an die Prinzipien
der Konstituzion, auf Biederkeit, Mäßigkeit und
Industrie sehen. XV. Alle Menschen haben ein
natürliches Recht, aus einem Staate nach dem an=
dern auszuwandern, oder in unbewohnten Ländern
einen neuen Staat zu bilden, aber auch in solchen
Gegenden, die sie kaufen können. XVI Das Volk
hat das Recht sich zu versammlen, über das Gemein=
wohl sich zu berathschlagen, seine Repräsentanten zu
instruiren, und der Legislatur wegen Abstellung sei=
ner Beschwerden, Addressen, Perizionen oder Re=
monstranzen zu überreichen.

Konstituzion.

Die höchste gesetzgebende Gewalt, ist
der Generalversammlung der Repräsen=
tanten der Freimänner von Pennsylva=
nien übertragen.

Dieses Haus der Repräsentanten besteht aus
Freimännern, die wenigstens zwei Jahre vor ihrer
Wahl in der Stadt oder Grafschaft gewohnt haben,
die sie wählt; und die sonst kein ander Amt beklei=
den, den Dienst in der Miliz ausgenommen. Das=
selbe Mitglied kann in sieben Jahren nur viermal

gewählt werden. Sie werden jährlich am zweiten Donnerstage im Oktober durch Ballotiren von allen Freimännern gewählt, die bereits seit einem Jahre in diesem Staate gewohnt, in der Zeit öffentliche Abgaben bezahlt haben, ein und zwanzig Jahre und drüber alt sind. Doch können auch die Söhne der Freihalter, die 21 Jahre alt sind, mitstimmen, wenn sie auch noch keine Abgaben bezahlt haben. Wenn einige Städte oder Grafschaften es versäumten oder sich weigerten, Repräsentanten zur Generalversammlung zu schicken, so haben zwei Drittheile der Repräsentanten, die der ganze Staat schicken sollte, das volle Recht der Generalversammlung. Für die beiden ersten Jahre der neuen Verfassung, wählte die Stadt Philadelphia und jede Grafschaft sechs Repräsentanten; es wird aber seit 1779 alle sieben Jahre eine Volkszählung angestellt, und nach derselben das Verhältniß der Repräsentanten bestimmt. Die Repräsentanten erhalten ihre Diäten, so wie die übrigen Staatsbeamten aus der Staatskasse.

Die Generalversammlung eröffnet ihre Sitzung jährlich am vierten Montage des Oktobers. Sie hat das Recht ihren Sprecher, den Staats-Schatzmeister, und ihre übrigen Beamten zu wählen; sie adjournirt sich selber; sie bringt Bills in Vorschlag und macht sie zu Gesetzen; sie urtheilt über die Wahl und die Fähigkeit ihrer Mitglieder; sie kann ein Mitglied ausstoßen, aber nicht zum zweitenmale wegen derselben Ursache; sie vernimmt Eide oder Versicherungen (der Quäcer nämlich, die nicht schwören) bei dem Verhör der Zeugen; sie stellt Beschwerden ab; klagt die Staatsbeamten wegen schlechter Amtsführung an; ertheilt Inkorporazions-Instrumente; konstituirt Ortschaften, Burgen, Städte und Grafschaften; und besitzt alle Gewalt der Legis-

K 4

latur eines freien Staates. Sie hat aber nicht das
Recht einen Theil dieser Konstituzion zu vermehren,
zu verändern, oder aufzuheben. Zwei Dritttheile
von allen Mitgliedern müssen beisammen sein, um
ein Geschäfte abzuthun. Aber in der ersten Sitzung
gleich nach der Wahl des Sprechers muß jedes Mitglied schwören, daß es kein Gesetz vorschlagen, oder
dazu einwilligen will, daß dem Volke nachtheilig,
oder den in dieser Konstituzion erklärten Rechten zuwider wäre. Auch muß jedes Mitglied, ehe es seinen Sitz nimmt, eine Erklärung von sich geben und
unterschreiben, daß es an einen Gott den Schöpfer
des Weltalls, der die Guten belohnet und die Bösen
bestraft, glaube; und daß er das alte und neue Testament für göttlich inspirirt halte. —

Die Generalversammlung muß bei offenen Thüren ihre Geschäfte vornehmen, und jeder, der sich
anständig beträgt, hat freien Zutritt; ausgenommen wenn das Wohl des Staates das Gegentheil
fordert. Ihre Verhandlungen müssen wöchentlich
während ihrer Sitzung gedruckt, auch das Ja oder
Nein der Stimmenden, wenn es zwei Mitglieder verlangen, muß beigefügt werden, ausgenommen
wenn die Stimmen durch Kugeln gesammlet werden. Auch kann jedes Mitglied bei dem Ja oder
Nein seine Gründe in das Protokoll setzen. Damit
aber die Gesetze, bevor sie Rechtskraft erlangen, gehörig erwogen werden, müssen alle Bills, die publizirt werden können, dem Volke gedruckt vorgelegt
werden, ehe sie zum letztenmale in der Generalversammlung vorgelesen werden, um darüber zu debat-
tiren; auch sollen sie nicht eher, als in der nächsten
Sitzung der Versammlung zu Gesetzen ausgefertigt werden, es müßte denn sein, daß die Sache
keinen Aufschub erlaubte. Und zur völligen Beruhigung des Publikums müssen die Gründe eines

jeden Gesetzes im Eingange desselben deutlich aus
einander gesetzt werden *).

Die Formel der Gesetze ist folgende: „Verordnet
von den Repräsentanten der Freimänner des Freistaates von Pennsylvanien, in der Generalversammlung, und auf Autorität derselben.“ — Jedem
Gesetze wird das Siegel der Gesetze von
Pennsylvanien hinzu gefügt.

Die Generalversammlung wählt auch die Deputirten für den Kongreß. Dieselbe Person kann nur
zwei Jahre hinter einander, und hierauf erst nach
nach drei Jahren wieder gewählt werden. Wer
ein Amt beim Kongreße führt, soll gar nicht
zum Repräsentanten bei demselben wieder ernennt
werden.

*) Diese Anordnung scheint den weisen Franklin als
ihren Urheber zu verrathen. Folgt nicht selbst der
Sohn den Befehlen seines Vaters williger, wenn er
sie mit Gründen wohlmeinend begleitet, als wenn
er sie nur mit Drohungen verpönet? Gewiß hat der
Ton, in welchem eine Gesetzgebung zu einer Nation
redet, einen wichtigen Einfluß auf ihren Charakter.
Wenn sie nie Zutrauen zu dem gesunden Verstande
ihrer Unterthanen äußert, wenn sie das Ehrgefühl
nie reizt, sondern nur durch Frucht vor den angedrohten Strafen zu wirken hofft, so wird sie gewiß
in vielen Fällen ihres Zweckes verfehlen, und nie
auf die Moralität wirken. Um nur ein Beispiel
anzuführen, so scheint mir der Grund, warum
öffentliche Denkmäler, Lustwälder u. s. w. noch immer auf eine so unerhörte Art bei uns muthwillig
geschändet werden, hauptsächlich in dem Tone der
Polizeigesetze und Warnungstafeln zu liegen, durch
die sie geschützt werden sollen. Sie reizen durch
den harten Ton der Drohung vielmehr den Muthwilligen, ihnen zum Hohn ein Probestück seiner
Kraft und seiner Verachtung zu versuchen, als daß
sie ihn durch eine Erinnerung an die Ehre der Nation vor seinem Muthwillen beschämen sollten.

K 5

Die höchste ausübende Gewalt besitzt der Präsident und der exekutive Rath.

Der Präsident und der Vizepräsident werden jährlich aus den Mitgliedern des Rathes von der Generalversammlung und dem Rathe gemeinschaftlich durch Kugeln gewählt.

Die Zahl der Räthe wurde jährlich auf zwölf festgesetzt. Sie werden von den Freihaltern zugleich mit den Repräsentanten der Generalversammlung nach folgender Regel gewählt. Für das erstemal wählten die Stadt Philadelphia und die Grafschaften Philadelphia, Chester und Bucks jede einen Rath auf drei Jahre; die Grafschaften Lancaster, York, Cumberland und Berks, jede einen auf zwei Jahre; und die Grafschaften Northhampton, Bedford, Northumberland und Westmoreland jede einen auf ein Jahr. Nach dem Verlaufe des ersten Termines der Wahl, wählte die Stadt Philadelphia und jede Grafschaft ein Mitglied des Rathes auf drei Jahr. Bei diesem dreijährigen Wechsel blieb es, damit immer einige ältere in den Geschäften erfahrne Räthe im der Rathsversammlung sitzen. Jede in der Zukunft neu errichtete Grafschaft sollte auch ein Mitglied wählen, und in den Zirkel der Wahlordnung der ihr zunächst gelegenen Grafschaften aufgenommen werden *). — Die Vakanzen werden bei der nächsten Wahl der Repräsentanten besetzt; es müßte denn der Präsident und der Rath eine eigne Wahl früher anstellen lassen. Kein Mitglied der Generalversammlung oder Deputirter des Kongreßes kann zum Mitgliede des Rathes gewählt

---

*) Jetzt sind noch folgende Grafschaften errichtet; Montgomery, Delaware, Luzerne, Dauphin, Mifflin, Huntingdon, Franklin, Allegany, Washington, Fayette. — Also zusammen zwei und zwanzig mit der Stadt Philadelphia.

werden; und wer dieses Amt drei Jahre lang verwaltet hat, kann erst nach vier Jahren wieder gewählt werden. Jedes Mitglied des Rathes ist zu Folge seines Amtes auch Friedensrichter für den ganzen Staat.

Der Staats-Schatzmeister, die Kommissarien der Leihbank, die Hafen-Offizianten, die Zoll- und Akzise-Einnehmer, die Admiralitäts-Richter, der Generalprokuratur, die Sherifs und Protonotarien, können weder zur Generalversammlung, noch zu dem exekutiven Rathe oder dem General-Kongreße gewählt werden.

Der exekutive Rath versammlet sich jährlich mit der Generalversammlung zu einer Zeit und an einem Orte. Der Präsident, oder in seiner Abwesenheit der Vizepräsident, und der Rath, (von welchem fünf Mitglieder gegenwärtig sein müssen, um ein Geschäft vorzunehmen) haben das Recht, die Richter, die Hafen-Offizianten, Admiralitäts Richter, den Generalprokurator und alle übrige Zivil- und Militär-Beamte zu ernennen und zu bestallen; diejenigen ausgenommen, die von der Generalversammlung oder dem Volke, zu Folge dieser Konstituzion oder künftiger Gesetze, gewählt werden. Sie besetzen auch alle Vakanzen, bis sie wieder nach den Gesetzen ergänzt werden. Sie korrespondiren mit andern Staaten, und verhandeln Staatsgeschäfte mit den Zivil- und Militär-Beamten des Staates. Sie überlegen die Angelegenheiten, die sie der Generalversammlung vorzulegen für nöthig finden. Sie richten über Anklagen gegen Staatsbeamte, und fragen dabei die Richter des Obergerichts um Rath. Sie können begnadigen oder Strafen erlassen, ausgenommen bei Vergehungen gegen den Staat. Im Falle des Verrathes oder eines Mordes können sie nicht Verzeihung, sondern Auf-

schub der Strafe bis zum Ende der nächsten Sitzung
der Generalversammlung gewähren; aber die Strafen wegen schlechter Staatsverwaltung können nur
durch ein Gesetz der Legislatur erlassen oder gemildert werden. Sie sehen ferner darauf, daß die Gesetze treu ausgeübt werden. Sie vollziehen die
Maasregeln, die von der Generalversammlung verfügt werden. Sie heben die Summen aus der
Staatskasse, die von der Generalversammlung angewiesen werden. Sie belegen mit Embargo, oder
verbieten die Ausfuhr irgend einer Waare, während
der Vakanz der Legislatur; aber nicht länger als,
auf dreißig Tage. Sie verleihen solche Privilegien,
als das Gesetz gebietet. Sie berufen im Nothfalle
die Generalversammlung, vor dem Tage, bis zu
welchem sie sich adjournirt hat. Der Präsident ist
Oberbefehlshaber der Truppen des Staates, soll
aber nicht in eigner Person kommandiren, bis ihn
der Rath dazu auffordert; und dann nur so lange,
als es ihm bewilligt worden. Der Präsident und
der Rath sollen einen Sekretär halten, und ihre
Verhandlungen in ein Protokoll eintragen lassen,
wo jeder Rath seine entgegengesetzte Meinung, mit
seinen Gründen hinzufügen kann.

Alle Bestallungen werden im Namen der Freimänner von Pennsylvanien ausgefertigt, mit dem
Staatssiegel versehen, von dem Präsidenten oder
Vizepräsidenten unterschrieben, und von dem Sekretäre kontrasignirt.

Jeder Beamte des Staates, von dem richterlichen oder ausübenden Departement, kann von der
Generalversammlung, entweder im Amte, oder
nach der Niederlegung, oder Entfernung wegen
schlechter Verwaltung, vor dem Präsidenten oder
Vizepräsidenten und dem Rathe angeklagt, und von
demselben gerichtet werden.

Die richterliche Gewalt wird von einem Obergerichte und verschiedenen Untergerichten ausgeübt; von der gesetzgebenden Gewalt angeordnet, und von der ausübenden bestallt.

Die Richter des Obergerichtes werden auf sieben Jahre bestallt, können aber hernach wieder im Amte bestätigt, oder auch wegen Mißbrauch ihres Amtes von der Generalversammlung früher abgesetzt werden. Sie können aber nicht zugleich zu Mitgliedern des General-Kongreßes, des exekutiven Rathes, oder der Generalversammlung gewählt werden, noch irgend ein anderes Zivil-oder Militär-Amt bekleiden. Sie werden besoldet, dürfen aber keine Sporteln nehmen.

Das Ober-Gericht und die Gerichte der gemeinen Prozeße sind auch zugleich Kanzlei-Gerichte, in so fern sie Zeugniße von auswärtigen Staaten herbeischaffen, für die Person und das Vermögen der Blödsinnigen Sorge tragen, u. s. w. Die Prozeße werden durch Geschworne entschieden. Die Sessions-Gerichte, die der gemeinen Prozeße, und die Waisen-Gerichte werden vierteljährlich in jeder City und Grafschaft gehalten. Gerechtigkeit soll unpartheiisch ohne Verzug, und bei offenen Thüren gehandhabt werden. Alle Prozeße werden im Namen der Freimänner des Staates Pennsylvanien geführt. Schuldner, die nicht als Betrüger verdächtig sind, sollen frei gelaßen werden, wenn sie ihr ganzes Real-und Personal-Vermögen bona fide dem Gläubiger, nach der Anweisung der Geseze, ausliefern. Alle Gefangne können auf Kauzion losgelaßen werden, ausgenommen im Falle eines Kapital-Verbrechens, wenn der Beweis deutlich, oder die Vermuthung groß ist. Doch sollen die Kauzionen nicht übertrieben groß, und die Strafen immer mäßig sein. Die Friedensrichter werden von den Freihaltern der Städte und Grafschaften auf sieben Jahre gewählt; sie können wegen schlechter Verwaltung von der Generalversammlung abgesetzt werden, aber niemals Sitz in derselben erhalten. Die Sheriffs und Koroners werden jährlich von den Freimännern gewählt, und von dem Präsidenten bestallt. Dieselbe Person kann nur drei Jahre hinter einander, und dann erst wieder nach vier Jahren gewählt werden. In jeder Stadt und in jeder Grafschaft werden Erbschafts- und Pupillen-Gerichte gehalten; die Beamten derselben werden von der Generalversammlung auf beliebige Zeit angestellt und von dem Präsidenten und dem Rathe bestallt. Die peinlichen Gesetze sollen von der Legislatur so bald als möglich verbessert, die Strafen sollen minder blutig und den Verbrechen angemeßner gemacht werden. Um aber von Verbrechen durch lange sichtbare Strafen desto wirksamer abzuschrecken, und die Todes-Strafen entbehrlicher zu machen, sollen Zuchthäuser angelegt werden, wo Verurtheilte, die kein Kapital-Verbrechen begangen haben, durch harte Arbeiten bestraft, und zu Beschäftigungen für den Staat, oder zum Ersatz des Unrechtes, das sie Privat-Personen zufügten, angehalten werden sollen. Ein jeder soll zur gehörigen Zeit zugelassen werden, die Gefangenen bei der Arbeit zu sehen. Auch soll die Legislatur die Substitutio testamentaria einschränken, daß keine Fideikommiße in Zukunft mehr Statt finden.

Zu der Miliz gehören die Freimänner des Staates und ihre Söhne. Sie werden nach den Verordnungen der Generalversammlung in Waffen geübt, und zur Vertheidigung des Vaterlandes bewaffnet. Das Volk hat aber das Recht seine Obersten und alle Offiziere unter diesem Range, so oft uns nach den Grundsätzen zu wählen, als es die Gesetze anordnen.

Alle Offizianten der richterlichen und exekutiven Gewalt und des Militärs müssen beim Antritte ihres Amtes einen doppelten Eid schwören, oder versichern; den Eid der Treue, daß sie dem Staate treu sein, und weder mittelbar noch unmittelbar gegen die Konstituzion handeln wollen; dem Amts-Eid, daß sie ihr Amt treu verwalten, und dem Gesetze gemäß jedem Recht und Gerechtigkeit gewähren wollen.

Die Konstituzion befielt endlich noch folgende Verfügungen.

Alle Wahlen im Volke oder in der Generalversammlung, sollen durch Kugeln geschehen. Bestechungen machen des Rechtes der Wahl verlustig, und sind noch überdem strafbar.

Alle Sporteln und Strafgebühren, die dem Gouvernör oder seinen Deputirten bezahlt werden, sollen der Staatskasse zu.

Jeder der über die Regierung schreiben will, hat volle Preßfreiheit.

Da jeder Freimann ein Gewerbe treiben muß, von dem er lebt, so sind salarirte Aemter unnöthig, weil sie Abhängigkeit, Sklavensinn, Zwietracht und Bestechungen veranlaßen. Wenn aber jemand zum Nachtheil seiner Privat-Geschäfte dem Staate dient, so kann er mit Recht eine Entschädigung fordern. Sollte aber ein Amt zu einträglich werden, so muß die Legislatur die Sporteln einschränken. Und die künftige Legislatur soll dafür sorgen, daß kein Amt bleibend werde.

Das Volk soll keine Abgaben oder Kontribuzionen anders bezahlen, als nach Vorschrift eines Gesetzes; ehe aber ein solches Gesetz gegeben wird,

muß die Legislatur von dem Nutzen desselben gehörig
überzeugt sein.

Jeder ehrliche Ausländer kann sich ankaufen,
oder sich auf irgend eine erlaubte Art ein Eigenthum
verschaffen, wenn er vorher den Eid der Treue abgelegt hat. Nach einem Aufenthalte von einem
Jahre hat er alle Rechte eines Eingebornen, nur
kann er erst nach zwei Jahren zum Repräsentanten
gewählt werden.

Alle Einwohner haben das Recht auf ihren Ländereien, und auf andern nicht eingezäunten Fluren zu
jagen; wie auch in allen fahrbaren Gewässern,
und andern die nicht Privat-Eigenthum sind, zu
fischen.

Die Legislatur soll in jeder Grafschaft eine oder
mehrere Schulen errichten, und die Lehrer so besolden, daß sie den Unterricht wohlfeil ertheilen können; auch sollen alle nützlichen Kenntnisse auf einer
oder mehrern Universitäten gefördert werden.

Es sollen Gesetze zur Aufmunterung der Tugenden, und zur Abwendung der Laster und der Sitten-
losigkeit gegeben, und in Ausübung gebracht werden. Alle religiösen Korporazionen zur Beförderung der Religion und der Gelehrsamkeit, oder zu
andern frommen und wohlthätigen Absichten, behalten ihre Rechte und Privilegien, wie vorher.

Die Erklärung der Rechte bleibt ein Theil dieser
Konstituzion, und darf nie verletzt werden.

Damit die Freiheit dieses Staates unverletzt erhalten werde, sollen die Freimänner jeder Stadt
und Grafschaft am zweiten Donnerstage des Oktobers im Jahre 1773, und hinfort alle sieben Jahre,
aus jeder Stadt und Grafschaft zwei Männer durch
Kugeln wählen, welche den Rath der Zensoren
ausmachen sollen. Sie versammlen sich am zweiten
Montage des Novembers nach ihrer Wahl; die
Mehr-

Mehrheit derselben ist zur Betreibung ihrer Geschäfte nöthig; ausgenommen wenn sie eine Konvenzion berufen wollten; dann müssen zwei Drittheile
darüber einig sein.   Ihre Pflichten sind folgende:
Sie sollen untersuchen, ob die Konstituzion in jedem
Theile unverletzt geblieben ist; ob die legislative und
exekutive Gewalt ihre Schuldigkeit als Beschützer
des Volkes befolget, oder sich einer größern Gewalt
angemaßt habe, als die Konstituzion erlaubt; ob die
öffentlichen Abgaben allenthalben nach Gerechtigkeit
auferlegt und eingefordert; wie die Einnahme des
Staates verwendet; und ob die Gesetze treu ausgeübt worden.

   Sie können daher Personen vor sich fordern,
und sich die Protokolle und Akten ausliefern lassen.
Sie haben das Recht, öffentliche Geschäfte zu zen-
siren, Anklagen wegen schlechter Verwaltung anzu-
befehlen, und der Legislatur zu empfehlen, solche
Gesetze zu widerrufen, die ihnen den Grundsätzen
dieser Konstituzion zuwider scheinen. Diese Gewalt
behalten sie ein Jahr lang nach dem Tage ihrer
Wahl. Wenn sie an dieser Konstituzion etwas zu
ändern, zu erweitern, oder näher zu bestimmen finden; sollen sie eine Konvenzion berufen, die sich binnen zwei Jahren nach ihrer Sitzung versammlen
soll. Doch müssen die Artikel, welche hinzu gefügt
oder abgeschafft werden sollen, sechs Monate vor der
Wahl einer solchen Konvenzion dem Volke zur Ue-
legung bekannt gemacht werden, damit es seine
Abgeordneten darüber bevollmächtigen kann.

Delaware.

   Der kleine Staat Delaware, der aus den drei
Grafschaften Newcastle, Kent und Sußex besteht,

L

wurde sonst von dem Guvernör von Pennsylvanien regiert; hatte aber eine eigne Landesversammlung, die aus den Deputirten der Grafschaften bestand. Im Jahre 1776 wurde die neue Konstituzion dieses Staates entworfen. Sie besteht aus einer Erklärung der Rechte und aus 30 Artikeln.

Inhalt der Erklärung der Rechte.

I. Die Regierung ist von dem Volke abgeleitet, beruht auf einem Vertrage, und ist bloß für das Gemeinwohl errichtet. II. Alle Menschen müssen Gewissens- und Religions-Freiheit behalten. III. Alle Christen haben gleiche bürgerliche Rechte, wenn sie die Ruhe nicht stören. IV. Das Volk kann allein die innere Regierung anordnen. V. Die Beamten der gesetzgebenden und ausübenden Gewalt sind verantwortlich; wenn eine oder beide dieser Gewalten die Freiheit untergraben sollten, kann das Volk die Regierung reformiren. VI. Die Theilnahme des Volkes an der Legislatur ist das Fundament der Freiheit; alle Wahlen müssen daher frei sein. VII. Die Legislatur kann nur Gesetze, oder die Ausübung derselben suspendiren. VIII. Die Legislatur muß öfters zusammen kommen, um die Gesetze zu verbessern und zu verstärken. IX. Jeder hat das Recht, auf eine friedliche Art Beschwerden bei der Legislatur anzubringen. X. Jedes Mitglied der Gesammtheit ist verpflichtet, Abgaben zu entrichten, und persönliche Dienste oder einen Ersatz dafür zu leisten, wenn es sein Gewissen nicht verstattet, die Waffen zu ergreifen. Es darf ihm aber nichts ohne seine oder der Repräsentanten Einwilligung genommen werden. XI. Strafen wegen Vergehungen, die vor dem Gesetze begangen wurden, sind ungerecht. XII. Jeder muß nach den Landesgesetzen, frei und

unentgeltlich; Recht und Gerechtigkeit erlangen.
XIII. Das Gericht der Geschwornen ist die beste
Schutzwehr der Freiheit und des Eigenthumes.
XIV. Bei Kriminal-Prozessen muß jeder von der
Klage gegen ihn gehörig unterrichtet, mit dem Kläger und den Zeugen zugleich verhört, und nachdem
er einen Advokaten erhalten und alle Beweise für
sich aufgestellt hat, durch einstimmige Geschworne gerichtet werden. XV. Niemand soll gezwungen werden, vor den Gerichten des gemeinen Rechtes gegen
sich selber zu zeugen. XVI. Es sollen weder übertrieben große Kautionen gefordert, noch zu große Geldstrafen, oder grausame und ungewöhnliche körperliche
Strafen auferlegt werden. XVII. Arrestbriefe sollen
nur auf eine eidliche Aussage und genaue Bezeichnung
ertheilt werden. XVIII. Eine gutgeübte Miliz ist die
sicherste Schutzwehr. XIX. Stehende Armeen sind
gefährlich, und dürfen nicht ohne Einwilligung der
Legislatur errichtet werden. XX. Die militärische
Gewalt muß der bürgerlichen stets unterworfen sein.
XXI. In Friedenszeiten darf kein Soldat in ein
Haus einquartirt werden, ohne Erlaubniß des Eigners; im Kriege muß die Legislatur darüber verfügen. XXII. Die Richter müssen unabhängig sein.
XXIII. Die Freiheit der Presse muß unverletzt bleiben.

Regierungsform.

Die gesetzgebende Gewalt besitzt die Generalversammlung. Sie besteht aus zwei verschiedenen Häusern, aus der Versammlung
(Assembly) und dem Rathe (Council); und
versammlet sich jährlich einmal und öfters.

Die Mitglieder der Legislatur werden jährlich
am ersten Oktober, durch Kugeln gewählt. Jede
Grafschaft wählt sieben Freihalter zu Repräsentan-

L 2

ten in der Assembly.   Der Rath besteht aus neun
Mitgliedern.   Jede Grafschaft wählt dazu drei
Freihalter aus ihrer Mitte, die über fünf und zwanzig Jahr alt sein müssen. Nach dem Verlaufe eines
Jahres werden die drei Räthe, die in ihren Grafschaften die wenigsten Stimmen hatten, entlassen,
und ihre Stellen durch eine neue Wahl ersetzt. Doch
können die Entlaßnen wieder gewählt werden; im
zweiten Jahre werden die entlassen, welche die größere Zahl der Stimmen für sich hatten; und so
im dritten Jahre diejenige, die die meisten hatten.
Nach diesem Wechsel bleibt also immer ein Rath aus
jeder Grafschaft drei Jahre lang, einer zwei Jahre,
und einer nur ein Jahr im Amte.

Jedes der beiden Häuser wählt sich seinen Sprecher, und seine übrigen Beamten; richtet über die
Wahl seiner Mitglieder; setzt die Regeln seines
Verfahrens fest, und schreibt bei entstandenen Vakanzen neue Wahlen aus.   Es kann ein Mitglied
wegen schlechter Aufführung verstoßen; aber nicht
zum zweiten male in derselben Session, wenn es
wieder gewählt würde.

Das Haus der Versammlung hat allein das
Recht, Geld-Bills zu entwerfen; sie können aber von
dem gesetzgebenden Rathe verändert, verbessert, oder
verworfen werden.   Jede andere Bill kann in einem
oder dem andern Hause zuerst vorgeschlagen, verändert oder verworfen werden. Beide haben das Recht,
sich zu adjourniren; beide müssen aber immer an einem
Orte und zu gleicher Zeit ihre Sitzung halten; es muß
daher der Sprecher des Hauses der Versammlung dem
Sprecher des andern Hauses sogleich die Zeit melden,
wie lange es sich adjournirt hat.   Der Präsident kann
die Generalversammlung weder prorogiren, adjourniren, noch dissolviren; aber er kann sie mit Beirath
des geheimen Rathes, oder auf die Anforderung der

Majorität eines der beiden Häuser vor der Zeit, bis
zu welcher sie sich adjournirt hat, zusammen berufen.

Die ausübende Gewalt ist in den Händen des Präsidenten und des geheimen
Rathes.

Der Präsident wird durch Kugeln gemeinschaftlich von beiden Häusern, aber im Hause der Versammlung, auf drei Jahre gewählt. Die Sprecher
beider Häuser untersuchen die Kugeln, und wenn
zwei Personen die höchste Zahl der Stimmen gleich
für sich hätten, so entscheidet die Stimme des Sprechers des Rathes. Dieselbe Person kann erst nach
drei Jahren wieder gewählt werden. Der Gehalt
des Präsidenten wird für die jedesmalige Dauer seines
Amtes festgesetzt. Er nimmt die Gelder in Empfang,
die von der Generalversammlung bewilligt werden,
und ist ihr dafür verantwortlich. Mit Zuziehung
des geheimen Rathes kann er, während des Rezesses
der Generalversammlung, Embargo auf Schiffe legen, oder die Ausfuhr der Waaren verbieten, aber
nicht länger als auf dreißig Tage. Er hat das Recht
zu begnadigen, oder Aufschub der Strafe zu bewilligen; ausgenommen wenn das Haus der Versammlung den Prozeß macht, oder das Gesetz es anders
befiehlt; in jenem Falle kann nur die Versammlung
begnadigen. Der Präsident übt die ganze exekutive
Gewalt aus, so wie sie durch diese Konstituzion beschränkt, und den Gesetzen angemessen ist. Wenn
er stirbt, des Amtes unfähig wird, oder vom
Staate abwesend ist, vertritt der Sprecher des Rathes die Stelle eines Vizepräsidenten; treten obige
Fälle auch bei diesem ein, so versieht der Sprecher
der Versammlung das Präsidenten-Amt, bis zur
neuen Wahl. Der Präsident versammlet die Miliz,
mit Einwilligung des Rathes, und ist Oberfeldherr
der militärischen Macht.

L 3

Der geheime Rath besteht aus vier Mitgliedern, die durch Kugeln gewählt werden; zwei von dem legislativen Rathe, und zwei vom Hause der Versammlung; nur darf kein Offizier der stehenden Armee oder der Flotte, der im Dienste des Kongreßes, oder dieses oder eines andern Staates steht, gewählt werden. Nach zwei Jahren werden zwei Mitglieder durch Kugeln entlassen, eines von dem Rathe, das andere von der Versammlung. Sie können nach drei Jahren wieder gewählt werden. Drei Mitglieder des geheimen Rathes müßen zu einem Geschäfte versammlet sein; ihre Rathschläge und Verhandlungen werden in ein Protokoll eingetragen, und von den gegenwärtigen Räthen unterschrieben. Die Generalversammlung kann sich daßelbe vorlegen laßen. Der Präsident kann den geheimen Rath, wenn und wo er will, zusammen berufen.

Die Abgeordneten zum Kongreße werden gemeinschaftlich von beiden Häusern durch Kugeln gewählt.

Die richterliche Gewalt wird von der Gesetzgebung und von der ausübenden Macht angeordnet. Der Präsident und die Generalversammlung ernennen durch gemeinschaftliches Ballotiren drei Richter des Obergerichtes, wovon einer Oberrichter und Admiralitätsrichter ist. Ferner wählen sie vier Richter für die gemeinen Gerichtshöfe und Pupillengerichte jeder Grafschaft, wovon einer Oberrichter heißt. Der Präsident hat bei der Wahl eine entscheidende Stimme und bestallt die Richter. Sie behalten ihr Amt, und mit demselben einen mäßigen Gehalt, so lange sie sich gut betragen, sie dürfen kein anderes Amt, außer den Dienst in der Miliz, führen; und jeder von ihnen kann in dem Falle,

daß seine Amts-Brüder ausbleiben, daß Gericht eröffnen und adjourniren.

Der Präsident und der geheime Rath ernennen den
Sekretär; den Generalprofurator; die Regiſtratoren
der Erbſchaftsgerichte, und der Kanzlei; die Schreiber
der Gemeinen, der Pupillen, und der Friedens-Ge-
richte; ſie behalten ihr Amt, bei guter Verwaltung,
fünf Jahre lang; ſie können nicht Richter ſein in
den Gerichtshöfen, bei denen ſie angeſtellt ſind, ſie
unterſchreiben aber alle Arreſtbefehle derſelben, und
erkennen über die Bürgſchaften.

Das Haus der Verſammlung ernennt für jede
Grafſchaft vier und zwanzig Perſonen zu Friedensrichtern, von welchen der Präſident, mit Einwilligung des geheimen Rathes zwölf auf ſieben Jahre
beſtallt. Die Legislatur kann die Anzahl derſelben
nach Gutdünken vermehren. Die Mitglieder der
Legislatur und des geheimen Rathes ſind Friedensrichter für den ganzen Staat; und die Richter der
gemeinen Gerichte ſind Aufrechthalter des Friedens
in ihren reſpektiven Grafſchaften.

Die Richter der Gemeinen, und der Pupillen-
Gerichte halten, wie bisher, die niedern Kanzlei-
Gerichte.

Die Sekretäre des Obergerichtes werden von
dem Oberrichter, und die Teſtamentsregiſtratoren
von den Richtern der gemeinen Gerichte, auf fünf
Jahre ernennt, und von dem Präſidenten beſtallt.
Die Sherifs und Koroners werden von den Freihäl-
tern zugleich mit den Repräſentanten zur Verſammlung jährlich gewählt.

Von dem Obergerichte kann in Sachen des Rechtes und der Billigkeit an ein Appellazions-Ge-
richt appellirt werden, wie ſonſt an den König
in ſeinem Rathe. Es beſteht daſſelbe aus dem jedesmaligen Präſidenten und aus ſechs Mitgliedern,

L 4

Gesetze über das doppelte Haus der Generalver=
sammlung, über die Sklaverei, und über die Reli=
gion, sollen nie geändert werden; die übrigen nur
mit Einwilligung eines fünftheiles der Mitglieder
des Hauses der Versammlung, und der Beistim=
mung von sieben Mitgliedern des legislativen
Rathes.

Maryland.

Die Konstituzion von Maryland ward in einer
Konvenzion zu Annapolis am 14ten August 1776
angenommen. Sie besteht aus der Erklärung der
Rechte, und aus der Konstituzionsakte von 60
Artikeln.

Die Erklärung der Rechte zerfällt in 42 Ab=
schnitte, in welchen dieselben Ideen, wie in der Er=
klärung der Rechte der Staaten Massachusett, Penn=
sylvanien u. s. w. entwickelt sind. Einige Punkte sind
nur genauer bestimmt, andere hinzugefügt. I. Die
Regierung entspringt von dem Volk. II. Es hat
allein das Recht seine innere Regierung anzuordnen.
III. Die Einwohner von Maryland sollen nach dem
gemeinen englischen Rechte; durch Geschworne; und
nach den englischen Statuten, die bei ihrer ersten
Auswandrung existirten, und auf ihre örtliche Lage
anwendbar waren; so wie auch nach den übrigen
Statuten, die seit der Zeit in England oder Groß=
britannien angenommen, und in den Gerichtshöfen
des strengen und des Billigkeits Rechtes ausgeübt
worden; ferner auch nach den Gesetzen der ehemali=
gen Versammlung von Maryland, die noch am
ersten Jun 1774 gültig waren, und nicht seit dem
erloschen, oder durch Gesetze der Konvenzion, oder
durch diese Erklärung der Rechte aufgehoben wor=

den, gerichtet werde. Doch kann die Legislatur diese Gesetze verbessern oder aufheben. Auch sind die
Einwohner zu dem Eigenthume berechtigt, das ihnen
durch den Freibrief, den Karl I dem Cäcilius Cal-
vert Baron von Baltimore ertheilte, zugesichert
wird. IV. Wenn die Regierung gemißbraucht wird,
und alle andere Mittel nicht helfen wollen: so hat
das Volk das Recht eine neue Regierung einzuführen; die Lehre vom passiven Gehorsam ist absurde
Sklaverei. V. Die Theilnahme des Volkes an der
Legislatur ist die Grundfeste der Freiheit. Wer ein
Eigenthum und ein Interesse an der Gemeinheit
hat, muß das Wahlrecht besitzen. VI. Die gesetzgebende, ausübende und richtende Gewalt sollen auf
immer von einander getrennt bleiben. VII. Das Recht
Gesetze, oder deren Ausübung zu suspendiren, kann
nur von der Legislatur ausgeübt, oder von ihr ertheilt werden. VIII. Die Freiheit im Reden in der
Legislatur soll vor keinem andern Gerichtshofe erör-
tert werden. IX. Die Legislatur muß an einem bestimmten Platze sich versammlen. X. Und zwar oft.
XI. Jeder hat das Recht auf eine friedliche Art Beschwerden anzubringen. XII. Abgaben können nicht
anders gehoben werden, als mit Einwilligung der Legislatur. XIII. Das Kopfgeld wird als eine schwer
drückende Abgabe verboten. *) Die Armen sollen
nicht zu den Bedürfnissen des Staates beisteuern.
Jeder andere Einwohner soll nach dem wirklichen
Werthe seines real und personal Vermögens taxirt
werden. XIV. Grausame und ungewöhnliche Strafen sollen nicht eingeführt, XV. Auch kein Gesetz ex

---

*) Maryland macht hierdurch eine rühmliche Ausnah-
me von der allgemeinen Anhänglichkeit an das alte
Finanzsystem. Kopfsteuern sind unstreitig die un-
zweckmäßigsten und ungerechtesten, in dem sie den
armen Einwohner mehr drücken als den reichen.

poſt facto gegeben werden. XVI. Es ſoll in keinem Falle, und zu keiner Zeit in Zukunft ein Geſetz
gegeben werden, wodurch einzelne Perſonen des
Verrathes und der Felonie verurtheilt würden *).
XVII. Die Gerechtigkeit muß für jeden ohne Weigerung, Verzug oder Beſtechung gehandhabet werden.
XVIII. Thatſachen müſſen da gerichtet werden, wo
ſie geſchahen. XIX. Bei Kriminal-Klagen muß jeder von der gegen ihn angebrachten Klage unterrichtet werden, eine Kopie der Anklage zu gehöriger Zeit
erhalten, ſich zur Vertheidigung vorbereiten, einen
Advokaten erhalten, mit den Zeugen die gegen ihn
auftreten, zugleich verhört werden; die Zeugen für
und gegen ihn müſſen vereidet werden; und er kann
nicht anders für ſchuldig erklärt werden, als durch
das einſtimmige Urtheil unpartheiſcher Geſchworner.

XX. Niemand ſoll gezwungen werden, vor einem
Gerichtshofe des gemeinen Rechtes, oder vor einem
andern Gerichte, gegen ſich ſelber zu zeugen; ausgenommen in ſolchen Fällen, wo es bisher üblich geweſen, oder noch durch die Legislatur anbefohlen
würde **). XXI. Ein freier Mann kann nicht anders
gefänglich eingezogen, ſeines gutes, ſeiner Freiheit
und ſeiner bürgerlichen Rechte beraubt werden, als

*) Das heißt, die Legislatur ſoll nicht die Strafe des
Verrathes oder der Felonie durch ſpezial Geſetze auf
einzelne Subjekte ausdehnen (vergl. Erklärung der
Rechte von Maſſachuſett. §. XXV.)

**) Vor dem Billigkeitsgerichte muß der Angeklagte
ſeine Antwort auf die Anklage mit einem Eide be-
gleiten. Er muß alſo, unter der Strafe des Mei-
neids, gegen ſich ſelber zeugen. Die meiſten der
Vereinigten Staaten haben auſſer den Gerichtshöfen
des gemeinen Rechtes noch ein Kanzlei oder Billig-
keitsgericht, welches wie in England, die Strenge
der Geſetze mildert; nur in den vier öſtlichen Staaten und in Pennſylvanien iſt es nicht eingeführt.

durch ein Urtheil von seines Gleichen, oder durch die
Landesgesetze. XXII. Uebertriebne Kautionen sol=
len nicht gefordert werden. XXIII. Arestbriefe sol=
len nur auf eine eidliche und genaue Angabe ertheilt
werden. XXIV. Niemand soll wegen irgend eines
Verbrechens einen Theil seines Vermögens verlie=
ren, außer wegen Mord oder Verrath gegen den
Staat; und alsdann nur wenn er überführt und
verurtheilt ist (on conviction and attainder).
XXV. Die Miliz ist die beste Wehr. XXVI. Ste=
hende Armeen sollen nicht ohne Einwilligung der Le=
gislatur gehalten werden. XXII. Das Militär
muß der bürgerlichen Macht unterworfen sein.
XXVIII. Keine Einquartierung ohne Einwilligung
der Hausbesitzer. XXIX. Nur reguläre Soldaten
und die Miliz, wenn sie im Dienste des Staates ist,
sollen nach dem Kriegsrechte gerichtet werden.
XXX. Die Richter sollen unabhängig sein, aber kein
anderes Zivil oder Militär=Amt bekleiden. Wenn sie
vor einem Gerichtshofe des gemeinen Rechtes des
Mißbrauches ihres Amtes überführt sind, oder wenn
es zwei Drittheile von jedem Hause der Legislatur
verlangen, sollen sie abgesetzt werden. Es wird ihnen
ein anständiger aber nicht verschwenderischer Gehalt
zugesichert. XXXI. Das Amt der exekutiven Ge=
walt muß oft gewechselt werden. XXXII. Es kann
Niemand mehr als ein besoldetes Amt führen; auch
darf kein öffentlicher Beamter ein Geschenk von aus=
wärtigen Fürsten oder Staaten, oder von den Verei=
nigten Staaten, oder einem derselben, ohne Erlaub=
niß dieses Staates annehmen. XXXIII. Alle christ=
liche Sekten sollen gleiche Religions=Freiheit besitzen.
Die Legislatur kann eine allgemein gleiche Taxe zur
Erhaltung der christlichen Kirche auflegen; jedes
Subjekt kann aber anweisen, an welche Kirche sein
Beitrag gegeben werden soll. XXXIV. Legate an

Kirchen und Prediger können nur mit Erlaubniß der
Legislatur Gültigkeit erlangen. XXXV. Beamte
sollen keinen andern Eid (Test) schwören als Treue
gegen den Staat, und den vorgeschriebnen Amtseid;
und sie sollen eine Erklärung von sich geben, daß sie
an die christliche Religion glauben. XXXVI. Es
soll Niemand gezwungen werden, anders zu schwören, als es seine Religionsgrundsätze erlauben. Die
Quäker, Dunker und Menonisten legen nur eine
Versichrung an Eides Statt ab. XXXVII. Die
Stadt Annapolis behält ihre Privilegien; die Legislatur kann sie aber ändern. XXXVIII. Die
Freiheit der Presse darf nicht verletzt werden.
XXXIX. Monopole sollen nicht ertheilt werden.
XL. Auch kein Adel und erbliche Würden. XLI. Die
einstweiligen Beschlüsse der Konvenzionen dieses
Staates behalten Gesetzeskraft, wo sie nicht durch
diese Konvenzion, oder durch die Legislatur abgeän-
dert werden. XLII. Die Erklärung der Rechte,
und die Regierungsform können von der Legislatur
auf keine andere Art geändert werden, als so, wie
es diese Konvenzion vorschreibt.

Die Regierung ist einer General versammlung, die aus einem Senate, und dem Hause der
Abgeordneten besteht; einem Gouverne und seinem Rathe übertrage; jene besitzt die gesetzgebende, dieser die ausübende Gewalt; die richterliche
wird von beiden angeordnet.

Die Generalversammlung eröfnet ihre Sitzung
jährlich am ersten Montage des Novembers.

Die Mitglieder des Hauses der Abgeordneten
(delegates) werden jährlich am ersten Montage
des Oktobers gewählt. Die Freimänner jeder Grafschaft, die 21 Jahre alt sind, ein Freigut von
50 Acker Land in derselben, oder ein Eigenthum im
Staate von mehr als dreißig Pfund am Werthe be-

ßen, und ein Jahrlang in der Grafschaft, für die
sie wählen, gewohnt haben, ernennen durch Stimmenmehrheit, viva voce, vier Abgeordnete für ihre
Grafschaft *), die von vernünftiger guter Denkart,
seit einem Jahre in der Grafschaft wohnhaft, über
ein und zwanzig Jahre alt sein, und ein real oder
personal Eigenthum von 500 Pfund an Werthe besitzen müssen. Der Sherif jeder Grafschaft, oder
sein Deputirter nebst zwei Friedensrichtern aus derselben, dirigiren die Wahl, die binnen vier Tagen
geendet sein muß, und überschicken das Protokoll
dem Kanzler des Staates. Auch wählen die Einwohner von Annapolis, die ihrem Freibriefe zufolge
zur Wahl der Repräsentanten fähig sind, an dem
selbigen Tage, unter der Aufsicht ihres Maires, Re-
gistrators, und ihrer Aldermen, zwei Abgeordnete;
eben so viel auch die Einwohner von Baltimore, die
eben die Eigenschaften besitzen, als die Wahlfähigen
in den Grafschaften. Diese Stadt verliert aber
das Wahlrecht, wenn die Zahl ihrer wählenden Einwohner sieben Jahre lang geringer sein sollte, als
die Hälfte der Wahlfähigen einer Grafschaft; und
bekomt es wieder, wenn ihre Einwohner einer solchen Hälfte wieder gleich sind **).

Bei einer zufälligen Vakanz, oder wenn ein Abgeordneter, Guvernör oder Mitglied des Rathes
würde, schreibt der Sprecher eine neue Wahl aus,

---

*) Außer der Stadt Baltimore zählte Maryland im
Jahre 1790, neunzehn Grafschaften. Schon vor
der Revolution schickte jede Grafschaft vier Deputirte und die Stadt Annopolis zwei zum Hause der
Repräsentanten. S. Burnaby.

**) Die Einwohner von Annapolis dürfen nicht für
die Grafschaft Anne-Arundel mit wählen, wenn sie
nicht ein Freigut von 50 Acker darin besitzen. So
auch nicht die Einwohner von Baltimore für die
Grafschaft Baltimore.

die zehn Tage nach dem Empfange des Ausschreibens gehalten werden muß.

Die Mehrheit der Abgeordneten, mit dem Sprecher, muß versammlet sein, um irgend ein anderes Geschäfte vorzunehmen, als sich zu adjourniren.

Das Haus der Abgeordneten urtheilt über die Wahl seiner Mitglieder; es hat ausschließend das Recht Geld-Bills zu entwerfen. Es kann dem Senate Bills vorschlagen, und die von demselben angetragenen annehmen, gutheißen, mißbilligen, oder Verbeßrungen vorschlagen; es untersucht, als Staats-inquisitor, die Eide der Zeugen, alle Klagen, Beschwerden und Beleidigungen, und kann jeden wegen eines Verbrechens ins Gefängniß schicken, bis er nach den Gesetzen wieder freigesprochen wird. Es kann ein Mitglied wegen eines großen Versehens ausstoßen, aber nicht zum zweitenmale wegen derselben Ursache. Es untersucht alle Staatsrechnungen über die Hebung und Verwendung der Einkünfte, oder ernennt Kommissarien um sie durchzusehen. Es kann alle öffentlichen und offiziellen Berichte und Papiere sich vorlegen und jeden in Sachen des Staates vor sich fordern lassen; auch alle Kontrahenten, die ihre mit dem Staate gemachten Kontrakte nicht halten, zum Ersatz zwingen. Damit aber der Senat volle Freiheit behalte, über vorgeschlagne Gesetze zu urtheilen, und nicht gezwungen werde, eine Geldbill zu verwerfen, welche die Zeitumstände nothwendig machen, oder einem Gesetze beizustimmen, das, seiner Ueberzeugung nach, dem Wohle des Staates zuwider wäre: so soll das Haus der Abgeordneten an eine Geldbill nie eine Sache oder Klausel hinzufügen, die nicht die Erhebung der Taxen zum Bedürfnisse des Staates betrift. Es ist daher zur genauern Bestimmung einer Geldbill festgesetzt, daß keine Verordnung zur Erhebung eines Zolles oder einer Akzise, um den

Haus

Handel einzurichten, oder Strafen zur Befferung
der Moralität, oder zur Einschärfung der Gefetze,
wodurch eine zufällige Abgabe gehoben werden könnte, in einer Geld Bill inbegriffen fein follen; fon-
dern nur Taxen und Kontribuzionen zur Unterhaltung der Regierung, oder zum jedesmaligen Bedürf-
niffe des Staates, und zur Aufbewahrung in der
Schatzkammer. Es kann ferner jeden Störer feiner
Geschäfte, oder Beleidiger feiner Würde und feiner
Mitglieder durch Gefängniß beftrafen. Die Mitglieder des Haufes der Abgeordneten und des Senates dürfen nicht, während ihre Sitzungen, mit Ar-
reft belegt werden. Das Haus ernennt einen Schatz-
meifter für die weftliche und einen für die öftliche
Küfte, fo wie auch die Kommiffäre des Leihamtes,
auf beliebige Zeit; zufällige Vakanzen werden von
dem Guvernör, mit Einwilligung des Rathes, bis
zur nächften Zufammenkunft der Generalverfamm-
lung befetzt.

Die Mitglieder des Senates werden auf folgende Art gewählt. Alle Einwohner der Grafschaften,
die zur Wahl der Abgeordneten berechtigt fi d, wählen alle fünf Jahre am erften Tage des Septembers
für jede Grafschaft zwei Perfonen, die Städte Annapolis und Baltimore, (unter der oben erwähnten
Bedingung) jede eine Perfon, zu Wählern des
Senates. Die Wähler kommen alle fünf Jahre,
am dritten Montage des Septembers, in Annapolis, oder wo es die Legislatur fonft beftimmen mag,
zufammen; vier und zwanzig derfelben müffen we-
nigftens beifammen fein; als dann wählen fie entweder aus ihrer eignen Mitte, oder aus dem Volke
überhaupt funfzehn Senatoren, von denen neun an
der weftlichen und fechs an der öftlichen Küfte wohnen müffen; kluge erfahrne Männer, über fünf und
zwanzig Jahr alt, die feit drei Jahren vor der

M

Wahl im Staate wohnten, und ein real und perſonal Vermögen von tauſend Pfund am Werthe be
ſitzen. Die Wahl geſchieht durch Kugeln; ſollten zwei
Perſonen eine gleiche Zahl Stimmen für ſich haben,
ſo wird die Wahl über dieſe beide wiederholt, und
wären die Stimmen wieder gleich, endlich durch das
Loos entſchieden. Die Wähler ſind Richter über die
Wahl ihrer Mitglieder, und müſſen vor der Wahl
der Senatoren den Eid der Treue gegen den Staat
ablegen, und dann noch ſchwören, daß ſie unpartheiiſch, nach beſter Ueberzeugung wählen wollen.
Die Stelle eines Senators, der zum Guvernör,
oder zum Mitgliede des Rathes gewählt wird, ſo
wie alle Vakanzen im Senate, werden vom Senate
ſelber während der fünf Jahre, durch eine ähnliche
Wahl beſetzt.

Die Mehrheit des Senates, mit dem Präſidenten deſſelben, (den er ſich ſelber durch Kugeln wählt)
muß beiſammen ſein, um ein anderes Geſchäft vorzunehmen, als ſich zu adjourniren. Der Senat iſt
Richter über die Wahl und die Eigenſchaften ſeiner
Mitglieder; er kann jede andere Bill in Vorſchlag
bringen, außer GeldBills, wozu er nur ſeine Einwilligung oder Mißbilligung geben kann. Auch kann
er jede andere Bill von dem Hauſe der Abgeordneten
annehmen, ſie billigen oder mißbilligen, oder Verbeſſerungen vorſchlagen.

Jedes der beiden Häuſer ernennt ſeine eignen
Beamten und ſetzt die Regeln ſeines Verfahrens feſt.
Beide wählen gemeinſchaftlich die Abgeordneten an
den Kongreß, die wenigſtens ein und zwanzig Jahre
alt, über fünf Jahre vorher im Staate anſäßig geweſen, ein real und perſonal Vermögen von tauſend
Pfund in demſelben beſitzen; kein Amt vom Kongreſſe erhalten haben, und binnen ſechs Jahren nur
dreimal hinter einander gewählt werden können.

Doch müssen jährlich wenigstens zwei von der ganzen
Zahl wechseln.

Die Senatoren und Abgeordneten müssen beim
Antritt ihres Amtes den Eid der Treue gegen den
Staat ablegen; und vor der Wahl des Guvernörs
und des Rathes, schwören, daß sie unpartheiisch
nach bester Ueberzeugung wählen wollen. Jedes der
beiden Häuser kann sich für sich adjourniren; geschä-
he es an verschiedenen Tagen, dann soll der Guvernör einen Tag festsetzen, an welchem die Generalversammlung wieder zusammen kommen soll. Auch
hat er das Recht, mit Zuziehung des Rathes, die
Generalversammlung wenn es nöthig ist vor der
Zeit, auf die sie sich adjournirt hat, zusammen zu
berufen; und er braucht es nur zehn Tage vorher
ansagen zu lassen. Er kann sie aber nie prorogiren
oder dissolviren.

Der Guvernör wird jährlich am zweiten Montage des Novembers von beiden Häusern der Legislatur gewählt. Jedes Haus stimmt durch Kugeln
für sich; ein Ausschuß von beiden untersucht darauf die Stimmen. Wenn zwei Personen das erstemal gleich viel Stimmen haben, wird über sie zum
zweiten mal ballotirt; wäre die Stimmenzahl wieder gleich, dann entscheidet das Loos. Vakanzen der
Guvernörstelle werden auf dieselbe Art von der Legislatur besetzt. Es kann aber nur ein Mann gewählt
werden, der über fünf und zwanzig Jahr alt ist,
über fünf Jahre lang in dem Staate wohnt, und
in demselben ein real und personal Eigenthum von
fünf tausend Pfund kurranter Münze am Werthe
besitzt, worunter sich ein Freigut von tausend Pfund
am Werthe befinden muß. Auch kann derselbe nur
dreimal hinter einander, und dann erst wieder nach
vier Jahren gewählt werden.

Dem Guvernör zur Seite steht ein Rath von

M 2

fünf Mitgliedern, die jährlich am zweiten Donnerstage des Novembers von beiden Häusern der Legislatur, auf dieselbe Art, als die Senatoren, gewählt
werden. Sie müssen über fünf und zwanzig Jahr
alt sein, seit drei Jahren in dem Staate wohnen,
darin ein Freigut von tausend Pfund am Werthe
besitzen, und den Ruf kluger und erfahrner Männer für sich haben. Ihre Verhandlungen werden
in ein Protokoll eingetragen, welches der Legislatur,
auf Begehren, vorgelegt werden muß. Der Rath
wählt sich seinen Schreiber. Wenn der Guvernör
stirbt, resignirt, oder sich aus dem Staate entfernt,
so versieht derjenige Rath, der zu erst ernannt worden, seine Stelle, und beruft sogleich die Generalversammlung zur Wahl eines Guvernörs für den
Rest des Jahres; doch muß er wenigstens einen Termin von vierzehn Tagen zur Bekanntmachung der
Zusammenberufung ansetzen. Wenn aber eine Vakanz im Rathe entsteht, so wählen die übrigen Räthe ein neues Mitglied auf den Rest des Jahres.

Der Guvernör hat mit Einwilligung des Rathes
folgende Geschäfte: er kann die Miliz versammlen;
er besitzt alsdann allein die Direkzion über dieselbe,
so wie über alle regulären Land- und See-Truppen,
unter den Gesetzen des Staates. Er darf sie aber
nicht eher in eigner Person kommandiren, als bis
es ihm der Rath empfielt, und dann nur so lange,
als es derselbe gut heißt. Er übt die ganze exekutive Gewalt der Regierung den Gesetzen des Staates angemessen aus, wo die Konkurrenz des Rathes
nicht erforderlich ist. Er kann Verbrecher begnadigen, die Fälle ausgenommen, die das Gesetz bestimmt; er kann, während des Rezesses der Generalversammlung, Schiffe mit Embargo belegen, die
Ausfuhr von Waaren verbieten, aber nicht länger
als auf dreißig Tage in einem Jahre; und er muß

die Generalversammlung während der Zeit des Embargo zusammen berufen. Er kann verdächtige Schiffe die Quarantäne halten lassen. Er ernennt endlich mit Einwilligung des Rathes, den Kanzler, alle Richter und Friedensrichter, den Generalprokurator, die Hafen-Offizianten, die Offiziere der regulären Land- und Seemacht und der Miliz, die Registratoren der Acker-Kommission, die Inspektoren und übrigen Zivil-Beamten (die Schatzmeister, Konstables und Aufseher der Landstraßen ausgenommen). Er kann alle Zivil-Beamte absetzen, die nicht auf so lange bestallt sind, als sie ihr Amt treu verwalten; er kann einen Offizier von der Miliz auf einen Monat suspendiren, und nach dem Urtheile eines Krieges-Gerichtes absetzen. Die Offiziere der regulären Land- oder Seemacht kann er suspendiren, oder absetzen. Er darf sich aber kein Vorrecht nach englischen Gesetzen oder Gebräuchen anmaßen.

Drei Mitglieder des Rathes müssen beisammen seln, um ein Geschäft vorzunehmen; der Guvernör präsidirt im Rathe, und hat eine Stimme, wenn die Meinungen der Räthe getheilt sind; in Abwesenheit des Guvernörs vertritt der Rath, der zu erst ernannt ist, seine Stelle im Rathe. Der Rath bestimmt das große Siegel des Staates, welches an alle Gesetze, Bestallungen und Patente angehangen wird; und der Kanzler hat es in Gewahrsam.

Weder die Mitglieder der Legislatur, des Rathes, noch der Guvernör dürfen irgend ein anderes Amt, mit dem ein Gehalt verbunden ist, zugleich führen; und so kann auch kein besoldeter Beamter, noch ein Prediger, oder jemand, der im Dienste der regulären Land- oder Seemacht dieses Staates oder der ganzen Union steht, Sitz in der Generalversammlung, oder in dem Rathe erhalten. Im erstern Falle würde auf die eidliche Aussage zweier

glaubwürdiger Zeugen vor Gerichte, die Strafe der
Bestechung und des Meineides, oder die ewige Verbannung aus dem Staate, oder die Entfernung von
allen Aemtern des Staates zu erkannt werden.
Der Guvernör, die Senatoren, die Abgeordneten
der Versammlung und des Kongresses, und die
Räthe müssen daher schwören, daß sie während ihres
Amtes weder mittelbar noch unmittelbar die Sporteln eines andern Amtes noch irgend einen Vortheil
von der Bekleidung und Versorgung der Armee oder
der Flotte annehmen wollen. Ein Friedensrichter
kann zugleich Senator, Abgeordneter oder Mitglied des Rathes sein; aber kein Staabsoffizier
der Miliz.

Der Kanzler, alle Richter, der Generalprokurator, die Sekretäre des Obergerichts und der Unter-
gerichte, die Registratoren der Acker-Kommission,
und des Erbschaftsgerichtes behalten ihr Amt, so
lange sie es gut verwalten, und können nur nach
einer gerichtlichen Ueberführung des Gegentheiles
abgesetzt werden.

In jeder Grafschaft muß ein Registrator des
Erbschaftgerichtes angestellt werden. Der Guvernör
bestallt ihn auf Empfehlung des Senates und des
Hauses der Abgeordneten; und er besetzt die Vakan-
zen, mit Einwilligung des Rathes, bis zur nächsten
Sitzung der Generalversammlung.

Ueber jede Grafschaft ist ein Sherif gesetzt, der
alle drei Jahre gewählt wird. Es werden nehmlich
alle drei Jahre, an dem Tage der Wahl der Abgeordneten, in denselbigen Wahlversammlungen
zwei Kandidaten zu diesem Amte durch Kugeln ausersehen; welcher die meisten Stimmen hat, wird
von dem Guvernöre zum Sherif bestallt; hätten
beide gleiche Stimmen, so entscheidet seine Wahl.
Sollte der bestallte Sherif während der drei Jahre

sterben, oder seinen Posten verlassen, so wird der andere Kandidat an seine Stelle berufen; verließe auch dieser sein Amt, so besetzt der Gouvernör mit Einwilligung des Rathes diesen Posten bis zum Verlauf der Jahre. Jeder Sherif muß jährlich Kaution stellen, und kann erst nach drei Jahren wieder gewählt werden. Die bei der Wahl gegenwärtigen Friedensrichter untersuchen die Stimmen, und überschicken sie dem Gouvernör und dem Rathe. Ein Sherif muß ein Einwohner der Grafschaft, über ein und zwanzig Jahr alt sein, und ein Real- und Personal-Vermögen von tausend Pfund am Werthe besitzen.

Alle Zivil-Beamte müssen wenigstens sechs Monate vor ihrer Bestallung in der Grafschaft gewohnt haben, in welcher sie ein Amt erhalten.

Die Richter des Obergerichtes und der niedern Gerichte ernennen ihre Sekretäre selber; sollte aber während der Vakanz der Gerichte ihre Stelle erledigt werden, so besetzt sie der Gouvernör mit Einwilligung des Rathes, bis zur nächsten Session der Gerichte.

Alle Zivil-Beamte, die von dem Gouvernör und Rathe ernennt, und nicht auf so lange bestallt worden, als sie ihr Amt gut führen, müssen jährlich in der dritten Woche des Novembers ernennt werden; wer das Amt behält, braucht nicht von neuem bestallt zu werden.

Der Gouvernör, die Räthe, Richter und Friedensrichter müssen beim Antritte ihrer Aemter schwören, daß sie nicht nach Gunst oder Partheilichkeit, sondern nach besser Ueberzeugung die Aemter besetzen wollen.

Es müssen zwei Registratoren der Acker-Kommission ernennt werden; einer für die westliche und einer für die östliche Küste. Sie müssen kurze Aus-

züge von den Kaufbriefen der Ländereien aufbewahren.

Jeder Kanzler, Richter, Registrator der Erbschaftsgerichte, Kommissär der Leihbank, General-
Prokurator, Sherif, Schatzmeister, Hafen-Offi-
ziant, Registrator der Acker-Kommission und des
Kanzleigerichtes, jeder Sekretär der gemeinen Gerichte, jeder Inspektor, und jeder Rechnungs-Au-
ditor muß vor Antritt seines Amtes schwören, daß
er weder mittelbar noch unmittelbar eine gesetzwidrige Bezahlung für sein Amt, noch die Sporteln
eines andern annehmen, oder sein Amt für einen
andern führen will. Sollte einer dieser genannten
Beamten, vor Gerichte durch den Eid zweier glaubwürdiger Zeugen überführet werden, daß er mittelbar oder unmittelbar die Sporteln eines andern Amtes ganz oder nur zum Theil ziehe, so soll er abgesetzt werden, und die Strafe eines bestochnen Mein-
eidigen leiden, oder auf immer aus dem Staate verbannt, oder wenigstens von allen Aemtern ausgeschlossen werden. Die letztere Strafe wird auch
einem jeden zuerkannt, der sich irgend ein Amt
durch Bestechungen verschaffen wollte.

Jeder, der ein Amt antritt, muß vorher dem
Könige von England abschwören, und den Eid der
Treue gegen den Staat von Maryland ablegen;
auch eine Erklärung unterschreiben, daß er an die
christliche Religion glaube.

Von dem Ober-Gerichte, dem Kanzlei- und
dem Admiralitäts-Gerichte gilt die Appellazion an
ein Appellazions-Gerichte, das aus rechtschaffnen
und erfahrnen Rechtsgelehrten besteht. Die Formel
der Gesetze ist folgende: Befohlen von der
General-Versammlung von Maryland.
Alle Bestallungen werden im Namen des Staates
von Maryland ausgefertigt, von dem Gouvernör

unterschrieben, und von dem Kanzler kontrasignirt,
auch mit dem Staatssiegel versehen; die militärischen Patente ausgenommen, die nicht mit des
Kanzlers Unterschrift noch mit dem Siegel versehen
werden. Alle Anklagen schließen mit der Formel:
gegen den Frieden, die Regierung und
die Würde des Staates. Alle Konfiskazionen fallen dem Staate anheim, bis die Generalversammlung ein anders darüber verfügt.

Es kann nichts an dieser Konstituzion und Erklärung der Rechte geändert werden, wenn nicht der
Vorschlag einer Aenderung von der Generalversammlung angenommen, drei Monate vor der neuen
Wahl der Abgeordneten publizirt, und in der ersten
Sitzung der Legislatur bestätigt worden. Doch müssen in Sachen, welche die östliche Küste angehen,
zwei Drittheile aller Mitglieder der ganzen Legislatur übereinstimmen.

Jede Bill, die von der Generalversammlung
angenommen worden, muß von dem Sprecher des
Hauses der Abgeordneten dem Gouvernöre im Senate überreicht werden; dieser muß sie in Gegenwart beider Häuser unterschreiben, und das Siegel
dazu fügen. Jedes Gesetz wird im Archive aufbewahrt, bei Zeiten gedruckt, und den Grafschaften
überschickt.

————

Virginien.

Die Konstituzion von Virginien ward in einer
Konvenzion zu Williamsburgh zwischen dem sechsten
Mai und dem fünften Julius 1776 entworfen und
angenommen.

M 5

Die gesetzgebende, ausübende und richtende Gewalt sind genau von einander getrennt; keine darf
die Gerechtsame der andern angreifen; Niemand
kann zugleich in mehr als einem dieser Departements angestellt werden, ausgenommen die Richter
der Provinzial - Gerichte, die zu einem der beiden
Häuser der Legislatur gewählt werden können.

Die gesetzgebende Gewalt besteht aus zwei
verschiedenen Theilen, dem Hause der Abgeordneten, und dem Senate, die zusammen die Legislatur bilden, die Generalversammlung von
Virginien genennt werden, und sich jährlich einmal, oder öfters versammlen.

Das Haus der Abgeordneten besteht aus
den Repräsentanten der Grafschaften und Städte.
Jede Grafschaft *) wählt aus den in derselben ein-
wohnenden Freihaltern oder Wahlfähigen jährlich
zwei Repräsentanten; die Stadt (City) Williamsburgh und die Burg (Borough) Norfolk jährlich
einen; und so jede Stadt und Burg, der das Re-
präsentazionsrecht von der Legislatur zugestanden
worden; welches sie aber verliert, wenn ihre Volkszahl binnen sieben Jahren um die Hälfte kleiner ist,
als die einer Grafschaft.

Der Senat besteht aus vier und zwanzig Mitgliedern, von denen dreizehn beisammen sein müßen,
um ein Geschäft vorzunehmen. Zu der Wahl der
Senatoren sind alle Grafschaften in vier und zwanzig Distrikte getheilt; jeder wählt einen Senator,
der ein ansäßiger Freihalter, oder Wahlfähiger in
demselben, und über fünf und zwanzig Jahr alt ist.
Die Sherifs jeder Grafschaft versammlen sich bin-

*) Im Jahre 1790 enthielt Virginien 78 Grafschaften,
und überhaupt 747,610 Einwohner, worunter sich
292,627 Sklaven befanden. S. Neues Götting. Magazin, 2ter Band, 4tes Stück.

nen fünf Tagen nach der Wahl, und proklamiren den gewählten Senator nach der Mehrheit der Stimmen. Die Diſtrikte werden darauf in vier Klaſſen getheilt, und nach dem Looſe numerirt. Nach dem Verlaufe eines Jahres werden die ſechs Senatoren von der erſten Klaſſe ihres Amtes entlaſſen, und ihre Stellen durch eine neue Wahl aus dieſer Klaſſe beſetzt; und nach dieſer Ordnung geht der Wechſel von Klaſſe zu Klaſſe jährlich weiter fort.

Das Recht, die Mitglieder der beiden Häuſer zu wählen, blieb, wie vor der Revoluzion *).

Jedes der beiden Häuſer wählt ſich ſeinen Sprecher, ernennt ſeine Beamten, ſetzt die Regeln ſeiner Verfahrens feſt, und giebt Befehl zu einer Wahl, wenn Vakanzen entſtehen.

*) Jeder mündige Freihalter hat das Recht, ſeine Stimme zur Wahl zu geben, und ſelbſt gewählt zu werden. Es iſt alſo blos dem Gutbefinden des Volkes überlaſſen, was für Männer es zum Senate wählen will; da weder ein gewiſſes Alter, noch ein Maaßſtab des Vermögens von der Konſtituzion feſtgeſetzt iſt, wodurch ſich ein Subjekt zu einem Senator geſchickt machte. Man ſcheint hierbei vorausgeſetzt zu haben, daß das Volk die Abſicht eines Senates einſehen, und immer die weiſeſten Männer zu dieſer Würde wählen würde. Allein, wenn man auch dieſes gute Zutrauen zu dem geſunden Verſtande der Wählenden nicht tadeln möchte; ſo ſcheint es dennoch ſehr bedenklich, daß die Reichſten ſo wie die Aermſten hier ohne Unterſchied zu einer Klaſſe der Repräſentanten gewählt werden. Wenn die erſtern nur allein zum Senate gelangen können; ſo iſt von ihrem natürlichen Uebergewichte, und von ihren politiſchen Leidenſchaften viel weniger zu fürchten, weil ihnen die Verſammlung der minder Begüterten das Gleichgewicht hält. Es ſcheint mir daher die Gleichheit der Wahl für beide Häuſer der Legislatur ein großer Fehler dieſer Konſtituzion zu ſein.

Alle Gesetze müßen in dem Hause der Abgeord‐
neten ihren Ursprung nehmen, und können von dem
Senate gebilligt oder verworfen, oder mit Einwilli‐
gung jenes Hauses verbessert werden; die Geld‐
Bills ausgenommen. Diese dürfen in keinem Punkte
von dem Senate verändert, sondern nur ganz ange‐
nommen oder verworfen werden.

Jedes Haus kann sich für sich selber abjour‐
niren.

Die ausübende Gewalt ist dem Guver‐
nöre und einem Geheimen Rathe anvertraut.

Der Guvernör wird jährlich von beiden Häusern
der Legislatur durch Kugeln gewählt. Jedes Haus
sammlet seine Stimmen für sich; schickt sie darauf
durch einen Ausschuß in das Konferenz‐Zimmer,
wo sie gezählt werden. Die Stimmenzahl wird dar‐
auf jedem Hause berichtet, und in dem Protokolle
desselben eingetragen. (Diese Methode wird bei
allen gemeinschaftlichen Wahlen der Legislatur be‐
folgt.) Der Guvernör kann nur drei Jahre nach
einander, und dann erst nach vier Jahren wieder
gewählt werden. Es wird ihm auf die Zeit seines
Dienstes ein angemessener, aber mäßiger Gehalt
festgesetzt. Er übt, mit Beirath des Staatsrathes,
die exekutive Gewalt, nach den Gesetzen dieses Staa‐
tes aus; darf sich aber unter keinem Vorwande ir‐
gend eines Vorrechtes nach den Statuten oder Ge‐
bräuchen von England anmaßen. Er kann, mit Bei‐
rath des Staatsrathes, Verbrecher begnadigen,
oder die Strafen mildern; nur dann nicht, wenn
das Haus der Abgeordneten die Klage führt, oder
das Gesetz über einzelne Fälle anders verfügt. Als‐
dann kann nur das Haus der Abgeordneten begnadi‐
gen. Der Guvernör kann die Generalversammlung
nicht prorogiren, oder während ihrer Sitzung ab‐

journiren, noch sie zu irgend einer Zeit dissolviren. Er kann sie aber, mit Berath des Staatsrathes, oder auf Verlangen der Majorität des Hauses der Abgeordneten, vor der Zeit, bis zu welcher sie prorogirt oder adjournirt ist, zusammen berufen.

Der Geheime=Rath oder der Staats= Rath besteht aus acht Mitgliedern, die von beiden Häusern der Generalversammlung durch Kugeln gemeinschaftlich gewählt werden; entweder aus ihrer Mitte oder aus dem Volke überhaupt. Dieser Rath assistirt bei der Verwaltung der Regierung; er wählt sich jährlich aus seinen eignen Mitgliedern einen Präsidenten, der im Falle des Absterbens, der Unfähigkeit oder der Abwesenheit des Guvernörs, die Stelle des Vizeguvernörs vertritt. Vier Mitglieder können ein Geschäft vornehmen; ihre Rathschläge und Verhandlungen werden in ein Protokoll eingetragen, und von den gegenwärtigen Mitgliedern unterzeichnet. Jedes Mitglied kann seine entgegengesetzte Meinung beischreiben. Das Protokoll muß der Generalversammlung vorgelegt werden, wenn sie es verlangt. Der Rath ernennt seinen Sekretär, dessen Gehalt vom Gesetze bestimmt wird, und der den Eid der Verschwiegenheit schwören muß. Den Mitgliedern des Rathes wird nach Verhältniß ihrer Anhaltsamkeit im Dienste, jährlich eine Gratifikazion ausgezahlt. Sie können aber während ihres Amtes nicht zugleich Mitglieder der Legislatur werden. Nach Verlaufe von drei Jahren werden jedesmal zwei Mitglieder durch gemeinschaftliches Ballotiren beider Häuser der Generalversammlung von ihrem Amte entlassen; und sie können erst nach drei Jahren wieder gewählt werden. Diese Vakanzen, so wie alle zufällige, werden durch neue Wahlen, nach obiger Vorschrift, besetzt.

Die Abgeordneten an den Kongreß werden jährlich durch eine gemeinschaftliche Wahl beider Häuser
der Legislatur ernennt, oder auch während des Jahres zurückberufen.

Der Guvernör ernennt mit Beirath des Staats-
Rathes, und auf Empfehlung der respektiven Gerichte der Grafschaften, die Offiziere der Miliz. Er
hat auch mit dem Rathe zusammen das Recht, Offiziere zu suspendiren, und bei Beschwerden wegen
Vergehen oder Unfähigkeit im Dienste einen Krieges-
rath über sie zu halten, auch Vakanzen, die sich während des Dienstes ereignen, zu besetzen.

Der Guvernör kann mit Beirath des Geheimen
Rathes die Miliz versammlen, und alsdann hat er
allein die Direkzion über dieselbe, nach den Gesetzen
des Landes.

Die Richter des Oberappellazions - Gerichtes,
des Ober - Gerichtes, des Kanzlei- und des Admiralitäts - Gerichtes, der Sekretär und der General-
Prokurator werden von den beiden Häusern der Generalversammlung gemeinschaftlich gewählt, von
dem Guvernör bestallt, und behalten ihr Amt, so
lange sie es treu verwalten.

Wenn einer dieser Beamten stirbt, oder sein
Amt niederlegt, so ernennt der Guvernör, mit Zuziehung des Rathes, einen andern, der von beiden
Häusern der Legislatur bestätigt, oder wieder abge-
wiesen wird. Sie haben einen festgesetzten Gehalt,
können aber nicht zu Mitgliedern der Legislatur
oder des Geheimen - Rathes gewählt werden; wovon überhaupt alle im Gehalte stehende Beamte und
alle Prediger ausgeschlossen sind.

Der Guvernör ernennt, mit Zuziehung des Rathes, die Friedensrichter für die Grafschaften; auf
Empfehlung der Gerichte in den Grafschaften besetzt
er Vakanzen, oder vermehrt die Anzahl der Frie-

densrichter. Die Schreiber der Landgerichte werden von den Gerichten selber ernennt, und behalten ihr Amt, so lange sie es gut verwalten. Die Sherifs und Coroners werden von den respektiven Gerichten ernennt, von dem Guvernör, mit Zuziehung des Rathes, approbirt und bestallt. Die Richter ernennen die Constabels.

Der Guvernör kann nach der Niederlegung seines Amtes, so wie alle übrige Beamte, wegen schlechter Verwaltung, Bestechung, oder anderer der Sicherheit des Staates gefährlicher Maaßregeln, von dem Hause der Abgeordneten angeklagt werden. Die Klage wird vor der Generalversammlung von dem Generalprokurator, oder von einer andern Person, die von dem Hause dazu ernennt worden, nach den Gesetzen des Landes, geführt. Der schuldigbefundene wird auf immer für unfähig erklärt, ein öffentliches Amt wieder zu erhalten; oder er wird pro tempore seines Amtes entsetzt, und den Strafen der Gesetze überliefert.

Wenn einer oder alle Richter des Obergerichtes, aus guten Gründen, die das Haus der Abgeordneten beurtheilt hat, eines der genannten Verbrechen angeklagt wird, so kann dieses Haus die Angeklagten vor dem Appellazionsgerichte belangen, die Schuldigen trifft die genannte Strafe.

Alle Bestallungen und Patente werden im Namen der Republik Virginien ausgefertigt, von dem Guvernör unterschrieben, und mit dem Staatssiegel versehen. Alle Anklagen schließen mit der Formel: gegen den Frieden und die Würde der Republik.

Der Schatzmeister wird jährlich von beiden Häusern der Legislatur ernennt.

Alle Strafen und Gefälle, die sonst dem Könige anheim fielen, fließen jetzt der Republik zu, bis die Legislatur anders darüber verfügt.

Die Ländereien, die den Kolonien Maryland, Pennsylvanien, Nord- und Süd-Carolina in ihren Freibriefen abgetreten sind, bleiben ihnen mit allen Rechten des Eigenthums und der Jurisdiktion, nur behält sich Virginien die freie Schiffarth und den Gebrauch der Flüsse Potomaque und Pokomoke vor, so wie auch das Eigenthum des Virginischen Ufers dieser Flüsse, und aller daran gemachten und noch zu errichtenden Anlagen. Die westliche und nördliche Gränze von Virginien bleibt nach dem Freibriefe von König Jakob dem ersten vom Jahre 1609 *), und nach dem Friedenstraktate zwischen England und Frankreich vom Jahre 1763; bis, nach der Verfügung der Legislatur ein oder mehrere Guvernements westlich von den Alleghanischen Gebirgen angelegt werden. Von den Indiern können keine Ländereien anders gekauft werden, als im Namen des Staates, und auf Autorität der Generalversammlung.

* * *

Nord-Carolina.

Die Konstituzion von Nord-Carolina ward im Kongresse zu Halifax entworfen, und am 1ßten Dezember 1776 angenommen. Sie besteht aus der Erklärung der Rechte, und aus sechs und vierzig Artikeln.

Die

---

*) Die Gränzen sind in diesem Freibriefe nur unbestimmt angegeben, weil man das westliche Land nicht kannte. S. Ebelings Amer. Bibl. S. 379. Virginien hat nach dem Frieden mit England das westliche Gebiete dem Kongresse abgetreten. Hier entstand der neue Staat Kentucky.

Die Erklärung der Rechte ist desselbigen Inhaltes, wie die der übrigen Staaten; wir wollen sie daher mit der von Maryland vergleichen. §. I. wie dort §. I. — II. wie II. — III. Kein einzelner Mann, oder eine Klasse von Menschen ist zu besondern Vorzügen und Privilegien berechtigt, als nur in Rücksicht öffentlicher Dienste. IV. wie dort VI. — V. wie dort VII. — VI. wie dort V. VII. wie XIX. und XX. — VIII. Kein freier Mann soll gezwungen sein, auf eine Kriminal⸗Beschuldigung zu antworten, wenn er nicht vor einem ordentlichen Gerichte angeklagt ist, (by indictment) und die große Jury den Prozeß zuerkannt hat (presentment); oder wenn er von dem Hause der Repräsentanten belangt wird (impeachment). IX. Und er kann nicht anders überführt werden, als durch ein einstimmiges Verdikt der kleinen Jury, die aus guten und gesetzmäßigen Männern (probis et legalibus hominibus) besteht, und bei offnen Thüren. X. wie dort XXII. — XI. wie dort XXIII.— XII. wie dort XXI. — XIII. Jeder freie Mann, der in seiner Freiheit eingeschränkt wird, ist berechtigt, ohne Verzug Abstellung zu verlangen, und die Rechtmäßigkeit untersuchen zu lassen. XIV. In allen Rechtshändeln über Eigenthum soll das Urthel der Geschwornen Statt finden. XV. wie dort XXXVIII. — XVI. wie dort XII. — XVII. wie dort XXV, XXVI und XXVII. — XVIII. wie dort XI. — XIX. Alle Menschen haben ein natürliches und unveräußerliches Recht, Gott nach ihrem Gewissen zu verehren. XX. Die Legislatur muß oft gewählt werden, um Beschwerden zu heben, Gesetze zu verbessern und zu verstärken. XXI. Die Fundamental⸗Grundsätze müssen nicht aus den Augen gelassen werden. XXII. wie dort XL. — XXIII. wie dort XXXIX. — XXIV. wie

N

dort XV. — XXV. Da das Eigenthum des Bodens ein wesentliches Recht des Volkes ist, so müssen auch die Gränzen genau bestimmt werden. Die Gränzlinie zwischen Nord- und Süd-Carolina, die unter Georg II festgesetzt wurde, soll daher die südliche Gränze bezeichnen. Sie beginnt an der Küste bei Cedar Stake, bei der Mündung des Little River, geht nordwestlich durch Boundary Hause, unter 33 Grad 56 Minuten, bis 35 Grad nördlicher Breite, von da so weit westlich, als in dem letzten Freibriefe von König Karl II an den letzten Eigenthümer von Carolina bestimmt ist. Alles Land, alle Gewässer und Häfen zwischen jener Linie und der südlichen Linie von Virginien, die an der Seeküste, 36 Grad 30 Minuten nördlicher Breite, anfängt, und von da westlich fortläuft, nach der Bestimmung des Freibriefes von Karl II; dies alles ist das Eigenthum dieses Staates. Doch sollen dadurch die Indier nicht gefährdet werden, die das Recht zu jagen über einige Distrikte besitzen. Auch wird hierdurch nicht verhindert, daß nicht in Westen dieses Staates ein oder mehrere Guvernements, mit Einwilligung der Legislatur errichtet werden können. Eben so werden auch nicht die Eigenthumsrechte einzelner Subjekte hierdurch aufgehoben, die sie unter den sonst geltenden Gesetzen von den Königen von England, oder den ehemaligen Eigenthümern von Carolina erhielten.

Regierungsform.

Die gesetzgebende Gewalt besitzt die Generalversammlung. Sie besteht aus zwei verschiedenen, vom Volke abhängigen Theilen, aus dem Senate, und dem Hause der Gemeinen,

Der Senat besteht aus jährlich durch Kugeln ge=
wählten Repräsentanten der Grafschaften; aus je=
der wird einer ernennt, der wenigstens ein Jahr
lang vor der Wahl in derselben gewohnt, und in
der Zeit nicht weniger als dreihundert Acker Land
eigenthümlich in derselben besessen hat, und noch be=
sißt. Alle Freimänner, die über ein und zwanzig
Jahr alt, zwölf Monate lang vor der Wahl Ein=
wohner einer Grafschaft dieses Staates gewesen
sind, und seit sechs Monaten vor derselben ein Frei=
gut von funfzig Acker Land besessen haben, sind zur
Wahl der Senatoren berechtigt.

Das Haus der Gemeinen besteht aus Repräsen=
tanten, die jährlich durch Kugeln gewählt werden;
zwei für jede Grafschaft*), und einer für jeden der
folgenden Oerter (towns), Edentown, Newbern,
Wilmington, Salisbury, Hillsborough und Halli=
fax. Diese Repräsentanten müssen ein Jahr lang
vor der Wahl in der Grafschaft, für die sie gewählt
werden, gewohnt, und seit sechs Monaten in der=
selben nicht weniger als ein Eigenthum von hundert
Acker Land besessen haben, und noch besißen. Alle
Freimänner, über ein und zwanzig Jahr alt, die
seit zwölf Monaten vor der Wahl Einwohner einer
Grafschaft gewesen sind, und öffentliche Taxen be=
zahlt haben, sind zur Wahl der Mitglieder des
Hauses der Gemeinen für die Grafschaft, in der sie
wohnen, berechtigt. Alle Besißer eines Freigütes
in einem Orte dieses Staates haben das Recht der
Repräsentazion; auch können alle Freimänner, die
seit zwölf Monaten vor der Wahl Einwohner eines
Ortes gewesen, und es noch sind, und öffentliche
Taxen bezahlt haben, ein Mitglied des Hauses der

N 2

*) Nord = Carolina enthielt im Jahre 1790 vier und
funfzig Grafschaften.

Gemeinen zum Repräsentanten dieses Ortes erwäh-
len. Doch sind die Einwohner eines solchen Ortes
nicht berechtigt, bei der Wahl der Mitglieder des
Hauses der Gemeinen für die Grafschaft, in der
sie ansäßig sein mögen, mitzustimmen; so auch nicht
die Freihalter der Grafschaften, die außerhalb den
Gränzen eines Ortes wohnen, für den Repräsentanten einer der besagten Oerter.

Der Senat und das Haus der Gemeinen haben
das Recht, sich einen Sprecher und ihre übrigen
Beamten zu wählen; sie urtheilen über die Eigenschaften, und die Wahl ihrer Mitglieder; sie halten
ihre Sitzung nach eignen Adjournements von Tag
zu Tag, und bringen Bills in Vorschlag, aus denen Gesetze gemacht werden. Beide Häuser können
Wahlen ausschreiben, um einstweilige Vakanzen
wieder zu besetzen; sie können sich auch gemeinschaftlich, durch Ballotiren, auf irgend einen Tag oder
Ort adjourniren. Jede Bill muß in jedem Hause
dreimal vorgelesen werden, ehe sie Gesetzeskraft erlangt, und muß von den Sprechern beider Häuser
unterzeichnet werden. Keines der beiden Häuser
kann zu einem öffentlichen Geschäfte schreiten, wenn
nicht die grössere Anzahl seiner Mitglieder zugegen
ist. Bei jeder Mozion soll das Ja und Nein über
irgend eine Frage abgehört, und in das Tagebuch
eingetragen werden. Die Tagebücher beider Häuser sollen sogleich, nachdem sie sich adjournirt haben,
gedruckt und publizirt werden. Jedes Mitglied der
beiden Häuser hat das Recht, gegen irgend eine
Akte oder Resoluzion zu protestiren, die ihm dem
Gemeinwohle, oder einem Individuum nachtheilig
zu sein scheint; und kann seine Gründe in das Tagebuch eintragen.

Jedes Mitglied des Senates oder des Hauses
der Gemeinen, so wie jeder Beamte, muß vor An-

tritt seines Amtes den Eid der Treue gegen den Staat schwören, und alle Offizianten müssen den Amts-Eid ablegen.

Die ausübende Gewalt ist einem Gouvernör übertragen, dem der Staatsrath zur Seite steht.

Der Senat und das Haus der Gemeinen ernennen gemeinschaftlich in ihrer ersten Sitzung nach der jährlichen Wahl, durch Kugeln, einen Guvernör auf ein Jahr. Dieselbe Person kann nur in sechs Jahren dreimal hinter einander wieder gewählt werden. Er muß über dreißig Jahre alt, seit fünf Jahren im Staate ansäßig gewesen sein, und in demselben ein Freigut, an Ländereien und Wirthschaftsgebäuden, von tausend Pfund am Werthe, besitzen. In derselbigen Sitzung und auf eben die Art wählen sie auch sieben Personen auf ein Jahr zu Mitgliedern des Staatsrathes, der dem Guvernöre in der Ausübung seines Amtes mit Rath zur Hand geht, und wovon vier Mitglieder versammlet sein müssen, um ein Geschäft vorzunehmen. Ihre Rathschläge und Verhandlungen werden in ein dazu bestimmtes Tagebuch eingetragen, und von den gegenwärtigen Mitgliedern unterschrieben, wobei ein jedes seine entgegengesetzte Meinung hinzufügen kann. Dieses Tagebuch muß der Generalversammlung auf Verlangen vorgelegt werden.

Der Guvernör ist Generalkapitän und Chef der Miliz; und hat während des Rezesses der Generalversammlung das Recht, auf und mit Beirath des Staatsrathes, die Miliz zur öffentlichen Sicherheit zu versammlen. Er erhebt und verwendet die Gelder, die von der Generalversammlung für die Bedürfnisse der Regierung bewilligt sind, und ist dafür verantwortlich. Er kann auch, auf und mit dem Rathe des Staatsrathes, während des Rezesses der

Generalversammlung Waaren, auf einige Zeit mit Embargo belegen, oder die Ausfuhr derselben verbieten.

Er hat das Recht, Strafen zu erlassen, oder aufzuschieben, ausgenommen wenn die Generalversammlung die Klage führt, oder das Gesetz anders verfügt; in diesem Falle kann er während des Rezesses der Generalversammlung Aufschub der Strafe gewähren. Er übt die ganze exekutive Gewalt der Regierung aus, wie sie durch diese Konstituzion beschränkt, und den Gesetzen des Staates angemessen ist. Wenn der Guvernör stirbt, des Amtes unfähig wird, oder aus dem Staate abwesend ist, dann soll der Sprecher des Senates, oder wenn sich auch einer der obigen Fälle bei diesem ereignete, der Sprecher des Hauses der Gemeinen, die Gewalt der Regierung einstweilen ausüben, bis die Generalversammlung einen neuen Guvernör ernennt hat.

Wenn irgend ein Beamter, der von der Generalversammlung ernennt wird, während des Rezesses derselben stirbt, oder seine Stelle sonst vakant wird, so besetzt sie der Guvernör, mit Zuziehung des Rathes, bis zur nächsten Sitzung der Generalversammlung.

Die Richter des Obergerichtes der strengen Gesetze, und des Obergerichtes der Billigkeit (of the supreme courts of Law and Equity) die Richter des Admiralitätsgerichtes, und der Generalprokurator werden von der Generalversammlung, durch gemeinschaftliches Balloriren beider Häuser ernennt, und von dem Guvernör bestallt. Sie behalten ihr Amt, so lange sie es gut verwalten; und sie bekommen, eben so wie der Guvernör, auf die Zeit ihres Amtes einen angemessenen Gehalt.

Die Generale und Stabsoffiziere der Miliz und alle Offiziere der regulären Truppen dieses Staates werden von dem Senate und dem Hause der Gemeinen ernennt.

Ein Schatzmeister oder mehrere werden jährlich, und der Staatssekretär auf drei Jahre von der Generalversammlung durch gemeinschaftliches Ballotiren beider Häuser ernennt.

Wenn sich der Guvernör oder die übrigen Beamten gegen den Staat vergehen sollten, in dem sie einen Theil dieser Konstituzion verletzten, ihr Amt schlecht verwalteten, oder sich bestechen ließen, dann sollen sie von der Generalversammlung wegen der Staatsverwaltung belangt, oder von der großen Jury eines Gerichtshofes der höhern Gerichtsbarkeit dieses Staates angeklagt werden.

Wer öffentliche Gelder unter Händen gehabt hat, kann nicht zum Mitgliede der Generalversammlung oder zu irgend einen Amte gewählt werden, ehe er nicht Rechnung abgelegt, und die Summen, für die er verantwortlich ist, in den Schatz geliefert hat. Auch kann kein Schatzmeister während seines Amtes, oder ehe er Rechnung abgelegt, und die ihm anvertrauten Gelder seinem Nachfolger ausgeliefert hat, ein Mitglied des Senates oder des Hauses der Gemeinen, oder des Staatsrathes werden. So auch nicht die Offiziere der regulären Land, oder See-Truppen, die im Dienste der Vereinigten Staaten oder eines einzelnen Staates stehen, noch auch irgend ein Lieferant für die Armee. Wenn ein Mitglied der Legislatur oder des Rathes eine solche Bestallung annimmt, so wird seine Stelle dadurch vakant. Kein Mitglied des Staatsrathes kann im Senate oder Hause der Gemeinen Sitz erhalten; auch können die Richter der Obergerichte des Gesetzes und der Billigkeit und des Admiralitäts-Gerichtes, we-

N 4

der zum Senate noch zum Hause der Gemeinen oder
zum Staatsrathe gelangen; ferner nicht der Staats,
sekretär, der Generalprokurator, oder ein Schrei,
ber eines Court of Record; endlich auch nicht ir,
gend ein Geistlicher oder Prediger, so lange er sein
Amt verwaltet.

Wer das Dasein Gottes, die Aechtheit der pro,
testantischen Religion, oder die göttliche Autorität
des Alten oder neuen Testaments leugnet, oder sol,
che Religionsgrundsätze hegt, die der Freiheit und
Sicherheit des Staates gefährlich sind; soll nie ein
Zivil,Amt dieses Staates erhalten.

Die Friedensrichter der verschiedenen Grafschaf,
ten werden von der Generalversammlung dem Gu,
vernöre vorgeschlagen, und er bestallt sie. Sie be,
halten ihr Amt so lange sie es gut verwalten, und
können nur von der Generalversammlung wegen
Mißbrauch, Abwesenheit oder Unfähigkeit abgesetzt
werden.

Es soll keine Religionsparthei in diesem Staate
herrschend sein; Niemand soll zum Gottesdienste
gegen seine Ueberzeugung gezwungen werden, noch
verpflichtet sein, wider seinen eignen Willen und sein
Gutbefinden etwas zum Ankaufe geistlicher Länbe,
reien, zum Bau einer Kirche, oder zum Unterhalte
der Geistlichen beizutragen. Jeder hat volle Frei,
heit, seine Religion auszuüben; doch sind deswegen
die Prediger nicht von dem gesetzmäßigen Prozesse
und den Strafen befreiet, wenn sie verrätherische
oder aufrührerische Reden halten.

Niemand soll mehr als ein lukratives Amt zu,
gleich führen; doch sind Aemter in der Miliz, und
die Aemter der Friedensrichter nicht für lukrativ zu
halten.

Alle Bestallungen und Patente werden im Na,
men des Staates von Nord,Carolina ausgefertigt,

vom Guvernöre unterschrieben, und mit dem großen
Staatssiegel, welches der Guvernör unter Händen
hat, versehen. Alle Arrest-Briefe werden eben so
ausgefertigt und von den Schreibern der Gerichte
attestirt. Die Klagen schließen mit der Formel:
gegen den Frieden und die Würde des
Staates.

Die Abgeordneten zum Kongreße werden jährlich
von der Generalversammlung gewählt, und können
von ihr in der Zeit zurück gerufen werden. Doch
können dieselbigen Personen nur drei Jahre lang
hinter einander wieder gewählt werden.

In jeder Grafschaft müssen ein Sherif, ein oder
mehrere Coroners und Constabels angestellt werden.

Schuldner, die nicht im strengsten Verdachte
des Betruges sind, können nicht im Gefängniße gehalten werden, wenn sie ihr ganzes real und personal
Vermögen ihren Kreditoren bona fide zum Gebrauche aus liefern, wie es die Gesetze anordnen werden.
Alle Gefangne sollen auf sichre Kauzion los gelassen
weden, ausgenommen bei Kapitalverbrechen, wenn
der Beweis klar oder der Verdacht groß ist.

Jeder Fremde, der sich in diesem Staate nieder-
läßt, soll den Eid der Treue gegen denselben schwören; und dann kann er Ländereien oder anderes real
Eigenthum ankaufen oder durch andere rechtmäßige
Mittel sich erwerben, es besitzen und transferiren.

Eine oder mehrere Schulen sollen von der Legislatur zur Unterweisung der Jugend angelegt, und
mit solchen Gehalten für die Lehrer versehen werden, daß sie den Unterricht für einen geringen Preiß
geben können. Auch sollen alle nützlichen Wissenschaften durch eine oder mehrere Universitäten befördert werden.

Von den Indiern können nur unter der Autorität
der Generalversammlung Ländereien gekauft werden.

N 5

Die künftige Legislatur soll solche Einschränkungen machen, daß kein Amt erblich werde.

Die Erklärung der Rechte ist ein Theil dieser
Konstituzion, und darf nie verletzt werden.

Süd = Carolina.

Süd-Carolina war die erste von den vereinigten
Kolonieen, die sich im März 1776 eine unabhängige
Verfassung gab. Da sie aber nur temporär war,
und das ganze Regierungssystem durch die Erklärung
der Unabhängigkeit des Generalkongresses vom 4ten
Jul 1776 verändert wurde: so übertrug das Volk
seiner eignen Legislatur die Umänderung der Konstituzion. Sie begann dieses Geschäft im Januar
1776, und belohnte das Zutrauen ihrer Konstituenten dadurch, daß sie die Privilegien derselben erweiterte. Die neue Verfassung ward der Ueberlegung
des Volkes ein ganzes Jahr lang vorgelegt, und erhielt endlich am 19ten März 1778 ihre Bestätigung.
Der Präsident der alten Legislatur, Rutledge, wi-
dersetzte sich zwar, zufolge der ihm gegebnen nega-
tiven Gewalt, der Annahme der neuen Konstituzion; weil er der erstern von 1776 geschworen hatte;
weil er es für gefährlich hielt, daß die Legislatur
selber die alte Konstituzion umstoße; und weil er
endlich den demokratischen Grundsätzen der neuen,
besonders der Abschaffung des legislativen Rathes
und der Wahl eines Senates von den Einwohnern
der Distrikte, entgegen war. Er resignirte nach einer Rede, worin er seine Gründe vorgetragen, sein
Amt. Der an seine Stelle gewählte Präsident,
Rawlins Lowndes, gab darauf seine Einwilligung zu

der neuen Verfaſſung. Sie unterſcheidet ſich von
der alten durch folgende weſentliche Punkte. Der
Name der Kolonie, ward in den des Staates von
Süd, Carolina umgewandelt. Anſtatt des Präſi=
denten erhielt ein Guvernör die höchſte ausübende
Gewalt. Die höchſten Beamten der exekutiven Ge=
walt, die ſonſt ihr Amt auf Lebenszeit führeten,
wurden nur auf beſtimmte Jahre gewählt. Die
legislative Gewalt wurde von drei verſchiedenen
Zweigen auf zwei reduzirt auf den Senat und das
Haus der Repräſentanten; der Guvernör verlohr
die negative Stimme gegen die Legislatur. Anſtatt
des geſetzgebenden Rathes, der nach der Konſtitu=
zion von 1776 von den Repräſentanten des Volkes
in der Generalverſammlung aus ihrer eignen Mitte
gewählt wurde, ward ein Senat von 28 Mitglie=
dern, die von den Einwohnern der Sprengel und
Diſtrikte ſelber ernennt werden, als ein Zweig der
Legislatur konſtituirt. Die Amtseide wurden, der
Suveränität des Staates angemeſſen, umgeändert.
Endlich wurden alle proteſtantiſche Konfeſſionen auf
gleiche Rechte geſetzt; eine allgemeine Toleranz ein=
geführt; und der Unterhalt der Geiſtlichen wurde
ganz allein den freiwilligen Beiträgen der Gemei=
nen überlaſſen *).

Die neue Konſtituzion beſteht aus 45 Artikeln.

Die geſetzgebende Gewalt iſt der Gene=
ralverſammlung übertragen, die aus zwei verſchie=
denen Theilen beſteht, aus einem Senate, und dem
Hauſe der Repräſentanten.

Jeder Sprengel und Diſtrikt wählt alle zwei
Jahre am letzten Montage des Novembers, durch
Kugeln, ein Mitglied des Senates (Artikel XII.

---

*) Ramsay's History of the Revolution of South-
Carolina, Vol. I. p. 128.

fügt noch einige genauere Bestimmungen über einzelne Distrikte hinzu) der seine Sitzung am ersten
Montage des nächsten Januars eröfnet. Es können
nur solche Einwohner zum Senate gewählet werden,
die sich zur protestantischen Religion bekennen, dreißig Jahre und drüber alt sind, wenigstens seit fünf
Jahren im Staate wohnen, in dem Sprengel oder
Distrikte für den sie gewählt werden ein Freigut und
liegende Gründe von zwei tausend Pfund kurranter
Münze am Werthe, schuldenfrei besitzen; wenn sie
nicht darinn wohnen, müssen sie ein Freigut und
liegende Gründe von sieben tausend Pfund kurranter
Münze an Werthe, schuldenfrei in dem Distrikte besitzen, für den sie gewählt werden. Dreizehn Mitglieder des Senates müssen versammlet sein, um ein
Geschäft vorzunehmen; aber der Präsident oder drei
Mitglieder können den Senat von Tag zu Tag adjourniren.

Die Mitglieder des Hauses der Repräsentanten
werden auch am letzten Montage des Novembers
auf zwei Jahr gewählt, und versammlen sich am ersten Montage des nächsten Januars. Jeder Sprengel und Distrikt wählt nach einem bestimmten Verhältnisse seine Repräsentanten *). Nach sieben Jah-

*) Artikel XIII. setzte es also fest: Der Sprengel St.
   Philip, St. Michael, Charlestown, 30 — der Sp.
   Christ-Church, 6 — d. Sp. St. John, in der
   Grafschaft Berkley, 6 — d. Sp. St. Andrew, 6 —
   d. Sp. St. George, Dorchester, 6 — d. Sp. St.
   James, Goose-Creek, 6 — d. Sp. St. Thomas
   und St. Dennis, 6 — d. Sp. St. Paul, 6 — d.
   Sp. St. Bartholomew, 6 — d. Sp. St. Helena,
   6 — d. Sp. St. James, Santee, 6 — d. Sp.
   Prince George, Winyah 4 — d. Sp. All Saints,
   2 — d. Sp. Prince Frederick, 6 — d. Sp. St.
   John, in der Grafschaft Colleton, 6 — d. Sp. St.
   Peter, 6 — d. Sp. Prince William, 6 — d. Sp.
   St. Stephen, 6 — der Distrikt östlich des Flusses

ren von der Annahme dieser Konstituzion, und dann
jedesmal nach vierzehn Jahren soll die Repräsentazion auf das genaueste nach der Zahl der weißen Einwohner und nach dem beschatzten Eigenthume von
neuem bestimmt werden.

Zu Mitgliedern des Hauses der Repräsentanten
können nur solche Einwohner gewählt werden, die
sich zur protestantischen Religion bekennen, seit drei
Jahren im Staate wohnen; sie müssen, wenn sie
sich in dem Distrikte oder Sprengel, für den sie gewählt werden, aufhalten, eben die Eigenschaften haben, als diejenigen, die das Wahlrecht haben, doch
müssen sie schuldenfrei sein; wohnen sie nicht in dem
Sprengel oder Distrikte, so müssen sie in demselben
ein Freigut und liegende Gründe von drei tausend
und fünf hundert Pfund kurranter Münze am Werthe, eigenthümlich und schuldenfrei besitzen.

Das Recht die Repräsentanten beider Häuser zu
wählen, besitzen alle weiße Freimänner, die das Dasein eines Gottes, und einen künftigen Zustand der
Belohnung oder der Strafe glauben; die ein und
zwanzig Jahr alt, und wenigstens ein Jahr vor der
Wahlzeit Einwohner des Staates gewesen sind, ein
Freigut von wenigstens funfzig Acker Landes, oder
einen Antheil an einer Ortschaft (town lot) wenigstens seit sechs Monaten besitzen, oder im vorigen

Wateree, 10 — der Distrikt Ninety-Six, 10 — der
Distrikt Saxe-Gotha, 6 — der Distrikt zwischen
den Fl. Broad und Saludy in drei Divisionen; der
niedere Distrikt 4 — der Little River Distrikt 4 —
der obere oder Spartan Distrikt 4 — der Distrikt
zwischen den Broad und Catawba Fl. 10 — der Distrikt the new Acquisition genennt, 10 — der
Sprengel St. Matthew, 3 — d. Sp. Orange, 3 —
d. Sp. St. David, 6 — der Distrikt zwischen dem
Savannah-Flusse und the north fork of Edi-
sto, 6.

Jahre, oder wenigstens seit sechs Monaten eine solche Summe an Abgaben bezahlt haben, als von
funzig Acker Landes entrichtet wird. Diese wählen
für den Sprengel oder Distrikt wo sie sich wirklich
aufhalten, oder in irgend einem andern, wo sie ein
solches Freigut besitzen.

Sollte ein Sprengel oder Distrikt es verabsäumen oder sich weigern, Repräsentanten zu wählen;
oder sollten die Gewählten nicht in der Generalversammlung erscheinen; so haben diejenigen, die sich
versammlen das volle Recht der Generalversammlung. Es müssen nicht weniger als neun und sechszig Mitglieder des Hauses der Repräsentanten zugegen sein, wenn ein Geschäft vorgenommen werden
soll; aber der Sprecher oder sieben Mitglieder können sich von Tag zu Tag adjourniren. Wenn es ein
Distrikt oder Sprengel verabsäumte, am Tage der
Wahl Repräsentanten zu wählen; oder wenn Jemand, der zum Mitgliede eines der beiden Häuser
gewählt worden, sich weigert, das Amt anzunehmen,
oder wenn er stirbt, oder den Staat verläßt; so
muß der Senat, oder das Haus der Repräsentanten,
wo diese Vakanz entsteht, eine neue Wahl für ein
solches Mitglied ausschreiben. Wenn aber ein Mitglied des Senates oder des Hauses der Repräsentanten ein besoldetes Amt, oder eine Bestallung, (die
in der Miliz, oder die eines Friedensrichters ausgenommen) annähme, so wird seine Stelle vakant,
und es muß eine neue Wahl angestellt werden; sollte
es wieder gewählt werden, so kann es seinen Sitz
wieder erhalten, wenn es nur nicht zum Staatssekretär, oder zu einem Kommissär des Schatzes, zu einem Zoll-Offizianten, Registrator der Kauf-Kon-
trakte (Register of mesne conveyances) Schreiber eines Gerichtshofes, Sherif, Aufseher der Pul-
ver-Magazine, Schreiber des Senates, des Hauses

der Repräsentanten, oder des Geheimenrathes, Ge-
neralinspektor oder Kommissär der militärischen
Magazine, bestallt worden ist. Diese Beamte können nicht zugleich Mitglieder eines der beiden Häuser sein. Auch kann kein Prediger oder Geistlicher
so lange er im Amte ist, und binnen zwei Jahren
nach Niederlegung desselben, die Stelle des Guvernörs, oder Unterguvernörs, oder eines Mitgliedes
des Senates, des Hauses der Repräsentanten oder
des Geheimen-Rathes erhalten.

Jedes der beiden Häuser wählt sich, durch Kugeln, seine respektiven Beamten, ohne daß eines das
andere kontrollirt. Während eines Rezesses derselben haben der Präsident des Senates und der Sprecher des Hauses der Repräsentanten das Recht,
Wahlen zur Besetzung solcher Vakanzen, die durch
den Tod in ihren respektiven Häusern entstanden
sind, auszuschreiben. Sie brauchen nur einen Termin von fünf und dreißig Tagen anzusetzen.

Alle Geld-Bills zum Unterhalt der Regierung
sollen im Hause der Repräsentanten zuerst vorgeschlagen werden; sie können vom Senate nicht geändert oder verbessert, wohl aber ganz verworfen
werden. Es kann aber nicht anders Geld aus der
Schatzkammer gehoben werden, als auf die legislative Autorität des Senates. Alle übrigen Bills
oder Ordenanzen können im Senate, oder im Hause
der Repräsentanten zuerst vorgeschlagen, und von
einem oder dem andern verändert, verbessert, oder
verworfen werden. Allen Gesetzen und Dekreten,
die von der Generalversammlung angenommen werden, soll das große Siegel von einem gemeinschaftlichen Ausschuß beider Häuser, der sich dasselbe von
dem Guvernör abholt und es ihm wieder zustellt,
angehängt werden; der Präsident des Senates, und
der Sprecher des Hauses der Repräsentanten müssen

sie im Senats-Hause unterschreiben, und dann haben sie Gesetzeskraft, und werden in das Archiv des
Staatssekretäres gelegt.   Der Senat und das Haus
der Repräsentanten besitzen alle übrigen Privilegien,
die sonst das Haus der Gemeinen von der Versammlung ausübte.

Weder der Senat noch das Haus der Repräsentanten können sich ohne gegenseitige Einwilligung
auf eine längere Zeit, als auf drei Tage adjourniren.
Der Guvernör und Kommandör en Chef hat nicht
das Recht, sie zu adjourniren, prorogiren, oder dissolviren; kann sie aber wenn es nöthig ist, auf den
Rath und mit Einwilligung des Geheimen-Rathes,
vor der Zeit, bis zu welcher sie adjournirt sind, zusammen berufen.   Wenn eine Bill von einem der
Häuser verworfen ist, darf sie nicht wieder, ohne
Erlaubniß des Hauses, und ohne daß es sechs Tage
vorher gemeldet worden, in der Sitzung vorgebracht
werden.

Das Haus der Repräsentanten hat allein das
Recht Staatsbeamte wegen schlechter Verwaltung
oder Bestechung anzuklagen; doch müssen dabei zwei
Drittheile der Mitglieder zugegen sein, und in der
Anklage übereinstimmen.   Die Senatoren und die
Richter, die nicht Mitglieder des Hauses der Repräsentanten sind, entscheiden als Richter über jene Anklage, nach den Regeln, welche die Legislatur vorschreibt; doch müssen sie vorher schwören; daß sie
treu und unpartheiisch richten wollen.   Zwei Drittheile der gegenwärtigen Richter müssen übereinstimmen, wenn ein Urthel gelten soll; es müßte denn
der Angeklagte frei gesprochen werden.   Bei diesem,
so wie bei jedem andern Prozesse,   müssen den beklagten Advokaten zugestanden werden.

Die ausübende Gewalt, ist einem Guvernör

nôr anvertraut, dem ein geheimer Staats-Rath
zur Seite steht.

Beide Häuser der Legislatur, wählen in der ersten Versammlung, gemeinschaftlich im Hause der
Repräsentanten, durch Kugeln, aus ihrer eignen
Mitte, oder aus dem Volke, einen Guvernôr und
Kommandôr en Chef, einen Unter-Guvernôr, beide
auf zwei Jahr, und die Mitglieder des Geheimen-
Rathes, welche sich alle zur protestantischen Religion
bekennen müssen. Wenn ein Mitglied des Senates,
oder des Hauses der Repräsentanten zum Guvernôr,
oder Unter-Guvernôr gewählt wird, so verliert es
seinen Sitz in der Legislatur, und es muß ein anderes in seine Stelle gewählt werden.

Der Guvernôr und Unter-Guvernôr müssen
zehn Jahr, und die Mitglieder des Geheimen-Rathes fünf Jahr lang vor der Wahl in diesem Staate gewohnt haben, und eine Plantazion oder ein
Freigut, von wenigstens zehn tausend Pfund kurranter Münze am Werthe, eigenthümlich und schuldenfrei besitzen. Sie müssen daher nach der Wahl ihre
Qualität durch einen Eid im Hause der Repräsentanten bekräftigen.

Wer das Amt des Guvernôrs zwei Jahre lang
verwaltet hat, kann erst nach dem Verlauf von vier
Jahren wieder gewählt werden. Auch können der
Guvernôr und Unter-Guvernôr nicht zugleich ein
anderes Zivil- oder Militär-Amt, (den Dienst
in der Miliz ausgenommen) in diesem oder einem
andern Staate, oder unter der Autorität des Gene-
ral-Kongresses, führen.

Wenn der Guvernôr angeklagt, oder von seinem
Amte entsetzt wird, oder wenn er stirbt, resignirt,
oder sich aus dem Staate entfernt; als dann soll der
Unter-Guvernôr sein Amt versehen, und der Geheime-Rath ernennt aus seiner Mitte einen Unter-

O

Guvernör. Wenn einer jener Fälle sich mit dem Unter-Guvernöre ereignet, dann wird eben so ein anderer von dem Geheimen-Rathe ernennt; doch gelten diese Bestallungen nur auf so lange Zeit bis der Senat und das Haus der Repräsentanten die Vakanzen bis zum völligen Verlauf des zweijährigen Termines wieder besetzen.

Der Geheime-Rath besteht aus dem Unter-Guvernöre und aus acht Mitgliedern, von denen fünf zu einem Geschäfte versammlet sein müssen; viere derselben behalten ihr Amt zwei Jahre, viere nur ein Jahr lang. Es werden daher nach Verlauf eines Jahres immer vier neue Räthe gewählt. Wer zwei Jahre lang Mitglied des Rathes gewesen ist, kann nur nach vier Jahren erst wieder gewählt werden; aber weder ein Offizier der Land- oder Seemacht dieses Staates oder der Vereinigten, noch ein Richter der Gerichtshöfe, noch auch ein Vetter, Sohn oder Bruder des jedesmaligen Guvernörs, kann zum Mitgliede des Rathes ernennt werden. Wird aber ein Mitglied des Senates oder des Hauses der Repräsentanten gewählt, so behält es dennoch seinen Sitz in der Legislatur; es müßte denn zum Unter-Guvernör ernennt werden. Wenn ein Mitglied des Geheimen-Rathes während des Rezesses der Generalversammlung stirbt, oder seine Stelle verliert, so wählt indessen der Geheime-Rath ein anderes an dessen Stelle, bis die Generalversammlung selber die Stelle wieder besetzt.

Der Geheime-Rath soll dem Guvernöre Rath ertheilen, wenn er von ihm darum befragt wird; doch ist der Guvernör nur in solchen Fällen verpflichtet den Geheimen-Rath zu befragen, die ihm das Gesetz vorschreibt. Der Schreiber des Geheimen-Rathes muß ein Tagebuch über alle Verhandlungen führen, worin das Ja und Nein über jede vorge

legte Frage, und die Meinung eines jeden Mitgliedes mit allen Gründen, wenn es dasselbe verlangt,
eingetragen wird. Dieses Tagebuch muß der Legislatur, auf Verlangen, vorgelegt werden.

Wenn der Gouvernör und der Unterguvernör wegen Abwesenheit von dem Sitze der Regierung, oder
wegen Krankheit, ihr Amt nicht versehen können,
so kann der Gouvernör ein Mitglied des Geheimen-
Rathes schriftlich und unter seinem Insiegel bevollmächtigen, seine Stelle zu vertreten; dadurch verliert es aber nicht seinen Sitz im Senate, im Hause
der Repräsentanten, oder im Geheimen-Rathe.

Die Abgeordneten an den Kongreß der Vereinigten Staaten werden jährlich von dem Senate und
dem Hause der Repräsentanten gemeinschaftlich,
durch Kugeln, im Hause der Repräsentanten gewählt.

Der Unter-Gouvernör und die Mehrheit der
Mitglieder des Rathes, sollen so lange die Geschäfte eines Kanzlei-Gerichtes ausüben, bis die Legislatur es anders verfügt, die Generalversammlung
soll auch für die verschiedenen Distrikte Ordina-
rien *) ernennen.

Die Jurisdiktion des Admiralitäts-Gerichtes
soll sich nicht weiter, als auf Schiffarths-Angelegen-
heiten erstrecken.

Die Friedensrichter werden von dem Senate
und dem Hause der Repräsentanten gemeinschaftlich ernennt, und von dem Gouvernöre auf beliebige Zeit bestallt. Sie empfangen eine durch die
Gesetze bisher festgesetzte Entschädigung; sie verlieren aber ihre gesetzlichen Privilegien, wenn sie
nicht im Amte sind.

*) Ordinaries sind Justiz-Beamte, die über Erb-
schaftssachen die Aufsicht führen.

O 2

Alle übrige Justiz, Beamte werden von der
Generalversammlung gemeinschaftlich durch Kugeln
ernennt, und (die Richter des Kanzlei, Gerichtes
ausgenommen) vom Guvernör auf so lange, als sie
sich gut betragen, bestallt; sie können aber auf Be,
gehren des Senates und des Hauses der Repräsen,
tanten vom Dienste entfernt werden.

Auch die Sheriss werden von der Generalver,
sammlung zugleich mit dem Guvernöre und Rathe
gewählt, und von dem Guvernör auf zwei Jahr be,
stallt. Sie müssen vorher Kauzion stellen. Sie
können erst nach vier Jahren wieder gewählt wer,
den, und müssen wenigstens zwei Jahr vor der Wahl
in dem Distrikte gewohnt haben.

Die Kommissarien des Schatzes, der Staats,
sekretär, die Registratoren der Kaufkontrakte in je,
dem Distrikte, der Generalprokurator, Oberinspek,
tor, Aufseher der Pulver, Magazine, die Einneh,
mer, Komptrollöre und Offizianten der Zölle, wer,
den von der Generalversammlung gewählt, und von
dem Guvernöre auf zwei Jahr bestallt. Jeder die,
ser Beamten, der vier Jahre lang gedient hat, kann
erst nach vier Jahren wieder gewählt werden. Die
Kommissarien des Schatzes und die Aufseher der
Pulver, Magazine müssen Kauzion stellen.

Alle Offiziere der Armee und der Marine dieses
Staates von und über dem Range eines Kapitäns,
werden von der Generalversammlung gewählt, und
von dem Guvernöre, so wie alle übrigen Offiziere
der Land, und Seemacht, bestallt.

Wenn solche Aemter, welche die Generalver,
sammlung besetzt, vakant werden, so ergänzt sie der
Guvernör, mit Zuziehung des Rathes, bis die Ge,
neralversammlung eine neue Wahl anstellen kann.
Auch kann er, mit Einwilligung des Rathes alle
übrige, hier nicht benannte, nöthige Beamte

auf beliebige Zeit anſeßen, bis das Geſeß es anders
verfügt.

Alle bisher gültige Geſeße bleiben, bis ſie von
der Legislatur aufgehoben werden, oder, wenn ſie
temporär ſind, ſelber erlöſchen.

Der Guvernör kann, auf und mit Beirath und
mit Einwilligung des Geheimen-Rathes, während
des Rezeſſes der Generalverſammlung Waaren mit
Embargo belegen, oder die Ausfuhr verbieten; doch
nicht länger als auf dreißig Tage. Er kann, ohne
Einwilligung der Generalverſammlung, weder Krieg
anfangen, noch Frieden machen, oder irgend ein
Bündniß ſchließen *).

Alle Militär- und Zivil-Beamte müſſen beim
Antritte ſchwören; daß ſie die Unabhängigkeit und
Suveränität des Staates anerkennen; allem Ge-
horſame gegen den König von England entſagen,
den Staat gegen ihn und ſeine Nachfolger vertheidigen, und dem Vaterlande treu nach beſten Kräften
dienen wollen.

Die Staats-Beamten bekommen einen anges-
meßnen Gehalt.

Alle Perſonen und Religions-Gemeinheiten, die
das Daſein eines Gottes, und einen künftigen Zuſtand der Belohnung und der Strafen glauben, und
dafür halten, daß Gott öffentlich verehrt werden
müſſe, ſollen tolerirt werden. Die chriſtliche proteſtantiſche Religion ſoll die herrſchende in dieſem
Staate ſein (the established religion). Alle pro-
teſtantiſchen Sekten, die ſich friedlich und treu betragen, ſollen gleiche religiöſe und bürgerliche Privilegien haben. Um dieſen erwünſchten Gegenſtand
ohne Beleidigung des geiſtlichen Eigenthumes der

---

*) Dieſer Artikel erhält durch die Konſtituzion der
Vereinigten Staaten eine neue Einſchränkung.

O 3

christlichen Gemeinen, die bereits durch das Gesetz
zum Gottesdienste inkorporirt sind, zu erreichen;
und um jede andere christlich-protestantische Sozietät, die sich bereits gebildet hat, oder noch bilden
wird, in den Stand zu setzen, eine gleiche Inkor-
porazion zu erlangen; ist verordnet und erklärt, daß
die respektiven Sozietäten der englischen Kirche, die
sich bereits in diesem Staate zum Gottesdienste formirt haben, noch ferner inkorporirt bleiben, und ihr
geistliches Eigenthum behalten sollen; und daß, wenn
funfzehn oder mehr männliche Personen, die nicht
unter ein und zwanzig Jahr alt sind, und sich zur
protestantischen Religion bekennen, übereinkommen,
sich zu einer Sozietät zum Gottesdienste zu vereinigen, sie zu einer Kirche konstituirt, und als zu der
herrschenden Kirche des Staates gehörig angesehn
sein sollen; wenn sie die unten vorgeschriebnen Bedingungen erfüllen. Auf ihr Ansuchen bei der Legislatur sollen sie inkorporirt werden, und gleiche Privilegien erhalten. Jede christliche Sozietät, die so
formirt wird, soll sich einen Namen geben, mit dem
sie benannt werden will; und alle die sich in der Absicht des Gottesdienstes zu ihr gesellen, sollen als
Mitglieder dieser Sozietät angesehen werden. Jede
Sozietät muß aber, ehe sie inkorporirt werden kann,
folgende fünf Artikel unterschreiben:

1. Es giebt eine unendliche Gottheit, und einen zukünftigen Zustand der Belohnung und der
Strafen.

2. Gott muß öffentlich verehrt werden.

3. Die christliche Religion ist die wahre Religion.

4. Die heiligen Schriften des alten und neuen
Testamentes sind von Gott inspirirt, und sind die
Richtschnur des Glaubens und des Handelns.

5. Es ist gesetzmäßig, und die Pflicht eines jeden

Menschen, die Wahrheit zu bezeugen, wenn er von
der Regierung dazu aufgefordert wird.

Jeder Einwohner dieses Staates, der Gott zum
Zeugen der Wahrheit anrufen soll, kann es auf eine
solche Art thun, als es seinem Gewissen angemessen
ist. – Das Volk hat das Recht seine Prediger oder
Geistlichen selber zu wählen; damit aber der Staat
sicher sein kann, daß die Geistlichen ihre Pflicht erfüllen, so kann keiner anders, als durch die Mehrheit einer Sozietät, oder durch Bevollmächtigte von
jener Mehrheit gewählt werden; und jeder Gewählte muß die obigen fünf Artikel und noch eine Dekla-
razion unterschreiben; „daß er, durch Gottes Gnade, entschlossen sei, das ihm anvertraute Volk aus
der heiligen Schrift zu unterrichten, und nichts zu
lehren, als was sich nach seiner Ueberzeugung aus
der heiligen Schrift schließen und beweisen läßt; daß
er so wohl den Kranken als den Gesunden in seiner
Gemeine, öffentlich und privatim, wie es die Nothwendigkeit und die Gelegenheit erfordert, Ermah-
nungen geben; daß er fleißig beten, die heilige
Schrift fleißig lesen, und solchen Studien obliegen
wolle, die das Verständniß derselben fördern; daß er
sich bestreben wolle, sich selber und seine Familie nach
der Lehre Christus zu bilden, und sich und sie zu nützlichen Mustern der christlichen Heerde aufzustellen;
daß er, so viel an ihm ist, Ruhe, Friede und Liebe
unter allen Menschen, und besonders unter denen,
die seiner Obhuth anvertraut sind, oder anvertraut
werden, befördern wolle.“

Niemand soll eine religiöse Versammlung beunruhigen, noch sich vorwurfsvoller, schmählicher oder
mißhandelnder Reden gegen irgend eine Kirche erlauben; weil das der sicherste Weg ist, den Frieden
zu stören, und die Bekehrung irgend eines zur Wahrheit zu hindern, indem man die Menschen in Strei-

O 4

tigkeiten verwickelt, und sie erbittert, daß sie die Konfession mit ihren Anhängern hassen, die sie vielleicht würden angenommen haben. Niemand soll in religiösen Versammlungen ungebührliche oder aufrührerische Reden gegen die Regierung des Staates führen. Auch soll Niemand durch ein Gesetz gezwungen werden, etwas zur Unterhaltung eines Gottesdienstes beizutragen, zu dem er sich nicht freiwillig bekennt, oder zu dessen Unterstützung er sich nicht freiwillig anheischig gemacht hat. Die Kirchen, Kapellen, Pfarrhäuser, Ländereien, und alles übrige Eigenthum, das jetzt irgend einer Sozietät der englischen Kirche, oder irgend einer andern Sozietät zugehört, soll ihr bleiben, und auf immer zugesichert sein. Die Armen sollen unterstützt werden.

Der ganze Staat soll, sobald nur eigne Gesetze deswegen abgefaßt werden können, in Distrikte und Grafschaften getheilt, und in den Grafschaften sollen Gerichtshöfe angelegt werden.

Die bisherigen peinlichen Gesetze sollen verbessert, und die Strafen sollen in einigen Fällen weniger blutig, und überhaupt den Verbrechen mehr angemessen werden.

Kein freier Mann dieses Staates soll gesetzlich eingezogen, oder seines Freigutes und seiner Privilegien beraubt, verbannt, auf irgend eine Art vernichtet, oder seines Lebens, seiner Freiheit, seines Eigenthums beraubt werden, wenn er nicht von seines Gleichen, oder von den Landesgesetzen dazu verurtheilt worden.

Die militärische Gewalt soll der Zivil-Gewalt unterworfen sein.

Die Preßfreiheit soll unverletzt bleiben.

Kein Theil dieser Konstituzion soll verändert werden, ohne daß 90 Tage vorher Nachricht davon ertheilt werden, und die Mehrheit der Mitglieder des Senates und des Hauses der Repräsentanten ihre Einwilligung dazu gegeben hat.

Der Senat und das Haus der Repräsentanten sollen nicht eher zur Wahl eines Guvernörs, oder Unterguvernörs schreiten, bis die Mehrheit beider Häuser versammlet ist.

Georgien.

Die Konstituzion von Georgien ward am fünften Februar 1777 sanktionirt. Sie besteht aus 53 Artikeln.

Sie ist der Verfassung von Pennsylvanien am ähnlichsten. Die Gesetzgebung ist einfach; die ausübende Gewalt ist nur in bestimmten Fällen zwischen dem Guvernör und dem ausübenden Rathe getheilt, aber sie hat keine Negative gegen die Legislatur. Der gesetzgebende Rath untersucht zwar alle Bills der Gesetzgebung, ehe sie Gesetzeskraft erhalten; er hat aber nur das Recht, seine Einwendungen zur Erwägung vorzulegen, ohne die Legislatur dadurch zu binden. Dieser Staat bildet also eine reine Demokratie, ohne politische Balanz, die den Charakter der meisten Staaten bezeichnet.

Die Legislatur besteht aus den Repräsentanten des Volkes, die jährlich am ersten Donnerstage des Dezembers gewählt werden, und sich am nächsten Donnerstage des Januars zu Savannah, oder wo es das Haus der Versammlung sonst anberaumt, versammlen. Ihr erstes Geschäft ist, einen Guvernör zu wählen, der den Titel Honourable führt; und einen ausübenden Rath, aus ihrer eignen Mitte, indem sie von jeder Grafschaft zwei

O 5

Mitglieder durch Kugeln ernennen; diejenigen Grafschaften abgerechnet, die noch nicht berechtigt sind, zehn Repräsentanten zu schicken. Einer dieser Räthe von jeder Grafschaft soll sich immer an dem Orte befinden, wo sich der Gouvernör aufhält, und nach einem Monate von dem andern Rathe abgelößt werden; es müßten denn die Räthe eine längere oder kürzere Periode des Wechsels festsetzen. Doch es steht auch allen Räthen frei, sich daselbst aufzuhalten. Die übrigen Repräsentanten formiren das Haus der Versammlung (Assembly), und die Mehrheit derselben kann ein Geschäft vornehmen.

Das Haus der Versammlung muß jährlich an dem Tage vor der neuen Wahl, seine Sitzung aufheben. Für jede Grafschaft werden zehn Repräsentanten gewählt; doch sind folgende Ausnahmen festgesetzt.

Die Grafschaft Liberty, welche drei Sprengel (Parishes) enthält, schickt vierzehn; der Hafen und die Stadt Savannah soll durch vier Mitglieder, und der Hafen und die Stadt Sunbury durch zwei Mitglieder ihren Handel repräsentiren.

Die Grafschaften Glyn und Camden sollen jede nur einen Repräsentanten schicken; diese und alle von der Versammlung neu errichteten Grafschaften sollen folgenden Einschränkungen unterworfen sein. Bei ihrer ersten Einrichtung soll jede Grafschaft nur einen Repräsentanten schicken, wenn sie zehn Wähler enthält; hat sie dreißig, so schickt sie zwei; von vierzig, drei; von sechzig, vier; von achtzig, sechs; von hundert und drüber, zehn; und alsdann werden auch zwei exekutive Räthe, wie oben erwähnt worden, von ihren Repräsentanten gewählt *).

*) Georgien enthielt im Jahre 1790, eilf Grafschaften; und 82,548 Einwohner, worunter sich 29,264 Sklaven befanden.

Zu Repräsentanten können solche Einwohner ge=
wählt werden, die sich wenigstens seit zwölf Mona=
ten in dem Staate, und drei Monate in der Graf=
schaft, für die sie gewählt werden, aufgehalten ha=
ben; sich zur protestantischen Religion bekennen; ein
und zwanzig Jahr alt sind; und zweihundert und
funfzig Acker Land als Eigenthum, oder ein Ver=
mögen von zweihundert und funfzig Pfund besitzen.

Jeder weiße männliche Einwohner, der ein und
zwanzig Jahr alt, ein Eigenthum von zehn Pfund
besitzt, und Abgaben in diesem Staate bezahlt, oder
ein Handwerk treibt, und sechs Monate lang in
diesem Staate gewohnt hat; besitzt das Recht bei
der Wahl der Repräsentanten, oder aller der Beam=
ten, die zu Folge dieser Konstituzion vom gesamm=
ten Volke ernennt werden, seine Stimme, persön=
lich, durch Kugeln, abzugeben. Niemand darf ihn
von diesem Geschäfte zurückhalten; auch darf kein
Offizier oder Soldat, in seinem militärischen Cha=
rakter bei der Wahl erscheinen, damit sie frei und
ungehindert bleibe. Es kann jeder nur eine Stim=
me in der Grafschaft, wo er wohnt, geben; wer
aber einen Adelstitel besitzt, kann weder votiren,
noch das Amt eines Repräsentanten oder irgend ein
anderes in diesem Staate erhalten, so lange er sei=
nen Titel beibehält; wenn er ihn aber auf die Art
resignirt, wie es die künftige Legislatur anbefehlen
wird, so soll er obige Rechte, und alle übrige Vor=
züge eines freien Bürgers erhalten.

Wer sich von einer Wahl entfernt, oder es ver=
absäumt, seine Stimme zu geben, soll einer Strafe,
die sich nicht über fünf Pfund beläuft, unterworfen
sein; doch gelten gegründete Entschuldigungen.

Die Wahl der Repräsentanten soll durch Kugeln
geschehen, die von einem oder mehrern Friedens=
richtern der Grafschaften in einer Büchse einge=

sammlet werden. Die Kugeln müssen darauf mit
der Liste der Stimmenden verglichen, und die Mehr=
heit muß sogleich bekannt gemacht werden. Zertifi=
kate der Wahl werden sowohl an die Gewählten,
als an das Haus der Repräsentanten geschickt. Je=
der Wähler muß, wenn es verlangt wird, einen
Eid schwören, oder versichern, daß er diesem Staate
Treue schuldig sei, und die Konstituzion aufrecht er=
halten wolle.

Wenn fünf der also gewählten Repräsentanten
zusammen kommen, können sie sich selber vereiden,
und darauf jedem andern Mitgliede denselben Eid
abnehmen; „daß sie dem Staate von Georgien treu
sein, und das anvertraute Amt treu, nach besten
Einsichten, zum Vortheile des Staates und zur
Aufrechterhaltung dieser Konstituzion verwalten
wollen; und daß sie ohne Betrug oder Bestechung
gewählt worden.‟

Wer ein besonderes Amt, oder eine militärische
Bestallung in diesem oder in einem andern Staate
(den Dienst in der Miliz ausgenommen) erhalten
hat, kann nicht zum Repräsentanten gewählt wer=
den; nimmt aber ein Repräsentant ein solches Amt
an, so wird seine Stelle dadurch vakant, und er
kann nicht wieder gewählt werden, so lange er es
behält. Doch gehört das Amt der Friedensrichter
nicht unter die Klasse der besoldeten. Niemand
soll aber mehr als ein besoldetes Amt zugleich in
diesem Staate führen.

Die Abgeordneten an den Kongreß werden jähr=
lich durch Kugeln gewählt, und haben das Recht,
im Hause der Versammlung mit zu sitzen und zu
stimmen.

Das Haus der Versammlung hat das Recht,
solche Gesetze und Einrichtungen zu machen, die der
guten Ordnung und dem Wohle dieses Staates zu=

träglich sind; nur dürfen sie nicht der wahren Absicht irgend einer Vorschrift dieser Konstituzion widersprechen. Es hat ferner das Recht, alle Gesetze
und Anordnungen, die ihm dem Volke nachtheilig scheinen, aufzuheben. Es wählt sich seinen
Sprecher und seine übrigen Beamten; setzt die Regeln seines Verfahrens selber fest; und schreibt
Wahlen bei Zwischenvakanzen aus. Es kann sich
auch von Zeit zu Zeit innerhalb des Jahres adjourniren. Es kann alle Staatsbeamte zur Rechenschaft ziehen.

Der Gouvernör besitzt, mit Zuziehung des exekutiven Rathes, die ausübende Gewalt, nach den
Gesetzen und der Konstituzion dieses Staates; er
kann aber in keinem Falle Verbrecher begnadigen,
oder Strafen mindern, wohl aber dieselben bis zur
Zusammenkunft der Versammlung aufschieben, welche alsdann darüber entscheidet. Er kann, mit
Zuziehung des exekutiven Rathes, das Haus der
Versammlung, bei Vorfällen, vor der Zeit, bis zu
welcher es adjournirt ist, berufen. Auch besetzt er,
mit Zuziehung des exekutiven Rathes, alle Zwischenvakanzen der Aemter, bis zur nächsten allgemeinen
Wahl. Er ertheilt alle Zivil- und Militär-Be-
stallungen unter seiner Unterschrift, und mit dem
großen Staatssiegel. Er präsidirt im exekutiven Rathe, ausgenommen wenn derselbe die Gesetze und
Verfügungen in Erwähnung nimmt, die ihm von
dem Hause der Versammlung vorgelegt werden. Er
ist Generalkapitän und Oberfeldherr über die Miliz
und alle übrigen Land- und See-Truppen dieses Staates.

Der Gouvernör wird jährlich durch Kugeln ge-
wählt. Er muß wenigstens drei Jahre lang in dem
Staate gewohnt haben; er darf keine militärische
Würde in irgend einem andern Staate annehmen;

In jeder Grafschaft ist ein Obergericht errichtet, welches zweimal in jedem Jahre, an bestimmten Tagen seine Sitzung hält. Alle Streitigkeiten zwischen Einwohnern einer Grafschaft sollen auch in derselben Grafschaft geschlichtet werden. Wohnen die Partheien in verschiedenen Grafschaften, so wird der Prozeß in der Grafschaft geführt, wo sich der Angeklagte aufhält; doch wenn der Streit liegende Gründe betrifft, so wird er da geschlichtet, wo die Güter liegen. Alle Vergehungen gegen den Frieden; Felonie, Mord und Verrath gegen den Staat, sollen in der Grafschaft gerichtet werden, wo das Verbrechen begangen ist. Wenn aber eine Grafschaft nicht Einwohner genug hat, um ein Gericht zu formiren, dann sollen die Zivil- und Kriminalprozesse ihrer Einwohner in der benachbarten Grafschaft, wo ein Gericht ist, geführt werden. Alle Prozesse sollen vor dem Obergerichte geführt werden, (die unten genannten Fälle ausgenommen). Dieses Gericht besteht aus einem Oberrichter und drei oder mehr Richtern, die in der Grafschaft wohnen. Im Falle der Abwesenheit des Oberrichters vertritt der älteste Richter seine Stelle, mit dem Schreiber der Grafschaft, dem Staatsprokurator, Sheriff, Korpner, Konstable, und den Geschwornen. Wenn einer der genannten Beamten abwesend ist, so ernennen die Richter einen pro tempore an seine Stelle. Wenn ein Kläger oder Beklagter in Zivilsachen mit der Entscheidung der Jury unzufrieden ist, dann kann er binnen drei Tagen von dem Urthelspruche derselben (verdict) appelliren, und eine Untersuchung von einer Spezial-Jury verlangen, die auf folgende Art ernennt wird. Beide Partheien, Kläger und Beklagter, wählen jeder sechs Personen, und die Namen von sechs andern werden noch aus einer Büchse gezogen; alle

achtzehn

achtzehn werden zusammen berufen, ihre Namen
in eine Büchse gethan, und die zwölf, die zuerst
heraus gezogen werden, und gegenwärtig sind, sollen die Spezial-Jury ausmachen, und den Prozeß
entscheiden; aber von ihnen gilt keine Appellazion mehr.

Die Jury richtet über Rechts- und Thatsachen *) of the law, as well as of fact). Sie
darf kein Spezial-Verdikt **) aussprechen; wenn
aber alle oder einige von den Geschwornen über
Punkte des Gesetzes Zweifel haben sollten, dann sollen sie sich an die Bank der Richter wenden, die ih-

*) Sie muß sowohl über die Vollbringung einer That,
als über den Grund, warum sie den Gesetzen zuwider ist, über die That, und ihre Strafbarkeit urtheilen. Um ein Beispiel anzuführen: Ein Konstabel hatte in England, unter der Regierung der Königin Anna, außer seinem Bezirke eine Frau verhaftet. Ein gewißer Tooly nahm sich ihrer an, und
erschlug im Streite den Gehülfen des Konstabels.
Er suchte darauf vor Gericht seine That durch die
Unrechtmäßigkeit der Gefangennehmung zu entschuldigen. Die Jury entschied über die Thatsache,
überließ aber durch ein Spezial-Verdikt den Richtern die Entscheidung der Strafbarkeit. Sie fanden
ihn nur des Todtschlags schuldig, und gestanden
ihm das Benefizium der Klerisei zu; d. h. ein
Brandmal an der Hand. S. de Lolme S. 298.

**) Verdikt (vere dictum) heißt der Ausspruch der
Jury. Ein General-Verdikt ist ein direkter einstimmiger Ausspruch über das Verbrechen — schuldig, oder nicht schuldig. — Ein Spezial-Verdikt,
ist ein Ausspruch, der bei einem Falle, wo die That
deutlich ist, wo aber die Geschwornen über den
Grad der Strafbarkeit ungewiß sind, den Richtern
die Entscheidung der Strafbarkeit überläßt. Der
Eingang desselben heißt: et supra tota materia petunt discretionem Justiciariorum. S. de Lolme
S. 152.

P

nen nach einander ihre Meinung sagen sollen. Die
Geschwornen müssen schwören, daß sie ihr Verdikt
nach den Gesetzen, den Beweisen zu Folge, und
nach ihrer Ueberzeugung geben wollen; vorausgesetzt, daß es nicht den Vorschriften dieser Konstituzion
zuwider sei. Die Spezial-Jury muß denselben
Eid ablegen; und ihr Ausspruch muß der Gerechtigkeit, der Billigkeit, der Gewissenhaftigkeit, und
der gegenwärtigen Konstituzion angemessen sein.

Räubereien zur See- und zu Lande sollen in der
Grafschaft gerichtet werden, wo die geraubten Sachen eingebracht werden. Der Oberrichter, oder in
seiner Abwesenheit, der älteste Richter besagter
Grafschaft, soll für einen solchen Prozeß ein Spe-
zial-Gericht halten, und ihn binnen zehn Tagen
schlichten. Die Art des Verfahrens und der Appellazion bleibt dieselbe, wie vor dem Obergerichte, es
müßte denn nach einer zweiten Revision des Prozesses an den Generalkongreß appellirt werden; doch
sind nur vierzehn Tage zwischen der ersten und der
zweiten Entscheidung anberaumt. Alle Seehändel
müssen auf gleiche Art untersucht werden.

Die große Jury muß wenigstens aus achtzehn
Personen bestehen; zwölfe können eine Bill entwerfen.

Das Gewissensgericht *) bleibt wie vorher, doch
erstreckt sich seine Gerechtsame nur auf Sachen, die
nicht mehr als zehn Pfund betreffen.

Alle Strafen über fünf Pfund, ausgenommen
vor dem Gerichte der Kaufleute, sind bis zum ersten
Montag im März ausgesetzt; doch muß für Schulden und Kosten Bürgschaft gestellt werden. Die
Kosten eines Prozesses vor dem Obergerichte dürfen

---

*) Ein solches Gericht findet man in London und auf
    dem Lande des Königreiches, zum Besten der Ar-
    men und der Dienstboten.

ſich nicht über drei Pfund belaufen; und der Prozeß
muß im zweiten Termine (in der zweiten Sitzung
des Gerichtes) entſchieden werden.

Jede Grafſchaft bewahrt die öffentlichen Akten
(records), die ſie betreffen; der Staat liefert ihr
dazu autentiſche Abſchriften derſelben.

Es ſoll keine substitutio testamentaria Statt
finden. (Estates shall not be entailed). Stirbt
Jemand ohne Teſtament, dann ſoll ſein Gut, nach
der Vertheilungs-Akte unter der Regierung Karls
des Zweiten, getheilt werden; doch kann die künftige Legislatur darüber anders verfügen.

Die Legislatur ſoll in jeder Grafſchaft ein Erb-
ſchafts-Gericht anlegen, welches Teſtamente bekräftigt, und Adminiſtrazions - Bevollmächtigungen
ertheilt.

Alle Zivil-Beamte in jeder Grafſchaft werden
jährlich am Tage der allgemeinen Wahl ernennt;
ausgenommen die Friedensrichter und Regiſtratoren
der Erbſchaftsgerichte, die von dem Hauſe der Verſammlung ernennt werden.

In jeder Grafſchaft ſollen Schulen angelegt,
und auf Koſten des Staates unterhalten werden,
wie es die Legislatur anordnen wird.

Auch ſoll in jeder Grafſchaft ein Gerichtshaus
und ein Gefängniß auf öffentliche Koſten gebauet
werden, wo es die gegenwärtige Konvenzion, oder
die künftige Legislatur anweiſen wird.

Ein jeder hat freie Ausübung ſeiner Religion,
wenn ſie nicht dem Frieden und der Sicherheit des
Staates zuwider iſt; und keiner ſoll ohne ſeine Einwilligung zum Unterhalte anderer Prediger, als von
ſeiner Konfeſſion, etwas beitragen.

Das große Siegel des Staates zeigt auf der
einen Seite ein aufgerolltes Buch mit der Inſchrift,
die Konſtituzion des Staates von Geor-

'gien, und dem Motto, *pro bono publico,* auf
der andern Seite ein schönes Haus und andere
Gebäude, Kornfelder, und Wiesen, die mit Scha-
fen und Heerden bedeckt sind; ein Fluß läuft mitten
durch, darauf ein Schiff in vollem Segeln, und das
Motto, *Deus nobis haec otia fecit.*

Wer vor den Gerichtshöfen als Advokat auftreten will, muß von dem Hause der Versammlung dazu autorisirt sein; wird er aber der Schikane schuldig befunden, so kann ihn die Versammlung suspendiren. Doch wird hierdurch auf keine Weise das
Vorrecht jedes freien Mannes, seine eigne Sache zu
vertheidigen, gefährdet.

Es sollen weder übertriebne Geldstrafen noch zu
große Kauzionen gefordert werden.

Die Grundsätze der habeas corpus Akte sollen
ein Theil dieser Konstituzion sein.

Die Preßfreiheit, und das Verhör durch die
Jury, sollen nie aufgehoben werden.

Kein Geistlicher von irgend einer Konfession soll
Sitz in der Legislatur haben.

Diese Konstituzion kann auf keine andere Art
verändert werden, als wenn die Mehrheit der
Grafschaften und der Stimmfähigen in jeder Grafschaft durch eine Petizion darum nachsucht. Alsdann
befielt die Versammlung, daß dazu eine Konvenzion
berufen werde, und spezifizirt die Veränderungen,
die in den Petizionen verlangt sind *).

---

*) Aus neuern Nachrichten erhellt, daß Georgien und
Pennsylvanien ihre Verfassung in einigen wesentlichen Punkten kürzlich verändert haben. Beide haben die Legislatur in zwei Kammern, in einem Se-

Kentucky.

Seit dem Jahre 1774 fing die Legislatur von Virginien an, den Anbau der fruchtbaren Gegenden an ihrer westlichen Gränze, die der Kentucky durchfließt, zu befördern. Zu gleicher Zeit erkaufte auch Herr Henderson, ohne Erlaubniß des Staates Virginien, von dem Tschirokihs einen Strich Landes in jener Gegend, und legte dort eine Kolonie an. Die Zahl der Pflanzer am Kentucky vermehrte sich während des Krieges, und die Legislatur von Virginien fand sich endlich im Jahre 1781 mit Herrn Henderson ab, und überließ ihm, nach seiner eignen Wahl einen Strich Landes von 12 englischen Quadratmeilen zwischen dem Ohio und dem grünen Flusse.

Im Jahre 1782 errichtete Virginien einen allgemeinen Gerichtshof für die westlichen Anlagen. Nach dem Frieden mit Großbritannien wuchs die Bevölkerung in Kentucky so schnell, daß die Kolonisten bereits im Jahre 1785 in einer Konvenzion zu Daville den Wunsch äußerten, einen eignen Staat zu bilden. Virginien hatte indessen den Ansprüchen der Vereinigten Staaten auf das westliche Gebiet nachgegeben; und auch eine Akte ergehen lassen, der

nat und ein Haus der Repräsentanten getheilt, und die ausübende Gewalt ungetheilt einem Gouvernöre, mit der Negative gegen die Legislatur, nach dem Muster der Verfassung von Massachusett, übertragen. Ich besitze nicht die autentischen Quellen, um daraus von dieser wichtigen Veränderung gehörig Rechenschaft geben zu können; auch ist mir die Nachricht leider zu spät zu Augen gekommen Die Sache verdient um so mehr Aufmerksamkeit, da sie Stoff zum Nachdenken über die politische Gleichgewichtslehre darbietet.

zu Folge die Einwohner der Pflanzungen jenseits der Alleghanischen Gebirge berechtigt wurden, einen eignen Staat zu errichten. Es dauerte noch bis in Junius 1792, ehe Kentucky, als ein eigner Staat, in die Union aufgenommen wurde *). Indessen war es in 14 Grafschaften eingetheilt, und zählte schon im Jahre 1790, 73,677 Einwohner, unter welcher Zahl 12,430 Sklaven mit begriffen sind.

Die Verfassung von Kentucky ist der von Virginien am ähnlichsten. Die Gesetzgebung besteht aus zwei Kammern, einem Senate und einem Hause der Abgeordneten.

Die Mitglieder beider Häuser werden, wie in Virginien, von ebendenselben wahlfähigen Bürgern, zu gleicher Zeit, ohne Rücksicht auf Alter oder Vermögensstand gewählt.

Jeder freie Mann, der Abgaben bezahlt, hat das Wahlrecht. Der Senat wird auf drei Jahre, das Haus der Abgeordneten auf ein Jahr gewählt. Ehe das Verhältniß der Repräsentanten nach der Volkszahl genauer bestimmt werden kann, schickt jede Grafschaft einen Senator und zwei Deputirte zur Legislatur. Beide Häuser der Legislatur können Bills in Vorschlag bringen; aber der Präsident muß sie erst bestätigen, ehe sie Gesetzeskraft erhalten. Er hat also eine negative Stimme gegen die Legislatur.

*) The discovery, settlement and present State of Kentucky, by John Filson. — A topographical description of the western territory of North America, by G. Imlay. London 1792. S. Magazin der Reisen, B. 9, enthält unter vielen leeren Deklamazionen, einige brauchbare Nachrichten.

Die ausübende Gewalt besitzt der Präsident,
dem ein ausübender Rath zur Seite steht. Der
Präsident wird von den Freimännern, die Taxen
bezahlen, auf ein Jahr gewählt. Dieselbe Person
kann drei Jahre nach einander, alsdann aber erst
wieder nach drei Jahren gewählt werden. Die
Legislatur hat das Recht, gegen die Wahl eines
Mannes zu protestiren, der im schlechten Rufe steht.
Der Präsident wählt sich selber die Räthe, mit denen er die Staatsgeschäfte überlegt. Mit Einwilligung des Rathes kann er Verbrecher begnadigen;
Verräther können nur von der Legislatur begnadigt
werden. Er ist auch das Oberhaupt der Miliz.

In jeder Grafschaft werden mehrere Friedensrichter von dem Volke gewählt, und von dem Präsidenten bestätigt. Sie entscheiden über Zivilstrei-
tigkeiten, die weniger als 40 Schilling betreffen.
Sie verhaften die Angeklagten, und nehmen Bürgschaft an; aber die große Jury entscheidet, ob der
Prozeß Statt finden kann, oder nicht.

In jeder Grafschaft ist ein Kantongericht (County Court), welches aus vier Richtern besteht,
und monatlich gehalten wird. In Sachen, welche
10 Pfund an Werth betreffen, gilt die Appellazion
an die höheren Gerichte. Es giebt nehmlich außerdem zwei Obergerichte; das hohe Kanzleigericht,
und das allgemeine Gericht. Ersteres besteht aus
3, letzteres aus 5 Richtern. Das Kanzleigericht
hält zweimal im Jahre seine Sitzung; das allgemeine Gericht alle Vierteljahre; zweimal für Zivil-
und Kriminalsachen, und zweimal allein für Kri-
minalklagen. Von beiden gilt die Appellazion an
ein Appellazionsgerichte, welches aus Richtern der
beiden Obergerichte besteht, und in höchster Instanz
entscheidet. Bei wichtigen Zivil- und bei allen

Kriminal-Prozeſſen ſprechen zwölf Geſchworne, nicht nur über das Faktum, ſondern auch über die Strafbarkeit das Urthel. Alsdann findet keine Appellazion mehr Statt. Die Sherifs vollziehen die Urthelſprüche, und haben die Gefängniſſe unter ihrer Aufſicht.

Die Konſtituzion kann nicht verändert werden, als nur von einer neuen Konvenzion der Deputirten des Volkes.

———————

Konstituzions-Akte

der

Unions-Regierung der Vereinigten Staaten

von

Nordamerika.

P 5

Konstituzion
der Vereinigten Staaten
vom 17. September 1787.

Um eine vollkommene Union zu schließen, um Gerechtigkeit und innere Ruhe zu befestigen, für die gemeinsame Vertheidigung zu sorgen, die allgemeine Wohlfarth zu fördern, und uns, so wie unsern Nachkommen den Seegen der Freiheit zu erhalten: haben Wir, das Volk der Vereinigten Staaten, diese Konstituzion für die Vereinigten Staaten von Amerika, verordnet und eingeführt.

Erster Artikel.

1. Die gesammte, hierdurch verliehene, gesetzgebende Gewalt, soll einem Kongresse der Vereinigten Staaten anvertraut sein, der aus einem Senate, und einem Hause der Repräsentanten bestehen soll.

2. Das Haus der Repräsentanten soll aus Mitgliedern bestehen, die alle zwei Jahre von dem Volke der verschiedenen Staaten gewählt werden; und die Wählenden in jedem Staate sollen die Eigenschaften besitzen, welche bei denjenigen erforderlich sind, die den zahlreichern Theil der Legislatur jedes Staates wählen.

Niemand kann ein Repräsentant sein, wenn
er nicht fünf und zwanzig Jahr alt, sieben
Jahre lang ein Bürger der Vereinigten Staaten gewesen, und wenn er nicht zur Zeit der Wahl
ein Einwohner der Staates ist, in welchem er gewählet wird.

Die Zahl der Repräsentanten, und die direkten
Taxen, sollen in den verschiedenen Staaten, welche
in diese Union eingeschlossen werden mögen, nach
ihrer respektiven Volkszahl bestimmt werden. Diese
Volkszahl soll also festgesetzt sein, daß zu der ganzen
Zahl freier Personen, worunter diejenigen mit inbegriffen sind, die sich nur auf eine bestimmte Anzahl von Jahren zum Dienen verpflichtet haben,
wovon aber die nicht beschatzten Indier ausgeschlossen werden, noch drei Fünftheile aller andern Personen hinzugefügt werden.

Die wirkliche Zählung soll binnen drei Jahren nach der ersten Versammlung des Kongresses der
Vereinigten Staaten veranstaltet, und sofort in jedem Zeitraume von zehn Jahren also wiederholt
werden, wie es dieselben nach dem Gesetze anordnen werden. Die Zahl der Repräsentanten soll sich
also verhalten, daß nicht mehr als einer auf
dreißig tausend gewählt werde; aber jeder Staat
soll wenigstens einen Repräsentanten haben.

Ehe nun die genannte Zählung geschehen kann,
soll der Staat von New-Hampshire das Recht haben, drei zu wählen; Massachusett, acht; Rhode-
Island und Providence-Plantations, einen; Connecticut, fünf; New-York, sechs; New-Jersey,
vier; Pennsylvanien, acht; Delaware, einen;
Maryland, sechs; Virginien, zehn; Nord-Carolina,
fünf; Süd-Carolina, fünf; und Georgien, drei*).

*) Dieser Artikel ist durch neue Gesetze bereits genauer
bestimmt. Nach einer Kongreß-Akte vom 14ten

Wenn bei der Repräsentazion irgend eines Staates Vakanzen entstehen, soll die exekutive Autorität desselben eine Wahl ausschreiben, um diese Vakanzen zu besetzen.

Das Haus der Repräsentanten soll seinen Sprecher und seine übrigen Beamten wählen, und es soll allein das Recht der Anklage gegen untreue Staatsdiener besitzen.

3. Der Senat der Vereinigten Staaten soll aus zwei Senatoren von jedem Staate bestehen, welche von der Legislatur desselben auf sechs Jahre gewählt werden; und jeder Senator soll eine Stimme haben.

Sobald sie sich nach der ersten Wahl versammlen, sollen sie, so gleich als möglich, in drei Klassen vertheilt werden.

Die Stellen der Senatoren von der ersten Klasse sollen nach Verlauf des zweiten Jahres vakant werden; die von der zweiten Klasse, nach Verlauf des vierten Jahres; und die von der dritten Klasse nach Verlauf des sechsten Jahres: so daß ein Drittheil alle zwei Jahre neu gewählt werde; und wenn sich Vakanzen durch Resignazion, oder auf andere Art, während des Rezesses der Legislatur irgend eines Staates, ereignen sollten, so soll die exekutive Autorität desselben die erledigte Stelle provisorisch besetzen, bis zur nächsten Zusammenkunft der Legislatur, welche alsdann solche Vakanzen ausfüllen soll.

Niemand kann ein Senator werden, wenn er nicht bereits dreißig Jahr alt, neun Jahr ein Bürger der Vereinigten Staaten gewesen, und nicht, wenn er gewählt wird, ein Einwohner des Staates ist, für welchen er gewählet wird.

April 1792, wird von 33,000 Einwohnern jedes Staates ein Repräsentant gewählt. S. Ebelings Geogr. Th. 1, p. 58. Diz Zahl der Repräsentanten im J. 1793 war 105.

Der Vizepräsident der Vereinigten Staaten soll Präsident des Senates sein, aber keine Stimme haben, ausgenommen wenn die Stimmen der Senatoren gleich getheilet sind.

Der Senat soll seine übrigen Beamten wählen, so wie auch einen Präsidenten pro tempore, in der Abwesenheit des Vizepräsidenten, oder wenn dieser das Amt des Präsidenten der Vereinigten Staaten versehen müßte.

Der Senat soll allein das Recht haben, jede Anklage gegen untreue Staatsdiener zu untersuchen. Wenn er zu diesem Endzwecke eine Sitzung hält, soll er darüber vereidet werden, (they shall be on oath or affirmation).

Wenn ein Präsident der Vereinigten Staaten verhört wird, soll der Ober Richter präsidiren; und Niemand soll verurtheilt werden können, wenn nicht zwei Drittheile der gegenwärtigen Mitglieder für das Urthel gestimmt haben.

Ein Urthelspruch im Falle einer Anklage gegen untreue Staatsdiener soll sich nicht weiter erstrekken können, als auf Entfernung vom Dienste, und Absprechung des Rechtes, irgend ein Amt, welches Ehre, Zutrauen, oder Vortheile gewährt, in den Vereinigten Staaten erhalten, und führen zu dürfen. Aber der überführte Theil soll dem ungeachtet noch der gerichtlichen Anklage, (indictment), dem Kriminal-Prozesse (trial), der Verurtheilung und Bestrafung, nach dem Gesetze, unterworfen sein.

4. Zeit, Ort, und Art der Wahl der Senatoren und Repräsentanten, soll jeder Staat durch seine Legislatur bestimmen; aber der Kongreß kann zu jeder Zeit solche Verfügungen durch ein Gesetz machen oder verändern, ausgenommen die Bestimmung des Ortes, wo die Senatoren gewählt werden.

Der Kongreß soll sich wenigstens einmal in je=
dem Jahre versammlen; und diese Versammlung
soll am ersten Montage im Dezember gehalten wer=
den, wenn sie nicht durch ein Gesetz auf einen an=
dern Tag anberaumt worden.

5. Jedes Haus soll über die Wahl, und die Ei=
genschaften seiner Mitglieder Richter sein; die
größere Zahl der Mitglieder eines jeden Hauses muß
versammlet sein, um ein Geschäfte vornehmen zu
können; aber eine kleinere Anzahl kann sich von Ta=
ge zu Tage abjourniren, und ist berechtigt, die ab=
wesenden Mitglieder, auf solche Art, und mit sol=
chen Strafen, als jedes Haus für gut finden wird,
zu zwingen, sich zu stellen.

Jedes Haus setzt die Regeln seines Verfahrens
fest, straft seine Mitglieder wegen schlechter Auf=
führung, und kann, mit Uebereinstimmung von
zwei Drittheilen, ein Mitglied ausstoßen.

Jedes Haus führt ein Tagebuch seiner Verhand=
lungen, und publizirt dasselbe von Zeit zu Zeit;
ausgenommen solche Theile, die, nach seiner Beur=
theilung geheim gehalten werden müssen. Auch das
Ja und Nein der Mitglieder eines jeden Hauses
über irgend eine Sache, soll auf Verlangen von ei=
nem Fünftheile der gegenwärtigen Mitglieder, in
das Tagebuch eingeschrieben werden.

Keines von beiden Häusern soll, während der
Sitzung des Kongresses, ohne Einwilligung des an=
dern, sich länger als auf drei Tage abjourniren,
noch an einem andern Orte, als da, wo die beiden
Häuser ihre Sitzung halten.

6. Die Senatoren und Repräsentanten sollen
eine Entschädigung für ihre Dienste erhalten, die
ihnen durch das Gesetz zugesichert, und aus der
Schatzkammer der Vereinigten Staaten ausgezahlt
werden soll. Sie sollen in allen Fällen, ausge=

nommen Verrätherei, Felonie, und Brechung des Friedens, während ihres Dienstes, während der Sitzung
ihres respektiven Hauses, und während ihres Hin-
ganges und ihrer Rückkehr von demselben, vom Arreste frei sein, auch sollen sie nicht an irgend einem
andern Orte wegen ihrer Reden oder Streitigkeiten in einem von beiden Häusern belangt werden
können.

Kein Senator oder Repräsentant soll während
der Zeit, für welche er erwählt ist, zu irgend einem
bürgerlichen Amte unter der Autorität der Vereinigten Staaten berufen werden können, welches während dieser Zeit errichtet, oder dessen Emolumente
indessen vermehret worden; und Jeder, der irgend
ein Amt der Vereinigten Staaten bekleidet, soll unfähig sein, während seines Amtes ein Mitglied eines der beiden Häuser zu werden.

7. Alle Bills wegen Erhebung der Abgaben sollen ursprünglich von dem Hause der Repräsentanten
ausgehen; aber der Senat kann Verbesserungen
vorschlagen, und dabei, wie bei andern Bills, konkurriren.

Jede Bill, die in dem Hause der Repräsentanten und im Senate durchgegangen ist, soll dem
Präsidenten der Vereinigten Staaten vorgelegt werden, ehe sie Gesetzeskraft erlangt. Billigt er sie,
so soll er sie unterschreiben; wo nicht, so soll er sie,
mit seinen Einwendungen, dem Hause zurückschik-
ken, wo sie ihren Ursprung erhalten; und dasselbe
soll diese Einwendungen insgesamt in sein Tagebuch
einschreiben, und die Bill noch einmal in Erwägung
nehmen.

Wenn, nach dieser zweiten Ueberlegung, zwei
Drittheile dieses Hauses für die Bill stimmen, soll
sie zugleich mit den Einwendungen an das andere
Haus geschickt werden, welches dieselbe gleichfalls
noch

noch einmal in Erwägung nehmen soll; wird sie
auch hier von zwei Dritttheilen gebilligt, so soll sie
Gesetzeskraft erhalten.

Aber in allen diesen Fällen sollen die beiden Häuser durch Ja und Nein ihre Stimme ablegen, und
die Namen der Mitglieder, welche für oder gegen
die Bill stimmen, sollen in das Tagebuch eines jeden Hauses eingetragen werden. Wenn der Präsident eine Bill nicht binnen zehn Tagen, (die Sonntage abgerechnet) nach dem sie ihm vorgelegt worden, zurücksendet; so soll sie Gesetzeskraft erhalten,
als wenn er sie unterzeichnet hätte; es müßte denn
der Kongreß ihre Rücksendung dadurch verzögern,
daß er sich auf eine längere Zeit adjournirte; in diesem Falle soll sie nicht Gesetzeskraft erhalten.

Jede Order, Resoluzion, oder jedes Votum,
wozu die Konkurrenz des Senates und des Hauses
der Repräsentanten nöthig ist, (den Fall des Adjour-
nirens ausgenommen) soll dem Präsidenten der
Vereinigten Staaten vorgelegt werden; er muß sie
billigen, wenn sie gelten sollen; wenn er sie mißbil-
ligt, so müssen sie, nach denselben Regeln und Einschränkungen, wie die Bills, von zwei Dritttheilen
des Senates und des Hauses der Repräsentanten
noch einmal gutgeheißen werden, um Gültigkeit zu
erlangen.

8. Der Kongreß hat das Recht, Taxen, Abgaben, Imposten und Akzise aufzulegen und zu heben,
Schulden zu bezahlen, und für die gemeinsame Vertheidigung und Wohlfahrt der Vereinigten Staaten
zu sorgen; aber alle Abgaben, Imposten und die
Akzise müssen in den gesammten Vereinigten Staaten gleichförmig sein.

Er kann ferner auf den Kredit der Vereinigten
Staaten Geld borgen.

Q

Den Handel mit auswärtigen Nazionen, und
unter den verschiedenen Staaten, wie auch mit den
Indischen Völkerschaften anordnen;

Einförmige Regeln, nach welchen Fremde natu-
ralisirt werden, und einförmige Gesetze über Ban-
krutte in den Vereinigten Staaten vorschreiben;

Geld münzen, den Werth desselben, so wie der
ausländischen Münzen reguliren, und Maaß und
Gewicht festsetzen;

Diejenige strafen, welche Banko-Noten und
kurrante Münzen der Vereinigten Staaten nach-
machen;

Postämter und Poststraßen anlegen;

Das Aufblühen der Wissenschaften und nützlichen
Künste dadurch befördern, daß er den Schriftstellern und Erfindern ausschliessende Privilegien für
ihre Schriften und Erfindungen auf bestimmte Zeit
verleiht;

Tribunale errichten, die unter dem Obergerichte
stehen;

Seeräuberei und Felonie auf offner See, und
Vergehen gegen das Völkerrecht genau bestimmen
und bestrafen;

Krieg erklären, Erlaubniß zu Repressalien ertheilen, und über Kapereien zu Wasser und zu Lande
verfügen;

Armeen errichten und unterhalten; aber das dazu erforderliche Geld kann nicht länger als auf zwei
Jahr angewiesen werden;

Eine Flotte anlegen und unterhalten;

Ueber die Einrichtung einer Land- und See-
Macht Gesetze vorschreiben;

Die Miliz versammlen, die Gesetze der Union
in Ausübung bringen, Insurrekzionen unterdrücken,
und Angriffe zurückschlagen;

Er sorgt für die Organisazion, Bewaffnung und Disziplin der Miliz, und für das Guvernement eines solchen Theiles derselben, der im Dienste der Vereinigten Staaten gebraucht wird; doch überläßt er den Staaten die respektive Ernennung ihrer Offiziere, und das Recht die Miliz nach der vom Kongresse vorgeschriebnen Disziplin zu bilden.

Er übt ausschließend die gesetzgebende Gewalt in allen Fällen über die Distrikte aus, die (nicht über zehn englische Quadratmeilen groß) von den besondern Staaten abgetreten, von dem Kongresse angenommen, und also unter die Regierung der Vereinigten Staaten gekommen sind; so auch über alle Plätze, die mit Einwilligung der Legislatur des Staates, in dem sie liegen, angekauft sind, um Festungen, Magazine, Arsenale, Schiffsdoggen, und andere nothwendige Gebäude darauf anzulegen.

Endlich giebt er auch alle Gesetze, die nöthig und dienlich sind, um die genannten Rechte, und die, durch diese Konstituzion, der Regierung der Vereinigten Staaten, oder einem Departement, oder einem Beamten derselben verliehene Gewalt in Ausübung zu bringen.

9. Die Einwanderung oder Einführung solcher Personen, als einer der gegenwärtigen Staaten zuzulassen für gut findet, soll nicht vor dem Jahre 1808 von dem Kongresse verboten werden; es soll aber eine Taxe oder Abgabe auf solche Einführung gelegt werden, doch soll sie nicht über zehn Dollars für jede Person betragen.

Die Habeas corpus Akte soll nicht eher suspendirt werden, als wenn es im Falle einer Rebellion oder eines Angriffes die öffentliche Sicherheit nothwendig macht.

Q 2

Keine bill of attainder *), noch ein Gesetz ex post facto **), soll gegeben werden.

Weder Kopfgeld noch eine andere direkte Taxe soll anders auferlegt werden, als nach dem Zensus oder der Zählung, die oben angeordnet worden.

Auf Waaren, die aus einem der Staaten ausgeführt werden, sollen weder Taxen noch Abgaben gelegt werden. Es sollen auch nicht durch irgend eine Einrichtung des Handels, oder der Abgaben der Häfen des einen Staates, Vorzüge vor denen eines andern eingeräumt werden; noch Schiffe, die nach, oder von einem Staate auslaufen, verpflichtet sein, an einem andern anzulegen, oder Abgaben zu bezahlen.

Aus der Schatzkammer kann nicht anders Geld genommen werden, als den Anweisungen zu Folge, die vom Gesetze bestimmt sind; auch soll von Zeit zu Zeit eine genaue Berechnung aller Einnahme und Ausgabe der öffentlichen Gelder bekannt gemacht werden.

Die Vereinigten Staaten sollen keine Adels-Titel verleihen; auch soll derjenige, der eine besoldete Bedienung, oder ein Amt von Wichtigkeit, von denselben erhalten hat, ohne Einwilligung des Kongresses, weder ein Geschenk, noch eine Begünstigung, ein Amt, oder einen Titel, wie er auch heiße, von irgend einem Könige, Fürsten, oder von einem auswärtigen Staate annehmen.

10. Kein Staat soll für sich in Bündnisse, Verbündungen oder Konföderazionen treten; Patente zu Repressalien ertheilen; Geld münzen; Kreditbills ausgeben; mit irgend etwas anderem, als mit Gold oder Silber-Münzen Schulden bezahlen; keine bills

*) S. Note zur Konstituzion von New-York.

**) Wegen längst vergangner Verbrechen.

of attainder, oder Gesetze ex post facto, oder
solche Gesetze geben, wodurch die Gültigkeit der
Kontrakte aufgehoben würde; noch Adels=Titel
verleihen.

Kein Staat soll, ohne Einwilligung des Kon=
gresses, Imposten oder Abgaben auf die Einfuhr
oder Ausfuhr legen, ausgenommen so viel, als noth=
wendig ist, um seine Inspekzions=Gesetze in Aus=
übung zu bringen. Der reine Ertrag aller Abgaben
und Imposten, die von einem Staate auf Einfuhr
und Ausfuhr gelegt werden, fließt in die Schatz=
kammer der Vereinigten Staaten; und alle derglei=
chen Gesetze sind der Durchsicht und der Komptrolle
des Kongresses unterworfen. Kein Staat soll, oh=
ne Einwilligung des Kongresses, Tonnengeld auf=
legen: Truppen oder Kriegesschiffe im Frieden hal=
ten; in irgend eine Uebereinkunft mit einem andern
Staate, oder mit einer auswärtigen Macht treten;
oder Krieg anfangen, wenn er nicht wirklich ange=
griffen wird, oder die Gefahr so dringend ist, daß
kein Aufschub Statt finden kann.

Zweiter Artikel.

1. Die ausübende Gewalt soll einem Präsiden=
ten der Vereinigten Staaten übertragen werden.
Er behält sein Amt vier Jahre lang; so auch der
Vizepräsident. Sie werden auf folgende Art
gewählt.

Jeder Staat ernennt nach der Vorschrift seiner
eignen Legislatur, eben so viel Wähler, als er Se=
natoren und Repräsentanten zum Kongresse zu schi=
ken berechtigt ist; aber kein Senator oder Reprä=
sentant, oder sonst jemand, der ein Amt im Dienste
der Vereinigten Staaten bekleidet, soll zu dieser
Wahl angestellt werden.

Q 3

Die Wähler versammlen sich in ihren respektiven Staaten, und stimmen durch Kugeln für zwei Personen, von denen einer wenigstens nicht ein Einwohner desselben Staates sein soll. Sie machen ein Verzeichniß aller Personen, für die gestimmt worden, nebst der Zahl der Stimmen, die jede erhalten hat. Sie unterschreiben und beglaubigen dieses Verzeichniß, und schicken es versiegelt an die Regierung der Vereinigten Staaten, und zwar an den Präsidenten des Senates. Der Präsident des Senates eröffnet, in Gegenwart des Senates und des Hauses der Repräsentanten alle Zertifikate; worauf die Stimmen gezählt werden. Derjenige, der die meisten Stimmen hat, soll Präsident werden, wenn die Zahl dieser Stimmen die Mehrheit von allen Wählenden ausmacht; wenn mehr als einer eine solche Stimmenmehrheit, und eine gleiche Anzahl der Stimmen für sich hat, dann soll das Haus der Repräsentanten sogleich durch Kugeln einen davon zum Präsidenten wählen; wenn keiner eine Stimmenmehrheit für sich hat, dann soll besagtes Haus von den fünf Kandidaten, welche die meisten Stimmen für sich haben, auf gleiche Art den Präsidenten wählen. Aber bei der Wahl des Präsidenten sollen die Stimmen nach den Staaten gesammlet werden, so daß die Repräsentazion eines jeden nur eine Stimme hat; zu diesem Behufe müßen wenigstens ein Mitglied oder mehrere von zwei Drittheilen jedes Staates zugegen sein; und die Stimmenmehrheit aller Staaten entscheidet die Wahl.

Nach der Wahl des Präsidenten wird derjenige, der in jedem Falle die größere Anzahl der Stimmen der Wählenden für sich hatte, zum Vizepräsidenten ernennt. Sollten aber zwei oder mehrere übrig bleiben, die gleich viel Stimmen für sich hätten, dann soll der Senat durch Kugeln den Vizepräsidenten aus ihnen wählen.

Der Kongreß bestimmt die Zeit, wenn die Wähler ernennt werden, und den Tag, an dem sie ihre Stimmen geben sollen; doch muß es an demselbigen Tage in allen Staaten geschehen.

Nur ein eingeborner Bürger, oder derjenige, der ein Bürger der Vereinigten Staaten zur Zeit der Annahme dieser Konstituzion war, kann zum Präsidenten gewählt werden; auch muß derjenige, der zu diesem Amte gewählt werden soll, bereits fünf und dreißig Jahr alt, und seit vierzehn Jahren in den Vereinigten Staaten ansäßig gewesen sein *).

*) Im Februar 1793 ward Washington wieder zum Präsidenten, und Adams zum Vizepräsidenten durch die Majoritát aller 15 Provinzen gewählt. S. Gazette of the United States. Febr. 1793. N. 697. Das Stimmenverzeichniß war folgendes:

	Washington	Adams	Clinton	Jefferson	Burr
New-Hampshire	7.	7.			
Massachusett	16.	16.			
Rhode-Island	4.	4.			
Vermont	3.	3.			
Connecticut	9.	9.			
New-York	12.		12.		
New-Jersey	7.	7.			
Pennsylvanien	15.	14.	1.		
Delaware	3.	3.			
Maryland	8.	8.			
Virginien	21.		21.		
Kentucky	4.			4.	
Nord-Carolina	12.		12.		
Süd-Carolina	7.	6.			1.
Georgien	4.		4.		
	132.	77.	50.	4.	1.

Q 4

Wenn ein Präsident von seinem Amte entfernt wird, stirbt, es niederlegt, oder unfähig würde, es zu verwalten, so übernimmt der Vizepräsident seine Geschäfte; sollte aber auch einer dieser Fälle sich bei dem Vizepräsidenten ereignen, so muß der Kongreß durch ein Gesetz erklären, welcher Beamte die Stelle des Präsidenten vertreten soll. Derselbe soll alsdann das Amt des Präsidenten verwalten, bis der eigentliche seines Amtes wieder fähig geworden, oder ein neuer gewählt ist.

Der Präsident soll, auf bestimmte Zeit, eine Entschädigung für seine Dienste erhalten, die während der Zeit, auf welche er gewählt ist, weder vermehrt noch vermindert werden soll; er darf während dieser Zeit keine andere Vergünstigung von den Vereinigten Staaten, oder von einem derselben annehmen *).

Ehe der Präsident sein Amt antritt, muß er folgenden Eid schwören, oder bekräftigen.

„Ich schwöre (oder bekräftige) feierlich, daß ich das Amt des Präsidenten der Vereinigten Staaten treu verwalten, und die Konstituzion der Vereinigten Staaten, nach meinen Kräften, aufrecht erhalten, beschützen und vertheidigen will."

1. Der Präsident ist Oberbefehlshaber der Armee und der Flotte der Vereinigten Staaten und der Miliz der einzelnen Staaten, wenn sie wirklich zum Dienste der Vereinigten Staaten versammlet ist.

---

*) Der jährliche Gehalt des Präsidenten beträgt 25,000 Dollars; auch hat er den Niesbrauch der Möbeln und übrigen Effekten, die den Vereinigten Staaten zugehören, und ihm schon vorher übergeben worden. Der Vizepräsident bekommt jährlich 5,000 Dollars, in vierteljährigen Zahlungen. S. Gazette of the U. St. 1793. Brissots Reise. S. 263.

Er kann schriftlich die Meinungen der höhern Beamten der ausübenden Departements über jeden Gegenstand, der die Pflichten ihrer respektiven Aemter betrifft, einfordern.

Er kann die Strafen für Vergehungen gegen die Vereinigten Staaten mildern, oder erlassen, nur nicht im Falle der Anklage gegen die Staatsverwaltung.

Er hat das Recht, mit Rath und Einwilligung des Senates, Bündnisse zu schließen; doch müssen zwei Drittheile der gegenwärtigen Senatoren konkurriren; er ernennt, und bestallt, mit Rath und Einwilligung des Senates, Gesandte, andere öffentliche Minister und Konsuln, die Richter des Obergerichtes, und alle übrige Beamte der Vereinigten Staaten, deren Ernennung nicht in dieser Konstituzion anders festgesetzt ist, oder durch ein Gesetz bestimmt wird. Der Kongreß kann aber durch ein Dekret die Ernennung solcher niedern Offizianten, als ihm gutdünkt, dem Präsidenten allein, oder den Gerichtshöfen, oder den Chefs der Departements auftragen.

Der Präsident hat das Recht, alle Vakanzen zu besetzen, die sich während des Rezesses des Senates ereignen; aber diese Bestallungen gelten nur bis zu dem Ende der nächsten Session.

3. Der Präsident soll dem Kongresse von Zeit zu Zeit Nachricht von dem Zustande der Union ertheilen, und ihm solche Maaßregeln zur Ueberlegung anempfehlen, als er für nothwendig und nützlich hält. Er kann, in ausserordentlichen Fällen, beide Häuser, oder eines derselben zusammen berufen; sollten beide Häuser über die Zeit nicht einig sein, auf welche sie sich adjourniren wollen, so kann er sie auf einen Termin adjourniren, als er für gut finden wird. Er empfängt Gesandte und andere

Q 5

öffentliche Minister; er soll dafür sorgen, daß die
Gesetze treu ausgeübt werden, und er soll alle Beamte der Vereinigten Staaten bestallen.

Der Präsident, Vizepräsident, und alle Zivil-
Beamte der Vereinigten Staaten sollen auf Anklage
und Ueberführung der Verrätherei, Bestechung,
oder anderer großer Verbrechen, ihres Amtes entsetzt werden.

Dritter Artikel.

1. Die richterliche Gewalt der Vereinigten Staaten ist einem Obergerichte, und den niedern Gerichten, die der Kongreß von Zeit zu Zeit anordnen
wird, übertragen. Die Richter des Ober- und der
Niedern Gerichte behalten ihr Amt, so lange sie es
gut verwalten; sie empfangen auf bestimmte Zeit
eine Entschädigung für ihre Dienste, die während
der Dauer ihres Amtes nicht vermindert werden soll.

2. Die richterliche Gewalt erstreckt sich über alle
Fälle des strengen Gesetzes und der Billigkeit (in
law and equity), die sich gegen diese Konstituzion,
gegen die Gesetze der Vereinigten Staaten, und
gegen Bündnisse, die unter ihrer Autorität geschlossen sind, oder noch geschlossen werden, ereignen;
ferner auf alle Fälle, welche Gesandte, oder andere
öffentliche Minister und Konsuln betreffen; auf alle
Gegenstände der Jurisdikzion der Admiralität, und
der Marine; auf Streitigkeiten, welche die Vereinigten Staaten betreffen; auf Streitigkeiten zwischen zwei oder mehrern Staaten, zwischen einem
Staate und den Bürgern eines andern, zwischen
den Bürgern verschiedener Staaten, zwischen Bürgern eines Staates, die Ländereien, welche von andern Staaten verliehen sind, zurückfordern, und
zwischen einem Staate, oder dessen Bürgern,

und auswärtigen Staaten, Bürgern oder Unterthanen.

In allen Fällen, welche Gesandte, oder öffentliche Minister und Konsuln angehen, oder woran ein Staat Antheil hat, soll das Obergericht ursprünglich die Gerechtsame ausüben. In allen übrigen benannten Fällen soll das Obergericht die Appellazion annehmen, sowohl wegen des Gesetzes als wegen der Thatsache, doch unter solchen Einrichtungen und Verfügungen, als der Kongreß machen wird.

Alle Prozesse gegen alle Arten von Verbrechen, nur die gegen die Staatsverwaltung abgerechnet *), sollen durch Geschworne entschieden werden. Der Prozeß muß in dem Staate geführt werden, wo das Verbrechen begangen worden; ist es aber in keinem Staate begangen, so muß der Prozeß an dem Orte instruirt werden, den der Kongreß durch ein Dekret anweisen wird.

3. Verrätherei gegen die Vereinigten Staaten besteht allein darin, wenn jemand Krieg gegen sie erhebt, oder sich mit ihren Feinden verbindet, oder ihnen Hülfe leistet. Es kann Niemand der Verrätherei überführt werden, wenn nicht zwei Zeugen der offenbaren That gegen ihn auftreten, oder er selber in offnem Gerichtshofe es eingesteht.

Der Kongreß hat das Recht, die Strafe wegen Verrath zu bestimmen; aber keine Sentenz gegen

---

*) Im Falle des impeachment klagt das Haus der Repräsentanten; der Senat richtet; aber das Urtheil erstreckt sich nur auf die Absetzung und Unfähigmachung vom Dienste. S. oben Art. 1. Da eine solche Klage nur gegen Staatsbeamte wegen Veruntreuung, oder wegen Verletzung der Konstituzion Statt finden kann; so kann also natürlich die Jury darüber nicht richten.

Verrath (no attainder of treason.) soll eine Korruption des Blutes, oder Konfiskazion der Güter des Verurtheilten, (shall work corruption of blood, or forfeiture) auf länger als auf Lebenszeit des Verurtheilten bewirken.

Vierter Artikel.

Allen öffentlichen Gesetzen, Urkunden, und gerichtlichen Verhandlungen der übrigen Senate wird in jedem Staate volle Glaubwürdigkeit und Kredit verliehen.

Der Kongreß kann durch allgemeine Gesetze die Art vorschreiben, wie solche Gesetze, Urkunden und Verhandlungen beglaubigt werden, und welche Gültigkeit sie haben.

Die Bürger eines jeden Staates sind zu allen Privilegien und Immunitäten der Bürger der übrigen Staaten berechtigt.

Wenn jemand, der in einem der Staaten des Verrathes, der Felonie, oder anderer Verbrechen angeklagt ist, der Justiz entfliehen, und in einem andern Staate angetroffen werden sollte; so soll er, auf Begehren der ausübenden Gewalt des Staates, aus dem er entflohen, ausgeliefert, und nach dem Staate abgeführet werden, der die Jurisdikzion über das Verbrechen hat.

Wenn jemand, der in einem Staate zu Diensten oder Arbeiten verpflichtet ist, nach einem andern entläuft, so kann er nicht nach irgend einem Gesetze oder einer Anordnung in demselben, von jenem Dienste oder der Arbeit frei gesprochen werden; sondern er muß auf Verlangen dessen, dem er solchen Dienst oder solche Arbeit schuldig ist, wieder ausgeliefert werden.

3. Der Kongreß kann neue Staaten in diese Union aufnehmen; aber es kann kein neuer Staat innerhalb der Gerechtsame eines andern Staates errichtet werden; so auch nicht durch Vereinigung zweier oder mehrerer Staaten, oder einzelner Theile einiger Staaten, ohne Einwilligung der Legislaturen der dabei konkurrirenden Staaten, so wie des Kongresses.

Der Kongreß hat volle Gewalt über das Gebiet, oder das übrige Eigenthum der Vereinigten Staaten zu disponiren, und deswegen alle nöthigen Einrichtungen zu treffen; und kein Theil dieser Konstituzion soll so gedeutet werden, daß er irgend einem Anspruche der Vereinigten Staaten, oder eines einzelnen Staates nachtheilig würde.

4. Die Vereinigten Staaten garantiren jedem Staate dieser Union eine republikanische Regierungsform; sie schützen jeden derselben gegen Angriffe; und auf Ansuchen der Legislatur, oder (wenn diese nicht zusammen berufen werden könnte), der ausübenden Gewalt, gegen einheimische Gewaltthätigkeit.

Fünfter Artikel.

Wenn zwei Drittheile beider Häuser es für nöthig finden, soll der Kongreß Verbesserungen dieser Konstituzion vorschlagen; oder, wenn die Legislaturen von zwei Drittheilen der verschiedenen Staaten darauf antragen, soll er einen Konvent berufen, um Verbesserungen vorzuschlagen, die, in jedem Falle, zu allen Absichten, als Theile dieser Konstituzion gelten sollen, wenn sie von den Legislaturen von drei Viertheilen der verschiedenen Staaten, oder durch Konvente von drei Viertheilen derselben, auf eine oder die andere Art, wie es der Kongreß vorschlagen mag, ratifizirt worden. Doch wird dabei bedungen, daß keine Verbesserung vor dem Jahr 1708 die erste und vierte Klausel in dem neunten Abschnitte des ersten Artikels verändern soll; noch daß ein Staat, ohne seine Einwilligung, seines gleichen Stimmrechtes im Senate beraubt werde.

Sechster Artikel.

Die Vereinigten Staaten sind zu allen vor Annahme dieser Konstituzion kontrahirten Schulden und übernommnen Verpflichtungen, unter dieser Konstituzion eben so verpflichtet, als unter der Konföderazion.

Diese Konstituzion, und die Gesetze der Vereinigten Staaten, welche ihr zu Folge gemacht werden; und alle unter der Autorität der Vereinigten Staaten geschlossene oder noch zu schließende Bündnisse, sind die höchsten Landesgesetze; und die Richter in jedem Staate sind an sie gebunden, jeder Verfügung ungeachtet, die ihnen in der Konstituzion oder in den Gesetzen irgend eines der Staaten zuwider sein sollte.

Die oben genannten Senatoren und Repräsentanten, die Mitglieder der verschiedenen Legislaturen der Staaten, und alle ausübende und richterliche Beamte sowohl der Vereinigten als der einzelnen Staaten, sollen durch einen Eid, oder eine Bekräftigung, verpflichtet werden, diese Konstituzion aufrecht zu erhalten; aber kein Religionseid soll je zur Fähigkeit zu irgend einem Amte der Vereinigten Staaten gefordert werden.

Siebenter Artikel.

Die Ratifikazion von den Konventen von neun Staaten soll hinreichend sein, diese Kon

stituzion in den Staaten einzuführen, die sie ratifizirt haben.

Gegeben, mit einmüthiger Uebereinstimmung
aller gegenwärtigen Staaten, am 17ten September im Jahre des Herrn 1787, und im zwölften der
Unabhängigkeit der Vereinigten Staaten von Nord-
amerika *).

Anhang.

Der nach dieser Konstituzion organisirte Kongreß
eröffnete am 4ten März 1789 zu New-Yok seine
erste Sitzung. Er errichtete sogleich ein Departement für die auswärtigen Angelegenheiten, ein Krie-
gesdepartement, und ein Kassendepartement; er eröffnete die Gerichtshöfe, und bestimmte die Gehalte
der Beamten. Einige Mitglieder des Kongresses
hatten aber auch den Auftrag, Verbesserungen und
Zusätze zu der Konstituzion in Vorschlag zu bringen,
wodurch einer falschen Auslegung derselben vorge-
beugt würde. Es wurden daher, mit Zustimmung
zweier Drittheile der Mitglieder beyder Häuser, einige neue Artikel entworfen, und den Legislaturen
der verschiedenen Staaten vorgelegt. Nachdem sie
von drei Viertheilen derselben gut geheißen, wurden
sie zu der Konstituzion hinzugefügt **).

*) Plan of the New Constitution for the United
States of America, London 1792. S. auch Adams
Defence of the U. St. Voll. III. — Constitutions
des Treize Etats - Unis de l'Amerique. Seconde
Partie. Paris 1792.

**) Constitutions des Treize Etats - Unis. V. II.
p. 313.

Erster Artikel.

Der im ersten Artikel der Konstituzion verordneten Zählung zu Folge, soll auf dreißig tausend Personen ein Repräsentant gewählt werden, bis die Zahl der Repräsentanten auf hundert steigt. Hierauf soll der Kongreß das Verhältniß also anordnen, daß nicht weniger als hundert Repräsentanten, und nicht weniger als einer auf vierzig tausend Personen gewählt werde, bis die Zahl der Repräsentanten auf zweihundert steigt. Alsdann soll der Kongreß das Verhältniß also bestimmen, daß nicht weniger als zweihundert Repräsentanten, und nicht mehr als ein Repräsentant auf funfzig tausend Personen gewählt werden.

Zweiter Artikel.

Die Entschädigung für die Dienste der Senatoren und Repräsentanten soll nicht eher durch ein Gesetz verändert werden, bis vorher eine Wahl der Repräsentanten angestellt ist.

Dritter Artikel.

Der Kongreß soll nie ein Gesetz geben, wodurch eine Religion zur herrschenden erklärt, oder die freie Ausübung einer andern verboten; oder woduch die Freiheit im Reden und die Preßfreiheit, oder das Recht des Volkes, sich friedlich zu versammlen, und der Regierung Petizionen wegen Abstellung von Mißbräuchen zu überreichen, vermindert würde.

Vierter Artikel.

Da eine gut geordnete Miliz zur Sicherheit eines Freistaates nothwendig ist, so muß das
Recht

Recht des Volkes, Waffen zu haben, und sie zu tragen, unverletzt bleiben.

Fünfter Artikel.

Nie soll in Friedenszeiten ein Soldat in irgend ein Haus ohne Einwilligung des Eigenthümers einquartirt werden; auch nicht im Kriege, außer auf die Art, wie es das Gesetz vorschreiben wird.

Sechster Artikel.

Das Recht des Volkes, seine Person, sein Haus, seine Papiere und Effekten gegen jedes ungerechte Einziehen oder Durchsuchen gesichert zu wissen, soll nicht verletzt werden; und es soll dazu kein Befehl ertheilt werden, der sich nicht auf eine wahrscheinliche Ursache, die durch einen Eid, oder eine Versicherung an dessen Statt bekräftigt worden, gründet, und der nicht den zu durchsuchenden Ort, und die einzuziehenden Personen genau bezeichnet.

Siebenter Artikel.

Es soll Niemand verpflichtet sein, sich gegen eine Kapitalbeschuldigung, oder jede entehrende Anschuldigung zu vertheidigen, wenn er nicht von der großen Jury angegeben oder angeklagt worden; ausgenommen in solchen Fällen, die sich bei den Land oder See-Truppen, oder bei der Miliz, wenn sie wirklich im Dienste ist, zur Kriegeszeit, oder bei öffentlichen Gefahren ereignen. Niemand soll wegen eines und eben desselben Verbrechens zweimal der Gefahr ausgesetzt werden, das Leben oder ein Glied zu verlieren; auch soll Niemand gezwungen werden, in einer Kriminalsache gegen sich selber zu zeugen; noch soll jemand sein Leben, seine Freiheit, oder sein Eigenthum verlieren, ohne rechtmäßig gerichtet zu sein. Auch soll kein Privateigenthum zum öffentlichen Nutzen genommen werden, ohne eine gerechte Entschädigung.

R

Achter Artikel.

Bei jedem Kriminalprozesse soll der Angeklagte sowohl das Recht haben, schnell und öffentlich durch unpartheiische Geschworne aus dem Staate und dem Diſtrikte, wo das Verbrechen begangen iſt, nachdem dieser Diſtrikt vorher rechtmäßig ausgemittelt worden, gerichtet zu werden; als auch von der Beschaffenheit und der Ursache der Klage unterrichtet, mit den Zeugen gegen ihn zugleich verhört zu werden, und einen Befehl zu erhalten, Zeugen für sich vorzuladen, und einen Advokaten zu haben.

Neunter Artikel.

Bei Prozessen, nach dem gemeinen Rechte, wo die streitige Sache mehr als 20 Dollar betrifft, soll das Recht, durch Geschworne gerichtet zu werden, bleiben; und eine durch Geschworne entschiedene Thatsache soll in keinem andern Gerichtshofe der Vereinigten Staaten von neuem durchgesehen werden, als nur nach den Vorschriften des gemeinen Rechtes.

Zehnter Artikel

Es sollen nicht übertrieben große Kauzionen gefordert, noch zu große Geldstrafen, oder grausame und ungewöhnliche Gefängnißstrafen zuerkannt werden.

Eilfter Artikel.

Die Benennung gewisser Rechte in der Konstituzion soll nicht als eine Verneinung oder Vernachläßigung anderer vom Volke beibehaltener Rechte gedeutet werden.

Zwölfter Artikel.

Die Rechte, welche die Konstituzion den Vereinigten Staaten nicht überträgt, oder die sie den Staaten nicht untersagt, sind den respektiven Staaten oder dem Volke vorbehalten.

Akten und Belege

zu der

Geschichte der Nordamerikanischen Revoluzion

aus Ramsay's Geschichte

der

Revoluzion in Süd-Carolina.

Das Verfahren des brittischen Ministeriums gegen die Kolonieen in Amerika bereitete die Revoluzion so methodisch vor, daß die List der verschlagensten Dämagogen nicht so viel vermocht hätte, das Volk zu den Waffen zu vereinigen, als der halsstarrige Eigensinn, und die unentschlüßige Schwäche, die jenes Ministerium zugleich innerhalb der ersten zehn Jahre seines Streites mit den Kolonieen bewieß. Schon hatten die harten Einschränkungen des Handels jene zur Reife gelangten Kolonisten, die man noch immer als Kinder behandelte, unzufrieden gemacht, als Grenvilles falsche Benutzungsmethode sie auf ihre alten Rechte freier Engländer aufmerksam machte, und zum erstenmal den alt engländischen Gemeingeist in den verschiedenen kleinen Gesamtheiten, die mit einander wenig bekannt waren, oder sich wohl gar beneideten, und haßten, aufweckte, und zu einem gemeinsamen Zwecke vereinte. Der Streit gegen das Beschatzungsrecht des Parlamentes entsprang mehr aus einem zarten Freiheitssinne, und aus der Besorgniß künftiger Mißbräuche, als aus einem wirklichen Gefühle eines unerträglichen Druckes. Man muß sich ganz in den Geist alt englischer Freimänner, die zur Zeit des Ausbruches dieses Streites nur noch in Amerika unverderbt fortlebten, hinein denken, um einzusehen, wie eine bloße Ahnung künftiger Leiden ein ganzes Volk zum Widerstande reitzen konnte; da doch wirklich unterdrückte Völker nur in der äußersten Verzweiflung zum Widerstande zu schreiten pfle-

gen. Die Amerikaner stritten zehn Jahre lang mit
konstituzionsmäßigen Waffen, bis sie das Ministerium selber zur Nothwehr zwang. Grenvilles
Plan (1764) wurde durch die Verbindung der Amerikaner gegen die Einfuhr brittischer Fabrikate, und
durch die Opposizion im englischen Parlamente vernichtet; aber die Amerikaner hatten dabei gelernt,
zum erstenmal gemeinschaftlich zu handeln; und der
Erfolg ihrer Eintracht hatte die Begriffe über ihre
Wichtigkeit erhöht. Unter Rockinghams kurzer Administrazion behauptete die Akte, wodurch Grenvilles Plan aufgehoben wurde, (1765) den strei-
tigen Rechtspunkt, dessen Wirkungen sie doch vernich-
tete, mit so wenig Klugheit, daß die einmal gereizten Amerikaner nur noch mehr mißtrauisch wurden,
und die nachdenkenden Köpfe Zeit gewannen, die
Folgen der vom Parlamente angenommnen Grundsätze gehörig zu überlegen. Der Streit ruhte nicht
lange. Unter Graftons Administrazion erneuerte
ihn Townsends unzeitige Zollakte (1767), wodurch
er sich vermuthlich zu einem hohen Posten bei
der königlichen Schatzkammer empfehlen wollte, ohne zu bedenken, welch ein gefährliches Mittel er da
zu wählte. Die Wirkungen dieser Akte in den Kolonieen waren dieselbigen, wie die der Stempelakte.
Indessen die einzelnen Addressen der Kolonisten nichts
fruchteten, wirkten Herrn Dickinsons populäre
Briefe eines Landmannes wie ein elektrischer Funke
in den Köpfen der Amerikaner, und klärten bei
der größern Volksmenge die Begriffe auf, die ihr
im Jahre 1764 noch dunkel geblieben waren. Die
Folge war eine zweite gemeinschaftliche Verbindung
gegen die Einfuhr englischer Fabrikate, zunehmender
Schleichhandel, und gegenseitige Erbitterungen.
Bald darauf wurde zwar das Ministerium in London
verändert; aber die Administrazion kam in die

Hände solcher Männer, die mit eben so viel Hart=
näckigkeit das Besteuerungsrecht des Parlamentes
durchsetzen wollten, und eben so planlos und unent=
schlossen verfuhren, als ihre Vorgänger. Lord
Hillsborough, der im März 1768 das Staatssekre=
tärsamt des amerikanischen Kolonieendepartements
erhielt; Lord North, welcher im September 1768
erster Lord der Schatzkammer wurde; und Lord
Bute, im Hintergrunde hinter dem Vorhange ste=
hend, bildeten ein furchtbares Triumvirat gegen die
Freiheit der Amerikaner; bis sie das Feuer des Krie=
ges angezündet hatten, und nach dem Verluste der
Kolonieen von der blutigen Szene abtreten mußten,
um der Rockinghamschen Parthei das Friedensge=
schäft zu überlassen. — Die schwachen Versuche des
neuen Ministeriums, seine Zollbeamte in Massachu=
sett durch einige Regimenter brittischer Truppen zu
unterstützen; die Bemühungen des Staatssekretärs,
die Gouvernöre der Kolonieen unabhängiger zu ma=
chen, und die Generalversammlungen zu sprengen;
der konstituzionswidrige Vorschlag des Parlaments,
diejenigen Einwohner von Massachusett, die sich
den Verfügungen der Regierung widersetzten, als
Staatsverbrecher nach England zum Verhör zu schi=
ken: dies alles konnte die Kolonisten nicht zwingen,
die Zollakte anzuerkennen. Neue Verwickelungen
und neue Unannehmlichkeiten entsprangen aus die=
sen schwachen und ungerechten Maaßregeln. Das
Ministeriu reichte endlich mit der einen Hand dar,
was es mit der andern wieder nahm. Die Zollakte
wurde Theilweise aufgehoben. Eine Handlung,
welche Schwäche verrieth, und das Uebel nur ver=
mehrte. Die Amerikaner hoben also ebenfalls nur
Theilweise ihre Verbindung gegen die Einfuhr auf.
So wie zum erstenmal die Erklärungsakte der Ha=
ten war, an welchem der Streit weiter gesponnen

R 4

wurde, so war es diesmal ein armseliger Zoll von
drei Pence auf ein Pfund Thee (1770); und so wie
zuerst Dickinsons Briefe das Volk in Amerika über
den Stritpunkt aufgeklärt hatten, so wirkten jetzt
Franklins Schriften, das Nachdenken über die
wichtigen Gegenstände zu unterhalten, und die
Volksmeinung zu befestigen. Während der bedenk-
lichen Zwischenfrist, in welcher der Theezoll die Aufmerksamkeit der Amerikaner spannte, vermehrte
nichts so sehr die Erbitterung, als die unvorsichti-
gen Briefe des Guvernörs Hutchinson und des Oberrichters Oliver aus Boston, die dem wachsamen Patrioten Franklin in die Hände fielen. Sie waren
an wichtige Personen in England gerichtet, und ent-
hielten nicht nur die ungünstige Schilderung der Kolonie von Maffachufett, sondern auch den ausdrücklichen Rath, die auf den Freibrief der Kolonie gegründete Verfassung umzustoßen, um Gehorsam zu
erzwingen. Indem nun ein über diese Sache ver-
hängter Prozeß so zum Nachtheile für die Kolonie
entschieden ward, daß sich die Kolonisten von ihrem
Statthalter verrathen glaubten; that das Ministerium den letzten Schritt, welcher den bisherigen Fe-
derkrieg in einen offenbaren Aufstand umwandelte.

Es verband seinen Beschatzungsplan mit einer
Spekulazion der ostindischen Kompannie.

Es erlaubte ihr einen Vorrath von Thee zoll-
frei nach Amerika auszuführen, und ertheilte ihr
das Monopol des Theehandels nach den Kolonieen. Dieser neue Plan beleidigte nicht nur die
englischen und amerikanischen Kaufleute, und
Schleichhändler, sondern er beunruhigte auch
alle Kolonisten, die bei ihrer eifersüchtigen Stimmung bald die geheime Absicht des Ministeriums
erspäheten, und sich weigerten, in dem willkühr-

lichen Kaufpreise des Thees zugleich eine Abgabe
zu erlegen, die das Parlament durch den Zoll in
England von demselben gehoben hatte. Das Feuer
ward von London aus noch mehr angefacht. Daher
der Entschluß den Thee gar nicht ans Land kommen
zu lassen. Die List des Guvernörs von Massachu=
sett veranlaßte den Theesturm in Boston; und nun
wollte das Ministerium das Vergeben einzelner Bür=
ger dieses Ortes an der ganzen Stadt und an der
ganzen Provinz auf eine so empfindliche Art ahnden,
daß alle ihre Mitschwestern nicht gleichgültig dabei
bleiben konnten.

Die Sperrung des Bostoner Hafens würde nur
allgemeines Mitleid erweckt haben; aber die neue
Regierungs= und die neue Justiz = Akte, wodurch
die heiligsten Verträge, und die Rechte englischer
Unterthanen willkührlich aufgehoben wurden, erreg=
ten allgemeines Schrecken und allgemeine Besorg=
nisse aller Kolonieen. Das Parlament schien ihnen
eine gänzliche Umänderung der Verfassung aller
brittischen Länder in Amerika zu beabsichten; und
die Quebec=Akte bestätigte nur noch mehr ihre Furcht,
daß die willkührliche Gewalt von Osten nach Westen
über ganz brittisch Nordamerika ihren Arm aus=
strecken würde. Die Folge war, die Vollendung
der systematischen Vorbereitung zu einer großen
Revoluzion. Die Kolonieen vereinigten sich in
einem Nazional= Ausschusse, in einem allgemeinen
Kongresse 1774; nicht um dem Mutterstaate den
Gehorsam aufzusagen, sondern um Abstellung ihrer
Besorgnisse und Beschwerden durch eine nachdrück=
lichere Stimme zu erlangen. Um diesen wichtigen
Schritt der Kolonieen gründlich zu beurtheilen, muß
man den Inhalt jener beiden Akten, welche ein all=
gemeines Erstaunen, und allgemeines Schrecken von

New - Hampshire bis Georgien verbreiteten, ge
nau erwägen *).

Akte über die beſſere Einrichtung der Regierung der Provinz Maſſachuſetts - Bay in Neu - England.

„Nachdem durch einen Freibrief unter dem großen Siegel von England, vom dritten Regierungsjahre Ihrer
Majeſtäten des Königs Wilhelm und der Königin Maria, wodurch die in demſelben benannten verſchiedenen
Kolonieen, Territorien und Landſtriche zu einer wirklichen Provinz, unter dem Namen der königlichen Provinz
von Maſſachuſetts - Bay, in Neu - England, vereinigt,
errichtet und inkorporirt worden, worin dann auch unter andern Dingen ordinirt und verfügt wurde, daß der
Gouvernör beſagter Provinz von Ihren Majeſtäten und
deren Erben und Nachkommen angeſtellt und beſtallt
werden ſollte: auch verordnet und feſtgeſetzt wurde, daß
nach Verlauf des Termines, für und während welchen
die in beſagtem Freibriefe genannten acht und zwanzig
Perſonen zu erſten Rathgebern oder Aſſiſtenten der Regierung beſagter Provinz auf die anberaumte Zeit ernennt waren, die eben erwähnte Anzahl von acht und
zwanzig Räthen oder Aſſiſtenten jährlich einmal in jedem
Jahre, immer in Zukunft, von der Generalverſammlung gewählt werden ſollte; und nachdem beſagte Methode, ſolche Räthe oder Aſſiſtenten zu wählen, um ſie
mit der in dem Freibriefe benannten Gewalt, Autorität
und den Privilegien zu verſehen, ob ſie gleich der vorher
üblichen Gewohnheit in ſolchen dadurch unirten Kolonieen,
in welchen die Ernennung der reſpektiven Gouvernöre den

---

*) Eine einſeitige Vertheidigung dieſer Akten enthal-
ten die Remarks on the principal acts of the XIII
th. Parlement of Great Britain London 1778 von
Herrn Lind. Eine Ueberſetzung dieſer Miniſterial-
Schrift ſteht in Remers amerikaniſchem Archive im
dritten Bande. Wer ſollte aber jetzt wohl glauben,
daß Burke damals fähig war, dieſe Akten mit ſolchen Grundſätzen anzugreifen, als er in ſeiner berühmten Parlamentsrede aufſtellt?

Generalversammlungen besagter Kolonieen überlassen
war, angemessen, nach wiederholten Erfahrungen dem
Plane der Regierung, die durch obgemeldeten Freibrief
in der Provinz Massachusetts-Bay eingeführt wurde,
sehr wenig entsprechend befunden, und so weit davon
entfernt war, die dadurch beabsichteten guten Endzwecke
und Absichten zu erreichen, und das innere Wohl, den
Frieden und die gute Regierung besagter Provinz zu fördern, oder die gehörige Unterwürfigkeit unter die Gesetze von Großbritannien und die Einheit mit derselben
aufrecht zu erhalten, daß vielmehr die Art der Ausübung der Gewalt, Autorität und der Privilegien der
also jährlich gewählten Personen vor einiger Zeit so be-
schaffen gewesen, daß sie offenbar dahin zweckte, die
Ausübung der Gesetze größtentheils zu verhindern, die
Zuneigung der gutgesinnten Unterthanen seiner Majestät
in besagter Provinz abwendig zu machen, und die schlecht
gesinnten unter denselben aufzumuntern, selbst zu Handlungen eines direkten Widerstandes gegen seiner Majestät
Gewalt zu schreiten; und es sich also begeben hat, daß
ein offenbarer Widerstand gegen die Ausübung der Gesetze wirklich in der Stadt Boston und in deren Nachbarschaft in besagter Provinz Statt gefunden: und nachdem es unter solchen Umständen unumgänglich nothwendig geworden, daß, um Frieden und gute Ordnung in
besagter Provinz aufrecht zu erhalten, um seiner Majestät gutgesinnte Unterthanen in derselben zu schützen,
und die gegenseitigen Vortheile zu fördern, die von dem
Handel und dem Verkehr zwischen dem Königreiche und
der genannten Provinz entspringen, und diese Provinz in
der gehörigen Unterwürfigkeit unter der Krone und dem
Parlamente von Großbritannien zu erhalten, besagte
Methode der jährlichen Wahl der Räthe oder Assistenten dieser Provinz nicht ferner mehr geduldet, sondern
daß die Ernennung besagter Räthe oder Assistenten auf
denselbigen Fuß eingerichtet werde, als in solchen Kolonieen oder Pflanzungen seiner Majestät in Amerika, deren Gouvernöre durch seine Majestät unter dem großen
Siegel von Großbritannien ernennt werden: so sei also
hiermit von des Königs erhabnen Majestät, durch und
mit dem Beirath und der Einwilligung der geistlichen
und weltlichen Lords, und der Kommons in dieser ge-
gegenwärtigen Parlamentsversammlung, und auf die
Autorität derselben verordnet, daß von und nach dem

erſten Tage des Auguſtus 1774, der Theil des Freibriefes, den Ihre Majeſtäten König Wilhelm und Königin
Maria den Einwohnern beſagter Provinz Maſſachuſetts-
Bay in Neu-England gewährten, und all und jede Klauſel, Verfügung und Sache in demſelben, was ſich auf
die Zeit und die Art der Wahl der Aſſiſtenten oder Räthe der beſagten Provinz bezieht, widerrufen, und hierdurch widerrufen, aufgehoben und ungültig gemacht
worden; und daß die Aemter aller Räthe und Aſſiſtenten,
die nach dem Freibriefe erwählt und angeſtellt worden,
von da an aufhören, und enden ſollen; und daß von
und nach dem beſagten erſten Tage des Auguſt 1774,
der Rath oder das Kollegium der Aſſiſtenten der genannten Provinz aus ſolchen Einwohnern oder Landbeſitzern
innerhalb derſelben beſtehen ſoll, die von ſeiner Majeſtät
oder deren Erben und Nachfolgern, von Zeit zu Zeit,
unter Bekräftigung Ihres Inſiegels oder Ihrer Unter-
ſchrift, und mit dem Beirathe des Geheimen Rathes,
eben ſo ernannt und beſtallt werden ſollen, als die Räthe
innerhalb der Kolonieen in Amerika, deren Gouvernöre
unter dem großen Siegel von Großbritannien beſtallt
werden: doch mit dem Vorbehalt, daß die Zahl beſagter Aſſiſtenten oder Räthe ſich nie über 36, noch unter
12 belaufen ſolle."

„Und es iſt hierdurch ferner verordnet, daß die beſagten Aſſiſtenten oder Räthe, die auf obgemeldete Art ernennt worden, ihr reſpektives Amt, nach Gutbefinden
ſeiner Majeſtät, und deren Erben oder Nachfolger, behalten, und die Gewalt, die Privilegien und Immunitäten beſitzen ſollen, die bisher von den Aſſiſtenten oder Räthen der beſagten Provinz ausgeübt
worden, als welche von Zeit zu Zeit dem genannten Freibriefe zu Folge konſtituirt und gewählt worden, das
ausgenommen, was hierin nachmals wird ausgenommen
werden; und ſie ſollen beim Eintritt in beſagten Rath
und übe ſie ihr Amt ausüben, die Eidſchwüre ablegen,
und die Erklärungen wiederholen und unterſchreiben, die
ſowohl in dem genannten Freibriefe als in irgend einem
noch gültigen Geſetze der Provinz vorgeſchrieben ſind,
wie ſie von den Aſſiſtenten oder Räthen, die auf oben
gemeldete Art gewählt und konſtituirt wurden, abgelegt
werden ſollten."

„Und es wird ferner durch die genannte Autorität verordnet, daß, von und nach dem erſten Tage des Julius

1774, der jedesmalige königliche Gouvernör besagter Provinz, oder in seiner Abwesenheit der Vizegouvernör das Recht haben soll, von Zeit zu Zeit alle Richter der niedern Gerichte der gemeinen Klagen, alle Kommissäre der Untersuchung der Verbrechen (Commissioners of oyer and terminer), den General-Prokurator, die Provoste, Marschälle, Friedensrichter, und andere zu den Gerichtshöfen gehörige Beamte, ohne Einwilligung des Rathes, zu ernennen, unter dem Siegel der Provinz zu bestallen, und sie auch wieder zu entlassen; und daß alle genannte Gerichtspersonen und übrige Beamte, die von dem Gouvernöre oder Vizegouvernöre also ernennt worden, allein ihre Aemter und ihre Gewalt in vollem Maße und zu allen Endzwecken und Absichten ausüben sollen, als die Richter der niedern Gerichte der gemeinen Klagen, u. s. w. es vormals unter besagtem Freibriefe vom dritten Jahre Ihrer Majestäten des Königs Wilhelm und der Königin Maria verwalteten; ungeachtet eines widersprechenden Gesetzes, Statutes, oder einer Gewohnheit."

„Doch sei hiermit bedungen und verordnet, daß keine hierin enthaltene Sache soll also ausgedehnt oder ausgelegt werden, daß dadurch die vor dem ersten Tage des Julius 1774 gewährten Bestallungen eines Richters der niedern Gerichte u. s. w. für ungültig erklärt werden; sondern daß sie ihre Aemter behalten und ausüben sollen, als wäre diese Akte nicht gegeben, bis sie durch den Tod, durch eine vom Gouvernör zuerkannte Entfernung, oder durch andere zufällige Umstände erledigt werden."

„Und es wird hiermit ferner verordnet, daß von und nach dem ersten Tage des Jul 1774 der königliche Gouvernör, oder in dessen Abwesenheit der Vizegouvernör besagter Provinz das Recht haben soll, von Zeit zu Zeit, ohne Einwilligung des Rathes, die Sheriffs zu ernennen, und sie mit Einwilligung des Rathes, und nicht anders, wieder abzusetzen."

„Und es wird ferner durch besagte Autorität verordnet, daß, nach Erledigung des Amtes des Oberrichters und der Richter des Obergerichtes besagter Provinz von und nach dem ersten Jul 1774, der jedesmalige Gouvernör, oder in dessen Abwesenheit der Vizegouvernör, das Recht haben soll, ohne Einwilligung des Rathes, die Personen zu ernennen und zu bestallen, die jene Aemter erhalten, und sie nach Gutbefinden seiner Majestät und

Ihrer Erben oder Nachfolger bekleiden sollen; und daß
weder der Oberrichter noch die Richter, die vor dem ersten Jul 1774 angestellt, noch diejenigen, die hiernächst
nach dieser Akte angestellt werden, auf irgend eine andere Art ihres Amtes entsetzt werden sollen, als auf Befehl seiner Majestät, oder ihrer Erben und Nachfolger,
unter Ihrer eignen Unterschrift."

„Und nachdem, verschiedener Akten der Generalversammlung zu Folge, die von Zeit zu Zeit in besagter
Provinz gegeben sind, die Freihalter und Einwohner
der verschiedenen Ortschaften, Distrikte und Bezirke,
welche die darin bestimmten Eigenschaften besitzen, berechtigt worden, sich jährlich oder gelegentlich nach ge-
gebner Nachricht, wie es jene Akten bestimmen, zu versammlen, um Vorsteher, Konstables und andere Beamte
zu wählen, und Regeln, Anordnungen und Nebengesetze
zu geben, und zu bewilligen, wonach die Angelegenheiten solcher Ortschaften, Distrikte und Bezirke, so wie
auch andere Gegenstände dirigirt, geführt und eingerichtet werden sollten: und nachdem ein großer Mißbrauch
von dem Rechte der Zusammenberufung solcher Versammlungen gemacht, und die Einwohner, der Absicht jener
Einrichtung zuwider, verleitet worden, die allgemein-
sten Angelegenheiten zu verhandeln; und manche gefährliche und unverantwortliche Beschlüsse zu fassen: so wird
also, um diesem Unwesen zu steuern, verordnet, daß
von und nach dem ersten August 1774 keine Versammlung
von den Vorstehern, oder auf Begehren irgend einer Anzahl von Freihaltern solcher Ortschaften, Distrikte und
Bezirke anders berufen werden soll, als mit Erlaubniß
des Gouvernörs, oder in dessen Abwesenheit, des Vize-
gouvernörs, nachdem ihm vorher schriftlich der spezielle
Endzweck besagter Versammlung vorgelegt worden, ausgenommen die jährliche Versammlung in dem Monate
Märj oder May, wegen der Wahl der Vorsteher, Konstables, oder anderer Beamten, oder wegen der Wahl
solcher Personen, mit denen jene Aemter nach einem
Todesfalle, oder einer anderweitigen Erledigung wieder
besetzt werden sollen, und ferner auch jede Versammlung
zur Wahl der Repräsentanten in der Generalversammlung; und daß kein anderer Gegenstand in solchen Versammlungen verhandelt werden soll, als die Wahl der
vorbenannten Beamten oder Repräsentanten, noch auch
in irgend einer andern Versammlung, als nur das Ge-

schäft, welches in der vom Guvernöre, oder, in seiner Abwesenheit, vom Vizeguvernöre ertheilten Erlaubniß bezeichnet ist."

"Und nachdem die jetzt in der Provinz Massachusetts-Bay in Amerika übliche Methode, der zu Folge die Mitglieder der großen Jury und die übrigen Geschwornen, von den Freihaltern und Einwohnern der verschiedenen Ortschaften gewählt werden, Veranlassung zu vielen schlechten Ränken gegeben hat; und dahin zweckt, die freie und unpartheiische Verwaltung der Gerechtigkeit umzustoßen: so wird also, zur Steuer dessen, ferner durch besagte Autorität verordnet, daß von und nach den respektiven Terminen, auf welchen Generalsitzungen der Friedensgerichte in den verschiedenen Grafschaften besagter Provinz gehalten werden, gleich nach dem Monat September 1774, die Geschwornen, die bei den Superior courts of judicature, courts of assize, general gaol - delivery *), bei dem allgemeinen Friedensgerichte, und den niedern Gerichten der gemeinen Klagen, in den verschiedenen Grafschaften besagter Provinz gebraucht werden, nicht mehr von den Freihaltern und Einwohnern der verschiedenen Ortschaften besagter Grafschaften, gewählt, ernennt, und angestellt, noch von den Konstables besagter Ortschaften berufen oder entlassen werden sollen; sondern von da an, die Geschwornen für die superior courts of judicature, courts of assize, general goal - delivery, für das allgemeine Friedensgericht, und für die Gerichte der gemeinen Klagen in besagter Provinz, von den Sherifs der respektiven Grafschaften in besagter Provinz berufen und entlassen werden sollen; auch sollen alle Writs of venire facias **), oder andere Prozeduren und Warrants, wel-

*) An deren Stelle ist im Jahr 1781 das Obergericht (supreme judicial court) eingeführt.

**) Wenn die streitenden Partheien durch Geschworne gerichtet werden wollen, so expedirt in England das Gericht ein Writ de venire facias, das ist eine Order an den Sherif, daß er auf einen bestimmten Termin zwölf liberos et legales homines aus seiner Grafschaft vor den Schranken solle erscheinen lassen, welche die Wahrheit wissen können. Wenn der Sherif mit einer der streitenden Partheien in

che erlaffen werden, um die Gefchwornen vor befagte Gerichtshöfe zu berufen, an die Sherifs der refpektiven Graffchaften eraehen; ungeachtet irgend eines Gefetzes, oder einer Gewohnheit, fo dagegen ftritte.

Doch ift hierbei bedungen, und von befagter Autorität verordnet, daß, wenn der Sherif einer Graffchaft Antheil an dem Prozeffe hätte, oder mit einer Parthei oder Perfon verbunden, oder verwandt wäre, welche in dem vor dem Gerichte fchwebenden Prozeffe verwickelt ift, alsdann in folchem Falle, das Writ of venire facias, oder die Prozedur oder das Ausfchreiben wegen Zufammenberufung der Gefchwornen vor das Gericht, an den Koroner folcher Graffchaft gefchickt, und von ihm beforgt werden foll; und gefetzt, daß folch ein Koroner auch Antheil an dem Prozeffe hätte, oder mit einer der ftreitenden Partheien oder Perfonen in Verbindung ftände, alsdann foll das venire facias, oder Ausfchreiben der Gefchwornen, an eine fchickliche und unpartheiifche Perfon, die von dem Gerichte, vor welchem der Prozeß fchwebt, ernannt worden, gerichtet, und von ihr beforgt werden."

"Und damit die Sherifs beffer unterrichtet werden mögen, was für Perfonen fähig find, das Amt der Gefchwornen vor den superior courts of judicature, courts of assize, general gaol-delivery, dem allgemeinen Friedensgerichte, und den Gerichten der gemeinen Klagen in befagter Provinz, zu verwalten, fo wird ferner durch befagte Autorität verordnet, daß die Konftables der refpektiven Ortfchaften in den verfchiedenen Graffchaften befagter Provinz, bei der Sitzung des allgemeinen Friedensgerichtes, welches nach dem Monat September jedes Jahres in jeder Graffchaft gehalten wird, am erften Tage der befagten Sitzung, den Friedensrichtern in offnem Gerichte ein fchriftliches Verzeichniß aller Namen und Wohnörter der Perfonen aus den refpektiven Ortfchaften oder Diftrikten derfelben, in welchen fie ihr Amt führen, die zwifchen 21 und 70 Jahr alt,

Verbindung fteht, fo wird das Venire an die Koroners gefchickt; und wären auch diefe verdächtig, alsdann gelangt es an zwei Sekretäre des Gerichts, oder an zwei Perfonen aus der Graffchaft, die von dem Gerichte und der großen Jury gewählt werden, und Wähler heißen. Blackstone.

alt, und fähig sind, das Amt der Geschwornen zu verwalten, überreichen sollen, mit Hinzufügung ihres Titels und Zubehör; von diesem Verzeichnisse sollen besagte Richter, oder einer von ihnen eine Abschrift, binnen zehn Tagen nach der Sitzung, von dem Schreiber des Friedensgerichtes an die Sherifs oder ihre Deputirten überschicken, und auch eine Abschrift davon von dem Schreiber des Friedensgerichtes in ein Buch eintragen, und es unter den Akten des Gerichtes aufbewahren lassen; und kein Sherif soll irgend jemanden zur großen oder kleinen Jury nach einem der genannten Gerichtshöfe abschicken, der nicht in jenem Verzeichnisse genannt ist; und damit die Gerechtigkeit nicht dadurch gehindert werde, daß die Konstables es verabsäumten, ein Verzeichniß solcher Personen für die Jurys, als in dieser Akte verordnet ist, anzufertigen, so werden die Schreiber der Friedensgerichte jeder Grafschaft hiermit angewiesen, zum wenigsten zwanzig Tage vor dem Monate September in jedem Jahre Anschreiben unter ihrer Hand und Siegel an die respektiven Konstables jeder Ortschaft in den verschiedenen Grafschaften ergehen zu lassen, und sie aufzufordern, daß sie solche Verzeichnisse der Personen, die das Amt der Geschwornen führen können, wie hiermit verordnet worden, anfertigen sollen; und jeder Konstable, der es verfehlet, ein solches Verzeichniß anzufertigen, und den Richtern in offnem Gerichte zu überreichen, soll zu einer Strafe von fünf Pfund Sterling an seine Majestät und ihre Nachfolger verurtheilt sein, welche auf eine Anklage vor den oben erwähnten Gerichten eingetrieben werden soll; und damit die Konstables im Stande sein mögen, vollständige Verzeichnisse aller Personen, die zum Amte der Geschwornen fähig sind, anzufertigen, so sollen die Konstables der verschiedenen Ortschaften volle Freiheit haben, zu jeder schicklichen Zeit, von den Beamten, die eine Liste der Abgaben oder Taxen der Freihalter oder Einwohner solcher Ortschaft führen, zu verlangen, daß sie ihnen diese Listen zeigen, damit sie daraus die Namen der Personen, die zu dem Amte der Geschwornen fähig sind, und in den respektiven Ortschaften, aus welchen ihnen solche Listen vorgezeigt werden, wohnen, ausschreiben können; und sie sollen jährlich im Monate September, an zwei oder mehr Sonntagen, an der Thür der Kirche, Kapelle, oder an irgend einem andern

S

Orte des öffentlichen Gottesdienstes innerhalb ihres Be-
zirkes, eine genaue Liste aller Personen, die an besagtem
allgemeinen Friedensgerichte, als solche angezeigt werden
sollen, die zum Amte der Geschwornen, dieser Akte zu
Folge, fähig sind, anschlagen; auch sollen sie zugleich
eine Abschrift dieser Liste dem Ortschaftsschreiber besagten Orts geben, damit sie von den Freihaltern und Einwohnern zu dem Endzwecke durchgesehen werde, daß
sie anzeigen können, ob Personen ausgelassen, die doch
benannt werden sollten, oder ob aus Irrthum solche mit
aufgeführt worden, die hätten wegbleiben sollen; und
es sollen die Richter bei der allgemeinen Sitzung des
Friedensgerichtes, dem besagte Liste überreicht worden,
berechtigt sein, nach gehörig angestellter Untersuchung
solche Personen, die zum Amte der Geschwornen fähig,
aber ausgelassen sind, hinzuzufügen, so wie auch diejenigen auszustreichen, die eingeschrieben sind, ob sie
gleich hätten sollen ausgelassen werden; und wenn irgend
ein Konstable absichtlich solche Personen aus der Liste
ausließe, welche doch hätten aufgezeichnet werden müssen, oder auch solche einrückte, die nicht darauf Statt
haben können, so soll er für jede Person, die in dieser
Liste, dem wahren Sinne dieser Akte zuwider, ausgelassen oder eingerückt ist, von den Richtern in besagtem
allgemeinen Friedensgerichte, mit vierzig Schilling in
Strafe genommen werden."

„Doch wird hiermit bedungen, und von besagter Autorität verordnet, daß, wenn ein Konstable oder die
Konstables es versäumen sollten, ein Verzeichniß der
Personen aus besagten Ortschaften, die zur Jury fähig
sind, dem allgemeinen Friedensgerichte einzureichen,
alsdann der Sherif einer solchen Grafschaft, in welcher
es verabsäumt worden, das Recht haben soll, solche Personen aus den Ortschaften oder Distrikten vor besagte
Gerichtshöfe oder einen derselben, die zur
Jury fähig sind, und die ihm dazu tauglich dünken; ungeachtet dessen, was hierin dagegen enthalten sein mag."

„Und es wird ferner von besagter Autorität verordnet, daß die Vorladung irgend einer Person zur Jury
bei besagter Gerichtshöfen oder einem derselben, von
dem Sherif oder einer andern Person wenigstens zehn
Tage vor der Sitzung des Gerichtes geschehen soll; und
wenn irgend ein Geschworner, der also vorgeladen worden, von seiner Behausung zur Zeit der Vorladung

abwesend wäre, so soll ihm eine schriftliche Nachricht davon, mit des Sherifs oder der andern Person eignen Unterschrift, in seinem Hause zurückgelassen, und einer in demselben wohnenden Person eingehändigt werden."

„Es wird aber hiermit bedungen, und von besagter Autorität verordnet, daß, wenn nicht eine hinlängliche Anzahl Personen zur großen oder kleinen Jury vor besagten Gerichtshöfen, oder einem derselben erschiene, alsdann der Gerichtshof das Recht haben soll, eine Anforderung an den Sherif ergehen zu lassen, daß er sogleich eine hinreichende Anzahl zu Geschwornen vor besagten Gerichtshof berufe; und solche Personen sind hiermit aufgefordert, sich zu Geschwornen vor besagte Gerichtshöfe zu stellen."

„Und es wird ferner von besagter Autorität verordnet, daß diejenigen Personen, die vor einem der Gerichtshöfe als Geschworne gedient haben, nicht wieder vor demselben Gerichtshofe, oder einem derselben das Amt der Geschwornen verwalten sollen, als nach dem Verlauf der drei zunächst folgenden Jahre, es wäre denn bei einer Spezial-Jury."

„Und damit die Sherifs unterrichtet werden, welche Personen als Geschworne gedient haben, so wird hiermit ferner von besagter Autorität verordnet, daß jeder Sherif ein Buch oder Register halten soll, worin die Namen aller der Personen, die als Geschworne gedient haben, mit Zufügung ihres Charakters und ihrer Wohnung, der Zeit, wenn, und des Gerichtes, wo sie gedient, nach alphabetischer Ordnung eingetragen werden sollen, und diese Bücher sollen von Zeit zu Zeit dem nachfolgenden Sherif der Grafschaft binnen zehn Tagen nach Antritt seines Amtes eingehändigt werden; und jeder Geschworne, der bei einem der besagten Gerichtshöfe gedient, soll nach Ablauf der Sitzung des Gerichtes auf sein Begehren von dem Sherif oder seinem Deputirten sogleich ein Zertifikat gratis erhalten, wodurch ihm sein Dienst bescheinigt wird; und der Sherif oder sein Deputirter soll jedem Geschwornen dergleichen Zertifikat ausfertigen."

„Und es wird ferner von besagter Autorität verordnet, daß, wenn im Falle der Verwerfung (der Geschwornen) oder auf eine andere Art die Zahl der Geschwornen zur Entscheidung über ein Vergehen, oder einen vor Gericht schwebenden Prozeß nicht vollständig

wäre, alsdann die Jury durch tales de circumstantibus *) vollzählig gemacht, und dieselben von dem Sherif, wenn er nicht Antheil an dem Prozesse hat, oder
mit einer der streitenden Personen oder Partheien verwandt ist, vorberufen; oder, wenn letzteres der Fall
wäre, von dem Koroner, wenn er nicht auch Antheil an
dem Prozesse hat, oder mit einer der streitenden Partheien oder Personen verwandt ist; oder wenn beides der
Fall wäre, von einer dazu schicklichen und unpartheiischen, vom Gerichte selber ernannten Person, vorgela-
ben werden sollen."

„Und es wird ferner von besagter Autorität verordnet, daß, wenn irgend eine Person, welche vorgeladen
worden, bei der großen oder kleinen Jury vor einem der
Gerichtshöfe, oder bei der Jury in einem Prozesse, der
vor besagten Gerichtshöfen schwebt, zu dienen, nicht
dem gemäß erscheinet, und keine hinlängliche Entschuldi-
gung vor den Richtern besagter Gerichtshöfe vorbringen
kann, dieselbe von den Richtern mit einer Summe, die
nicht über zehn Pfund, und nicht unter zwanzig Schilling sich beläuft, in Strafe genommen werden soll."

„Und es wird hiermit ferner von besagter Autorität
verordnet, daß jeder Sherif, oder ein anderer Beamter,
an welchem ein venire facias, oder ein anderes Ausschreiben wegen Berufung der Geschwornen ergehen mag,
bei seiner Antwort auf ein solches Ausschreiben (ausgenommen wenn eine Spezial-Jury auf Befehl eines Gerichtes, dieser Akte zu Folge, anberaumt wird) ein
Verzeichniß zu besagtem Ausschreiben hinzufügen soll,
welches den Vor- und Zunamen, den Charakter und
Wohnort einer hinlänglichen Anzahl Geschworner, die

---

*) Wenn in England eine oder die andere der streiten-
den Partheien, oder der Angeklagte, die ihm vorgeschlagnen Geschwornen verwirft, so verlangt er
ein tales, das heißt, eine neue Ausschreibung solcher Geschwornen. Es wird also ein Writ de decem tales, oder octo tales, u. s. w. an den Sherif abgeschickt. Bei den Quartalsgerichten aber hat
der Richter, im Falle der Verwerfung der Geschwornen das Recht, ein tales de circumstantibus zu geben; d. h. anwesende Personen zur Jury aufzufordern, doch können auch diese von dem Beklagten
verweigert werden. Blackstone.

in solcher Liste benannt sind, enthalten soll; doch soll
diese Anzahl von Geschwornen nicht geringer als vier
und zwanzig, und nicht grösser als acht und vierzig sein,
ohne besondere Anweisung der Richter oder eines derselben, die hiermit besonders bevollmächtigt werden,
eine grössere Anzahl durch ein Ausschreiben unter ihres
Namens Unterschrift zu verlangen, wenn sie Gründe dazu haben; und alsdann soll die also geforderte Zahl zur
Jury berufen werden."

"Und es wird ferner von besagter Autorität verordnet, daß zur Entscheidung aller Prozesse und Rechtshändel vor einem der genannten Gerichtshöfe die Namen
aller der Personen, die auf oben erwähnte Art vorgeladen worden, nebst ihrem Charakter und ihrem Wohnorte, auf verschiedene Streifen von Pergament oder Papier, die wo möglich von gleicher Länge und Breite
sind, geschrieben, und dem Beamten, der zu diesem
Behufe von dem Gerichte, dem Sherif, Unter-Sherif,
oder seinem Agenten ernannt worden, ausgeliefert werden sollen; und es sollen diese Streifen, unter Aufsicht
dieses Beamten, so dicht als möglich, auf gleiche Art,
aufgerollt, und zusammen in eine Büchse oder ein Glas
gethan werden; und wenn ein Prozeß entschieden werden
soll, dann soll eine unpartheiische, vom Gerichte ange-
wiesene Person, bei öffnem Gerichte zwölf der besagten
Pergamente oder Papiere herausziehen, eines nach dem
andern, und wenn eine der Personen, deren Name also
gezogen ist, nicht erscheinen, oder auch verworfen, und
die Verwerfung gebilligt werden sollte, dann soll jene Person von neuem andere Pergamente oder Papiere aus der Büchse oder dem Glase ziehen, bis zwölf
unpartheiische Personen gezogen sind, und diese zwölf
unpartheiische Personen sollen vereidet werden, und als
Geschworne den Prozeß schlichten: — und die Namen
der Personen, die also gezogen und vereidet sind, sollen
von ihnen selber in einer besondern Büchse oder einem
Glase aufbewahrt werden, bis diese Jury ihr Verdikt
gegeben hat, und dasselbe zu Protokoll genommen, oder
bis diese Jury mit Einwilligung der Partheien, oder
mit Erlaubniß des Gerichtes entlassen wird; und dann
sollen dieselbigen Namen wieder aufgerollt, und in das
erste Glas oder die Büchse gelegt, und dort mit den übrigen nicht gezognen Namen verwahrt werden; und dies so
oft, als noch ein zu schlichtender Prozeß übrig bleibt."

S 3

„Und es wird ferner von besagter Autorität verordnet, daß das superior court of assize, und das Gericht
der gemeinen Klagen, auf eine Motion von Seiten seiner Majestät, oder ihrer Erben und Nachfolger, oder
auf eine Motion von irgend einem Kläger oder Beklagten bei einem Prozesse oder einer Anklage wegen eines
Verbrechens, die vor besagtem Gerichte angebracht worden, oder auf die Motion irgend eines Klägers oder
einiger Kläger, eines Beklagten oder einiger Beklagten
in irgend einem Prozesse oder Klagefalle vor besagtem
Gerichtshofe, das Recht haben, und auf eine vorbe-
nannte Motion, in irgend einem der genannten Fälle,
hiermit bevollmächtigt sein soll, zu befehlen, daß eine
Jury zum Verhör einer Thatsache, die in besagten Fällen in Erwägung kommt, und durch eine Jury von
zwölf Männern gerichtet werden kann, von einem solchen
Beamten des genannten Gerichtes, als dasselbe anordnen wird, zusammen berufen werde; und in dieser Absicht soll der Sherif, oder sein Deputirter, einem solchen Beamten eine Abschrift von der Liste der Personen
überreichen, die zu dem Amte der Geschwornen fähig
sind; und dieser Beamte soll alsdann aus besagter Abschrift die Namen von 48 Personen, die als Geschworne
dienen können, nebst ihrem Charakter und Wohnorte ab-
schreiben, und eine Kopie davon den Klägern, ihren Advokaten oder Agenten, und eine andere Kopie den Beklagten, ihren Advokaten oder Agenten überreichen; und besagter Beamter des Gerichtes soll, zu einer Zeit, die er
dazu bestimmen wird, die Namen von zwölf der aufge-
zeichneten Personen, die ihm die Kläger, ihre Advokaten, oder Agenten, anzeigen werden, und eben so auch
zwölf andere, die ihm die Beklagten nennen werden,
ausstreichen, und die vier und zwanzig übrigen Personen
sollen vor das Gericht, als Geschworne zur Entscheidung
der Streitsache vorgeladen werden.“

„Es wird jedoch bedungen, daß, wenn die Kläger,
oder die Beklagten, ihre Advokaten oder Agenten, es
verabsäumen oder sich weigern sollten, bei dem Beamten zu der bestimmten Zeit sich einzufinden, um die Namen der vier und zwanzig Personen, wie oben beschrieben, zu streichen, oder die Personen zu nennen, die gestrichen werden sollen, alsdann der besagte Beamte berechtigt sein soll, die Namen einer solchen Anzahl von

Personen zu streichen, als die Kläger oder Beklagten
würden gestrichen haben."

"Und es wird ferner verordnet, daß die Person oder
die Parthei, die eine Spezial-Jury verlangt, nicht allein die Sporteln für die Berufung solcher Jury tragen,
sondern auch alle Kosten erlegen soll, die durch das Verhör der Sache von einer Spezial-Jury veranlaßt werden, und es soll ihr kein anderer Erlaß derselben, nach
Anschlag der Kosten, gegeben werden, als wozu eine
solche Person oder Parthei berechtigt gewesen, wenn die
Streitsache durch eine gewöhnliche Jury entschieden worden, wenn nicht der Richter, vor dem die Sache verhört worden, gleich nach dem Verhör, in offnem Gerichte, ein Zertifikat mit seines Namens Unterschrift auf
die Rückseite des Protokolls setzt, daß der Fall von der
Art war, daß er durch eine Spezial-Jury geschlichtet
werden mußte."

"Und es wird ferner von besagter Autorität verordnet, daß bei allen Rechtsfällen, die vor einen der besagten Gerichtshöfe gebracht, und von demselben also befunden worden, daß es nothwendig wäre, daß die Geschwornen, welche die Thatsachen bei solchen Rechtshändeln schlichten sollen, das Haus, die Ländereien oder
Plätze, worüber gestritten wird, in Augenschein nehmen, damit sie desto einsichtsvoller ihr Urthel abfassen
mögen, in solchem Falle die respektiven Gerichtshöfe,
vor denen solche Rechtshändel schweben, die Geschwornen an den bestrittenen Ort beordern sollen, wo ihnen
alsdann von zwei durch das Gericht ernannten Personen,
die in Streit verwickelten Sachen gezeigt werden sollen; und die Spezial-Kosten wegen dieser vom Gerichte
zugestandnen Besichtigungen, sollen vor dem Verhör,
von der Parthei bezahlt werden, die auf eine Besichti-
gung antrug, (wenn die andere Parthei nicht mit ein-
willigte); und sie sollen beim Anschlage der Kosten ihr
erlassen werden, wenn die Jury für sie entscheidet; bei
allen Besichtigungen aber die mit Einwilligung beider
Partheien von dem Gerichte angeordnet werden, sollen
die Kosten, vor dem Verhör, von beiden Partheien zu
gleichen Theilen erlegt werden; und beim Anschlage der
Unkosten soll der Parthei, für welche die Jury entscheidet, ihr Theil erlassen werden; ungeachtet eines
Gesetzes, oder einer Gewohnheit, die dem zuwider
wäre."

„Und es wird ferner von besagter Autorität verordnet, wenn irgend eine Klage gegen einen Sherif wegen dessen angebracht werden sollte, was er zu Folge
dieser Akte gethan hätte, so soll er die Sache instruiren,
und das spezielle Faktum zum Verhör bringen; und wenn
das Verdikt für ihn spricht, dann sollen ihm die Kosten
dreifach ersetzt werden." —

Akte über die unparthelische Verwaltung der Gerechtigkeit bei Prozessen gegen Personen, die wegen solcher Handlungen angeklagt wer- den, welche sie bei der Ausübung des Ge- setzes, oder bei Unterdrückung eines Aufruh- res in der Provinz Massachusetts = Bay, in Neu = England, begangen haben.

„Da kürzlich in seiner Majestät Provinz Massachusetts-
Bay in Neu-England ein Versuch gemacht worden, die
Autorität des Parlamentes von Großbritannien über besagte Provinz zu vernichten, und wirklich ein gewaltsa-
mer Aufstand gegen die Vollziehung gewißer Parlaments-
Akten ausgebrochen, der noch nicht bestraft, und wodurch die Gewalt seiner Majestät verletzt, und der völlige
Umsturz der gesetzmäßigen Regierung angedroht worden;
und da es jetzt bei dem zerrütteten Zustande der Provinz für das allgemeine Beste derselben, und zur Wiederherstellung einer gesetzmäßigen Autorität in derselben,
von der äußersten Wichtigkeit ist, daß weder die Magisträte, welche die Gesetze aufrecht halten, noch einer
von seiner Majestät Unterthanen, welche bei jenem Geschäfte, oder bei der Unterdrückung der Empörungen
und Tumulte, die sich gegen die Ausübung der Gesetze
und Statuten dieses Reiches erheben, behülflich sind,
von der Erfüllung seiner Pflicht, durch die Besorgniß
abgeschreckt werden, daß er, im Falle er wegen einiger zu diesem Behufe geschehenen Handlungen belangt
würden, vor ein Gericht von solchen Personen gestellt
werden könnten, welche die Gültigkeit der Gesetze nicht

anerkennen, bei deren Ausübung, oder zu deren Unter-
stüzung, auf Geheiß der Magisträte, solche Handlungen
geschehen: so wird also, um dergleichen Besorgnisse den
Unterthanen seiner Majestät zu benehmen, und sie dahin
zu vermögen, bei allen Gelegenheiten den öffentlichen
Frieden der Provinz, und die Autorität des Königes und
des Parlamentes von Großbritannien über dieselbe, thä-
tig zu unterstüzen, von des Königs erhabnen Majestät
durch und mit dem Rathe und der Einwilligung der
geistlichen und weltlichen Lords und der Kommons, die
in diesem gegenwärtigen Parlamente versammlet sind,
und durch die Autorität desselben verordnet, daß, wenn
irgend eine Kriminal-Anklage (inquisition or indictment) Statt finden, oder eine Appellazion gegen eine
Person gesucht werden sollte, wegen eines Mordes, oder
eines Kapital-Verbrechens in der Provinz Massachusetts-Bay, und es, nach einer eidlichen Aussage vor
dem Guvernöre, oder in dessen Abwesenheit vor dem
Vizeguvernöre besagter Provinz erhellen sollte, daß die
That von der Person, gegen welche eine solche Klage
angebracht, entweder bei der Erfüllung ihrer Pflicht als
Beamter, um einen Tumult zu dämpfen, oder die Gesetze wegen der Abgaben zu unterstüzen, oder in Amtsgeschäften bei dem Zollwesen, oder unter der Direkzion
und auf Befehl eines Magistrates wegen Unterdrückung
eines Aufstandes, oder wegen Ausübung der Gesetze
über die Abgaben, oder bei der Hülfe in einem der genannten Fälle, begangen worden; und wenn es ferner,
mit Uebereinstimmung des besagten Guvernörs oder Vizeguvernörs befunden werden sollte, daß in besagter Provinz ein unpartheiisches Verhör nicht Statt haben könnte: so soll der Guvernör, oder der Vizeguvernör das
Recht haben, mit dem Beirathe und der Einwilligung
des Rathes, anzuordnen, daß die Kriminalklage (inquisition, indictment, or appeal,) in einer andern Kolonie seiner Majestät, oder in Großbritannien, verhört
werde: und er soll daher befehlen, daß die Person, gegen die eine solche Klage Statt findet, unter gehöriger
Obhuth, an den zum Verhör bestimmten Ort gesendet
werde, oder daß sie Bürgschaft, (welche besagter Guvernör, oder, in dessen Abwesenheit, der Vizeguvernör,
von solcher Person anzunehmen hiermit berechtigt wird,)
mit gehöriger Sicherheit stelle, die von besagtem Guvernöre oder Vizeguvernöre nach einer solchen Summe

Geldes bestimmt werden soll, als derselbe für hinreichend finden wird, um die persönliche Erscheinung einer solchen Person zu sichern, wenn das Verhör in einer andern Kolonie vor dem Guvernöre, Vizeguvernöre, oder Kommandör en Chef derselben, anberaumt worden, oder wenn es in Großbritannien, vor dem Gerichtshofe der königlichen Bank, zu einer Zeit, die in dem Bürgschafts‌scheine festgesetzt worden, gehalten werden soll; und der Guvernör, oder Vizeguvernör, oder Kommandör en Chef der Kolonie, wo ein solches Verhör gehalten werden soll, oder das Gericht der königlichen Bank, wo das Verhör in Großbritannien anberaumt worden, soll, wenn sich eine solche Person, zu Folge der Bürgschaft, oder als Gefangner stellt, dieselbe entweder in Verhaft neh‌men, oder auf Bürgschaft bis zum Verhör loslassen; wozu besagter Guvernör, Vizeguvernör, Kommandör en Chef, oder das Gericht der königlichen Bank hiermit bevollmächtigt werden.‟

„Und, um zu verhüten, daß nicht die Gerechtigkeit durch Mangel der Zeugen bei dem Verhör einer solchen Klage gehindert werde, wird ferner verordnet, daß der Guvernör, oder in seiner Abwesenheit der Vizeguvernör, hierdurch bevollmächtigt sei, die Zeugen, welche der Kläger, oder der Beklagte zu dem Verhör des Prozesses verlangen, durch Bürgschaft zu verpflichten, daß sie zu der Zeit und an dem Orte des Verhöres persönlich er‌scheinen wollen, um ihr Zeugniß abzulegen: und besag‌ter Guvernör, oder Vizeguvernör, soll daher eine ange‌messene Summe zu den Kosten für jeden Zeugen anwei‌sen, und jedem Zeugen ein schriftlich Zertifikat mit sei‌nes Namens Unterschrift ausstellen, daß solcher Zeuge sich zum Zeugnisse verbürgt habe, und darin die Summe benennen, die ihm für seine Kosten angewiesen: und die Zolleinnehmer, oder einer derselben in besagter Provinz werden hiermit bevollmächtigt, auf Vorzeigung eines solchen Zertifikates sofort den Zeugen die darin benannte Summe auszuzahlen.‟

„Und es wird ferner von besagter Autorität verord‌net, daß alle Kläger und Zeugen, die sich verbürgt ha‌ben, in einer der Kolonieen seiner Majestät in Amerika, oder in Großbritannien, zu Folge dieser Akte, zu er‌scheinen, frei sein sollen von allem Arreste oder Hinder‌nisse bei jeder Klage oder jedem Prozesse (action or suit) so während ihres Hingehens zu einer solchen Kolonie, oder nach Großbritannien, und während ihres nothwendigen Aufenthaltes daselbst wegen des Prozesses, und ihrer Rückkehr nach besagter Provinz von Massachusetts-Bay, gegen sie angebracht werden möchte."

„Und es wird ferner von besagter Autorität verordnet, daß jeder Friedensrichter seiner Majestät, und jeder anderer Richter und Koroner, vor den irgend eine Person gebracht worden, die des Mordes oder eines andern Kapitalverbrechens beschuldigt wird, wenn es ihm auf eidliche Aussage scheinen sollte, daß solche Person die That entweder bei der Ausübung ihrer Pflicht als eine Magistratsperson, um einen Aufruhr zu unterdrücken, oder bei der Unterstützung der Gesetze über die Abgaben, oder bei Erfüllung ihrer Pflicht als Beamter der Abgaben, oder in Geschäften unter der Direkzion und auf Befehl eines Magistrates, um Aufruhr zu unterdrücken, oder die Gesetze über die Abgaben in Ausübung zu bringen, oder bei der Hülfe und dem Beistande in einem der genannten Fälle, begangen habe, bevollmächtigt sein soll, diese also vor ihn gebrachte Person zur Bürgschaft zuzulassen, jedes Gesetzes oder jeder Gewohnheit, die dagegen streiten mag, ungeachtet."

„Und es wird ferner von besagter Autorität verordnet; wenn die Richter oder Friedensrichter eines Gerichtes innerhalb der Provinz Massachusetts-Bay finden, daß eine Person die des Mordes oder eines kapital Verbrechens angeklagt wird, eine solche That bei der Ausübung ihres Amtes als Magistratsperson, um einen Aufruhr zu unterdrücken, oder bei der Unterstützung der Gesetze wegen der Abgaben, oder in Amtsgeschäften als ein Beamter bei dem Steuerwesen, oder unter der Direkzion und auf Befehl eines Magistrates, um einen Aufruhr zu dämpfen, oder die Gesetze wegen der Abgaben auszuüben, oder bei der Hülfe in einem der genannten Fälle, begangen habe, und daß sie willens sei, sich an den Guvernör oder Vizeguvernör besagter Provinz zu werden, damit der Prozeß in einer andern Kolonie seiner Majestät, oder in Großbritannien geführt werde: so sollen besagte Richter hiermit bevollmächtigt sein, einen solchen Prozeß auf eine gehörige Zeit zu adjourniren oder aufzuschieben, und von der Person Bürgschaft anzunehmen, damit sie sich an den Guvernör, oder Vizeguvernör in besagter Absicht wenden könne."

„Und es wird ferner verordnet, daß der Guvernör,
oder in seiner Abwesenheit der Vizeguvernör, wenn er
den Prozeß nach einer andern Kolonie Seiner Majestät
verlegt, die Anklage, mit den Bürgschaften der Zeugen
und den übrigen Bürgschaften, unter dem Siegel der
Provinz, an den Guvernör, Vizeguvernör oder Kommandör an Chef einer solchen Kolonie senden soll, welcher sogleich eine Commission of oyer and terminer ansetzen,
und die genannten Akten dem Oberrichter und den andern
Personen ausliefern soll, die gewöhnlich Commissioners
of oyer and terminer, justices of assize, oder General
Goal-Delivery daselbst gewesen sind; diese sollen alsdann das Recht haben, mit besagter Klage zu verfahren,
als wenn sie vor ihnen angebracht worden; und der Prozeß soll auf dieselbe Art, nach demselben Zwecke geführt
werden, als wenn das Vergehen an solchem Orte began-
gangen wäre; und wenn der Guvernör, oder in seiner
Abwesenheit der Vizeguvernör anordnen sollte, daß der
Prozeß in Großbritannien geführt werde, so soll er die
Klage mit den Bürgschaften der Zeugen und den übrigen
Bürgschaften, unter dem Siegel der Provinz, an einen
der Staatssekretäre Seiner Majestät überschicken, der sie
dem Master of the Crown-Office überliefern soll, damit sie in dem Gerichtshofe der Königlichen Bank zu
Protokoll genommen werde; und die Klage soll beim
nächsten Termine, oder zu einer andern Zeit, als das Gericht anordnen wird, vor den Schranken des Gerichtes
der Königlichen Bank, auf dieselbe Art, und zu demselben Zwecke untersucht werden, als wenn das Vergehen
in der Grafschaft Middlesex, oder in einer andern Grafschaft des Theiles von Großbritannien, der England genennt wird, begangen worden, wo das Gericht der Königlichen Bank seine Sitzung hält; oder vor solchen Kom-
missionären, und in solcher Grafschaft, in dem Theile
von Großbritannien, der England genennt wird, als
des Königs Kommission anweisen wird, in gleicher Art
und zu jedem Zwecke, als wenn solches Vergehen in derselben Grafschaft begangen worden, wo diese Klage also
verhört und gerichtet wird.‟

„Und es wird von besagter Autorität verordnet, daß
wenn im Falle eines Irrthumes oder Defektes bei solcher
Klage, die zu Folge dieser Akte, nach einer andern Kolonie, oder nach Großbritannien versendet worden, dieselbe niederschlagen (quashed) oder das Urthel zurück-

gehalten, oder gegen die Klage verzögernde Einwendungen gemacht würden (such indictment adjudged bad
upon demurrer); es alsdann gesetzmäßig sein soll, eine
neue Klage gegen eine oder mehrere Personen, die in besagter Kolonie angeklagt worden, zu erheben, wenn
eine also niedergeschlagene Klage an dieselbe zurückge-
schickt, oder vor die große Jury einer Grafschaft in
Großbritannien gebracht worden, wenn die erste Anklage
nach Großbritannien versendet war; und zwar auf dieselbe Art, als es geschehen könnte, wenn der angeklagte
Theil nach dem Orte zurückkehrte, wo das Vergehen
begangen war; und die große so wie die kleine Jury einer solchen andern Kolonie oder einer Grafschaft in
Großbritannien sollen das Recht haben, gegen eine solche Klage auf dieselbige Art zu verfahren, als wenn das
angeklagte Verbrechen innerhalb der Gränzen der Kolonie oder der Grafschaft begangen worden, vor welche
solche Geschworne vorgeladen werden."

„Und es wird ferner von besagter Autorität verordnet, daß diese Akte, und jede Klausel, Provision, Anordnung, Materie, Sache, so hierin enthalten, am
ersten Tage des Junius 1774 anheben, und ihre Gültigkeit erlangen, und in derselben drei Jahr lang bleiben soll." —

Seit der Zusammenberufung eines allgemeinen
Kongresses, bis zur gänzlichen Trennung der Kolonieen von England, und des Bündnisses derselben mit Frankreich (von 1774 bis 1778) bekam der
Streit mit jedem Jahre eine neue Wendung, bis
er durch einen blutigen Krieg entschieden werden
mußte.

Auf der einen Seite drangen die Kolonisten mit
einstimmiger Festigkeit auf die Abstellung ihrer Beschwerden, die sie dem Throne in Bittschriften zur
Erwägung vorlegten, und denen sie anfänglich nur
durch die seit zehn Jahren schon bewährt gefundene
Verbindung gegen den brittischen Handel stärkern
Nachdruck zu geben hofften. Auf der andern Seite
beharrte das Ministerium unerbittlich bei seinem

Systeme; glaubte durch Drohungen Gehorsam erzwingen zu können; machte, ohne Berechnung der
wahrscheinlichen Schwierigkeiten, Anstalten zu einem schwachen Angriffe; und brachte dadurch die
Kolonisten dahin, daß sie zur Nothwehr schritten,
und dadurch den Streit fürchterlich verwickelten
(1774 - 1775.)

In der Sitzung des Kongresses vom 14ten Oktober 1774 wurden die Klagepunkte gegen Großbritannien, so wie diejenigen publizistischen Rechts-
punkte, welche die Kolonieen behaupteten, genau
bestimmt, und Entschlüsse gefaßt, die Abstellung
der Beschwerden auf dem Wege des Rechtes zu suchen. Die Resultate dieser Generalversammlung
der Kolonieen wurden in Form einer Erklärung abgefaßt, welche die bisher einzeln überreichten Gesuche der Kolonieen zu einer gemeinschaftlichen Stimme Aller vereinigte:

„Da, nach dem Schlusse des letzten Krieges,
das brittische Parlament auf das Recht Ansprüche
macht, das Volk von Amerika durch Statuten in
allen Fällen zu binden, und ihm daher durch einige Akten ausdrücklich Abgaben aufgelegt hat, durch
andere, unter mancherlei Vorwande, in der That
aber, um eine Abgabe zu erheben, Zölle in diesen
Kolonieen zu bezahlen befohlen, Kommissarien mit
verfassungswidriger Gewalt angestellt, und die Gerechtsame der Admiralitätsgerichte erweitert hat,
nicht nur um besagte Zölle einzusammlen, sondern
auch um Fälle zu schlichten, die sich nur innerhalb
einer Landschaft ereigneten;"

Da, zu Folge anderer Statute, Richter, die
vorher nach Gutbefinden Gehalt erhielten, allein
von der Krone in Rücksicht der Besoldung abhängig
gemacht sind, und stehende Truppen in Friedenszeiten einquartirt worden; Da ferner kürzlich im

Parlamente beschlossen worden, daß, nach einem
Statute vom 35sten Regierungsjahre König Hein=
richs des Achten, Kolonisten nach England gebracht,
und dort wegen Verrath und Vergehungen, oder
Verheelung eines in den Kolonieen begangenen Ver=
rathes gerichtet werden sollen; und solche Prozesse,
durch ein neuliches Statut, in den darin benann=
ten Fällen, anbefohlen worden;

Da in der letzten Sitzung des Parlamentes drei
Statute gegeben worden; das eine betitelt „Eine
Akte, wodurch auf die in derselben bestimmte Art
und Zeit das Landen und Ausladen, und das Einla=
den und Auslaufen der Güter und Waaren aus der
Stadt und dem Hafen von Boston in der Provinz
Massachusetts=Bay in Nordamerika, verboten
wird:“ Das andere unter dem Namen, „Eine
Akte, wodurch die Regierung der Provinz Massa=
chusetts=Bay in N. E. besser eingerichtet wird:“
eine dritte genannt, „Eine Akte über die unpartheii=
sche Verwaltung der Gerechtigkeit bei Prozessen sol=
cher Personen, die wegen einer That angeklagt
werden, welche sie bei Ausübung des Gesetzes, oder
bei Unterdrückung eines Aufruhres in der Provinz
Massachusetts=Bay in N. E. begangen haben:“
und noch ein anderes Statut angenommen wurde,
„wodurch für die Regierung der Provinz von Que=
bec wirksamere Maaßregeln festgesetzt werden,“ u.
s. w. und diese Statuten unpolitisch, ungerecht und
grausam, verfassungswidrig, und sehr gefährlich
und verderblich für die Rechte der Amerikaner sind;

Und nachdem Versammlungen oft gegen die
Rechte des Volkes, aufgehoben worden, wenn sie
es versuchten, Beschwerden in Erwägung zu neh=
men; und ihre pflichtmäßige, demüthige, treue und
vernünftige Gesuche an die Krone wegen Abstellung
ihrer Beschwerden zu wiederholten Malen von den

Staatsministern seiner Majestät mit Verachtung zu
rückgewiesen sind:

So hat das gute Volk der Kolonieen von New
Hampshire, Massachusetts-Bay, Rhode-Island,
und Providence Plantations, Connecticut, New-
York, New-Jersey, Peinnsylvanien, New-Castle
Kent und Sussex auf Delaware, Maryland, Virginien, Nord-Carolina und Süd-Carolina, mit
Recht beunruhigt über dies willführliche Verfahren
des Parlamentes, jedes für sich Abgeordnete zu einem Generalkongresse in Philadelphia gewählt, konstituirt und angeordnet, um eine solche Verfassung
(establishment) zu erhalten, welche seine Religion, seine Gesetze und seine Freiheit nicht umstoße. Es haben daher die also ernannten Deputirten, die jetzt, zu Folge einer vollen und freien
Repräsentazion dieser Kolonieen, versammlet sind,
die besten Mittel, obgedachte Endzwecke zu erreichen, ernstlich in Erwägung genommen, und erklären zuförderst, wie Engländer, ihre Vorfahren, in ähnlichen Fällen gewöhnlich gethan haben,
um ihre Rechte und Freiheiten zu behaupten:

Daß die Einwohner der englischen Kolonieen in
Nordamerika, zu Folge der unwandelbaren Natur-
Gesetze, der Grundsätze der englischen Konstituzion,
und der verschiedenen Freibriefe oder Verträge, folgende Rechte besitzen:

1. Sie sind berechtigt, Leben, Freiheit und Eigenthum zu besitzen, und sie haben nie irgend einer
auswärtigen Macht das Recht abgetreten, über
eines dieser Gegenstände, ohne ihre Einwilligung,
zu disponiren.

2. Unsere Vorfahren, die diese Kolonieen anleg-
ten, waren zur Zeit ihrer Auswanderung aus dem
Mutterstaate, zu allen Rechten, Freiheiten und
Immu-

Immunitäten freier eingeborner Unterthanen innerhalb des Reiches England berechtigt.

3. Durch diese Auswanderung verwirkten sie,
begaben sie sich, oder verloren sie keines Weges eines
dieser Rechte; sondern sie waren, und ihre Nachkommen sind es noch, zu der Ausübung und dem
Genusse aller dieser Rechte, wie es ihnen ihre örtliche und andere Umstände zulassen, berechtigt.

4. Das Fundament der englischen Freiheit, und
jeder andern freien Verfassung, bestehet in dem
Rechte des Volkes, an dem gesetzgebenden Rathe
Antheil zu nehmen. — Da aber die engländischen
Kolonisten im brittischen Parlamente nicht repräsentirt sind, und dies wegen ihrer örtlichen Lage
und anderer Umstände nicht füglich geschehen kann;
so sind sie zu einer freien und ausschließenden gesetzgebenden Gewalt in ihren verschiedenen Provinzial-
Legislaturen berechtigt, wo sie allein ihr Recht der
Repräsentazion in allen Fällen der Beschatzung und
der innern Regierung erhalten können, so daß es
nur, wie bisher üblich gewesen, der Negative ihres
Souveränes unterworfen ist. Aber aus Nothwendigkeit, und aus Rücksicht auf den gegenseitigen
Vortheil beider Länder, willigen wir gern in die
Gültigkeit solcher Akten des brittischen Parlamentes
ein, die sich, bona fide, auf die Einrichtung unseres äußeren Handels beziehen, um die Handels-
vortheile des ganzen Reiches dem Mutterstaate, und
die Wohlthaten des Verkehres seinen respektiven
Gliedern zuzusichern, ohne daß sie einer inneren oder
äußeren Beschatzung gedächten, wodurch von den
Unterthanen in Amerika eine Abgabe ohne ihre Einwilligung gefordert würde.

5. Die respektiven Kolonieen sind zu dem gemeinen englischen Rechte, und besonders zu dem großen
und unschätzbaren Privilegium, von ihres Gleichen

T

aus ihrer Nachbarschaft, jenem Rechte zu Folge gerichtet zu werden, berechtigt.

6. Sie sind zu den Wohlthaten solcher englischen Statuten, die zur Zeit der Anlegung der Kolonieen da waren, und die sie, durch Erfahrung, auf ihre lokal und andere Umstände anwendbar gefunden haben, berechtigt.

7. Diese Kolonieen seiner Majestät sind gleichfalls zu allen Immunitäten und Privilegien berechtigt, die ihnen durch königliche Freibriefe verliehen und bestätigt, oder durch ihre verschiedenen Provinzial-Gesetzbücher gesichert worden.

8. Sie haben das Recht, sich friedlich zu versammlen, ihre Beschwerden zu überlegen, und dem Könige Bittschriften zu überreichen; alle Prozesse und Verbote dagegen, und gefängliche Einziehungen deswegen, sind gesetzwidrig.

9. Es ist gegen das Gesetz, in Friedenszeiten eine stehende Armee in den Kolonieen zu halten, ohne Einwilligung der Legislatur derjenigen Kolonie, in welcher sie gehalten wird.

10. Es ist ein nothwendiges Erforderniß einer guten Regierung, und ein wesentlicher Theil der englischen Verfassung, daß die Zweige der Legislatur von einander unabhängig sind; so daß also die Ausübung der gesetzgebenden Gewalt in verschiedenen Kolonieen durch einen Rath, der auf Gutbefinden von der Krone angesetzt wird, verfassungswidrig, gefährlich, und der Freiheit der amerikanischen Legislatur verderblich ist.

Auf alle und jeden dieser Punkte dringen die obgenannten Deputirten, in ihrem und ihrer Konstituenten Namen, als auf ihre unwidersprechlichen Rechte und Freiheiten, die ihnen von keiner Macht gesetzmäßig genommen, verändert oder geschmälert werden können, ohne ihre eigne Einwilligung, durch

ihre Repräsentanten in ihren verschiedenen Provin-
zial-Legislaturen.

Bei unseren Untersuchungen finden wir manche
Verletzungen unserer vormaligen Rechte. Aus
heißem Verlangen, daß die Eintracht und ein gegenseitiger Wechsel der Liebe und des Vortheils wieder
hergestellt werde, übergehen wir sie für jetzt, und
schreiten nur dazu, die Akten und Maaßregeln zu
nennen, die seit dem letzten Kriege angenommen
wurden, und ein System enthalten, wodurch Amerika in Sklaverei gestürzt würde.

Es ist daher einstimmig beschlossen, daß folgende Parlamentsakten die Rechte der Kolonisten
verletzen; und daß die Aufhebung derselben nothwendig ist, um die Eintracht zwischen Großbritannien und den amerikanischen Kolonieen wieder herzustellen:

Die verschiedenen Akten von Georg III, 4, K.
15 und 34. — 5, 25. — 6, 52. — 7, 41 und
46. — 8, 22. — welche Taxen auflegen, um
eine Abgabe in Amerika zu heben; die Gewalt der
Admiralitätsgerichte über ihre alten Gränzen erweitern; den amerikanischen Unterthanen das Gericht durch Geschworne entziehen; die Richter autorisiren, den Kläger von der Schadloshaltung, zu
der er sonst verurtheilt werden konnte, zu befreien,
indem sie eine drückende Kauzion von dem Beklagten wegen der eingezognen Waaren und Schiffe verlangen, ehe es ihm erlaubt wird, sein Eigenthum
zu vertheidigen; welche also die Rechte der Amerikaner vernichten.

Ferner Georg III. 12, K. 24. betitelt „eine
Akte, wodurch seiner Majestät Schiffsdoggen, Magazine, Schiffe, und Ammunizion besser gesichert
werden," welche eine neue Beleidigung für die Amerikaner enthält, und sie des gesetzmäßigen Gerichtes

durch Geschworne aus ihrer Nachbarschaft beraubt,
indem sie anordnet, daß eine Person, die wegen
eines in der Akte genannten Verbrechens angeklagt
wird, welches sie außerhalb des Reiches begangen
hat, in einer Shire oder Grafschaft innerhalb desselben deswegen belangt und verhört werden soll.

Ferner drei Akten, die in der letzten Sitzung des
Parlamentes gegeben wurden, um den Hafen von
Boston zu sperren, um den Freibrief und die Re-
gierung von Massachusetts-Bay zu verändern, und
die, welche betitelt ist, „Eine Akte über die bessere
Verwaltung der Justiz, u. s. w.“

Ferner die Akte, die in derselbigen Sitzung
durchging, wodurch die römisch-katholische Religion
in der Provinz Quebec für die herrschende erklärt,
das billige System der englischen Gesetze abgeschaft,
und eine Tyrannei daselbst errichtet wurde, die,
bei einer gänzlichen Verschiedenheit der Religion und
der Gesetze der Regierung, für die benachbarten
brittischen Kolonieen, durch deren Beistand mit
Blut und Schätzen besagtes Land von Frankreich
erobert wurde, gefährlich ist.

Ferner die Akte von derselbigen Sitzung, wodurch den Offizieren und Soldaten in Seiner Majestät Dienste in Nordamerika anständige Quartiere
verschafft werden sollen.

Ferner, daß eine stehende Armee in verschiedenen dieser Kolonieen, zur Zeit des Friedens, ohne
Einwilligung der Legislatur der Kolonie, in welcher
sie gehalten wird, gesetzwidrig sei.

Diesen drückenden Akten und Maaßregeln können sich die Amerikaner nicht unterwerfen; aber in
der Hofnung, daß uns unsere Mitunterthanen in
Großbritannien, nach einer Durchsicht derselben,
wieder in den Zustand versetzen werden, bei welchem beide Länder Glückseligkeit und Wohlstand

erreichten, haben wir gegenwärtig nur beschlossen, folgende friedliche Maaßregeln zu ergreifen. 1. In einen Bund gegen die Einfuhr brittischer Waaren zu treten. 2. Eine Addresse an das Volk von Groß= britannien, und ein Memorial an die Einwohner von brittisch Amerika ergehen zu lassen. Und 3. eine gehorsame Bittschrift an Seine Majestät zu senden; den Beschlüssen zu Folge, die wir bereits gefaßt ha= ben." —

- Diesen Beschlüssen zu Folge überschickte der Kon= greß folgende Bittschrift an den König, und zugleich eine Vorstellung an das brittische Volk.

An des Königs erhabne Majestät.

Allergnädigster Suverän!

„Euer Majestät treue Unterthanen der Kolo= nieen New = Hampshire, Massachusetts = Bay, Rhode = Island und Providenz Plantazions, Con= necticut, New = York, New = Jersey, Pennsylva= nien, der Grafschaften New = Castle Kent und Susser auf Delaware, der Kolonieen Maryland, Virginien, Nord = und Süd = Carolina, bitten durch diesen unsern demüthigen Gesuch, in unserm und der Einwohner dieser Kolonieen Namen, die uns abgeordnet haben, sie im Generalkongresse zu re= präsentiren, um Erlaubniß, unsere Beschwerden dem Throne vorzulegen."

„Seit dem Ende des letzten Krieges ist, ohne Einwilligung unserer Versammlungen, ein stehen= des Truppenkorps in diesen Kolonieen gehalten; und dieses Korps ist, nebst einer beträchtlichen See= macht, dazu gebraucht worden, die Erhebung von Abgaben zu erzwingen."

T 3

„Der Autorität des Oberbefehlshabers, und der ihm untergebnen Generale, sind in Friedenszeiten alle bürgerliche Regierungen in Amerika unterworfen worden."

„Der Oberbefehlshaber aller in Nordamerika stehenden Truppen Ew. Majestät ist in Friedenszeiten zum Gouvernör einer Kolonie angestellt."

„Die Gehalte der gewöhnlichen Aemter sind sehr vermehrt; und neue, kostspielige und unterdrückende Aemter sind errichtet worden."

„Die Richter der Admiralitäts- und Vizeadmiralitätsgerichte sind bevollmächtigt worden, ihren Gehalt und ihre Sporteln von den konfiszirten Effekten zu nehmen."

„Die Zollbeamten haben die Macht erhalten, Häuser aufzubrechen, und zu visitiren, ohne von einem Zivilmagistrate, auf eine gesetzmäßige Anzeige, dazu berechtigt zu sein."

„Die Richter der Gerichte des gemeinen Gesetzes sind sowohl in Rücksicht ihres Gehaltes, als auch der Dauer ihres Amtes, ganz von dem einen Theile der Legislatur abhängig gemacht."

„Die gesetzgebende Gewalt wird von Räthen ausgeübt, die ihr Amt auf eine Zeit erhalten, wie man es für gut finden wird."

„Demüthige und gegründete Gesuche der Volks-Repräsentanten sind fruchtlos geblieben."

„Die Agenten des Volkes sind durch Drohungen irre gemacht, und die Gouvernöre sind angewiesen worden, die Zahlung ihres Gehaltes zu verhindern."

„Versammlungen sind öfters und beleidigend aufgehoben."

„Der Handel ist mit vielen unnützen und drückenden Einschränkungen belastet worden."

„Durch verschiedene Parlamentsakten, die im vierten, fünften, sechsten, siebenten und achten

Jahre der Regierung Ew. Majestät gegeben wurden, sind uns Zölle in der Absicht auferlegt, um
eine Abgabe von uns zu erheben; die Gewalt der
Admiralitäts- und Vizeadmiralitäts-Gerichte ist
über ihre ehemaligen Gränzen erweitert, und dadurch unser Eigenthum oft ohne unsere Einwilligung
von uns genommen worden; das Gericht der Geschwornen ist bei verschiedenen Zivilprozessen abgeschafft; es sind übertrieben große Strafen auf kleine
Vergehungen gesetzt; ruhestörende Angeber sind von
der Strafe, der sie mit Recht unterworfen wären,
freigesprochen, und die Eigenthümer werden gezwungen, drückende Kauzionen zu stellen, ehe sie ihr
Recht vertheidigen dürfen."

„Beide Häuser des Parlamentes haben beschlossen, daß die Kolonisten, zu Folge eines Statutes
vom fünf und dreißigsten Jahre Heinrich des Achten, wegen Vergehungen, die sie in Amerika sollen
begangen haben, in England verhört werden sollen,
und es sind daher Versuche gemacht, jenes Statut
in Ausübung zu bringen."

„Im zwölften Jahre der Regierung Ew. Majestät ward ein Statut gegeben, daß Personen, die
eines der in demselben benannten Verbrechen an einem Orte außerhalb des Königreiches begangen hätten, in einer Shire oder Grafschaft innerhalb des
Königreiches angeklagt und verhört werden sollten;
wodurch also die Einwohner dieser Kolonie in den
Fällen, die jenes Statut zu Kapitalverbrechen
macht, des Gerichtes von ihres Gleichen aus ihrer
Nachbarschaft beraubt werden."

„In der letzten Sitzung des Parlamentes ward
eine Akte abgefaßt, wodurch der Hafen von Boston
gesperrt wurde; eine andere bevollmächtigte den
Guvernör von Massachusetts-Bay, Personen, die
wegen eines Mordes in dieser Provinz angeklagt

T 4

würden, nach einer andern Kolonie, oder selbst
nach Großbritannien zum Verhör zu schicken, wodurch also solche Verbrecher der gesetzlichen Strafe
entkommen können; durch eine dritte Akte soll die
auf einen Freibrief gegründete Konstituzion von Maß-
sachusett geändert werden; eine vierte erweitert die
Gränzen von Quebec, hebt die englischen Gesetze
auf, und führt die französischen wieder ein, wodurch eine Menge brittischer Freimänner den letztern
unterworfen werden; sie autorisirt endlich auch eine
unumschränkte Regierung, und die römisch-katholische Religion in jenem großen Lande, welches im
Westen und Norden die freien, protestantischen,
engländischen Niederlassungen begränzt; eine fünfte
Akte weiset den Offizieren und Soldaten, die in
seiner Majestät Dienste in Nordamerika stehen, anständige Quartiere an.“

„Vor einem Suveräne, der in dem Namen der
Britten seinen Ruhm findet, muß die bloße Auf-
zählung dieser Akten, wie wir zu hoffen wagen, die
treuen Unterthanen rechtfertigen, die zu dem Fuße
seines Thrones fliehen, und seine Gnade um Schutz
gegen dieselben anflehen.“

„Das verderbliche System der Verwaltung der
Kolonieen, welches seit dem Schlusse des letzten
Krieges angenommen wurde, erzeugte so viel Unglück, Gefahren, Furcht, und Mißtrauen; wodurch Ew. Majestät treue Kolonisten mit Kummer
überhäuft wurden; und wir fordern unsre schlaue-
sten und erbittertsten Feinde auf, den Ursprung der
unglücklichen Mißhelligkeiten zwischen Großbritannien und diesen Kolonieen aus einer frühern Periode, oder aus andern Gründen, als wir angegeben
haben, abzuleiten. Wären sie von unserer Seite
durch eine unruhige Leichtsinnigkeit, durch ungerechten Ehrgeiz, oder durch listige Eingebungen aufrüh-

rischer Personen verschuldet; dann würden wir die
schmälichen Vorwürfe verdienen, die uns so oft von
denjenigen gemacht werden, die wir hochachten."
Aber weit davon entfernt, Neuerungen zu fördern,
haben wir uns vielmehr ihnen widersetzt, und man
kann uns keiner Vergehungen überführen, es müßte
denn ein Vergehen sein, Beleidigungen zu empfangen, und sie zu fühlen."

„Wenn es dem Schöpfer gefallen hätte, uns in
einem Lande der Sklaverei unser Dasein zu geben,
so würde das Gefühl unserer Lage durch Unwissenheit oder Gewohnheit erträglicher gemacht sein.
Aber, Dank sei es seiner unbetungswürdigen Güte!
wir sind zu Erben der Freiheit geboren, und wir ge-
noßen stets unseres Rechtes unter den Auspizien Ihrer königlichen Vorfahren, deren Familie auf den
brittischen Thron gehoben wurde, um ein frommes
und tapferes Volk von der Pfafferei und dem Despotismus eines abergläubigen und unerbittlichen
Tyrannen zu befreien, und zu beschützen."

„Wir sind überzeugt, Ew. Majestät muß es
angenehm sein, daß Ihr Recht auf den Thron,
auf das Recht Ihres Volkes, der Freiheit
zu genießen, gegründet ist; wir zweifeln daher
nicht, daß Ihre königliche Weisheit die Empfind-
lichkeit billigen werde, welche Ihre Unterthanen
antreibt, die Wohlthat ängstlich zu bewachen, die
Ihnen die göttliche Vorsehung verlieh; und daß sie
dadurch den Vertrag erfüllen werden, durch welchen
das erlauchte Haus Braunschweig zu der königlichen
Würde, die es jetzt besitzt, erhoben wurde."

„Die Furcht, von dem erhabnen Range englischer Freimänner in den Stand der Knechtschaft herabgewürdigt zu werden, indessen unser Herz noch
die heißeste Liebe für die Freiheit empfindet, und in
dem wir das Unglück voraussehen, das uns und

T 5

unsern Nachkömmen bereitet wird, diese Furcht erweckt in uns solche Gefühle, die wir nicht beschrei-
ben können, und doch nicht verheelen möchten. Bei
unserem Gefühle als Menschen, und bei unserer
Denkart als Unterthanen, würde Stillschweigen
Untreue sein. Durch diese treue Benachrichtigung
thun wir alles, was in unsern Kräften steht, den
großen Gegenstand Ihrer königlichen Fürsorge, die
Ruhe Ihrer Regierung und die Wohlfarth Ihres
Volkes zu fördern.‟

„Pflicht gegen Ew. Majestät, Achtung für die
Erhaltung unserer selbst und unserer Nachkommenschaft, die ersten Verpflichtungen der Natur und
der bürgerlichen Gesellschaft gebieten uns, Ihre
königliche Aufmerksamkeit anzurufen; und da Ew.
Majestät der ausgezeichneten Ehre genießet, über
freie Männer zu regieren, so besorgen wir keinesweges, daß Ihnen die Sprache freier Männer
mißfallen werde. Wir hoffen vielmehr, daß Ihr
königlicher Unwille diejenigen gefährlichen Männer
treffen werde, die sich verwegen zwischen Ihre königliche Person und Ihre treuen Unterthanen stellen, und sich seit mehrern Jahren unabläßig damit
beschäftigen, die Bande der Gesellschaft dadurch
aufzulösen, daß sie die Gewalt Euer Majestät mißbrauchen, Ihre amerikanischen Unterthanen verläumden, die verzweifeltsten und beleidigendsten
Plane der Unterdrückung verfolgen *), und uns
endlich durch eine Menge von Beleidigungen, die
zu schwer sind, um sie länger zu ertragen, zwingen, Ew. Majestät Ruhe durch unsere Klagen
zu stören.‟

---

*) „Bute befolgt das System der alten Torys, wel-
che glaubten, Englands Wohlfarth erfordere, daß
der König despotische Gewalt besitze.‟ Friedrich II
hinterlassene Werke. V. 159.

„Diese Empfindungen sind von Herzen exprest, die weit williger ihr Blut für Ew. Majestät Dienste verspritzen würden. Und doch hat man uns so falsch geschildert, daß man es für nöthig hielt, uns unser Eigenthum ohne unsre Einwilligung zu nehmen, um die Kosten der Verwaltung der Gerechtigkeit, der bürgerlichen Regierung, der Vertheidigung, des Schutzes und und der Sicherheit der Kolonieen zu bestreiten. Aber wir bitten um Erlaubniß, Ew. Majestät versichern zu dürfen, daß die Legislaturen der verschiedenen Kolonieen für die beiden ersten Artikel gerecht und anständig, nach ihren respektiven Umständen, bisher gesorgt haben, und noch dafür sorgen werden; was aber die Vertheidigung, den Schutz und die Sicherheit der Kolonieen betrifft, so ist ihre Miliz, wenigstens in Friedenszeiten, vollkommen dazu hinlänglich, wenn sie nur gehörig regulirt wird, wie sie es ernstlich wünscht; und bei einem Kriege werden Ew. Majestät treue Kolonisten sehr bereitwillig sein, wie sie es immer gewesen sind, wenn sie konstituzionsmäßig aufgefordert wurden, ihre Treue dadurch zu beweisen, daß sie ihre äußersten Kräfte anstrengen, Subsidien zu gewähren, und Truppen aufzubringen. Indem wir keinem brittischen Unterthane in zärtlicher Zuneigung gegen Ew. Majestät Person, Familie und Regierung nachstehen; schätzen wir auch das Vorrecht, diese Zuneigung durch solche Beweise darlegen zu können, die dem Fürsten, der sie empfängt, so wie dem Volke, das sie giebt, gleich ehrenvoll sind, zu hoch, als daß wir es irgend einer Korporazion von Menschen auf dieser Erde überlassen würden."

„Hätten wir des Erbtheiles unserer Vorfahren in Ruhe genießen können, so würden wir jetzt friedlich, heiter und nützlich uns bemühen, durch jeden

Weiters der Ehrfurcht gegen Ew. Majestät, und
der Achtung gegen einen Staat, von dem wir abstammen, uns zu empfehlen. Ob wir aber gleich
jetzt durch einen Streit mit der Nation, auf deren
väterliche Führung wir uns bisher bei allen wichtigen Vorfällen mit kindlicher Achtung verließen, in
unerwartete und unnatürliche Szenen des Unglücks
verwickelt sind, bei denen wir in einer so unseligen
und verwickelten Lage gar keine Belehrung aus der
Vergangenheit ziehen können: so zweifeln wir dennoch nicht, daß uns die Reinheit unserer Absicht,
und die Aufrichtigkeit unseres Betragens vor dem
großen Richterstuhle rechtfertigen wird, vor dem
sich alle Menschen beugen müssen."

„Wir bitten nur um Frieden, Freiheit und Sicherheit. Wir wünschen nur keine Verminderung
unserer Rechte, und suchen keinesweges ein neues
Recht zu unserm Vortheile zu erhalten. Ihre königliche Gewalt über uns, und unsere Verbindung
mit Großbritannien werden wir immer sorgfältig
und eifrig zu erhalten suchen."

„Erfüllt mit Empfindungen der Pflicht gegen
Ew. Majestät, und der Liebe gegen unsern Mutter-
staat, die uns durch Erziehung so tief eingeprägt,
und durch unsere Ueberzeugung so sehr verstärkt sind,
und voll Verlangen, die Reinheit dieser Gesinnungen an den Tag zu legen, überreichen wir diesen
Gesuch nur deswegen, um Abstellung unserer Beschwerden und Befreiung von Furcht und dem Mißtrauen zu erlangen, welches durch das System der
Statute und Anordnungen seit dem Schlusse des
letzten Krieges in uns erweckt wurde; seitdem die
Gesetze erschienen, wodurch eine Abgabe in Amerika gehoben — die Gewalt der Admiralitäts- und
Vizeadmiralitätsgerichte erweitert, — Personen

wegen Verbrechen, die sie in Amerika begangen
hätten, in England verhört — die Verfassung von
Massachusett umgeworfen, — die Regierung von
Quebec geändert, und seine Gränzen erweitert werden sollten. Durch die Aufhebung dieses Systems
würde die Harmonie zwischen Großbritannien und
diesen Kolonieen, die dem Glücke beider so ersprieß-
lich ist, und von den letztern so heiß gewünscht wird,
so wie auch das gewöhnliche Handelsverkehr, sogleich
wieder hergestellt worden."

„Wir hegen das Vertrauen, daß wir von der
Großmuth und Gerechtigkeit Ew. Majestät und
des Parlamentes Abstellung unserer Beschwerden
erhalten werden; und wir sind überzeugt, wenn die
Ursachen unserer Besorgnisse entfernt sein werden,
so wird uns unser künftiges Betragen der Aufmerksamkeit nicht unwürdig zeigen, der wir uns einst in
bessern Tagen erfreuten. Wir rufen das Wesen, welches die Herzen seiner Geschöpfe durchaus
prüft, zum Zeugen unserer feierlichen Versicherung an, daß keine andern Bewegungsgründe auf
unsere Rathschläge wirkten, als nur die Furcht vor
einer bevorstehenden Vernichtung.

„Erlauben Sie uns also, allergnädigster Mo-
narch, daß wir Sie, im Namen Ihres treuen Volkes in Amerika, bei dem allmächtigen Gotte, dessen reine Verehrung von unsern Feinden untergraben wird; bei Ihrem eignen Ruhme, der nur dadurch gefördert werden kann, daß Sie Ihre Unterthanen glücklich machen, und sie in Einheit erhalten;
bei dem Interesse Ihrer Familie, welches mit der
Befolgung der Grundsätze, durch die sie den Thron
erhielt, so innig verbunden ist; bei der Sicherheit
und Wohlfarth Ihrer Königreiche und Ihrer Länder, die mit unvermeidlichen Gefahren und Unheil

bedroht werden — demüthigst erstehen Aerten, daß
Ew. Majestät, als der liebende Vater Ihres ganzen Volkes, welches durch dieselbigen Bande des
Gesetzes, der Treue und des Blutes vereint ist,
wenn gleich ein Theil desselben in entferntern Gegenden wohnet, hinfort nicht mehr gestatten möge, daß diese überirrdische, durch solche Bande
gefesselte Verwandtschaft in der unsichern Erwartung solcher Wirkungen verletzt werde, die, wenn
sie auch erreicht würden, nie eine Entschädigung für
das Unglück, durch welches sie erlangt werden
müßten, gewähren könnten."

„Wir bitten also ernstlich Ew. Majestät, daß
Sie Ihre königliche Gewalt zu unserer Hülfe ge-
brauchen, und uns auf diesen Gesuch eine gnädige
Antwort ertheilen möge."

„Daß Ew. Majestät während einer langen und
ruhmvollen Regierung über treue und glückliche Unterthanen alles Glückes genießen, und daß Ihre
Nachkommen Ihr Glück und Ihre Länder ererben
mögen, bis die Zeit selber ihren Kreislauf endet,
das ist der Gegenstand unseres heißen und aufrich-
tigen Gebetes, und wird es immer bleiben." —

An das Volk von Großbritannien, von den Abgeordneten, welchen die verschiedenen englischen Kolonieen von New-Hampshire, Maf-
sachusetts-Bay, Rhode-Island und Providence Plantations, Connecticut, New-
York, New-Jersey, Pennsylvanien, Delaware, Maryland, Virginien, Nord-Carolina und Süd-Carolina aufgetragen haben,

ihre Beschwerden in einem General-Kongresse zu Philadelphia am 5ten September 1774, zu erwägen.

Freunde und Mitunterthanen!

„Wenn eine Nazion, die an der Hand der Freiheit zur Größe geführt wurde, und die den ganzen Ruhm besaß, den Heldenmuth, Großmuth und Humanität gewähren können, sich zu dem undankbaren Geschäfte herabläßt, Ketten für ihre Freunde und Kinder zu schmieden, und wenn sie, statt die Freiheit zu unterstützen, als Sachwalterin der Sklaverei und der Unterdrückung auftritt; dann muß man vermuthen, daß sie entweder aufgehört habe, tugendhaft zu sein, oder daß sie bei der Ernennung derer, die sie regieren sollen, sehr nachläßig verfahren sei."

„In jedem Zeitalter, unter wiederholten Kämpfen, in langen und blutigen, sowohl einheimischen als auswärtigen Kriegen, gegen viele und mächtige Nazionen, gegen die offenbaren Angriffe der Feinde, und die noch gefährlichere Verrätherei der Freunde, haben die Einwohner Eurer Insel, Eure großen und ruhmvollen Vorfahren, ihre Unabhängigkeit behauptet, und die Rechte des Menschen, und den Segen der Freiheit ihrer Nachkommenschaft hinterlassen."

„Wundert Euch also nicht, daß wir, Abkömmlinge jener uns gemeinschaftlichen Altvordern; daß wir, deren Vorältern an allen den Rechten, an der Freiheit und der Verfassung Antheil nahmen, worin Ihr mit so viel Rechte Euren Ruhm sucht, und die eben dieses schöne Erbtheil, durch die Verpflichtung der Regierung, und durch die hellsten

Verträge mit brittischen Monarchen verbürgt, uns so sorgfältig übergaben, uns weigern, dieses Erbtheil solchen Menschen hinzugeben, die ihre Ansprüche nicht aus Gründen der Vernunft herleiten, und sie mit der Absicht verfolgen, daß sie Euch selber uns mit desto größerer Leichtigkeit zu Sklaven machen können, wenn sie erst unser Leben und Eigenthum in ihren Händen haben."

„Amerikás Schicksal hat jetzt aller Augen auf sich gezogen; es ist endlich sehr bedenklich geworden. Dieses unglückliche Land ist nicht allein unterdrückt, sondern auch verläumdet; und die Pflicht, die wir uns selber und unsern Nachkommen, die wir Eurem eignen Besten, und der allgemeinen Wohlfarth des brittischen Reiches schuldig sind, bewegt uns, dieses Schreiben über einen so wichtigen Gegenstand an Euch zu richten."

„Wisset also, daß wir uns eben so frei halten, und daß wir darauf bestehen, daß wir es sind, und sein müssen, als unsere Mitunterthanen in Britannien; und daß keine Gewalt auf Erden ein Recht hat, unser Eigenthum ohne unsere Einwilligung von uns zu nehmen."

„Daß wir auf alle Vortheile Anspruch machen, die dem Unterthan von der englischen Verfassung gesichert werden, besonders auf die unschätzbare Wohlthat eines Verhöres durch Geschworne."

„Daß wir es für ein wesentliches Recht der englischen Freiheit halten, daß Niemand unverhört verurtheilt, oder wegen muthmaßlicher Vergehungen bestraft werde, ohne Gelegenheit zu haben, sich zu vertheidigen."

„Daß wir glauben, die Gesetzgebung von Großbritannien sei nicht der Verfassung zu Folge berechtigt, in irgend einem Theile der Erde eine Religion, die mit blutigen und ungerechten Lehren belastet ist,

oder

oder eine willkührliche Regierungsform einzuführen. Diese Rechte glauben wir so heilig, als Ihr. Und doch, so heilig sie sind, so sind sie dem ungeachtet, nebst manchen andern, oft und schreiend verletzt."

„Sind nicht die Eigenthümer des Bodens von Großbritannien Herrn ihres Eigenthumes? Kann es ihnen ohne ihre Einwilligung genommen werden? Werden sie es der Willkühr irgend eines Mannes, oder einer Anzahl von Menschen preißgeben? — Ihr wißt, sie werden es nicht."

„Sind also die Eigenthümer des Bodens von Amerika nicht eben so die Herrn ihres Eigenthumes, als Ihr des Eurigen; oder sollen sie es der Willkühr Eures Parlamentes, oder irgend eines andern Parlamentes, oder Rathes, dessen Mitglieder sie nicht wählten, überlassen? Kann der Zwischenraum der See, die uns trennt, Ungleichheit in den Rechten veranlassen, oder kann ein Grund angegeben werden, warum englische Unterthanen, die drei tausend Meilen weit von dem königlichen Pallaste wohnen, minder der Freiheit genießen sollten, als diejenigen, die nur dreihundert Meilen davon leben?"

„Die Vernunft blickt mit Unwillen auf einen solchen Unterschied, und freie Männer können die Rechtmäßigkeit desselben nicht einsehen. Und dennoch, wie eingebildet und ungerecht solche Unterscheidungen sind, so behauptet doch das Parlament, daß es ein Recht habe, uns in allen Fällen ohne Ausnahme zu binden, wir mögen einwilligen oder nicht; daß es unser Eigenthum gebrauchen könne, wenn und auf was für eine Art es wolle; daß wir Kostgänger seiner Güte in allen Dingen wären, die wir besitzen, und sie nicht länger behalten könnten, als es geruhen würde, sie uns zu lassen. Solche Erklärungen halten wir für Ketzerei in der

U

englischen Politik, die uns nicht mit grösserem
Rechte unseres Eigenthumes berauben, als das
Interdikt des Papstes Königen ihr Szepter neh-
men kann, das ihnen die Landesgesetze und die
Stimme des Volkes in die Hände gegeben hat."

„Nach der Beendigung des letzten Krieges —
eines Krieges der durch die Fähigkeiten und die
Rechtschaffenheit eines Ministers *), dessen Bemühungen das brittische Reich seine Sicherheit und seinen Ruf verdankt, so ruhmvoll geführt wurde —
nach dem Ende dieses Krieges, auf welchen ein un-

*) William Pitt, Graf von Chatam, der noch im
   ersten Regierungsjahre Georgs des Dritten (seit dem
   25 Okt.1760) die auswärtigen Angelegenheiten rühm-
   lich verwaltete. Als er aber seinen weisen Plan nicht
   durchsetzen konnte, daß England dem spanischen
   Hofe wegen des Bourbonischen Hausvertrages den
   Krieg ankündigen sollte; einen Plan, den das englische Ministerium bald darauf dennoch zu befolgen
   gezwungen wurde — legte er seine Ministerstelle nieder. Lord Bute, ein Schottländer, vormals Ober-
   hofmeister Georgs des Dritten, und damals noch
   des Königs Vertrauter, dirigirte nun seit Pitts
   Entfernung das Ministerium, und verhandelte den
   ersten Pariser Frieden. Ein großer Theil der Nation haßte diesen Mann, als einen Lehrer despoti-
   scher Grundsätze; auch der Friede wurde bald in
   einem sehr nachtheiligen Lichte dargestellt. Die
   hierüber entstandenen Händel des John Wilkes sind
   bekannt genug. Es ist merkwürdig, daß dieser Frie-
   densschluß in der Addresse der Amerikaner so ganz
   in dem Geiste ächt englischer Patrioten getadelt
   wird, da er doch unstreitig die Trennung der Kolonieen von dem Mutterstaate dadurch gar sehr gefördert hat, daß er den Engländern den Besitz von
   Kanada verschaffte. Ein Beweiß, daß die Amerikaner damals noch nicht an die Unabhängigkeit dach-
   ten. — Auf Bute bezieht sich die Posse, die wegen
   der Grenvilleschen Stempelakte, am 14ten August
   1765 zu Boston aufgeführt wurde. S. Ramsays
   Gesch. 1. S. 115.

rühmlicher Friede folgte, der unter den Auspizien eines Ministers von Grundsätzen und von einer Familie, die der Sache der Protestanten abgeneigt, und gegen die Freiheit feindlich gesinnt war, geschlossen wurde, — um diese Zeit, und unter dem Einflusse dieses Mannes wurde der Plan, Eure Mitunterthanen in Amerika in Sklaverei zu stürzen, entworfen, und seit dem ist er hartnäckig ausgeführt worden.‟

„Vor diesem Zeitpunkte ward ihr zufrieden, die Schätze von uns zu ziehen, die Euch durch unsern Handel zufloßen. Ihr schränktet unsern Handel auf jede Art ein, wie es Euer Vortheil heischte. Ihr übtet eine unbegränzte Souveränität über das Meer aus. Ihr bestimmtet die Häfen und die Nazionen, zu denen allein unsere Waaren geführt werden, und mit denen wir allein handeln sollten; und wenn gleich einige dieser Einschränkungen drückend waren, so klagten wir dennoch nicht; wir blickten zu Euch auf, als zu unserm Mutterstaate, mit dem wir durch die stärksten Bande verknüpft wären — und wir fühlten uns glücklich, indem wir die Werkzeuge Eures Wohlstandes und Eurer Größe waren.‟

„Wir rufen Euch selber zu Zeugen unserer Loyalität und unserer Zuneigung zu dem allgemeinen Besten des ganzen Reiches an. Fügten wir nicht im letzten Kriege alle Kraft dieses großen Landes zu der Macht hinzu, die unsern gemeinschaftlichen Feind vertrieb? Verließen wir nicht unsere vaterländische Küste, und stellten uns Krankheiten und dem Tode entgegen, um das Glück der brittischen Waffen in entfernten Klimaten zu fördern? Danktet Ihr uns nicht für unsern Eifer, und ließt Ihr uns nicht selber ansehnliche Summen Geldes zurückzahlen, die wir, nach Eurem eignen Geständnisse, über unsere

U 2

Maaße und weit über unsere Kräfte vorgeschoßen hätten? Das thatet Ihr."

„Welchen Ursachen sollen wir nun die plötzliche Veränderung der Art uns zu behandeln, und das System der Sklaverei zuschreiben, welches man seit der Wiederherstellung des Friedens gegen uns ausübte?"

„Ehe wir uns von dem Unglücke erholt hatten, welches immer eine Folge des Krieges ist, versuchte man durch die drückende Stempelakte diesem Lande all sein Geld abzunehmen. Farben, Glaß, und andere Bedürfniße, die Ihr uns nicht erlaubtet von andern Nazionen zu kaufen, wurden mit Abgaben belegt; ja, obgleich in keinem brittischen Lande Wein wächst, verbotet Ihr uns dennoch, ihn von Ausländern zu kaufen, ohne vorher eine Abgabe bezahlt zu haben, die Euer Parlament auf die Einfuhr desselben legte. Diese und viel andere Abgaben wurden ungerechter Weise und verfaßungswidrig in der bestimmten Absicht auferlegt, um Abgaben von uns zu heben. — Um die Klagen zum Schweigen zu bringen, wurde zwar verordnet, daß diese Abgaben in Amerika zu seinem Schutze und zu seiner Vertheidigung verwendet werden sollten. — Aber solche Erpreßungen können nicht durch eine vorgebliche Nothwendigkeit, uns zu beschützen und zu vertheidigen, gerechtfertigt werden. Sie sind an Höflinge und Ministerialklienten verschwendet, die als Amerikas Feinde bekannt waren, und sich auch als solche betrugen, indem sie partheiische Schilderungen entwarfen, um die Kolonieen zu verläumden, und in Händel zu verwickeln. Für den nothwendigen Unterhalt unserer Regierung haben wir immer willig gesorgt, und werden es noch hinfort thun. Und wenn es die Bedürfniße des Staates erfordern, werden wir gern, wie wir es auch vor

her thaten, unfern vollen Theil an Mannschaft und
Gelde hergeben. Um jenen konstituzionswidrigen
und ungerechten Plan der Beschatzung durchzusetzen,
wurde jede Schutzwehr, welche die Weisheit unserer
brittischen Vorfahren gegen willkührliche Gewalt errichtet hatte, in Amerika gewaltsam niedergerissen,
und das unschätzbare Recht des Verhöres durch Geschworne in Fällen, die unser Leben und Eigenthum
betreffen, uns genommen. — Es ward verordnet,
daß Vergehungen gegen gewisse Akten, die unsern
Handel einschränkten, und mit Zöllen belasteten,
vor den Admiralitätsgerichten angeklagt werden sollten; hierdurch wurden die Unterthanen des Vortheiles beraubt, von einer ehrlichen unpartheilschen
Jury aus ihrer Nachbarschaft gerichtet zu werden,
und sie wurden der fatalen Nothwendigkeit unterworfen, von einem einzigen Manne, einer Kreatur
der Krone, dem Gesetze zu Folge verurtheilt zu werden, welches dem Kläger die Mühe überhebt, seine
Klage zu beweisen, und welches den Beklagten
zwingt, entweder seine Unschuld darzuthun, oder
die Strafe zu leiden. Um dieser neuen Art der gerichtlichen Entscheidung ein desto grösseres Gewicht
zu geben, und als habe man die Absicht, falsche
Kläger zu beschützen, ward ferner verordnet, daß
der Kläger durch ein Zertifikat des Richters, daß
die Sache klagbar gewesen, gegen eine Anklage wegen Entschädigung nach dem gemeinen Rechte geschützt werden solle.‟

„Nach dem gewöhnlichen Gange unserer Gesetze
sollen Vergehungen, die in solchen Theilen des brittischen Gebietes begangen werden, wo Gerichtshöfe
errichtet sind, und die Gerechtigkeit treu und regelmäßig verwaltet wird, daselbst von einer Jury aus
der Nachbarschaft gerichtet werden. Dort sind die
Thäter und die Zeugen bekannt, und es kann der

U 3

Grad der Glaubwürdigen ihres Zeugnisses gewür-
digt werden.''

"In allen diesen Kolonieen ist die Gerechtigkeit
regelmäßig und unpartheiisch verwaltet, und doch
sollen, nach dem Sinne einiger Akten des Parlamentes, und nach der geraden Anweisung anderer,
Angeklagte, so wie auch alle Personen, die zu Zeugen ausgesucht worden, mit Gewalt nach England
abgeführt, dort in einem fernen Lande, von frem-
den Geschwornen gerichtet, und all den Nachthei-
len blos gestellt werden, die aus dem Mangel an
Freunden, an Zeugen und an Gelde entstehen.''

"Als der Plan, von der Einfuhr des Thees
nach Amerika eine Abgabe zu heben, durch unsere
Weigerung dieser Einfuhr größten Theils vereitelt
war, da verabredete das Ministerium mit der Ost-
Indischen Kompannie einen andern Plan, und eine
Parlamentsakte munterte sie auf, ihren Thee in
den Kolonieen zu verkaufen.''

"Ueberzeugt von der Gefahr, wenn wir dieses
hinterlistige Verfahren begünstigten, und ein Beispiel der Beschatzung zuließen, ergriffen wir verschiedene Mittel, um den Streich abzuwenden. Das
Volk von Boston, welches damals von einem Guvernöre *) regiert wurde, den ganz Amerika eben
so wie seinen Vorfahr Herrn Franz Bernard als seinen Feind betrachtet, wurde in große Verlegenheit
gesetzt. Die mit Thee beladenen Schiffe wurden
durch seine Vorkehrungen von der Rückkehr abgehalten. — Die Zölle würden bezahlt, und die Ladung verkauft worden sein; das Ansehen des Guvernörs würde manche Käufer gelockt und beschützt
haben. Indem nun die Stadt in Betrachtungen
über diesen wichtigen Gegenstand verloren war,

*) Hutchinson. S. Ramsay. 1. S. 179.

wurde der Thee vernichtet. Gesetzt ein Vergehen sei dadurch begangen, und die Eigenthümer des Thees wären zur Entschädigung berechtigt gewesen, — so standen ja die Gerichtshöfe ihnen offen, und es präsidirten ja in denselben Richter, die von der Krone selber angestellt waren. — Die Ost-Indische Kompannie fand es aber nicht für gut, eine Klage zu erheben; sie forderte nicht einmal weder von Individuen noch von der Gesammtheit Genugthuung. Das Ministerium machte, wie es scheint, die Sache geflissentlich zu der seinigen, und der grosse Rath der Nazion ließ sich herab, sich in einen Streit über Privateigenthum zu mischen. — Es wurden ihm verschiedene Papiere, Briefe, und andere zum Theil unächte Zeugnisse vorgelegt; weder die Personen, die den Thee vernichtet hatten, noch das Volk von Boston wurden zur Verantwortung gezogen. Das Ministerium, über die Vereitelung eines beliebten Planes erhitzt, beschloß von der kleinlichen Kunst der Ränke zur offenbaren Macht und unmännlichen Gewaltthätigkeit zu schreiten. Der Hafen von Boston wurde von einer Flotte blokirt, und eine Armee ward in die Stadt gelegt. Ihr Handel wurde aufgehoben, und Tausende wurden in die Nothwendigkeit versetzt, ihren Unterhalt von Almosen zu suchen, bis sie sich unter das Joch schmiegen, und einwilligen würden, Sklaven zu werden, indem sie die Allgewalt des Parlamentes anerkannten, und alle Verfügungen desselben über ihr Leben und Eigenthum sich gefallen ließen.''

,,Es rühme sich Eure Nazion nicht mehr der Gerechtigkeit und Menschlichkeit! Befragt Eure Geschichte — untersucht Eure Jahrbücher vormaliger Begebenheiten; ja richtet Eure Augen auf die Annalen der willkührlich beherrschten Staaten und Königreiche, die Euch umgeben, und zeigt uns ein

einziges Beispiel von Menschen, die unverhört, un-
befragt, selbst ohne eine äußere Formalität eines
Verhöres, wegen angeschuldigter Verbrechen zu Leiden verurtheilt wurden; und dies sogar nach Gesetzen, die ausdrücklich zu dem Endzwecke gemacht
wurden, und die noch nicht da waren, als die Thatsache geschah. Wenn es schwierig ist, ein solches
Verfahren mit dem Geiste und dem Charakter Eurer Gesetze und Eurer Verfassung zu vereinigen; so
wird es noch bedenklicher werden, wenn wir unsere
ministeriellen Feinde auffordern, nicht nur darüber
sich zu rechtfertigen, daß sie Menschen unverhört
und auf Hörensagen verurtelten; sondern auch darüber, daß sie den Unschuldigen zugleich mit dem
Schuldigen straften, und wegen der That, die
dreißig oder vierzig begingen, in Armuth, Unglück
und Elend über dreißig tausend brachten, die nicht
Eure Feinde, sondern Eure Freunde, Brüder und
Mitunterthanen waren.‟

„Es würde uns einigermaßen trösten, wenn das
Verzeichniß unserer Leiden hier endete. Es schmerzt
uns, daß wir uns gezwungen fühlen, Euch zu erinnern, daß die Vorfahren der gegenwärtigen Einwohner von Massachusetts-Bay in voller Zuversicht auf die Treue der Regierung, die ihnen in einem königlichen Freibriefe von einem brittischen Monarchen zugesichert war, ihre ehemalige Behausung
verließen, und diese große, blühende, und treue
Kolonie gründeten. Ohne den Verlust ihrer Rechte
verwirkt zu haben, ohne dessen angeklagt, ohne
verhört, ohne gerichtet zu sein, ohne ein Gesetz,
ohne Gerechtigkeit, ward ihr Freibrief durch eine
Parlaments-Akte vernichtet, ihre Freiheit verletzt,
ihre Regierungsverfassung umgestürzt: und dies alles unter keinem andern Vorwande, als weil in
einer ihrer Städte einige Kaufmannswaaren, die

einer der Handlungskompannien gehören sollten,
verletzt worden, und weil das Ministerium der Meinung war, daß solche höchst politische Einrichtungen
nöthig wären, um seinen Befehlen Gehorsam zu
verschaffen."

„Aber dies sind noch nicht all unsere Hauptbe-
schwerden. Wir könnten noch von liederlichen,
schwachen und verworfenen Guvernören erzählen,
die man über uns setzte; von Aufhebungen der Legislaturen, weil sie die Rechte brittischer Unterthae-
nen behaupteten — von dürftigen und unwissenden
Kreaturen vornehmer Männer, die zu den Richter-
stühlen, und zu andern wichtigen Posten befördert
wurden — von drückenden Einschränkungen des
Handels, und von einer Menge kleinerer Uebel, deren Rückerinnerung sich unter der Last und dem
Drucke größerer und empfindlicherer Leiden verliert."

„Laßt uns noch bemerken, wie das Ministerium
seinen Plan, uns zu unterjochen weiter trieb."

„Indem es wohl wußte, daß solche kühne Versuche, uns unser Eigenthum zu nehmen; uns des
unschätzbaren Rechtes der Jury zu berauben; sich
unserer Person zu bemächtigen, und uns nach Großbritannien vor Gerichte zu schleppen; unsere Häfen
zu sperren; unsere Freibriefe zu vernichten, und unsere Regierungsform umzuändern, in allen Kolo-
nizen ein großes Mißvergnügen, wie es denn auch
wirklich geschehen ist, erwecken würde, welches den
Widerstand bis zu diesen Maaßregeln treiben könnte:
so wurde ein Gesetz gegeben, welches diejenigen in
Schutz nahm, und vor der Strafe sicherte, die sich
selbst des Mordes schuldig machen würden, indem
sie die drückenden Befehle in Ausübung zu bringen
versuchten. Durch eine andere Akte ward das Gebiet von Kanada so erweitert, und seine Verfassung so geformt, daß es, von uns getrennt, und

U 5

durch politische und religiöse Vorurtheile von unserem Interesse losgerissen, mit katholischen Emi-
granten aus Europa täglich vermehrt, und einer
Staatsverwaltung treu ergeben, die seiner Landes-
religion so wohl will, uns furchtbar, und bei Gelegenheit ein Werkzeug in der Hand der Gewalt werden sollte, die alten, freien protestantischen Kolonieen in denselbigen Zustand der Sklaverei zu
stürzen."

„Das war offenbar der Zweck jener Akte. —
Und in dieser Rücksicht, da sie unserer Freiheit und
Ruhe so äußerst gefährlich ist, können wir nicht umhin, uns über dieselbe, als über eine dem brittischen Amerika feindliche Akte zu beklagen. — Außer
diesen Betrachtungen müssen wir auch die unglückliche Lage bedauern, in die sie so viele engländische
Pflanzer gestürzt hat, die, durch eine königliche
Proklamazion, die ihnen den Genuß aller ihrer
Rechte versprach, aufgemuntert, in diesem Lande
sich ankauften. — Sie sind jetzt einer willkührlichen Gewalt unterworfen, des Verhöres durch
Geschworne beraubt, und wenn sie gefänglich eingezogen werden, können sie nicht mehr des Vortheiles
der Habeas corpus Akte, jener großen Schutzwehr
der englischen Freiheit, genießen. Auch können wir
nicht unser Erstaunen unterdrücken, daß ein brittisches Parlament in jenem Lande eine Religion zur
herrschenden machen konnte, die Eure Insel einst
mit Blut überströmte, und die durch alle Theile der
Welt Ruchlosigkeit, Andächtelei, Verfolgung,
Mord und Rebellion verbreitete."

„Da nun dies die wahre Lage der Thatsachen
ist, so bitten wir Euch, zu erwägen, zu welchem
Ende es führt."

„Gesetzt, das Ministerium sollte im Stande
sein, durch Britanniens Macht, und durch die

Hülfe unserer katholischen Nachbarn unterstützt, die
Beschatzung durchzusetzen, und uns in einen Zustand
der tiefsten Erniedrigung und Sklaverei zu stürzen:
ein solches Unternehmen würde ohne Zweifel Eure
Nazionalschuld, die bereits Eure Freiheit unter=
drückt, und Euch mit besoldeten Günstlingen (pen=
sioners and place men) überhäuft, um Etwas
vermehren. — Wir vermuthen ferner, daß Euer
Handel würde vermindert werden. Gesetzt aber,
Ihr würdet siegen — wie würde dann Eure Lage
sein? Welche Vortheile, welche Lorbeeren würdet
Ihr von diesem Kampfe ernten?"

"Kann nicht ein Ministerium Euch mit densel=
ben Waffen zu Sklaven machen? — Man könnte
sagen, Ihr würdet aufhören, ihm Geld zu bewilli=
gen — aber bedenkt, die Abgaben von Amerika,
die Schätze, und wir können noch hinzufügen, die
Einwohner, und besonders die römisch = katholischen
dieses großen festen Landes, werden Euren Feinden
zu Gebote stehen — und Ihr habt gar keinen Grund
zu erwarten, daß Viele von Uns sich weigern wür=
den, Euch in den Stand der Sklaverei stürzen zu
helfen, wenn Ihr uns erst habt dahin versinken
lassen."

"Haltet dies nicht für Träumerei! — Bedenkt,
daß in weniger als einem halben Jahrhundert, die
Einkünfte, welche die Krone aus den unzähligen
Quellen dieses großen festen Landes ziehen kann,
Ströme des Reichthumes in die königliche Schatz=
kammer leiten werden; und wenn die Krone hierzu
noch die Macht besitzt, Amerika zu beschatzen, so
wird sie in Rücksicht der Hülfsquellen von Euch un=
abhängiger werden, und größere Schätze besitzen,
als es nöthig sein wird, um die Reste der Freiheit
Eurer Insel abzukaufen. — Kurz, hütet Euch,

daß Ihr nicht in die Grube fallt, die uns bereitet wird."

„Wir glauben, daß jetzt noch viel Tugend, viel
Gerechtigkeit, viel Gemeingeist unter der englischen
Nazion zu finden sei. — An diese Gerechtigkeit wenden wir uns jetzt. Man hat Euch gesagt, wir wären aufrührisch, der Regierung abgeneigt, und wir
strebten nach Unabhängigkeit. Seid versichert, daß
dies nur Verläumdung sei. — Laßt uns eben so frei
sein, als Ihr selber, und wir werden immer die
Vereinigung mit Euch für unsern größten Ruhm
und unsere größte Glückseligkeit halten: wir werden
immer bereit sein, alle unsere Kräfte für die Wohlfarth des Reiches aufzubieten. — Wir werden Eure
Feinde als die unsrigen, und Euren Vortheil als
den unsrigen betrachten."

„Wenn Ihr aber beschlossen habt, daß Eure
Minister mit den Rechten der Menschheit nach Gefallen spielen sollen. — Wenn weder die Stimme
der Gerechtigkeit, die Gebote des Gesetzes, die
Grundsätze der Konstituzion, noch die Gefühle der
Menschlichkeit Eure Hände zurückhalten können,
daß Ihr nicht über eine so ungerechte Sache Men-
schenblut vergießt: so müssen wir Euch sagen, daß
wir uns nie erniedrigen werden, die Holzhauer oder
Wasserträger irgend eines Ministeriums oder irgend
einer Nazion der Erde zu sein."

„Setzt uns wieder in dieselbige Lage, in der
wir beim Schlusse des vorigen Krieges waren, und
unsere vorige Eintracht wird wieder hergestellt
sein."

„Gesetzt aber, Ihr wollt dieselbige Vernachläßigung unseres gemeinschaftlichen Vortheiles, die Ihr
seit einigen Jahren gezeigt habt, noch ferner beweisen; so halten wir es für klug, den Folgen zuvor-
zukommen."

„Durch die Zerstörung des Handels von Boston versuchte das Ministerium Unterwerfung unter seine Maaßregeln zu erzwingen. — Dasselbe Schicksal mag denn uns alle treffen; wir wollen es daher versuchen, ohne Handel zu leben, und unsern Unterhalt in der Fruchtbarkeit und Güte unseres einheimischen Bodens zu suchen, der uns alle Bedürfnisse und einige von den Annehmlichkeiten des Lebens verschaffen wird. — Wir haben die Einfuhr von Großbritannien und Ireland vors erste verboten; und wir werden auch in weniger, als eines Jahres Frist, wenn unsern Klagen nicht abgeholfen wird, die Ausfuhr nach diesen Königreichen und nach West-Indien einstellen.‟

„Wir bedauern es innigst, daß wir uns durch die überwiegenden Grundsätze der Selbsterhaltung gezwungen sehen, solche Maaßregeln zu ergreifen, die einer Menge unserer Mituntertthanen in Großbritannien und Ireland nachtheilig sind.‟

„Wir hoffen aber, daß die Großmuth und Gerechtigkeit der brittischen Nazion das Parlament mit solchen weisen, unabhängigen, und vom Gemeingeiste beseelten Männern besetzen wird, welche die verletzten Rechte des ganzen Reiches vor den Anschlägen schlechter Minister und verderblicher Rathgeber, sie mögen in öffentlichen Diensten stehen oder nicht *), sichern, und dadurch die Eintracht, Freundschaft, und brüderliche Liebe zwischen allen Einwohnern der Königreiche und Länder Seiner Majestät, die von jedem treuen und rechtschaffnen Amerikaner so heiß gewünscht werden, wieder herstellen können.‟ —

---

*) North als erster Lord der Schatzkammer; Bute als Exminister, aber Triebfeder des Ganzen.

Am 24ſten Oktober publizirte der Kongreß die
Verbindungsakte gegen den brittiſchen Handel, de=
ren Inhalt Ramſay im erſten Theile der Geſchichte
der Revoluzion S. 252. mitgetheilt hat. Er legte
aber auch zugleich in einem Anſchreiben an alle Ko=
loniſten von ſeinen Unterſuchungen und Entſchlüſſen,
auf eine eben ſo gründliche als beſcheidene Art,
Rechenſchaft ab. Der Ton dieſes Anſchreibens war
ganz dazu geſchickt, die Koloniſten von der Gerech=
tigkeit ihrer Sache zu überzeugen, und ſie zur Be=
harrlichkeit bei drohenden Gefahren aufzumuntern.

Freunde und Landesleute!

„Wir, die Abgeordneten, die das gute Volk
dieſer Kolonien bevollmächtigt hat, ſich im vergang=
nen September zu Philadelphia in der von unſern
Konſtituenten angewieſenen Abſicht zu verſammlen,
haben uns zu Folge des auf uns geſetzten Zutrauens
verſammlet, und haben die dem Kongreſſe anem=
pfohlnen wichtigen Gegenſtände auf das Ernſtlichſte
erwogen. Wir wollen Euch alſo unſere Entſchlüſſe
hierüber mittheilen. Da aber die Lage unſerer öffent=
lichen Angelegenheiten täglich beunruhigender wird;
und da es Euch angenehmer ſein kann, eher von
uns ſelber aus unſerer Verſammlung, als auf eine
andere Art die Grundſätze zu erfahren, die das Re=
ſultat der reifen und freien Ueberlegung der Reprä=
ſentanten eines ſo großen Theiles von Amerika ſind:
ſo halten wir uns verpflichtet, dieſe Addreſſe zu un=
ſern Beſchlüſſen hinzuzufügen.“

In jedem Falle eines Widerſtandes des Volks
gegen ſeine Beherrſcher, oder eines Staates gegen
einen andern, erfordert es die Pflicht gegen den
Allmächtigen Gott, den Schöpfer aller Dinge, die
Maaßregeln, die einen ſolchen Widerſtand herbei

führen, und die Ursachen, durch die er veranlaßt
ist, oder wodurch er gerechtfertigt werden kann, treu
und unpartheiisch zu untersuchen; damit weder
Vorliebe auf der einen Seite, noch Rache auf der
andern die Vernunft verführe, daß sie nicht im
Stande wäre, alle Umstände zu durchschauen, und
das öffentliche Betragen nach den Grundsätzen der
Weisheit und der Gerechtigkeit zu lenken.

Aus einem so gemäßigten Verfahren entspringt
die sicherste Hoffnung auf die göttliche Huld, der
festeste Muth der streitenden Partheien, und die
beste Empfehlung ihrer Sache vor der ganzen
Menschheit.

Von dem Gefühle dieser Wahrheit tief durch-
drungen, untersuchten wir nicht nur fleißig, bedäch-
tig und ruhig die Handlungen der gesetzgebenden
und ausübenden Gewalt von Großbritannien, die
so viele Unannehmlichkeiten in Amerika erzeugten;
sondern wir betrachteten auch mit gleicher Aufrichtigkeit und Aufmerksamkeit das Betragen der Kolonieen. Nach allem befinden wir uns in der unan-
genehmen Lage, entweder zu schweigen, und die Unschuld zu hintergehen, oder zu reden, und die zu
tadeln, die wir zu verehren wünschen. — Indem
wir aber zwischen diesen unglücklichen Schwierigkeiten wählen müssen, geben wir demjenigen den Vorzug, was Ehrlichkeit und Rücksicht auf das Wohl
unseres Vaterlandes von uns fordert.

Bald nach der Beendigung des letzten Krieges
begann eine merkwürdige Veränderung in der Behandlung dieser Kolonieen. Durch ein Statüt, vom
vierten Jahre der gegenwärtigen Regierung, (zu
einer Zeit des tiefsten Friedens) welches von dem
Vortheile neuer Einrichtungen wegen Erweiterung
des Handels zwischen Großbritannien und Seiner
Majestät Besitzungen in Amerika, und von der

Nothwendigkeit, eine Abgabe in besagten Besitzungen zu erheben, um die Kosten der Vertheidigung
und Beschützung derselben zu decken, handelte: versuchten es die Kommons von Großbritannien, Seiner Majestät verschiedene Taxen und Zölle, die in
diesen Kolonieen bezahlt werden sollten, zu bewilligen. Um dieser Akte Gehorsam zu erzwingen,
schreibt sie eine Menge schwerer Strafen und Bußen
vor, und macht in zwei Abschnitten einen merkwürdigen Unterschied zwischen den Unterthänen in Großbritannien, und denen in Amerika. Zu Folge des
einen sollen die dort verwirkten Strafen und konfiszirten Sachen in einem der königlichen Gerichtshöfe
zu Westminster, oder in dem Gerichte der Schatzkammer in Schottland in Empfang genommen werden; und vermöge des andern sollen die hier verwirkten Strafen und konfiszirten Sachen in einem
Gerichtshofe, oder in einem Admiralitäts- oder
Vizeadmiralitäts-Gerichte nach Belieben des Ange-
bers oder Klägers in Empfang genommen werden.

Die Einwohner dieser Kolonieen, die sich auf
Großbritanniens Gerechtigkeit verließen, hatten
kaum Zeit genug, diese Akte zu erhalten, und zu
überlegen, als schon eine andere, die unter dem
Namen der Stempelakte bekannt genug ist, und im
fünften Jahre der jetzigen Regierung gegeben wurde,
ihre ganze Aufmerksamkeit auf sich zog. Durch dieses Statut übte das brittische Parlament auf die
deutlichste Art die Gewalt aus, uns zu beschatzen,
und verordnete, indem es die Gerichtsbarkeit der
Admiralitäts- und Vizeadmiralitäts-Gerichte in
den Kolonieen über Gegenstände, die sich innerhalb einer Landschaft ereigneten, erweiterte, daß
die zahlreichen Strafen und Konfiskazionen in besagten Gerichten sollten in Empfang genommen
werden.

Zu

In demselben Jahre wurde uns durch eine Akte, die verschiedene neue Zölle anordnete, eine Taxe aufgelegt. Im folgenden Jahre wurde die Stempel-Akte widerrufen; nicht, weil sie sich auf einen falschen Grund stütze, sondern, wie die Widerrufs-Akte sich ausdruckt, „weil die Ausübung derselben mit vielen Beschwerlichkeiten verknüpft sei, und für den Handelsvortheil von Großbritannien nachtheilige Folgen haben könne."

In demselben Jahre wurde noch durch eine darauf folgende Akte erklärt, „daß Seine Majestät im Parlamente mit Recht die Gewalt habe, das Volk dieser Kolonieen durch Statute in allen Fällen zu binden."

Im selbigen Jahre erschien eine andere Akte, welche verordnete, daß Abgaben und Zölle in dieser Kolonie gehoben werden sollten. In diesem Statute vermieden die Kommons die Ausdrücke, „gegeben und gewährt," und baten nur Seine Majestät, „es möchte verfügt werden." u. s. w. Aber aus einer Erklärung in der Einleitung, daß die Abgaben und Zölle an die Stelle einiger anderer, die in der vorher erwähnten Akte gewähret worden, träten, und aus einigen andern Ausdrücken erhellte es, daß diese Zölle das Beschatzungsrecht beabsichteten.

Im folgenden Jahre 1767 wurde der König durch eine Akte bevollmächtigt, die Zölle und die übrigen Abgaben in Amerika durch Kommissäre verwalten zu lassen; und der König errichtete darauf das gegenwärtig so weit ausgedehnte Kommissariat; ausdrücklich in der Absicht, die verschiedenen Akten über die Abgaben und den Handel in Amerika in Ausübung zu bringen.

Da wir uns nach Aufhebung der Stempelakte unserer verdachtlosen Zuneigung zu dem Mutterstaate wieder überlassen hatten, und, in der Hoff-

X

nung, daß sich seine Gesinnungen und Maaßregeln
zum Besten für uns verändern würden, jeden Streit
mit ihm sorgfältig vermeiden wollten: machten wir
keine dringende Gegenvorstellungen gegen die oben
erwähnten Statuten, die auf den Widerruf folgten.

Die Administrazion schrieb aber ein solches Betragen, das wirklich aus edlen Gründen entsprang,
schlechten Ursachen zu, und setzte daher die Geduld
der Amerikaner noch in demselben Jahre 1767 auf
eine härtere Probe.

In einem Statute, gewöhnlich die Glaß- Pa-
pier- und Theeakte genennt, das 15 Monate nach
Aufhebung der Stempelakte erschien, nahmen die
Kommons von England ihre vorige Sprache wieder
an, und versuchten es von neuem, Taxen und
Zölle zu geben, und zu gewähren, die in den Kolonieen bezahlt werden sollten, in der ausdrücklichen
Absicht, „eine Abgabe zu erheben, um die Kosten
der Gerechtigkeitspflege, der bürgerlichen Regierung, und der Vertheidigung der königlichen Besitzungen auf diesem festen Lande zu bestreiten."
Strafen und Konfiskazionen wegen dieser Akte sollten auf dieselbe Art eingetrieben werden, wie unter
den vorigen Akten.

Zu diesem Statute, das natürlich dahin zweckte, die allgemeine Ruhe der Kolonieen zu stören,
fügte das Parlament in derselben Sitzung noch ein
anderes nicht minder außerordentliches hinzu.

Seit dem letzten Frieden wurde beständig eine
stehende Armee in den Kolonieen gehalten. Aus
Achtung gegen das Mutterland wurde diese Neue-
rung nicht nur geduldet, sondern die Provinzial-
Legislaturen sorgten auch für den Unterhalt der
Truppen.

Nachdem aber die Versammlung der Provinz
New-York eine Akte hierüber gegeben hatte, die in

einigen Punkten von den Anweisungen der Akte des Parlamentes vom fünften Jahre der gegenwärtigen Regierung abwich, so wurde dem Hause der Repräsentanten jener Kolonie durch ein Statut von der zuletzt genannten Sitzung verboten, eine andere Bill, Order, Resoluzion oder Stimme vorzuschlagen, als nur über das Adjourniren und die Wahl eines Sprechers, bis sie solche Verfügungen getroffen hätte, wodurch die Truppen nicht nur mit allen den Bedürfnissen, die in dem Statute verlangt waren, dem sie ungehorsam zu sein beschuldigt wurde, sondern auch mit all dem versehen würden, was in zwei andern darauf folgenden Statuten, die bis zum 24sten März 1769 gelten sollten, vorgeschrieben wurde.

Diese Statute vom Jahre 1767 erneuerten die Furcht und die Unzufriedenheit, die nach der Aufhebung der Stempelakte ganz verschwunden waren; und mitten unter den darüber entstandnen Besorgnissen und Mißtrauen erschien im Jahre 1768 ein Statut, wodurch die Admiralitäts- und Vizeadmiralitätsgerichte umgeformt wurden, um die Strafen und Konfiskazionen, welche den Parlamentsakten zu Folge verwirkt wurden, die wegen der Abgaben in Amerika u. s. w. gegeben waren, desto wirksamer zu betreiben.

Die unmittelbare Absicht dieser Statute zweckt dahin ab, uns des Rechtes, an der Legislatur Theil zu nehmen, zu berauben; indem sie unsere Versammlungen unnütz machen; das Recht des Eigenthumes zu vernichten, indem sie von den Kolonisten Abgaben ohne ihre Einwilligung fordern; das Recht des Gerichtes durch Geschworne aufzuheben, indem sie an dessen Stelle Verhöre in den Admiralitäts- und Vizeadmiralitätsgerichten anordnen, wo einige Richter den Vorsitz haben, die ihr Amt auf will-

X 2

fährliche Zeit beſitzen; und auf die Gerichtshöfe des
gemeinen Rechtes einen ungebührlichen Einfluß zu
erlangen, indem ſie die Gehalte der Richter ganz von
der Willführ der Krone abhängig machen.

Wenn man dieſe Statuten, anderer nicht zu ge-
denken, gegen die ſich viel erinnern läßt, mit einander vergleicht, ſo findet man nicht nur ein förm-
liches Syſtem, deſſen Theile von groſſem Gewichte
ſind, ſondern auch eine hartnäckige Beharrlichkeit
auf dieſem Syſteme, dieſe Kolonieen, die in dem
Hauſe der Kommons nicht repräſentirt ſind, und es
nach ihrer örtlichen Lage nicht ſein können, der un-
begränzten Macht des Parlamentes zu unterwerfen;
gegen ihre unbeſtreitbaren Rechte und Freiheiten,
und gegen ihre demüthigen und wiederholten Vorſtellungen.

Dieſes Verfahren muß uns ſo befremdend als
ungerecht erſcheinen, wenn wir bedenken, daß es
nicht auf irgend eine Art von dieſen Kolonieen ver-
ſchuldet iſt. Seit ihrem erſten Entſtehen konnten
ihre bitterſten Feinde ihnen weder Untreue gegen ihren Suverän, noch Abneigung gegen ihren Mut-
terſtaat vorwerfen. In den Kriegen, die derſelbe
führte, ſtrengten ſie, ſo oft ſie aufgefordert wurden, ihre Kräfte an, ihm beizuſtehen; und erwie-
ſen ihm ſolche Dienſte, die nach ſeinem eignen Ge-
ſtändniſſe, ſehr wichtig waren. Ihre Treue, ihre
Pflichtergebenheit und ihre Hülfe während des letzten Krieges wurden oft und wohlwollend von Seiner
verſtorbenen Majeſtät, und von dem gegenwärtigen
Könige anerkannt.

Die Feinde der Freiheit Amerikas erhoben ihre
Stimme beſonders gegen die Provinz Maſſachuſetts-
Bay; mit wie wenigem Grunde beweiſet folgende
Erklärung, die Erklärung eines Mannes, deſſen

vortheilhaftes Zeugniß für dieselbe nicht bezweifelt werden kann.

Der Guvernör Bernard redete die beiden Häuser der Versammlung in seiner Rede am 24ſten April 1762 alſo an: „Die Eintracht und Willfährigkeit, womit Sie das Begehren ſeiner Majeſtät erfüllt haben, heiſchen meine ganze Dankbarkeit. Und die Bemerkung vermehrt noch meine Freude, daß Sie nur das reine Gefühl ihrer Pflicht, als Mitglieder eines allgemeinen Reiches, und als der Körper einer beſondern Provinz, ohne andere Nebenabſichten, dazu bewog.‟

In einer andern Rede, am 27ſten Mai deſſelbigen Jahres, ſagt er: „Wie auch der Ausgang des Krieges ſein mag, ſo wird es uns doch keine geringe Beruhigung ſein, daß dieſe Provinz denſelben mit ihrer ganzen Kraft unterſtützt hat. Alles, was verlangt wurde, iſt erfüllt; und ich habe die mir übertragene Gewalt, die Provinzialtruppen in Bewegung zu ſetzen, ganz der Bewilligung angemeſſen, vollzogen. Niemals wurden Regimenter ſo leicht errichtet, ſo gut organiſirt, und ſo ſchnell ins Feld geſtellt, als in dieſem Jahre; das Volk ſchien von dem Geiſte der Generalverſammlung befeuert, und mit ihr zu wetteifern, dem Könige zu dienen.‟

So betrug ſich das Volk von Maſſachuſetts-Bay während des letztern Krieges. Was ſein Betragen vor dieſer Periode betrifft, ſo ſollte man doch in Großbritannien nicht vergeſſen, daß es nicht nur bei jeder Gelegenheit die häufigen Anforderungen des Königs gern und ſtandhaft erfüllte; ſondern daß auch beſonders durch ſeine Hülfe Neu-Schottland im Jahre 1710, und Louisburg im Jahre 1745 erobert wurden.

Nachdem die auswärtigen Streitigkeiten geendet, und die innern Unruhen, die bald auf die

Nachricht von der Stempelakte folgten, durch den Widerruf beigelegt waren; überschickte die Versammlung von Massachusetts-Bay eine demüthige Dank-Addresse an den König und an verschiedene Männer von Stande, und bestätigte bald darauf eine Bill, wodurch denjenigen Entschädigungen bewilligt wurden, die bei den durch die Stempelakte veranlaßten Unordnungen gelitten hatten.

Diese Thatsachen, und folgender Auszug aus des Guvernör Bernards Briefen vom Jahre 1768 an den Grafen Schelburne, damaligen Staatssekretär, beweisen deutlich, mit welcher dankbaren Empfindung dieses Volk sich bestrebte, die unglücklichen Vorfälle bei den neulichen Unordnungen in Vergessenheit zu begraben, und mit welcher hochachtungsvollen Ergebenheit es künftigen Streitigkeiten vorzubeugen suchte. „Das Haus," sagt der Guvernör, „hat seit der Eröffnung seiner Sitzung, bis jetzt seine Neigung, jeden Streit mit mir zu vermeiden, an den Tag gelegt. Alles wurde mit so guter Laune, als ich nur wünschen konnte, angenommen; das eine abgerechnet, daß es noch darauf beharrt, dem Könige Addressen, und dem Staatssekretäre Gegenvorstellungen zu überschicken, und einen besondern Agenten anzustellen. Die Wichtigkeit dieser, ohne meine Einwilligung gemachten Neuerung, bewog mich, diese Gegenvorstellung zu einer Zeit zu machen, da ich die angenehme Aussicht habe, in jeder andern Rücksicht nichts als alles Gute von den Verhandlungen des Hauses zu sagen *)."

„Die Versammlung hat in allen Dingen, selbst in ihren Gegenvorstellungen, Bescheidenheit und Mäßigung bewiesen. Sie hat einige Streitpunkte

*) 21ste Januar 1768.

vermieden, und den Grund gelegt, einige Urſachen
ehemaliger Zänkereien zu heben *).‟

„Ich will von dieſem Briefe mit ſo viel Klugheit
Gebrauch machen, daß es, wie Ich hoffe, den Frieden und die Ruhe dieſer Provinz vollkommen her-
ſtellen ſoll, wozu das Haus der Repräſentanten
ſchon wichtige Vorſchritte gethan hat **).‟

Die Rechtfertigung der Provinz Maſſachuſetts-
Bay, die in dieſen Briefen enthalten iſt, gewinnt
um ſo mehr Gewicht, wenn man bedenkt, daß ſie
einige Monate nachher geſchrieben ſind, als die Kolonieen von neuem durch die Statute, die im vor-
hergehenden Jahre erſchienen, beunruhigt waren.

Es ſcheint hier der ſchicklichſte Ort zu ſein, von
einer Aeußerung eines dieſer Statute zu reden, daß
das Parlament ſich habe dafür verwenden müſſen,
„daß die Koſten der Gerechtigkeitspflege, der bürgerlichen Regierung, und der Vertheidigung der
Beſitzungen des Königs in Amerika,‟ aufgebracht
würden.

Was die beiden erſten Artikel betrifft, ſo hatte
jede Kolonie ſchon deswegen ſolche Verfügungen getroffen, als ihre reſpektive Verſammlung, der beſte
Richter in dieſem Falle, für nützlich, und ihrer Lage am angemeſſenſten befunden hatte. Was den
letzten Punkt betrifft, ſo weiß jeder, der nur einigermaßen mit den Angelegenheiten der Amerikaner
bekannt iſt, daß die Kolonieen ohne die mindeſte
Beihülfe von Großbritannien gegründet wurden,
und ſich überhaupt ohne dieſelbe vertheidigten; und
daß die meiſten derſelben zu der Zeit, da ſie durch
die oben erwähnten Statute beſchatzt wurden, von
ſchweren Schulden gedrückt waren, die ſie in dem

*) 30ſte Januar 1768.
**) 2te Februar 1768.

X 4

letzten Kriege gemacht hatten. Sie waren so weit
davon entfernt, ihr Geld zu sparen, wenn ihr Su=
verän ihre Beihülfe verfassungsmäßig verlangte,
daß ihnen das Parlament, während jenes Krieges,
öfters eine Entschädigung für die großen Aufopfe=
rungen zuerkannte, die sie in ihrem Eifer freudig
hergegeben hatten, ohne ihre Kräfte zu berechnen.

So hart die genannten Parlamentsakten sind,
so beleidigend und empörend war auch das Betragen
der Administrazion gegen diese demüthigen Kolonieen.

Unter dem Vorwande, sie zu regieren, wurden
so manche neue Einrichtungen, die gleich hart und
gefährlich waren, eingeführt; wie man es nur von
erbitterten Herrschern erwarten konnte, die den
Tribut, oder vielmehr die Beute eroberter Provin=
zen eintreiben wollten.

Durch einen Befehl des Königs erhielten der
Oberbefehlshaber und unter ihm der General = Bri=
gadier, in Friedenszeiten, die höchste Gewalt über
die bürgerliche Regierung in Amerika; und so wur=
den Offiziere, die der Verfassung dieser Kolonieen
unbekannt waren, mit einer unbeschränkten militä=
rischen Gewalt bekleidet.

Ein großes Korps Truppen, und eine beträcht=
liche Flotte wurden abgeschickt, um den Kolonisten
das Geld, das sie nicht bewilligt hatten, abnehmen
zu helfen.

Kostspielige und unterdrückende Aemter wurden
vervielfältigt, und Bestechungen wurden absichtlich
gebraucht, um die Kolonisten zu trennen, und sie
zu vernichten.

Die Richter der Admiralitäts= und Vizeadmi=
ralitätsgerichte wurden bevollmächtigt, ihren Gehalt
und ihre Sporteln von den Effekten zu nehmen, die
sie selber konfisziren würden.

Die Zollkommiſſäre erhielten die Gewalt, Häuſer zu öffnen, und zu durchſuchen, ohne eine auf eine geſetzmäßige Angabe gegründete Vollmacht von einem Zivilmagiſtrate.

Die Richter der Gerichtshöfe des gemeinen Rechtes wurden, in Rückſicht ihrer Beſtallung und ihres Gehaltes, ganz von der Krone abhängig gemacht.

Auf Rhode = Island wurde ein Gericht eröffnet, um Koloniſten nach England zum Verhör zu ſchicken.

Demüthige und vernünftige Petizionen der Repräſentanten des Volkes wurden oft mit Verachtung behandelt; und Verſammlungen der Legislaturen wurden oft und willkührlich aufgehoben.

Aus einigen Beiſpielen wird leicht erhellen, auf was für gerechte Urſachen dergleichen Aufhebungen gegründet waren.

Als die Ruhe der Kolonieen von neuem durch die Statute vom Jahre 1767 geſtört war, tadelte der Staatsſekretär, Graf Hillsborough, in einem Briefe an den Guvernör Bernard, vom 22ſten April 1768, „die Verwegenheit des Hauſes der Repräſentanten, daß es ſo anſteckende Maaßregeln ergriffen habe, an die andern Kolonieen über ihre beabſichteten Vorſtellungen gegen einige neuliche Parlamentsakten zuſchreiben;" er erklärt darauf, „daß Seine Majeſtät dieſes Verfahren als eine offenbare Abſicht anſehe, eine unverantwortliche Auflehnung gegen die verfaſſungsmäßige Autorität des Parlamentes zu bewirken," endlich fügt er noch hinzu. — „Es iſt des Königs Wille, daß Sie, ſobald die Generalverſammlung wieder zu der im Freibriefe vorgeſchriebnen Zeit zuſammenkommt, im Namen Seiner Majeſtät von dem Hauſe der Repräſentanten verlangen, daß es die Reſoluzion wieder aufhebe, wodurch das Zirkelſchreiben des Sprechers

X 5

veranlaßt wurde; und daß Sie ein so rasches und
übereiltes Verfahren mißbilligen sollen."

„Wenn die neue Versammlung sich weigern sollte, des Königs billige Erwartung zu erfüllen, so ist
es des Königs Wille, daß sie dieselbe sogleich aufheben sollen."

Nachdem dieser Brief dem Hause vorgelegt war,
und die Resoluzion nicht dem Befehle gemäß zurück
genommen wurde, hob der Guvernör die Versammlung auf. Ein Brief gleichen Inhaltes wurde andern Guvernören überschickt, um die Beschlüsse aufzuheben, wodurch das Verfahren der Repräsentanten von Massachusetts-Bay gebilligt war; und wenn
die Versammlungen dies nicht bewilligen wollten,
wurden sie aufgehoben.

Diese Mandate waren in einer Sprache abgefaßt, die das Ohr engländischer Unterthanen seit
mehreren Generazionen nicht gehört hatte. Die
Macht und das Recht zu überlegen, ist ein wesentlicher Zweck einer Versammlung; aber diese Befehle,
die den Gebrauch des eignen Urtheiles über die Zu-
läßigkeit einer Anforderung verbannten, ließen der
Versammlung nur die Wahl zwischen einer befohlnen
Unterwerfung oder einer angedrohten Strafe; einer
Strafe, die durch keine andere Handlung verwirkt
war, als durch eine solche, die man selbst unter
Sklaven für unschuldig halten würde, — weil sie
sich zu Bittschriften vereinigten, um Abstellung solcher Beschwerden zu erhalten, die Alle gleich angingen.

Bald auf diese Ereignisse folgte in demselben
Jahre der feindliche und unverantwortliche Angriff
auf die Stadt Boston; obgleich diese Stadt, die
Provinz, in der sie liegt, und alle Kolonieen, aus
Abneigung gegen einen Streit mit dem Mutterstaate,
selbst die Ausübung solcher Statute zuließen, über
die sie sich gemeinschaftlich beklagt, und gegen die

sie Gegenvorstellungen und Bittschriften eingereicht hatten.

Die Administrazion, die den Geist der Freiheit, den englische Minister hätten unterstützen sollen, zu unterdrücken beschlossen hatte, überließ der Ostindischen Kompannie das Monopol, einen großen Vorrath von Thee nach diesem Welttheile zu senden; ein Artikel, auf welchen eine Abgabe durch ein Statut gelegt war, das ganz besonders Amerikas Freiheit beleidigte; daher die Kolonisten sich gegen die Einfuhr desselben verbanden. Die nach Süd-Carolina geschickte Ladung wurde in ein Magazin gelegt, und durfte nicht verkauft werden; die nach Philadelphia und New-York gesendete durfte nicht landen; die in Boston angelangte wurde verschüttet, weil sie der Guvernör Hutchinson nicht wieder zurück lassen wollte.

Als die Nachricht von diesen Vorfällen nach Großbritannien kam, wurde der Untergang jener, vom Gemeingeiste beseelten Stadt, beschlossen, und die Provinz, in der sie liegt, sollte ihr Schicksal mit ihr theilen. Es wurden daher in der letzten Sitzung des Parlamentes die Akten angenommen, wodurch der Hafen von Boston gesperrt, die Mörder der Einwohner von Massachusetts-Bay in Schutz genommen, und die auf einen Freibrief gegründete Verfassung umgestoßen werden sollte. Um diese Akten durchzusetzen, wurde diese Provinz von neuem von einer Flotte und von Landtruppen angegriffen.

Es bedarf nur der Erwähnung dieser Gewaltthätigkeiten, um sie einzusehen.. Denn, obgleich vorgegeben wurde, die Provinz Massachusetts-Bay habe sich besonders ungebührlich gegen Großbritannien betragen, so war doch in Wahrheit das Benehmen des Volkes in andern Kolonieen nicht minder „ein Widerstand gegen die vom Parlamente ange-

maßte Gewalt." Indeffen gefchah nicht ein Schritt
gegen die übrigen. Diefes liftige Verfahren hatte
verfchiedene Abfichten zum Grunde. Man erwar-
tet, die Provinz Maffachufetts-Bay werde zu ge-
waltfamen Handlungen gereizt werden, die den
übrigen Bewohnern diefes Landes mißfallen, oder
das Volk von Großbritannien dahin vermögen könnten, die ftudierte Rache eines unweifen und aufge-
brachten Minifteriums zu billigen.

Wenn die beifpiellofe Duldfamkeit diefer Provinz diefen Theil des Planes vereitelte, fo hoffte
man, daß die übrigen Kolonieen fich fo fehr würden
abfchrecken laffen, daß fie ihre Brüder, die für eine
gemeinfchaftliche Sache litten, verließen, und daß
fie dann getrennt alle unterjocht werden könnten.

Um diefen Zweck zu fördern, ergriff man noch
andere Maaßregeln. In der genannten Sitzung des
Parlamentes wurde die Regierung von Quebec durch
eine Akte umgeändert, wodurch die katholifche Religion, anftatt fie dem Friedenstraktate gemäß zu
toleriren, zur herrfchenden erhoben wurde. Das
Volk wurde ferner durch diefe Akte des Rechtes beraubt, eine Verfammlung zu halten: die Gefchwornen und die englifchen Gefetze wurden in Zivil-
Fällen abgefchafft, und anftatt derfelben wurden die
franzöfifchen Gefetze eingeführt; ein offenbarer
Bruch des in einer königlichen Proklamazion gege-
nen Wortes Seiner Majeftät, worauf fich viele en-
glifche Unterthanen verließen, und fich in jener Provinz anbauten. Endlich wurden auch die Gränzen
diefer Provinz durch diefe Akte fo erweitert, daß fie
den großen Landftrich in fich fchließen, der fich über
die nördlichen und weftlichen Gränzen diefer Kolonieen ausdehnt.

Die Urheber diefer willkührlichen Verfügungen
fchmeicheln fich, daß die Einwohner, wenn fie der

Freiheit beraubt, und gegen die Glaubensgenoſſen
einer andern Religion durch Liſt aufgewiegelt ſind,
die beſten Werkzeuge ſein werden, diejenigen unterjochen zu helfen, die durch die Regierungsverfaſſung
und durch die Religion von ihnen ſo verſchieden ſind.

Aus den hier aufgeſtellten Thatſachen, und aus
autentiſchen Nachrichten, iſt es außer Zweifel einleuchtend, daß man den Entſchluß gefaßt, und ihn
jetzt in Ausübung zu bringen begonnen hat, die
Freiheit dieſer Kolonieen zu vernichten, und ſie
einer despotiſchen Regierung zu unterwerfen.

In dieſer unglücklichen Periode wurden wir bevollmächtigt, uns zu verſammlen, und das Wohl
unſeres gemeinſchaftlichen Vaterlandes zu erwägen.
Wir übernahmen dieſes wichtige Geſchäft mit Mißtrauen gegen unſere Kräfte; wir haben es aber treu
zu verwalten geſucht. Obgleich der Zuſtand dieſer
Kolonieen andere Maaßregeln, als wir nahmen,
rechtfertigen könnte; ſo beſtimmten uns doch wichtige Urſachen, diejenigen zu ergreifen, denen wir
gefolgt ſind. Zuerſt ſchien es uns dem Charakter
dieſer Kolonieen, den ſie immer zeigten, angemeſ
ſen, ſelbſt mitten unter den unnatürlichſten Leiden,
und den größten Gefahren ihre Loyalität nicht zu
verleugnen; daher richteten wir noch einmal an Seine Majeſtät die Geſuche Ihrer treuen aber unterdrückten Unterthanen in Amerika. Zweitens, indem wir zu dem Volk des Königreiches, von welchem wir abſtammen, die zärtliche Zuneigung empfanden, die unter unſern Landesleuten ſo allgemein iſt, erwogen wir unſere Schritte in der Erwartung, einſt feſt überzeugt zu werden, daß ihm
die Koloniſten eben ſo theuer wären. Dieſe Provinzen und jenes Volk ſind durch ein geſelliges Band
verknüpft, welches wir immer zu erhalten ſo ſehn

lich wünschen, und welches nicht eher getrennt werden kann, als bis dieses Volk offenbar feindlich gegen uns gesinnt würde, oder es aus Unachtsamkeit
zuließe, daß so feindlich Gesinnte fortführen, mit
der Gewalt des Reiches die nachtheiligen Maaßregeln durchsetzen zu wollen, die bereits gegen die Kolonieen ausgeübt sind: so daß es also die Kolonisten
in eine solche Lage stürzte, daß sie jede andere Rücksicht, als die Selbsterhaltung außer Augen lassen
müßten. Ungeachtet der Heftigkeit, womit die
Plane betrieben wurden, ist die Sache doch noch
nicht so weit aufs Aeußerste getrieben. Wir sind
nicht geneigt, ihren schon beunruhigend schnellen
Gang zu beschleunigen; wir haben eine Methode der
Opposizion erwählt, die eine herzliche Aussöhnung
mit unsern Mitbürgern jenseit des Ozeans gar nicht
unmöglich macht. Wir bedauern innigst die dringende Nothwendigkeit, die uns zwingt, zu ihrem
Nachtheile die Handlungsverbindung mit ihnen aufheben zu müssen. Wir hoffen, sie werden uns von
jeder unfreundlichen Absicht gegen sie lossprechen,
wenn sie bedenken, daß wir eben so sehr darunter
leiden; daß wir durch gewaltsame Maaßregeln in
unerwartete und uns unbekannte öffentliche Unruhen
gestürzt sind; und daß wir für die Freiheit streiten,
die unsere Vorfahren so oft vertheidigt haben.

Das engländische Volk wird bald eine Gelegenheit haben, seine Gesinnung gegen uns zu erklären.
Wir setzen ein großes Zutrauen auf seine Rechtschaffenheit, Großmuth und sein richtiges Gefühl; und
wenn wir in die Vergangenheit zurückblicken, können wir uns nicht überzeugen, daß die Vertheidiger
einer ächten Religion, und der Rechte der Menschheit, gegen ihre sie liebenden protestantischen Mit-
brüder in den Kolonieen Parthei ergreifen würden,
um unsere offenbaren und ihre eignen heimlichen

Feinde zu unterstützen, deren Ränke seit mehrern
Jahren die Grundfeste der bürgerlichen und der Re-
ligionsfreiheit untergraben haben.

Noch ein Grund bewog uns zu der Methode,
durch die Handelssperre unsere Opposizion zu unterstützen. Wir sind überzeugt, daß sie wirksam sein
kann, wenn sie mit Treue und Bürgertugend befolgt wird; und wir bezweifeln es nicht, daß Ihr
nach so löblichen Grundsätzen handeln werdet. Eure
und Eurer Nachkommen Rettung hängt von Euch
selber ab. Ihr habt bereits bewiesen, daß Ihr das
Glück zu schätzen wißt, welches Ihr zu behalten
strebt. Gegen die einstweiligen Unbequemlichkeiten,
die Ihr durch die Handelssperre leiden möget, werdet Ihr das endlose Elend erwägen, das eine willkührliche Gewalt über Euch und Eure Nachkommen
bringen würde. Ihr werdet die Ehre Eures Vaterlandes nicht vergessen, das, nach Eurem Betragen, Ruhm oder Schande in den Augen der Welt erlangen wird; und Ihr werdet ernstlichst erwegen:
wenn die friedliche Art der Opposizion, die wir Euch
empfohlen haben, gebrochen, und unwirksam gemacht wird, wie Eure grausamen und hitzigen Feinde im Ministerium, aus einer verächtlichen Meinung von Eurer Standhaftigkeit, unverschämt vorher verkünden; so werdet Ihr unvermeidlich entweder zu einem weit gefährlicheren Kampfe, oder zu
einer verderblichen und schimpflichen Unterwerfung
gezwungen werden.

So dringende Gründe, die aus der Fülle Eurer unglücklichen Lage hervorgehen, müssen Euren Fleiß
und Euren Eifer aufs Aeußerste spannen, den fried-
lichen Mitteln zu Eurer Hülfe jeden nur möglichen
Nachdruck zu geben; aber wir halten uns verpflichtet, Euch zu sagen, daß die Plane gegen diese Kolonieen so geschmiedet sind, daß es der Klugheit

angemeſſen iſt, daß Ihr Euch auf traurigere Auf-
tritte gefaßt macht, und auf jeden Fall euch vorbe-
reitet. Vor allem bitten wir Euch ernſtlich, mit
demüthigem Geiſte, reuigem Herzen, und gebeſſer-
tem Wandel Euch vor dem allmächtigen Gott zu
beugen, und ſeine Gnade anzurufen. Inbrünſtig
bitten wir die Gottheit, Euch in ihren huldreichen
Schutz zu nehmen!" —

Der erſte Kongreß hob ſeine Sitzung am 26ſten
Oktober 1774 auf, und empfohl den Kolonieen, Mitglieder zu einem neuen Kongreſſe, zum 10ten Mai
1775, zu ernennen, wenn das Miniſterium von ſeinen Planen nicht abſtehen wollte. Fünf Monate
verfloßen in ängſtlicher Erwartung. Endlich landete
am 19ten April 1775 ein Packerboot zu Charlestown, welches die traurige Nachricht mitbrachte,
daß alle Ausſichten auf eine friedliche Ausſöhnung
verſchwunden wären. Das Miniſterium hatte ſich
zuerſt des Parlamentes auf eine ſo lange Friſt ver-
ſichert, in welcher es die Amerikaner bezwingen zu
können wähnte. Um das Unterhaus mit eben ſo ge-
fälligen Günſtlingen zu füllen, hob es das Parlament, welches der Verfaſſung gemäß nur noch ein
Jahr dauern konnte, plötzlich auf, ehe die Nachricht von dem Bündniſſe der Amerikaner gegen den
Handel, dem engliſchen Volke bekannt wurde; und
erſchlich dadurch eine neue Wahl ſolcher Mitglieder,
als es wünſchte, und als es weit ſchwerer hätte erkaufen können, wenn jene unangenehme Nachricht
ſchon bekannt geweſen wäre. Die Bittſchriften der
Amerikaner waren alſo vergebens. Der ehrwürdige
Franklin ſuchte vergebens mit ruhigen Gründen der
Vernunft den leidenſchaftlichen Stolz des Miniſte-
riums zu beſiegen. Selbſt Pitt, der keines Weges
ein blinder Verehrer der Koloniſten war, der ſogar
das Recht des Parlamentes, die Koloniſten in allen

Fällen

Fällen zu binden, nicht abstritt, sondern es vielmehr in einem mysteriösen Dunkel gehüllt lassen wollte, bemühte sich umsonst, einen Versöhnungsplan
dem Parlamente nur zur Ueberlegung vorlegen zu
dürfen. Beide standen als Märtyrer der Sache der
geruhigen Vernunft am ersten Februar 1775 vor
der Versammlung des Parlamentes, als Sand-
wich mit unedler Zunge ihrer zu lästern sich erfrechte.
Aber in demselbigen Augenblicke genoß der ge-
schmähte Buchdrucker von Philadelphia des schönsten Triumphes einer edlen und großen Seele. An
die Schranken der Versammlung gelehnt, brachte
er durch einen ruhigen unveränderten Blick seine er-
hitzten Gegner, die ihre Augen auf ihn richteten, außer Fassung; und der größte Staatsmann,
der England einst durch die drohendsten Gefahren
zum Ruhme geführt hatte, gestand vor der ganzen
Versammlung, daß er sich nicht schämen würde,
von einem Manne, wie Franklin, Belehrung über
Amerika anzunehmen. — Die Zahl der Vernünftigen war zu klein. Das Parlament beschloß,
die Amerikaner mit einer ähnlichen Handelssperre,
und mit dem Verbote der Fischerei an der Küste von
Neufundland zu bestrafen; und sie mit zehn tausend
Mann zu bezwingen.

An demselbigen Tage, an welchem das unglück-
verkündende Fahrzeug die Küste von Amerika er-
reichte, wurde auch das erste Bürgerblut bei Lexington vergossen. General Gage wollte die Magazine
bei Concord zerstören lassen, um die Einwohner von
der Bewaffnung abzuschrecken; aber die wachsamen
Massachusetter hatten einen kleinen Trupp ihrer Miliz dem königlichen Detaschement entgegen gestellt,
der den feindlichen Angriff abwarten sollte. Er er-
folgte, und die Miliz wehrte sich so verzweifelt, daß
sich die königlichen Truppen zurückziehen mußten.

Y

Die Nachricht von den Zurüstungen in England, und das Signal des Krieges, bei Lexington gegeben, beides zwang die Amerikaner, das System der Opposizion zu verändern, und zur Nothwehr zu schreiten. Man beschloß die gewaltsamen Maaßregeln des Ministeriums mit bewaffneter Hand zu verhindern; aber man beabsichtete nichts anders, als einen Vergleich mit Großbritannien unter gerechten Bedingungen (vom April 1775, bis zum Julius 1776.) Während der gewaltsame Widerstand in allen Kolonieen ausbrach, und die von England abgeschickten Truppen ankamen, versammlete sich der Kongreß zum zweitenmale (am 10ten May 1775.) und faßte den Entschluß, noch einmal durch Bittschriften den Weg des Rechtes zu suchen; aber auch zugleich eine Armee zu errichten, die den Vorstellungen Nachdruck geben könnte. Der Kongreß überschickte also dem Könige durch eine Deputazion folgende bescheidene Vorstellung, die Dickinson aufgesetzt hatte, und die am 8ten Julius 1775 vom Kongresse bestätigt wurde.

Huldreichster Monarch!

„Wir, Ew. Majestät Unterthanen der Kolonieen New-Hampshire u. s. w. erbitten uns in unserm Namen, und im Namen der Einwohner dieser Kolonieen, die uns abgeordnet haben, sie im Generalkongresse zu repräsentiren, Ew. Majestät gnädige Aufmerksamkeit, auf diesen unseren demüthigen Gesuch.

Die Einigkeit zwischen unserm Vaterlande und diesen Kolonieen, und die Kraft einer milden und gerechten Regierung, erzeugten so auffallend wichtige Vortheile, und sicherten ihre Dauer und ihren Wachsthum so sehr, daß andere Nazionen Erstau-

nen und Neid fühlten, als fie Großbritannien zu
einer fo beifpiellofen Macht empor wachfen fahen.

Indem feine Neider bemerkten, daß diefe glückliche Verbindung wahrfcheinlich nicht durch bürgerliche Zwietracht zerftört werden könnte, und indem
fie ihre künftigen Wirkungen fürchteten, wenn fie
länger ungeftört bliebe, befchloßen fie den beftändi-
gen und furchtbaren Wachsthum des Reichthumes
und der Macht derfelben dadurch zu verhindern, daß
fie der Vergrößerung derjenigen Niederlaffungen,
von welchen jener Reichthum und jene Macht ent-
fprangen, Gränzen fetzten.

Bei der Ausführung diefes Verfuches entfprach
der Erfolg den Abfichten fo wenig, daß jeder Freund
der Vortheile Großbritanniens und diefer Kolonieen
die angenehme und gegründete Erwartung hegte,
das die Wirkungen der bisherigen Eintracht neue
Kraft und Stärke durch die Vergrößerung des Gebietes der Krone, und die weitere Entfernung alter
und kriegerifcher Feinde erhalten würde.

Nach dem Schluffe des letztern Krieges, des
glorreichften und vortheilhafteften, der je von brittifchen Waffen geführt wurde, zu deffen glücklichem
Erfolge Ihre treuen Kolonisten durch fo wiederholte
und thätige Anftrengungen mitwirkten, daß Seine
Majeftät der verftorbene König und das Parlament
öfters Ihren Beifall darüber bezeugten; nach die-
fem Kriege hofften die Kolonisten, daß auch fie mit
dem ganzen brittifchen Reiche den Seegen des Friedens theilen, und des Vortheiles des Sieges und der
Eroberung mitgenieffen würden.

Indem die neuen und ehrenvollen Zeugniffe ihrer
Verdienfte in den Tagebüchern und Akten jener erhabnen Legislatur, des Parlamentes, durch keine
Befchuldigung, oder felbft nur durch den Verdacht
einer Beleidigung verunftaltet, aufbewahrt wurden;

Y 2

begann ein neues Syſtem von Statuten und Verordnungen, nach welchen die Kolonieen verwaltet
werden ſollten, ſie zu beunruhigen, und ſie mit pei-
nigender Furcht und mit Mißtrauen zu erfüllen. Zu
ihrem größten Erſtaunen ſahen ſie plötzlich auf einen
auswärtigen Krieg einheimiſche Gefahren folgen, die
ſie für weit bedenklicher hielten.

Dieſer Kummer konnte keinesweges durch den
Gedanken vermindert werden, daß dies neue Syſtem zur Wohlfarth des Mutterſtaates abzwecke.
Denn, wenn gleich die Kolonieen die Folgen deſſelben unmittelbarer fühlen mußten; ſo ſchien doch
auch Großbritanniens Handel und Wohlſtand darunter zu leiden,

Wir fliehen das unangenehme Geſchäft, die
mannichfaltigen Kunſtgriffe, die von einigen Mini-
ſtern Eurer Majeſtät angewendet wurden; die täu-
ſchenden Vorſpiegelungen, die vergeblichen Schreck-
mittel, und die unnütze Strenge, womit ſie ihren
unpolitiſchen Plan durchzuſetzen verſuchten, zu
ſchildern; oder nach einer Folge von Jahren die
Fortſchritte des unglücklichen Streites zwiſchen
Großbritannien und dieſen Kolonieen, der aus dieſer unglücklichen Quelle entſprang, zu entwickeln.

Indem Eurer Majeſtät Miniſter auf ihren Plan
beſtanden, und ihn durch offenbare feindliche Angriffe durchſetzen wollten; zwangen ſie uns, die Waffen zu unſerer Vertheidigung zu ergreifen, und
verwickelten uns in einen Streit, welcher den Nei-
gungen Ihrer noch immer treuen Koloniſten ſo ſehr
widerſpricht, daß wir unſer eignes Mißgeſchick nur
als einen Theil unſeres Unglückes anſehen, wenn
wir bedenken, wem wir uns bei dieſem Streite wi-
derſetzen müſſen, und was die Folge ſein werde,
wenn er fortdauert.

Wenn wir erwägen, wie bürgerliche Zwietracht

die streitenden Partheien zu glühender Rache und unheilbaren Erbitterungen anfeuert; so halten wir es für unsere Pflicht, gegen Gott, gegen Ew. Majestät, gegen unsere Mitbürger, und gegen uns selbst, alle Mittel, die nur nicht unserer Sicherheit zuwider sind, anzuwenden, um das fernere Blutvergießen zu verhindern, und das bevorstehende Unglück, das dem brittischen Reiche drohet, abzuwenden.

Da wir also aufgefordert sind, uns wegen einer Angelegenheit von solcher Wichtigkeit für Amerika, und wahrscheinlich für das ganze brittische Reich, an Ew. Majestät zu wenden, so wünschen wir ernstlich, uns dieses Auftrages mit der größten Ehrerbietung gegen Ew. Majestät zu entledigen; wir bitten daher, daß Ew. Majestät königliche Großmuth und Wohlwollen unsre Aeußerungen über eine so ungewöhnliche Gelegenheit günstig auslegen wolle. Könnten wir die Gefühle in ihrer vollen Kraft schildern, welche die Herzen Ihrer treuen Unterthanen empören, so würden Ew. Majestät jede scheinbare Abweichung unserer Sprache, oder selbst unserer Handlungen, von der gebührenden Achtung, nicht einer tadelswürdigen Absicht, sondern allein der Unmöglichkeit zuschreiben, den gewöhnlichen Anstand der Hochachtung mit der gerechten Aufmerksamkeit auf unsere eigene Erhaltung gegen die listigen und grausamen Feinde zu vereinbaren, die Ew. Majestät Zutrauen und Gewalt mißbrauchen, um unsern Untergang zu bewirken.

Ew. Majestät Person, Familie und Regierung mit aller der Achtung ergeben, die Grundsätze und Zuneigung nur einflößen können, mit Großbritannien durch die stärksten Bande der Gemeinheit verbunden, und traurig über jede Begebenheit, welche sie zu zerreissen drohet, versichern wir feierlich Ew.

Majestät: daß wir nicht nur wünschen, daß die ehemalige Harmonie zwischen dem Mutterlande und
diesen Kolonieen wieder hergestellt, sondern daß
auch die Eintracht auf eine solche Grundfeste aufgebauet werden möge, daß sie den Seegen derselben,
durch keinen Streit unterbrochen, den künftigen Generazionen beider Länder überliefere, und den Namen Ew. Majestät mit dem ausgezeichneten und
dauerhaften Ruhme verherrliche, der das Andenken
jener erhabenen Personen begleitet, deren Tugenden
und Talente Staaten aus gefährlichen Verzuckungen retteten, und die sich selber das edelste und
dauerhafteste Denkmal ihres Rufes stifteten, indem
sie das Glück anderer sicherten.

Wir bitten um Erlaubniß, Ew. Majestät verst
chern zu dürfen, daß wir, ungeachtet der Leiden,
welche Ihre treuen Kolonisten während des gegenwärtigen Streites erdulden mußten, eine zu zärtliche Achtung für das Königreich, von welchem wir
abstammen, hegen, als daß wir eine solche Aussöhnung verlangen sollten, die auf irgend eine Art der
Würde, oder der Wohlfarth desselben widerspräche.
Diese zu unterstützen und zu befördern, befielt uns
Ehre und Pflicht, so wie unsere Zuneigung als Verwandte; und, wenn nur einst die Furcht, die unsere Herzen mit unaussprechlichem Kummer niederbeugt, gehoben sein wird, dann werden Ew. Majestät Ihre treuen Unterthanen auf diesem festen Lande zu jeder Zeit so bereit und willig finden, wie sie
es bisher immer gewesen sind, die Rechte und das
Interesse Ew. Majestät, und unseres Vaterlandes,
mit ihrem Leben und ihrem Vermögen aufrecht zu
erhalten und zu vertheidigen.

Wir bitten daher, daß Ew. Majestät Ihre königliche Gewalt huldreich dazu gebrauchen möge,
uns von der schmerzlichen Furcht und dem Mißtrauen

zu befreien, welches durch das genannte System erweckt ist, und in allen Theilen Ihres Reiches den
Frieden wieder herzustellen, indem wir demüthigst
es Ew. Majestät weisen Ueberlegung unterwerfen,
ob es nicht zur Erreichung dieser wichtigen Zwecke,
dienlich sei, daß es Ew. Majestät gefallen möge, die
Mittel vorzuschreiben, wodurch die vereinten Bitten
Ihrer treuen Kolonisten, die nach gemeinschaftlicher
Berathschlagung dem Throne vorgelegt worden, zu
einer glücklichen und dauerhaften Ausgleichung gebracht werden könnten; und daß indessen Maaßregeln ergriffen werden mögen, wodurch das Leben der
Unterthanen Ew. Majestät vor fernern Gefahren
gesichert werde; und daß endlich die Statute, die
unmittelbar eine von Ew. Majestät Kolonieen ins
Unglück stürzen, aufgehoben würden.

Wenn Ew. Majestät solche weise Einrichtungen
treffen, wodurch Ihr amerikanisches Volk wieder zu
einem Sinne vereinigt wird: so sind wir überzeugt,
daß Ew. Majestät genugthuende Beweise von der
Gesinnung der Kolonisten gegen ihren Souverän und
ihr Vaterland erhalten werden, indem sie, jede ge-
wünschte Gelegenheit zu ergreifen bereit sind, die Aufrichtigkeit ihrer Versicherungen durch jeden Beweis
der Ehrfurcht, die den treuesten Unterthanen und
den ergebensten Kolonisten geziemet, an den Tag zu
legen.

Mit aufrichtigem Herzen wünschen wir, daß
Ew. Majestät einer langen und glücklichen Regie-
rung genießen, und daß Ihre Nachkommen Ihr
Reich zu Ihrer eignen Ehre und zum Glücke Ihrer
Unterthanen regieren mögen." —

Zugleich, mit dieser Bittschrift an den König,
überschickte auch der Kongreß eine zweite Adresse an
das Volk von Großbritannien.

Freunde, Landesleute und Brüder!

„Bei diesem Aufrufe, und bei allen Banden, die uns mit einander verknüpfen, bitten wir Euch, auf unsern zweiten Versuch, eine Auflösung derselben zu verhindern, ernstlich zu achten. Rückerinnerung an ehemalige Freundschaft, Stolz auf die rühmvollen Thaten unserer gemeinschaftlichen Vorfahren, und Liebe für die Erben ihrer Tugenden, haben bisher unsere gegenseitige Verbindung aufrecht erhalten: wenn aber diese Freundschaft durch die gröbsten Beleidigungen verletzet wird; wenn der Stolz auf die Vorfahren uns zum Vorwurfe wird, und wir nur als Tyrannen und Sklaven verbunden sein sollen; wenn wir in die traurige Nothwendigkeit versetzt werden, Eure Gunst oder unsere Freiheit zu verlieren; können wir dann noch über die Wahl zweifelhaft bleiben? Laßt den Geist der Britten entscheiden.

In unserer ersten Addresse behaupteten wir unsere Rechte, und zählten die erlittenen Beleidigungen auf. Wir hofften, daß die Darstellung unserer Leiden den edlen Unwillen erwecken würde, der nur zu lang für Eure Ehre und für das Wohl des Reiches geschlummert hat. Aber diese süße Hoffnung ward uns benommen. Jeder Tag häufte neue Beleidigungen, und das Ministerium strengte unablässig seine Erfindungskraft an, das Elend Eurer amerikanischen Brüder zu vermehren.

Nachdem das schätzbarste Recht der Gesetzgebung verletzt war; nachdem die Gewalt, die sich Euer Parlament, in welchem wir nicht repräsentirt sind, und es wegen unserer örtlichen und anderer Umstände nicht füglich sein können, anmaßt, unser Eigenthum in Gefahr brachte; nachdem uns die Art der gerichtlichen Entscheidung, der wir so lange die

Sicherheit unserer Person und unsere Freiheit ver-
dankten, genommen wurde; nachdem wir auf man-
nichfaltige Art der Gesetze, die uns unsere gemeinschaftlichen Vorfahren hinterlassen hatten, beraubt,
und einem willkührlichen, unter römischen Tyrannen zusammen gerafften, Gesetzbuche unterworfen
wurden; nachdem die Freibriefe, die unsere Vorfahren aufgemuntert hatten, dem Tode und allen
Arten von Gefahren, auf unbekannten Meeren,
in unerforschten Wüsten, mitten unter Barbaren
und unfreundlichen Völkern, die Spitze zu bieten,
vernichtet waren; nachdem, ohne Form eines Prozesses, ohne öffentliche Anklage, ganze Kolonieen
verurtheilt, ihr Handel zerstöret, ihre Einwohner
in Armuth gestürzt worden; nachdem Soldaten,
durch Zusicherung der Straflosigkeit, angereizt wurden, ihre Hände mit dem Blute der Amerikaner zu
färben; nachdem neue Arten von Prozessen zum
Verderben der Angeklagten eingeführt sind, bei welchen die Anklage mit allen Schrecken der Ueberführung begleitet wird; nachdem in einer benachbarten
Provinz eine despotische Regierung errichtet, und
die Gränzen dieser Provinz bis zu den unsrigen ausgedehnt worden; da glaubten wir nicht, daß noch
irgend etwas zu dem schwarzen Verzeichnisse unver-
dienter Beleidigungen hinzugefügt werden könnte:
aber wir haben uns sehr geirrt, und die neulichen
Maaßregeln des brittischen Ministeriums überzeugen uns deutlich, daß es diese Kolonieen in Sklaverei und Unglück zu stürzen beabsichte.

Laßt uns, um diese Behauptung zu beweisen,
Eure Aufmerksamkeit auf Amerika's Angelegenheiten, seit unserer letzten Addresse, hinlenken. Laßt
uns die Verläumdungen unserer Feinde widerlegen;
und laßt uns Euch vor den Gefahren warnen, die
Euch in unserm Untergange drohen. Viele Eurer

Y 5

Mitunterthanen, denen ihre Lage jeden andern
Nahrungszweig versagte, suchten ihren Unterhalt
auf der See; da aber der Verlust unserer Freiheit
nicht genugsam die Rache unserer Feinde sättigen
konnte, wurden noch die Schrecken des Hungers
hinzugefügt, und ein brittisches Parlament, das
sonst in bessern Zeiten die Unschuld beschützte, und
die Menschheit unterstützte, hat Tausenden, ohne
Unterschied des Alters oder Geschlechtes, ihre Nah-
rung genommen, die sie aus der unerschöpflichen
Quelle zu schöpfen gewohnt waren, welche der wohlthätige Schöpfer in ihre Nachbarschaft hin verlegt hatte.

Eine andere Akte Eurer Legislatur verschließt unsere Hafen, und verbietet uns, mit irgend einem
andern Staate zu handeln, als mit demjenigen,
dessen Handel gegenwärtig zu entsagen, uns das
große Gesetz der Selbsterhaltung unumgänglich
nothwendig machte. Aber diese Akte, was auch
ihre Absicht sein mag, halten wir vielmehr Eurem
Reichthume, als unserem Vortheile schädlich. Unser ganzer Handel floß Euch zu; die Vortheile, die
wir uns von andern Nazionen verschafften, wurden
für Euren Ueberfluß ausgetauscht. Hört unser Handel auf, so können wir nichts mehr remittiren; und
wenn uns nichts mehr zufließt, so müssen wir allen
Bequemlichkeiten entsagen. Wir sind indessen überzeugt, daß Gesetze, die uns jedes andern Segens
berauben, außer des Bodens, der uns die nothwendigsten Bedürfnisse des Lebens hergiebt; und der
Freiheit, die uns den Genuß derselben zusichert, unsern Muth, sie zu vertheidigen, nicht lähmen wird.

Wir könnten hier über die Grausamkeit und
Unbeständigkeit derjenigen Betrachtungen anstellen,
die, indem sie uns öffentlich mit schmählichen und
unwürdigen Beinamen brandmarken, es versuchen,

uns die Mittel der Vertheidigung durch ihre Unterhandlungen mit auswärtigen Mächten zu benehmen,
und uns der gesetzlosen Wuth unbarmherziger Soldaten preis zu geben. Aber glücklicher Weise sind
wir nicht ohne Hülfsquellen; und wenn gleich die
furchtsamen und erniedrigenden Gesuche eines britt-
schen Ministeriums bei auswärtigen Nationen Eingang finden sollten, so wird uns doch unser eigner,
durch die Nothwendigkeit angetriebner Fleiß, nicht
ohne die nöthige Unterstützung lassen.

Wir wünschten, daß wir nicht weiter gehen,
nicht das Ohr der Menschlichkeit beleidigen, und
nicht die gewaltsamen Handlungen erzählen dürften,
die täglich in der Stadt Boston ausgeübt werden;
aber wir hoffen noch, daß Ihr diese Thaten für
ungerecht erklären, die Thäter bestrafen, und dadurch die Ehre des brittischen Namens retten, und
die verletzten Gesetze der Gerechtigkeit wieder herstellen werdet.

Diese einst volkreiche und blühende Handelsstadt
ist jetzt von einer Armee besetzt, die nicht dazu abgeschickt ist, ihre Einwohner zu beschützen, sondern
sie zu Sklaven zu machen. Die bürgerliche Regierung ist umgestürzt, und ein militärischer Despotismus ist auf ihre Trümmer errichtet. Gegen Gesetze und Recht wird eine verfassungswidrige Gewalt
ausgeübt. Das Privat-Eigenthum ist unrecht-
mäßig angetastet. Die Einwohner, täglich der Zü-
gellosigkeit der Soldaten preißgegeben, dürfen sich
nicht entfernen, ihrer natürlichen Rechte und der
feierlichsten Verträge ungeachtet. Wenn sie ja nach
langen Unterhandlungen einen Paß erhalten, werden doch ihre Effekten zurückgehalten, und selbst diejenigen, die noch am meisten begünstigt werden, haben nur die Wahl zwischen Armuth und Sklaverei.
Das Elend vieler Tausende, die muthwillig der

Bedürfnisse des Lebens beraubt worden, möchten wir hier nicht schildern.

Doch können wir nicht umhin, zu bemerken, daß eine brittische Flotte, die selbst nicht durch Akten Eurer Gesetzgebung gerechtfertiget wird, täglich beschäftigt ist, unsern Handel zu zerstören, unsere Schiffe wegzunehmen, ganze Gemeinheiten ihres täglichen Brodes zu berauben. Achtung für Eure Ehre erlaubt uns nicht, es zu verschweigen, wie brittische Truppen Euren Ruhm durch Handlungen, welche die erbittertste Feindschaft bei zivilisirten Völkern nicht entschuldigen kann, durch die muthwillige und unnütze Zerstörung der großen, alten, einst so volkreichen Stadt Charlestown, deren Einwohner vor der Wuth Eurer Truppen geflohen waren, beschimpften.

Wenn Ihr noch die Gefühle des Mitleids, wodurch die Britten sich immer auszeichneten, nicht verleugnet habt; wenn die Menschlichkeit, welche die Tapferkeit unserer gemeinschaftlichen Vorfahren einst mäßigte, noch nicht in Grausamkeit ausgeartet ist; so werdet Ihr das Elend ihrer Nachkommen beklagen.

Welchen Ursachen sollen wir diese Behandlung zuschreiben? Ist es ein geheimer Grundsatz der Verfassung, so nennt ihn uns; zeigt uns, daß die Regierung, die wir so lang verehrten, nicht ohne Fehler ist, und daß sie, indem sie einem Theile des Reichs Freiheit gewährt, den andern nothwendig in Sklaverei stürzt. Wenn solch ein Grundsatz da ist, warum hat er Jahrhunderte lang seine Wirkung nicht gezeigt? Warum wird er jetzt in Ausübung gebracht? Oder kann kein Grund für dieses Verfahren angeführt werden? Muß es der muthwilligen Ausübung einer willkührlichen Gewalt zugeschrieben werden? Und sollen sich die Nachkommen der Britten

derselben blind unterwerfen? Nein, Ihr Herrn!
Das werden wir nicht! so lang wir das Andenken
unserer tapfern und biedern Vorfahren verehren,
können wir nicht die rühmlichen Privilegien aufopfern, wofür sie fochten, bluteten, und siegten. Gesetzt, Eure Flotten könnten unsere Städte zerstören,
und unsere Küste verwüsten; das sind geringe Gegenstände; Dinge ohne Gewicht bei Menschen, in
deren Busen das Feuer der Freiheit glüht. Wir
können uns vor den Kanonen Eurer Flotte zurückziehen; und, ohne eine merkliche Abnahme der Bedürfnisse des Lebens, einer Wollust genießen, die
Ihr von dem Augenblicke an entbehren müßt; der
Wollust frei zu sein.

Wir kennen die Macht Eurer Waffen; und wäre
sie für die Sache der Gerechtigkeit und Eures Vaterlandes ins Feld gestellt, so würden wir sie fürchten; aber werden Britten unter den Fahnen der
Tyrannei fechten? Werden sie den Bemühungen
ihrer Vorfahren entgegen arbeiten, und ihre Siege
entehren? Werden sie Ketten für ihre Nachkommen
schmieden? Wenn sie sich zu diesem unwürdigen Geschäfte erniedrigen, wird dann ihr Schwert seine
Schärfe, werden ihre Waffen ihre alte Kraft behalten? Britten können nie das Werkzeug der Unterdrückung werden, bis sie den Geist der Freiheit
verlieren, wodurch sie allein unüberwindlich sind.

Unsere Feinde beschuldigen uns des Aufruhres.
Worin besteht er? In unserer Weigerung, uns den
unverantwortlichen Akten der Ungerechtigkeit und
Grausamkeit zu unterwerfen? Ist es dies, so zeigt
uns eine Periode Eurer Geschichte, in welcher Ihr
nicht eben so aufrührisch gewesen wäret.

Wir werden angeklagt, daß wir nach der Unabhängigkeit strebten; aber womit ist diese Beschuldigung bewiesen? Durch Behauptungen Eures Mini-

steriums, nicht durch unsere Handlungen. Gemiß,
handelt, beleidigt, verachtet, was für Schritte
thaten wir, um Abstellung zu erhalten? Wir legten
unsere pflichtmäßigen Gesuche dem Throne vor. Wir
wendeten uns an Eure Gerechtigkeit, um Hülfe zu
erlangen. Wir haben unsern Luxus eingeschränkt,
und dem Handel entsagt.

Die Vortheile unseres Handels waren Entschädigungen für Euren Schutz; als Ihr uns denselben
entsagtet, wofür sollten wir Euch entschädigen?

Was war der Erfolg unserer Versuche? Die
Huld unseres Souveräns wurde uns unglücklicher
Weise entzogen; unsere Gesuche wurden mit Verachtung aufgenommen; unsere Bitten mit Beleidigungen beantwortet. Unsere Vorstellung an Euch
blieb unbemerkt, und ließ uns die traurige Vermuthung, daß Ihr entweder keinen Willen, oder keine
Macht hättet, uns zu helfen.

Und was haben wir selbst unter diesen Umständen für Maaßregeln ergriffen, die ein Verlangen
nach Unabhängigkeit verriethen? Haben wir die
Hülfe der auswärtigen Mächte gesucht, die Neben-
buhler Eurer Größe sind? Als Eure Truppen noch
schwach und vertheidigungslos waren, nutzten wir
da ihre Lage, um sie aus unsern Städten zu vertrei-
ben? Oder ließen wir sie sich verschanzen, neue
Hülfe und neue Stärke erwarten?

Laßt Euch nicht von Euren und unsern Feinden
überreden, daß uns Furcht, oder irgend ein anderer
unwürdiger Bewegungsgrund dazu bestimmte. Das
Leben der Britten ist uns noch theuer. Sie sind die
Kinder unserer Eltern, und eine ununterbrochne
Reihe gegenseitiger Vortheile hat die Bande der
Freundschaft festgeknüpft. Als Feindseligkeiten angefangen, als wir neulich muthwillig von Euren Truppen angegriffen wurden; schlugen wir

zwar ihren Angriff zurück, und erwiederten ihre
Streiche, aber wir beklagten die Wunden, die sie
uns ihnen zu schlagen gezwungen hatten; noch haben
wir nicht gelernt, uns über einen Sieg über Engländer zu freuen.

Da wir unsere Handlungen nicht verschönern,
nicht unsere Gedanken verstellen mögen, so wollen wir,
in der einfachen Sprache der Wahrheit, die Maaßregeln, die wir befolgten, die Gründe, nach denen
wir handelten, und unsere künftige Absichten Euch
sagen.

Als unser neulicher Gesuch vor dem Throne
nichts anderes, als neue Beleidigungen, und Stimmen Eurer Gesetzgebung, die jede Strenge recht-
fertigten, bewirkte; als Eure Flotten und Truppen
bereit waren, uns unser Eigenthum zu nehmen, und
uns der Freiheit und des Lebens zu berauben; als
die feindlichen Angriffe des General Gage seine Absichten bewiesen: ergriffen wir die Waffen zu unserer Sicherheit und Vertheidigung. Als die dem
Gouvernör von Canada verliehene Gewalt uns von
dieser Seite Gefahren befürchten ließ, und uns
häufig angezeigt wurde, daß man einen grausamen
und wilden Feind auf die vertheidigungslosen Einwohner an unsern Gränzen loslassen würde: ergriffen wir solche Maaßregeln, als die Klugheit gebot,
und die Nothwendigkeit rechtfertigen kann. Wir
nahmen von Crown-Point und Ticonderoga Besitz.
Aber, erlaubt uns, Euch feierlichst zu versichern,
daß wir noch nicht den Gegenstand, den wir immer
beabsichteten, aus den Augen ließen, die Aussöhnung mit Euch nach verfassungsmäßigen Grundsätzen,
und die Wiederherstellung der freundschaftlichen Verbindung, die wir, zu beiderseitigem Vortheile,
bis vor einiger Zeit unterhielten.

Die Einwohner dieses Landes beschäftigen sich

hauptsächlich mit Ackerbau und Handel. Da ihre Lebensweise und ihre Sitten den Eurigen gleichen, so mußte ihnen der Handel mit Euch die Bequemlichkeiten und Luxusartikel verschaffen, wofür sie den Ertrag ihrer Arbeit hingaben. Der Reichthum dieses großen Landes fließt zu Euch zurück; und unser Handel ist so eingerichtet, daß er nur Eurem Vortheile fröhnt. Ihr seid zu billig, um noch zu erwarten, daß wir auch durch Auflagen zu Euren Ausgaben beisteuern sollten; um zu glauben, daß die Ströme mit gleicher Kraft fließen können, wenn die Quellen abgeleitet werden.

Man hat behauptet, wir wollten uns nicht den Einschränkungen des Handels unterwerfen. Woher diese Beschuldigung? Nicht aus unsern Worten, da wir so oft das Gegentheil erklärt haben; und wir bekennen nochmals unsere Unterwerfung unter die Akten über Handel und Schiffarth, die vor dem Jahre 1763 gegeben sind, indem wir uns auf die Billigkeit und Gerechtigkeit des Parlamentes verlassen, daß diejenigen dieser Akten, die nach einer kalten und unpartheiischen Ueberlegung als solche befunden werden, die uns unnöthige oder drückende Einschränkungen auflegen, in einer glücklichern Periode aufgehoben oder geändert werden. Wir willigen gern in die Gültigkeit solcher Akten des brittischen Parlamentes, die sich nur auf Einrichtung unseres äußeren Handels beschränken, um die Handlungsvortheile des ganzen Reiches, und seiner respektiven Glieder, dem Mutterlande zuzusichern; doch mit Ausschließung jedes Gedankens an innere oder äußere Beschatzung, um von den Unterthanen in Amerika eine Abgabe ohne ihre Einwilligung zu heben.

Man sagt, wir trügen nichts zur gemeinschaftlichen Vertheidigung bei. Hierauf antworten wir,

daß

daß die Vortheile, die Großbritannien vor dem Monopole unsers Handels erlangt, unsern Theil der dazu nöthigen Ausgaben weit übertreffen. Sollte aber der Ertrag nicht hinlänglich sein, so hebt die Einschränkungen unseres Handels auf, und wir wollen gern unsern Theil beitragen, wenn er verfassungsmäßig gefordert wird.

Es ist ein Fundamentalgrundsatz der brittischen Konstituzion, daß jeder Bürger wenigstens durch Repräsentazion einen Antheil an der Bildung der Gesetze, durch die er gebunden wird, haben soll. Wäre es auch nicht so, so würde doch die Anordnung unserer innern Regierung durch ein brittisches Parlament, welches mit unsern örtlichen Umständen unbekannt ist, und es immer bleiben wird, stets unpassend, oft unterdrückend sein, indem sie uns schadete, ohne Euch einen möglichen Vortheil zu verschaffen.

Euer Ministerium hat unsern respektiven Versammlungen einen Beilegungsplan, wie er lächerlicher Weise genannt wurde, vorgelegt. Wäre dieser Vorschlag auch von jedem andern Vorwurfe, außer daß er zur Unzeit angeboten wurde, frei, so würden doch noch viele Einwendungen dagegen zu machen sein. Können Menschen überlegen, wenn ihnen das Bayonet auf die Brust gesetzt ist? Können sie frei unterhandeln, wenn ihre Städte geplündert werden; wenn tägliche Beweise der Ungerechtigkeit und Unterdrückung die freien Wirkungen der Vernunft hemmen?

Wenn dieser Vorschlag wirklich so wäre, als Ihr ihn anbieten wolltet, und wir annehmen könnten, warum ward er verzögert, bis die Nazion zu unnützen Kosten gezwungen ward, und wir in diesen traurigen Zustand gestürzt wurden? Wenn er aber zu nichts zweckt, warum ward er angetragen? Was

3

es nicht, um Euch zu dem Glauben zu verleiten, daß wir gar keinen Bedingungen einer Aussöhnung Gehör geben wollten? Aber was hat man uns zu überlegen vorgeschlagen? Wir streiten wegen des Rechtes, über unser Eigenthum zu disponiren. Man sagt uns, daß unsere Forderung unbillig sei; daß unsere Versammlungen das Geld wohl einsammlen könnten, aber daß sie zugleich hergeben müßten, nicht was Eure oder unsere Bedürfnisse erfordern, sondern so viel, als hinreicht, die Forderungen eines Ministers zu befriedigen, und ihn in den Stand zu setzen, für Günstlinge und Klienten zu sorgen. Ein Rückblick auf Eure Schatzkammer wird Euch überzeugen, wie wenig von dem Gelde, das bereits von uns erpreßt ist, zur Hülfe Eurer Lasten angewendet wurde. Zu glauben, daß wir nach dem Schatten greifen, und das Wirkliche aufgeben würden, das heißt zu Beleidigungen noch Hohn hinzufügen.

Wir haben demungeachtet noch einmal unserm Souverän einen demüthigen und pflichtmäßigen Gesuch überreicht; und haben, um jede Beschuldigung der Hartnäckigkeit zu entfernen, Seine Majestät gebeten, ein Mittel anzuzeigen, wodurch die vereinten Gesuche Ihrer treuen Kolonisten zu einer glücklichen und bleibenden Aussöhnung verbessert werden könnten. Wir sind bereit, uns auf solche Bedingungen einzulassen, wodurch allein eine dauernde Aussöhnung bewirkt werden kann; und wir schmeicheln uns, daß auf diese unsere friedliche Bemühungen auf der einen Seite die Entfernung der Ministerialtruppen, und die Aufhebung der Gesetze, worüber wir klagen, auf der andern aber die Entlassung unserer Armee, und die Aufhebung der Handlungssperre, erfolgen möge.

Aber schließt nicht hieraus, daß wir Willens wären, unser Eigenthum in die Hände Eures Mi-

nisteriums zu geben, oder Eurem Parlamente eine
Gewalt zu lassen, die zu unserm Verderben ge-
reichte. Wir haben gewünscht, die großen Schutz-
wehren unserer Verfassung durch gemäßigte und
friedliche Mittel zu erhalten; aber Eure Minister,
welche die brittische und amerikanische Freiheit gleich
anfeinden, haben zu ihren vorigen Unterdrückungen
noch den Versuch hinzugefügt, uns mit dem Schwert
zur niedrigen verächtlichen Unterwerfung zu zwingen.
Wir sind also gezwungen, unsere Hülfe mit dem
Schwerte zu suchen. Sollte sich auch der Sieg einst
für Euch erklären, so werden doch Männer, die von
Kindheit an in Waffen geübt, und von Liebe zur
Freiheit begeistert sind, den Sieg Euch nicht leicht
und wohlfeil lassen. Darüber sind wir wenigstens
gewiß, daß unser Kampf in dieser Rücksicht ruhmvoll, und dieser Erfolg gewiß sein wird; da wir im
Tode die Freiheit finden werden, die Ihr uns im Leben zu genießen versagtet.

Laßt uns nun fragen, was Euch für Vortheile
daraus entspringen werden, wenn Ihr uns bezwingt?

Der Handel eines vernichteten verwüsteten Landes ist immer unbeträchtlich, und die Einkünfte aus
demselben sind gering; die Kosten, um es zu bezwingen, und in der Unterwerfung zu erhalten, sind gewiß, und unvermeidlich. Was bleibt also sonst, als
die Befriedigung eines falschen Stolzes, oder die
Hoffnung, uns gegen Eure eigne Freiheit zu gebrauchen?

Söldaten, die ihr Schwert in das Blut ihrer
amerikanischen Brüder getaucht haben, werden es
eben so willig auch gegen Euch ziehen. Wenn es zu
spät ist, werdet Ihr den Verlust der Freiheit beklagen, die zu erhalten, weil es noch Zeit ist, wir
Euch auffordern.

Sollte es Euch aber nicht gelingen; sollte die

Z 2

Verbindung, die wir so sehnlich wünschen, aufge-
löst werden; sollten Eure Minister Euren Schatz
erschöpfen, und das Blut Eurer Landesleute bei
vergeblichen Versuchen gegen unsere Freiheit ver-
schwenden; werden sie Euch denn nicht schwach und
vertheidigungslos Euren natürlichen Feinden preiß
geben?

Da also Eure Freiheit der Preiß Eures Sieges; Euer Verderben die Folge Eures Verlustes
sein muß: welch ein blinder Geschick kann Euch denn
zu Maaßregeln zwingen, die demjenigen, was allen
Britten so theuer ist, so verderblich sind?

Wenn Ihr nicht auf die Verbindung, die vor
Jahrhunderten zwischen uns Statt fand, achten;
wenn Ihr der Wunden vergessen wollt, die wir, zu
Eurer Seite für die Erweiterung des Reichs fech-
tend, empfingen; wenn Ihr unsern Handel der Be-
trachtung nicht werth haltet; wenn Gerechtigkeit
und Menschlichkeit Ihren Einfluß auf Eure Herzen
verloren haben, so giebt es doch noch Gründe genug,
die Euch mit Unwillen gegen die ergriffnen Maaßregeln erfüllen müßten; Euer Reichthum, Eure
Ehre, Eure Freiheit stehen auf dem Spiele.

Ungeachtet des Elendes, in welches wir gestürzt
sind, vergessen wir doch zuweilen unseres eignen
Kummers, in dem Vorgefühle desjenigen, der Euch
bedroht. Wir beklagen es, daß voreilige und un-
überlegte Entschlüsse den Untergang eines Reichs
beschleunigen werden, das seit Jahrhunderten be-
neidet und bewundert wurde; und wir rufen Gott
zum Zeugen an, daß wir unser Eigenthum dahin
geben, unser Leben Gefahren aussetzen, ja alles,
nur nicht unsere Freiheit, aufopfern wollten, um
Euch von dem Untergange zu retten.

Eine Wolke schwebt über Eurem Haupte, und
dem unsrigen; ehe sie Euch trifft, wird sie wahr-

scheinlich erst über uns losbrechen; laßt uns also, ehe das Andenken ehemaliger Verwandtschaft ganz erlischt, nochmals die Namen nennen, die unsern Ohren immer so angenehm tönen; laßt uns den Himmel bitten, unsern Untergang und das Verderben zu verhindern, das unsern Freunden, Brüdern und Landesleuten jenseits des Atlantischen Meeres drohet "

Um diesem zweiten Versuche Nachdruck zu geben, beschloß der Kongreß vorläufig, eine Armee zu errichten, und erklärte seine Absicht, die Freiheit der Kolonieen auf jede Gefahr zu vertheidigen, in folgender Proklamazion vom 6ten Julius 1775.

„Wenn vernünftige Menschen glauben könnten, daß der göttliche Urheber unseres Daseins einen Theil des Menschengeschlechtes dazu bestimmt habe, über den andern Theil, den seine unendliche Güte und Weisheit zum Gegenstande einer Unterwerfung, gegen die er nie mit Recht sich auflehnen sollte, wenn sie auch noch so streng und drückend wäre, ausersehen hätte, ein vollkommnes Eigenthumsrecht und eine unbeschränkte Gewalt auszuüben: so könnten doch die Einwohner dieser Kolonieen zum wenigsten von dem brittischen Parlamente irgend einen Beweis verlangen, daß ihm diese furchtbare Gewalt verliehen sei. Aber Achtung für den großen Schöpfer, für die Grundsätze der Menschlichkeit, und für die Gebote der gesunden Vernunft muß alle diejenigen, die über den Gegenstand nachdenken, überzeugen, daß eine Regierung nur deswegen eingeführt sei, um das Wohl der Menschheit zu fördern, und daß sie zu diesem Endzwecke verwaltet werden müsse. Die Legislatur von Großbritannien aber, von einer unordentlichen Leidenschaft für eine nicht nur unverantwortliche, sondern auch durch die Verfassung dieses Königreiches verbotene Gewalt

Z 3

dahin geriſſen, und aufgebracht über die mißlunge-
nen Verſuche bei einem Streite, wobei die Wahrheit, das Geſetz und das Recht nicht hätten verletzt
werden ſollen, verſuchte es, ohne Rückſicht auf
Recht und Geſetze, ſeinen grauſamen und unpolitiſchen Plan, dieſe Kolonieen mit Gewalt in Sklaverei zu ſtürzen, auszuführen, und zwang uns alſo
von dem letzten Aufrufe an die ruhige Vernunft zu
den Waffen zu ſchreiten. Wie ſehr aber dieſe Verſammlung von einer unmäßigen Begierde nach einer
unbeſchränkten Herrſchaft geblendet ſein mag, daß
ſie ſo der Gerechtigkeit und der Meinung der Welt
Hohn bieten kann, ſo halten wir uns doch aus Achtung für unſere Mitmenſchen verpflichtet, die Gerechtigkeit unſerer Sache bekannt zu machen.

Unſere Vorfahren, Einwohner der Inſel Großbritannien, verließen ihr Vaterland, um an dieſer
Küſte bürgerliche und Religions-Freiheit zu ſuchen.
Mit Aufwande ihres Blutes, auf Gefahr ihres
Glückes, ohne die geringſten Koſten des Landes,
von dem ſie ſich entfernten, unter unabläßiger Arbeit und mit unbeſiegtem Muthe baueten ſie ſich in
den weiten unwirtbaren Wildniſſen von Amerika an,
die damals mit zahlreichen kriegeriſchen Barbaren
angefüllt waren. Es bildeten ſich Gemeinheiten
oder Regierungen, mit einer vollkommen geſetzgebenden Gewalt bekleidet, unter Freibriefen, die ihnen die Krone ertheilte, und es begann ein einträch-
tiges Verkehr zwiſchen den Kolonieen und dem Königreiche, von welchem ſie abſtammten. Die gegen-
ſeitigen Vortheile dieſer Eintracht wurden in kurzer
Zeit ſo groß, daß ſie Erſtaunen erweckten. Es iſt
allgemein anerkannt, daß der bewundrungswürdige
Wachsthum der Macht, des Reichthumes und der
Schiffarth des Reiches aus dieſer Quelle entſprang;
und der Miniſter, der ſo weiſe und ſo glücklich die

Angelegenheiten von Großbritannien im letztern
Kriege verwaltete, erklärte öffentlich, daß diese Ko=
lonieen es in den Stand gesetzt hätten, über seine
Feinde zu triumphiren. Gegen das Ende dieses
Krieges gefiel es unserm Souverän, seine Maaßre=
geln zu verändern. Von diesem unglücklichen Zeit=
punkte an geriethen Großbritanniens Angelegenhei=
ten in Verwirrung, und indem es nach und nach
von dem Gipfel eines ruhmvollen Glückes, zu wel=
chem es durch die Tugenden und Talente eines Man=
nes empor gehoben war, herabsank, wird es jetzt
von Unruhen zerrüttet, die sein tiefstes Fundament
erschüttern. Als das neue Ministerium die braven
Feinde von Großbritannien zwar häufig geschlagen,
dennoch aber kampfrüstig sah, da faßte es den un=
glücklichen Gedanken, ihnen einen übereilten Frie=
den zu geben, und alsdann seine treuesten Freunde
zu unterjochen.

Von diesen zum Schlachtopfer bestimmten Kolo=
nieen glaubte man Siege ohne Blutvergießen und
den leichten Gewinn statutenmäßiger Plünderungen
erhalten zu können. Das nie unterbrochne friedliche
und achtungsvolle Betragen seit der ersten Anlegung
der Kolonieen, ihre pflichtmäßigen eifrigen und
nützlichen Dienste während des Krieges, die so kürz=
lich und so vollkommen auf die ehrenvollste Art von
Seiner Majestät dem verstorbenen Könige und von
dem Parlamente anerkannt waren, dies alles konnte
sie nicht vor den beabsichteten Neuerungen schützen.

Das Parlament wurde bewogen, den schädlichen
Plan anzunehmen; es maßte sich daher eine neue
Gewalt über die Kolonieen an, und gab in eilf Jah=
ren so entscheidende Beweise von der Absicht und den
Wirkungen dieser Gewalt, daß die Folgen einer ru=
higen Unterwerfung unter dieselben nicht mehr be=
zweifelt werden konnten. Es versuchte unser Geld,

Z 4

ohne unsere Einwilligung zu gewähren, ob wir
gleich immer das ausschließende Recht, über unser
Eigenthum zu verfügen, ausgeübt haben; die Gerichtsbarkeit der Admiralitäts- und Vizeadmiralitätsgerichte wurde durch Statute über ihre ehemalige Gränze erweitert; wir wurden des unschätzbaren alten Rechtes der Jury in Fällen, die Leben
und Eigenthum betrafen, beraubt; die Gesetzgebung einer unserer Kolonieen wurde aufgehoben;
aller Handel einer Hauptstadt mit einer andern Kolonie ward ihr untersagt; eine Regierungsform,
die sich auf einen Freibrief gründete, und durch Gesetze ihrer eignen Legislatur, welche die Krone feierlich bestätigt hätte, gesichert war, wurde vom
Grunde aus verändert; die Mörder der Kolonisten
wurden von einem gesetzmäßigen Verhöre, und in
der That von der Strafe befreiet; in einer benachbarten Provinz, die durch die vereinten Waffen von
Großbritannien und Amerika erobert war, wurde
ein uns gefährlicher Despotismus eingeführt; Soldaten wurden zur Friedenszeit einquartirt. Auch
wurde im Parlamente beschlossen, daß Kolonisten,
die gewißer Vergehungen angeklagt würden, nach
England zum Verhör gebracht werden sollten.

Aber warum zählen wir die empfangnen Beleidigungen einzeln auf? Ein Statut erklärte, daß
das Parlament mit Recht die Kolonieen in allen
Fällen durch Gesetze binden könnte. Sollen wir
uns noch gegen eine so furchtbare und unbegränzte
Gewalt vertheidigen? Nicht ein Mann von denen,
die sich dieselbe anmaßen, ist von uns gewählt; oder
kann von uns zur Rechenschaft gezogen werden; im
Gegentheile sie sind alle davon durch die Wirkungen
solcher Gesetze ausgeschlossen, und eine Abgabe aus
Amerika, wenn sie zu den scheinbaren Absichten,
wozu sie gehoben wird, angewendet wird, würde

ihre eignen Lasten vermindern, so wie sie die unsri=
gen vermehrt. Wir sahen das Elend ein, wozu
uns dieser Despotismus führen würde. Wir bela=
gerten zehn Jahre lang als Bittende den Thron;
wir machten dem Parlamente in dem sanftesten und
anständigsten Tone Gegenvorstellungen.

Indem die Administrazion es fühlte, daß wir
diese unterdrückenden Maaßregeln so ansehen wür=
den, als es freie Männer müssen, schickte sie Flot=
ten und Truppen, um sie mit Gewalt durchzusetzen.
Die Amerikaner wurden zum Unwillen gereizt; aber
es war der Unwille eines tugendhaften, treuen und
wohlmeinenden Volkes. Es versammlete sich am
fünften des vergangnen Septembers ein Kongreß
der Abgeordneten der Vereinigten Kolonieen in Phi=
ladelphia. Wir beschloßen nochmals dem Könige
eine demüthige und pflichtmäßige Petizion, und un=
sern Mitunterthanen in Großbritannien noch eine
Addresse zu überschicken. Wir versuchten jedes ge=
mäßigte und achtungsvolle Mittel; wir gingen selbst
so weit, unsern Handelsverkehr mit unsern Mitun=
terthanen aufzuheben; der letzte friedliche Beweis,
daß keine Zuneigung zu irgend einer Nazion auf der
Erde unsere Liebe zur Freiheit vermindern könnte.
Wir schmeichelten uns, dies würde der letzte Schritt
des Streites sein: aber die darauf folgenden Bege=
benheiten bewiesen, wie eitel unsere Hoffnung war,
Mäßigung bei unsern Feinden zu finden.

Einige drohende Ausdrücke gegen diese Kolonieen
waren in Seiner Majestät Rede eingewebt; unsere
Petizion, von der man uns zwar sagte, daß sie be=
scheiden sei, daß sie Seine Majestät gnädig aufge=
nommen, und sie seinem Parlamente vorzulegen ver=
sprochen habe, wurde unter einem Bündel amerika=
nischer Papiere in beiden Häusern umher geworfen
und ganz vernachläßigt. Die Lords und Kommons

Z 5

sagten in ihrer Abbresse vom Februar, „daß eine
Rebellion in der Provinz Massachusetts-Bay jetzt
wirklich ausgebrochen sei; daß die Theilnehmer an
derselben durch gesetzwidrige Verbindungen und Ver-
sprechungen der königlichen Unterthanen aus einigen andern Kolonieen aufgemuntert wären; sie ersuchten daher Seine Majestät, daß sie die wirksam-
sten Mittel ergreifen möchte, den Gehorsam gegen
die Gesetze und die Autorität der höchsten Gesetzgebung zu erzwingen." Bald darauf untersagte eine
Parlamentsakte ganzen Kolonieen den Handel mit
auswärtigen Ländern, und unter einander selber;
eine andere verbot einigen die Fischerei in der See
unweit ihrer Küste, wovon sie immer ihren Unterhalt gezogen hatten; und dem General Gage wurden gleich darauf neue Verstärkungen an Schiffen
und Truppen überschickt.

Vergebens waren alle Vorstellungen, Beweise
und die Beredsamkeit einer erlauchten Verbindung
der edelsten Lords und Kommons, die unsere gerechte Sache nachdrücklich vertheidigten, um die
Wuth zu hemmen, oder nur zu mildern, womit
diese beispiellosen Gewaltthätigkeiten begangen wurden. Eben so vergebens verwendeten sich London,
Bristol und viele andere angesehene Städte für uns.
Das Parlament nahm ein hinterlistiges Betragen
an, das darauf berechnet war, uns zu trennen;
eine beständige Steigerung der Abgaben, wobei eine
Kolonie gegen die andere bieten sollte, zu unterhalten, indem alle nicht wüßten, mit was für einem
Lösegelde sie ihr Leben erkaufen könnten; und so mit
dem Bayonet unbestimmte Summen von uns zu er-
pressen, welche hinreichten, die Raubgier der Minister zu befriedigen, wenn sie anders befriedigt werden könnte; und wobei uns nur die erbärmliche
Nachsicht gelassen wurde, die vorgeschriebnen Sum-

men nach eignem Gefallen zu heben. Hätten wohl
unbarmherzige Sieger ihren besiegten Feinden stren-
gere und demüthigendere Bedingungen vorschreiben
können? Sie in unserer Lage annehmen, hieße sie
verdienen.

Bald darauf, als die Nachricht von diesen Verhandlungen nach Amerika gekommen war, schickte
General Gage, der während des verflossenen Jahres von der Stadt Boston in der Provinz Massachusetts-Bay Besitz genommen hatte, und sie noch
mit einer Garnison besetzt hielt, am 19ten April
ein großes Detaschement von diesem Orte ab, welches die Einwohner der genannten Provinz bei der
Stadt Lexington ungereizt angriff, wie dies aus der
Aussage von einer grossen Anzahl Personen, unter
welchen selbst einige Offiziere und Soldaten jenes De-
taschementes waren, erhellt; und ließ acht von den
Einwohnern tödten, und viel andere verwunden.
Von da rückten die Truppen in Schlachtordnung
nach der Stadt Concord, wo sie einen andern Trupp
Einwohner derselbigen Provinz angriffen, einige
tödteten, noch mehr verwundeten, bis sie von dem
Landvolke, das sich plötzlich versammlet hatte, um diesen grausamen Ueberfall abzuwenden, zurückgeschla-
gen wurden.

Nachdem die Feindseligkeiten von den englischen
Truppen angefangen waren, wurden sie seitdem,
ohne Rücksicht auf Ehre und Glauben, von ihnen
fortgesetzt. Nachdem die Einwohner von Boston
von dem Generale, ihrem Gouvernöre, in der Stadt
eingesperrt waren, und nachdem sie mit ihm wegen
ihrer Entlassung Unterhandlungen gepflogen hatten,
wurde ausgemacht, daß sie freien Abzug haben, und
ihre übrigen Effekten mit sich nehmen sollten, wenn
sie vorher ihre Waffen ihren eignen Magisträten ausgeliefert hätten. Sie lieferten dem zu Folge ihre

Waffen ab; aber gegen alle Ehre, und ungeachtet
der Verpflichtung eines Vertrages, den selbst wilde
Völker für heilig halten, ließ der Guvernör die Waffen, die auf die bestimmte Art abgeliefert waren, um
für ihre Besitzer aufbewahrt zu werden, von einem
Trupp Soldaten wegnehmen; hielt den größten
Theil der Einwohner in der Stadt zurück, und
zwang die Wenigen, die er abziehen ließ, ihre schätz-
barsten Effekten zurückzulassen.

Durch diese Treulosigkeit wurden Weiber von
ihren Gatten, Kinder von ihren Aeltern, Greise
und Kranke, von ihren Verwandten und Freunden,
die sie zu verpflegen und zu trösten wünschten, getrennt, und diejenigen, die gewohnt waren, in
Ueberfluß und selbst in Pracht zu leben, wurden in
klägliche Armuth gestürzt.

Der General ahmte seinen Gebietern im Ministerium in einer Proklamazion vom 12ten Junius
nach, worin er die gröbsten Unwahrheiten und
Schmähungen gegen das gute Volk dieser Kolonieen
vorbringt, und sie endlich alle, namentlich oder be-
schreibungsweise für Rebellen und Verräther erklärt,
die Gültigkeit des gemeinen Rechtes aufhebt, und
anstatt desselben das Kriegesrecht gelten macht.
Seine Truppen haben unsere Landesleute gemordet,
Charlestown und eine Menge Häuser an andern Orten muthwillig verbrannt; unsere Schiffe und Fahr-
zeuge wurden weggenommen; die nothwendigsten
Lebensmittel wurden aufgefangen; und er strengt
seine ganze Macht an, um alles um sich her zu
verwüsten.

Wir haben sichere Nachrichten erhalten, daß
General Carleton, Gouvernör von Canada, das
Volk dieser Provinz und die Indier anreitzt, uns
zu überfallen; und wir haben nur zu gegründete Ursachen, zu fürchten, daß man einheimische Feinde

gegen uns aufzuwiegeln sucht. Kurz, ein Theil die=
ser Kolonieen fühlt jetzt alle Verwüstungen von
Feuer, Schwert und Hunger, so weit die Rache
des Ministeriums sich verbreiten kann, und bald wer=
den alle Kolonieen sie empfinden. Wir sind jetzt ge=
zwungen, entweder eine unbedingte Unterwerfung
unter die Tyrannei erzürnter Minister, oder eine ge=
waltsame Gegenwehr zu wählen. Das letztere er=
greifen wir. Wir haben die Kosten dieses Kampfes
erwogen, und wir finden nichts so furchtbar als will=
kührliche Sklaverei. Ehre, Gerechtigkeit und Mensch=
lichkeit verbieten uns, die Freiheit, die wir von un=
sern tapfern Vorfahren erbten, und die unsere un=
schuldige Nachkommenschaft von uns zu erhalten ein
Recht hat, willig hinzugeben. Wir können die
Schande und die Schuld nicht ertragen, kommende
Generationen dem Elende zu verrathen, das ihrer
unvermeidlich wartet, wenn wir erbliche Fesseln über
sie bringen.

Unsere Sache ist gerecht. Unsere Vereinigung
ist vollkommen. Unsere innere Hülfsquellen sind
groß, und, wenn es nöthig ist, können wir unstrei=
tig auswärtige Hülfe erlangen. Wir erkennen es
dankbar als einen Beweis der göttlichen Huld, daß
die Vorsehung uns nicht eher zu diesem harten Kam=
pfe auffordern ließ, als bis wir zu unserer gegen=
wärtigen Stärke aufgewachsen, und vorläufig in
kriegerischen Unternehmungen geübt waren, und die
Mittel uns selbst zu vertheidigen besaßen. Mit
Herzen, die durch diese ermunternden Betrachtun=
gen gestärkt sind, erklären wir feierlichst vor Gott
und der Welt, daß wir die äußerste Kraft derjenigen
Macht, die uns der wohlthätige Schöpfer gnädig
verliehen hat, anstrengen, und die Waffen, die zu
ergreifen, uns unsere Feinde gezwungen haben, troß
jeder Gefahr mit unerschütterlicher Festigkeit voll=

Beharrlichkeit zur Erhaltung unserer Freiheit ge=
brauchen wollen; indem wir einstimmig entschlossen
sind, lieber als freie Männer zu sterben, denn als
Sklaven zu leben.

Wenn diese Erklärung unsere Freunde und Mit=
unterthanen in irgend einem Theile des Reiches be=
unruhigen sollte; so versichern wir sie, daß wir nicht
die Absicht haben, die Vereinigung, die so lang
und so glücklich zwischen uns Statt findet, und die
zu erhalten, wir aufrichtig wünschen, aufzuheben:
Noch hat uns die Noth nicht zu diesem verzweifelten
Entschlusse gebracht, oder uns bewogen, eine andere
Nazion zum Kriege gegen sie aufzureizen. Wir ha=
ben nicht in der ehrgeizigen Absicht, uns von Groß=
britannien zu trennen, und unabhängige Staaten
zu errichten, eine Armee aufgestellt. Wir fechten
nicht um Ruhm oder Eroberung. Wir stellten der
Menschheit das merkwürdigste Schauspiel eines Vol=
kes dar, das von ungereizten Feinden, ohne Be=
schuldigung oder Verdacht einer Beleidigung, ange=
griffen ist. Sie rühmen sich ihrer Privilegien und
ihrer Kultur, und dennoch bieten sie keine mildern
Bedingungen an, als Sklaverei oder Tod.

In unserm Vaterlande, zur Vertheidigung der
Freiheit, die unser Erbrecht ist, und der wir immer
genossen, bis sie neulich verletzt ward; zur Beschü=
zung unseres Eigenthumes, das allein von dem ehr=
lichen Fleiß unserer Vorfahren und von unserm eig=
nen erworben wurde; und gegen wirklich angethane
Gewalt, haben wir die Waffen ergriffen. Wir
werden sie niederlegen, sobald die Feindseligkeiten von
Seiten der Angreifenden aufhören, und jede Ge=
fahr, daß sie erneuert werden könnten, gehoben ist;
aber nicht früher.

Mit demüthigem Zutrauen auf die Gnade des
höchsten und unpartheiischen Richters und Regierers

des Weltalls, rufen wir seine göttliche Güte an,
uns in diesem großen Kampfe zu schützen, unsere
Gegner zur Aussöhnung auf billige Bedingungen zu
stimmen, und hierdurch das Reich von dem Elende
eines Bürgerkrieges zu retten.'' —

Die billige Bittschrift an den König wurde am
ersten September 1775 von dem Herrn Penn und
Lee überreicht; am 4ten gab ihnen Lord Dart-
mouth den Bescheid, daß keine Antwort darauf erfolgen würde. Der Krieg würhete indessen schon
im innern von Amerika zum Nachtheile der Amerikaner. Aus den Briefen, die man bei einem gewißen Moses Kirkland, der auf seiner Reise nach
Boston zum General Gage 1775, gefangen genommen wurde, fand, erhellte, daß der General mit
den Indiern einen Plan durch den Aufseher über
die indischen Angelegenheiten, John Stuart, den
einst die Versammlung von Süd-Carolina aus dem
tiefsten Elende gerettet hatte, habe verabreden lassen, daß sie die Gränzen der südlichen Staaten
überschwemmen sollten.

Endlich wurden die Kolonisten am Ende des
Jahres 1775 durch eine Parlamentsakte vom 21sten
Dezember ganz aus des Königs Schutze verstoßen.
Indem sich nun die Volksmenge von Amerika noch
in der unseligen Stimmung befand, in der sich ein
Unglücklicher, der aus Noth gedrungen den Zirkel
seiner alten Freunde und seine gewohnte Lebensweise
verlassen, und sein Glück in neuen noch ungekann-
ten Verhältnissen suchen soll, von Bedenklichkeiten
und Zweifeln bald hier bald dorthin geworfen fühlt:
da erschien Thomas Paines Common Sense, und
überzeugte das Volk, daß es kein Bedenken tragen
dürfte, sich unabhängig zu erklären. Im Früh-
linge 1776 reifte also endlich eine Revolution, die
vielleicht einige wenige kühne Männer unlängst ge-

wünſcht hatten, die aber zu kühn, zu ungewöhnlich
war, als daß ſie ſchon längſt der Wunſch der größern
Volksmaße hätte ſein können. Der Ton der Vorſtellungen und Addreſſen des Kongreſſes beweißt es
hinlänglich, daß die Repräſentanten dieſe Stimmung ihrer Konſtituenten kannten, und mit groſſer
Klugheit achteten, wenn gleich viele unter ihnen,
von einem heftiger glühenden Feuer, und von politiſchen Leidenſchaften angetrieben, früher das Band
der Verbindung mit England hätten trennen mögen.
Aber dieſer groſſe Sieg der Vernunft über die Leidenſchaften, dieſe weiſe Mäßigung wird jeden un-
partheiiſchen Beobachter mit Hochachtung für die
öffentlichen Handlungen einer ſo ſehr gereizten Volks-
verſammlung erfüllen, und dieſe groſſe Revolution
unter allen ähnlichen Begebenheiten in der Geſchichte
der Menſchheit ſo ehrenvoll auszeichnen.

Nachdem nun alle billige Bedingungen einer
Ausſöhnung verworfen waren; da erſt änderte der
Kongreß das Syſtem ſeiner Maaßregeln und den
Ton ſeiner Verhandlungen. Zuerſt empfahl er,
durch einen Beſchluß vom 15ten May 1775, den
verſchiedenen Kolonieen, ihre innere Regierungsform neu zu bilden, mit folgenden Worten:

„Nachdem Seine brittiſche Majeſtät, gemeinſchaftlich mit den Lords und Kommons von Großbritannien, durch eine neuliche Parlamentsakte die
Einwohner dieſer vereinigten Kolonieen aus dem
Schuze der Krone verſtoßen hat: und nachdem keine
Antwort auf die demüthigen Geſuche der Kolonieen
wegen Abſtellung ihrer Beſchwerden und einer Ausſöhnung mit Großbritannien, erfolgt iſt, noch wahr-
ſcheinlich erfolgen wird, ſondern die ganze Macht
dieſes Königreiches, durch fremde Miethlinge unter-
ſtüzt, dem guten Volke dieſer Kolonieen den Untergang drohet: und nachdem es weder mit der

Vernunft

Vernunft noch mit der Gewissenhaftigkeit bestehen
kann, daß das Volk dieser Kolonieen der Regierung
unter der Krone von Großbritannien durch Eid-
schwüre oder Versicherungen an deren Statt ferner
huldige; und es nothwendig ist, daß die Ausübung
irgend einer Gewalt unter besagter Krone gänzlich
aufgehoben, und alle Macht der Regierung unter
der Autorität des Volkes dieser Kolonieen ausgeübt
werde, um innere Ruhe, Tugend und gute Ordnung aufrecht zu erhalten, und uns unsere Freiheit
und unser Eigenthum, gegen die feindlichen Angriffe
und grausamen Verwüstungen unserer Feinde zu vertheidigen: so ist also beschlossen, daß den respektiven Versammlungen und Konventen der vereinigten
Kolonieen empfohlen werde, da, wo bisher die Regierung nach den Bedürfnissen der Zeitumstände nicht
zureichend befunden worden, eine solche Verfassung
einzuführen, die, nach der Meinung der Repräsentanten des Volkes, am besten das Glück und die
Sicherheit ihrer Konstituenten, und überhaupt das
ganzen Amerika, fördern könne."

Durch diesen Beschluß erprobte der Kongreß die
Gesinnung des Volkes über die Unabhängigkeit, um
seiner Stimme nachzufolgen. Süd Carolina hatte
schon einige Monate vor dieser Aufforderung seine
Verfassung nach den Prinzipien der Unabhängigkeit
vorläufig umgeformt; nun folgten ihm die Konvente
aller übrigen Kolonieen, und der vereinte Wieder-
hall ihrer Beschlüsse war: Unabhängigkeit.

Ohne auswärtige Verbindung, mitten unter den
drohendsten Gefahren schritt also endlich der Kongreß am 4ten Julius 1776 zur Erklärung der Unabhängigkeit, und stellte darüber eine Akte aus, die
in einem festen und entscheidenden Tone die Gründe
dieses Entschlusses darlegte, und dadurch auf eine

A a

männliche Art den Hohn des britischen Minister-
riums bestrafte. S. Ramsay's Geschichte der Revolution, 2ter Th. S. 176)

Der militärische Widerstand der Kolonieen ge-
wann darauf hohe Kraft. Washington, jetzt der
Schirmvogt eines unabhängigen Volkes, ver-
wirrte die Feinde desselben glücklich dadurch, daß
er sie von Orten abhielt, bis endlich die englischen
Befehlshaber, nach einer Reihe unbegreiflicher Fehler, bei Saratoga am 7ten Oktober 1777 für ihre Un-
vorsichtigkeit bestraft wurden. Nach einer so tapfern
Gegenwehr konnte der Hof von Versailles kein Bedenken mehr tragen, sich mit den Amerikanern öffentlich zu verbinden; und nun war auch die letzte
Möglichkeit einer Konföderazion des neuen amerikanischen Freistaates mit dem ehemaligen Mutterlande verschwunden; das Schwert mußte alles entscheiden. Das brittische Ministerium eilte zwar die
Verbindung mit Frankreich zu verhindern. Die Akten, die den Streit veranlaßt hatten, wurden aufgehoben, und Abgeordnete abgeschickt, um die Ver-
söhnung zu bewirken. Das Parlament wollte sich
des Besteuerungsrechtes begeben. Der Kongreß erhielt diese Anträge eilf Tage früher, ehe er die Nachricht von dem Bündnisse mit Frankreich erfuhr.

Gegründetes Mißtrauen gegen ein so plötzliches
Nachgeben eines stolzen Ministeriums, welches au-
genblicklich als eine listige Maschinerie der Politik
einleuchten mußte; und Ehrgefühl, welches die mit
Frankreich angefangnen Unterhandlung nicht auf eine
treulose Art abzubrechen verbot, bestimmte den Kongreß sogleich, die Anträge der Wiedervereinigung
mit England zu verwerfen, und nur auf die Bedingung der Unabhängigkeit, und der Zustimmung von
Seiten Frankreichs Friedensunterhandlungen für

möglich zu erklären. Jener unzeitige Versuch des
Ministeriums hatte also weiter keine Folgen, als daß
er nur die Unrechtmäßigkeit seiner vorhergegangnen
Schritte ins Licht stellte. Die Nachricht von dem
Bündnisse mit Frankreich krönte bald darauf die
Standhaftigkeit der Amerikaner. Nachdem es den
englischen Kommissären auf keine Weise gelang,
durch List die Kolonieen zu trennen; und da sie weder bei dem Kongresse noch bei den einzelnen Legislaturen der Kolonieen Gehör fanden, glaubten sie
endlich durch schreckliche Drohungen Eindruck zu
machen. Der Kongreß beantwortete daher ihre
Proklamazion mit folgendem Manifeste vom 30sten
Oktober 1778.

„Nachdem diese Vereinigten Staaten durch
Großbritanniens drückendes und tyrannisches Verfahren zu Feindseligkeiten gereizt worden; nachdem sie die wesentlichen Rechte des Menschen der
Entscheidung der Waffen haben unterwerfen müssen; und nachdem sie endlich gezwungen worden,
das Joch abzuwerfen, das zu schwer zu ertragen
war: erklärten sie sich für frei und unabhängig."

„Voll Zutrauen auf die Gerechtigkeit ihrer
Sache; voll Zutrauen auf Ihn, der über die
Thaten der Menschen, so schwach und unerwartet
sie sein mögen, entscheidet, verachten sie die Macht
ihrer Feinde."

„In dieser Zuversicht beharrten sie während des
abwechselnden Schicksales drei blutiger Feldzüge,
ungeschreckt durch die Macht, unbezwungen durch
die Barbarei ihrer Feinde. Ihre würdigen Bürger ertrugen ohne Murren den Verlust vieler Dinge, die das Leben angenehm machen. Ihre braven
Truppen erduldeten willig die Beschwerlichkeiten und

Gefahren einer Lage, die an beiden so beispiellos
reich war.

„Der Kongreß hielt sich verpflichtet, seine Feinde
als Kinder des Wesens, welches Aller Vater ist,
zu lieben; er wünschte daher das Elend des Krieges
wenigstens zu vermindern, da er es nicht abwenden
konnte, und bemühte sich, diejenigen zu schonen,
die in Waffen gegen ihn waren, und die Fesseln der
Gefangenschaft zu erleichtern."

„Das Betragen der unter dem Könige von Großbritannien Dienenden ist, einige wenige Ausnahmen abgerechnet, ganz entgegen gesetzt gewesen.
Sie haben das offne Land verwüstet, vertheidi-
gungslose Dörfer verbrannt, und die Bürger von
Amerika gemordet. Ihre Gefängnisse sind für die
amerikanischen Soldaten, ihre Schiffe für die Ma-
trosen zur Schlachtbank gemacht, und die größten
Beleidigungen wurden durch den gröbsten Muthwillen noch strafbarer."

„Da ihnen der thörichte Versuch, den unüber-
windlichen Geist der Freiheit unterjochen zu wollen,
nicht gelang, bestürmten sie die Repräsentanten von
Amerika mit Bestechungen, Betrug, und sklavi-
scher Schmeichelei. Sie spotteten der Menschheit
durch muthwillige Aufopferung der Menschen; sie
spotteten der Religion, indem sie ruchlos Gott
zum Zeugen anriefen, und doch seine heiligsten Gebote übertraten; sie spotteten selbst der Vernunft,
indem sie zu beweisen suchten, daß Amerika's Freiheit und Glückseligkeit denjenigen sicher anvertraut
werden könnte, die ihre eigne verkauft haben, ohne
von dem Gefühl der Tugend oder der Schaam abgeschreckt zu werden."

„Nachdem sie mit der Verachtung, die ein solches Betragen verdient, behandelt wurden, wendeten sie sich an einzelne Personen; sie ersuchten sie, die Bande der Treue zu brechen, und sich mit den schwärzesten Verbrechen zu beflecken; da sie aber fürchteten, daß Niemand in diesen Vereinigten Staaten in ihre schlechten Absichten einstimmen werde, drohten sie fürchterliche Verwüstungen, um schwache Menschen zu schrecken."

„So lang noch ein Schatten von Hoffnung übrig blieb, daß unsere Feinde durch unser Beispiel belehrt werden könnten, die Gesetze zu achten, die unter kultivirten Nazionen heilig gehalten werden, um die Gebote einer Religion zu ehren, die sie mit uns zu glauben vorgeben, so lange überließen wir sie dem Einflusse dieser Religion und dieses Beispieles. Aber seitdem ihre unheilbare Denkart weder durch Güte noch durch Mitleid gerührt werden kann, wird es uns Pflicht, die Rechte der Menschheit durch andere Mittel zu rächen."

„Wir also, der Kongreß der Vereinigten Staaten von Amerika, erklären und proklamiren feierlich, daß, wenn unsere Feinde es wagen, ihre Drohungen auszuführen, oder wenn sie in ihrer Barbarei fortfahren, wir so exemplarische Rache nehmen werden, die andere von einem ähnlichen Betragen abschrecken soll."

„Wir rufen die Gottheit, welche die Herzen der Menschen erprüft, zum Zeugen der Rechtschaffenheit unserer Absichten an, und vor ihrer heiligen Gegenwart erklären wir, daß wir nicht durch leichtsinnige und übereilte Eingebungen des Zornes und der Rache angetrieben sind, und daß wir unter je-

dem möglichen Wechsel des Schicksales unserm Entschlusse treu bleiben werden." —

Seit dieser Proklamazion hörten alle Unterhandlungen mit Großbritannien auf; und die Geschichte der Revoluzion enthält seit dem nur die
Begebenheiten des Krieges, durch den die Unabhängigkeit des neuen Freistaates befestigt wurde.

Des Vizepräsidenten Adams

Bemerkungen

über die

Quellen der Geschichte

der

Amerikanischen Revoluzion.

Mit literarischen Anmerkungen.

Es scheint mir nicht unzweckmäßig, die Bemerkungen eines berühmten Amerikaners über die Quellen und die Behandlungsart der Geschichte der Amerikanischen Revoluzion hier beiläufig mitzutheilen,
und sie, so gut ich kann, mit einigen literakischen
Anmerkungen zu vermehren. Eine vollständige
Nachricht von allen in beiden Welttheilen über die
Nordamerikaner erschienenen ältern und neuern
Werken können wir nur dann erst erwarten, wenn
die historische Sozietät zu Boston, unter Herrn Bel-
knaps Führung, die Sammlung aller Materialien
zu der Geschichte ihres Vaterlandes wird vollen-
det haben.

Als sich der jetzige Vizepräsident der Vereinigten Staaten, Herr Adams, wegen der Friedensunterhandlungen 1782, in Paris aufhielt, ersuchte
ihn der Abbe Mably um Materialien zu einer
Geschichte der Amerikanischen Revoluzion. Herr
Adams schrieb ihm darauf folgenden lehrreichen
Brief *).

„Die Nachricht, daß Sie sich entschlossen haben,
„über die amerikanische Revoluzion zu schreiben,
„war mir sehr angenehm. Ihre Schriften werden
„von den Amerikanern allgemein bewundert: denn
„sie enthalten Grundsätze über die Staatsverfas-
„sung und die Politik, die ganz mit den ihrigen

*) S. Adams Defence of the Constitutions of Go-
vernement of the United States of America London 1794. Vol. I. p. 383.

Aa 5

„übereinstimmen. Wenn sie auch über diesen Ge-
„genstand schreiben wollen, so werden Sie gewiß
„ein Werk liefern, welches das Publikum, und
„vorzüglich meine Landesleute belehren wird. Aber
„ich hoffe, Sie werden es nicht für Stolz, für Af-
„fektazion oder Sonderbarkeit halten, wenn ich es
„wage, Ihnen meine Meinung zu sagen, daß es
„noch viel zu früh sei, eine vollständige Geschichte
„dieser großen Begebenheit schreiben zu wollen; und
„daß weder in Europa noch in Amerika jemand jetzt
„schon im Stande sein könne, eine solche Arbeit zu
„unternehmen, und die dazu nöthigen Materialien
„zu sammlen."

„Wer eine Geschichte der Amerikaner schreiben
„wollte, müßte sie in mehrere Perioden vertheilen."

1) „Von der ersten Anpflanzung der Kolonieen
„1600, bis zum Anfange ihrer Streitigkeiten
„mit Großbritannien 1761."

2) „Vom Anfange dieser Streitigkeiten, (welche
„seit dem Befehle des Kommerz- und Kolo-
„nieen Kollegiums von Großbritannien, an
„die Zoll Offizianten in Amerika, daß sie die
„Handlungs Gesetze strenger ausüben, und
„sich der Hülfe der Gerichtshöfe bedienen soll-
„ten, begannen,) bis zum Ausbruch der
„Feindseligkeiten am 19ten April 1775. Wäh-
„rend dieser Periode von 14 Jahren wurde der
„Krieg mit der Feder geführt."

3) „Von dem Gefecht bei Lexington bis zum
„Bündnisse mit Frankreich am 6ten Februar
„1778 Während dieser drei Jahre wurde
„der Krieg allein zwischen Großbritannien und
„den Vereinigten Staaten geführt."

4) „Seit dem Bündnisse mit Frankreich bis zu
„dem Friedensbruche zwischen Großbritannien
„und Frankreich; dann zwischen Spanien;

„und darauf bis zur Entstehung der bewaffne-
„ten Neutralität und dem Kriege mit Holland,
„und bis auf die Friedensunterhandlungen.‟

„Ohne eine genaue Kenntniß der Geschichte der
„Kolonieen in ihrer ersten Periode, würde ein
„Schriftsteller vom Anfange bis zum Ende seines
„Werkes in Verlegenheit sein, wie er die Begeben-
„heiten und Charaktere, die er bei dem Fortrücken
„zur zweiten, dritten und vierten Periode zu schil-
„dern vorfinden wird, gehörig ins Licht stellen sollte.
„Um sich eine gründliche Kenntniß von der ersten
„Periode zu verschaffen, müßte er alle Freibriefe
„der Kolonieen (N. 1.) alle Kommissionen
„und Instrukzionen der Guvernöre, alle
„Gesetzbücher der verschiedenen Kolo-
„nieen (N. 2.) (dreizehn Bände in folio voll
„Statuten, die sich nicht angenehm, und nicht in
„kurzer Zeit lesen lassen,) studieren; ferner alle
„Register der Legislaturen der verschie-
„denen Kolonieen, die man nur in Manu-
„skripte findet, wenn man von New-Hampshire
„bis Georgien reiset; die Register des Kom-
„merz- und Kolonieen-Kollegiums von
„Großbritannien, von seiner Errichtung bis
„zur Aufhebung desselben; endlich auch die Pa-
„piere der Büreaux einiger Staats-Se-
„kretäre.‟

„Noch eine andere Klasse von Schriften darf
„man nicht übergehen; ich meine die in Amerika
„von Zeit zu Zeit herausgegebnen Abhandlungen,
„von denen ich aber in dieser Entfernung hier kein
„genaues Verzeichniß liefern kann. — Die Schrif-
„ten der ehemaligen Guvernöre Win-
„throp und Winslow, des Dr. Mather,
„und Herrn Prince; Neals Geschichte
„von Neu-England, Douglas Summa-

„rien über die ersten Plantazionen; die
„allmählige Verbesserung der Länder
„und der gegenwärtige Zustand der brit=
„tischen Kolonieen; Hutchinsons Geschich=
„te von Massachusetts = Bay; Smith's
„Geschichte von New = York; Smith's
„Geschichte von New = Jersey; die Wer=
„ke des Wilhelm Penn; Dummers Ver=
„theidigung der Freibriefe von Neu En=
„gland; die Geschichte von Virginien;
„und mehr andere. (N. 3.) Dies alles ging vor
„dem gegenwärtigen Streite vorher, der 1761
„anfing."

„Während der zweiten Periode werden die
„Schriften viel zahlreicher; sie sind aber schwerer
„zusammen zu bringen. Es erschienen Werke von
„grosser Wichtigkeit. Von den Streitschriften der
„Theilnehmer an der Szene verdienen einige ausge=
„zeichnet zu werden. Dahin gehören die Schriften
„der königlichen Guvernöre Pownal, Bernard
„und Hutchinson (N. 4.); des Untergouvernörs
„Oliver; des Herrn Seval, Richters bei dem
„Admitalitäts = Gerichte zu Halifax; des Jona=
„than Mayhew, D. D. James Otis,
„Oxenbridge Thatcher; Samuel Adams;
„Josiah Quincy; Joseph Warren. Viel=
„leicht sind auch folgende Schriften nicht minder
„wichtig, als die vorigen; ich meine die Werke der
„Herrn (N. 5.) Dickinson und Wilson, des
„Doktor Rusch von Philadelphia; der Herrn Li=
„vingston und Dougal von New = York; der
„Obersten Bland und Arthur Lee von Vir=
„ginien, und mehr anderer. Die Register
„der Stadt Boston, und besonders der Kom=
„mittre der Korrespondenz; des Büreau
„der Kommissionen des Zollwesens; des

„Haufes der Repräsentanten, und des Bü-
„reau des Rathes von Massachusetts-
„Bay. Endlich müssen auch die Gazetten von
„Boston, so wie die von New-York und
„Philadelphia, gesammlet, und seit dem Jah-
„re 1760 untersucht werden. Alle diese Quellen
„muß man benutzen, wenn man die Geschichte der
„Streitigkeiten vor dem Ausbruche der Feindselig-
„keiten, von 1761 bis zum 19ten April 1775, be-
„stimmt und ausführlich schreiben will.
„ ... Für die dritte und vierte Periode (N. 6.)
„müssen die Register, Pamphlets und Ga-
„zetten der dreizehn Staaten gesammlet
„werden, so wie auch die Journale des Kon-
„gresses, (wovon übrigens eine Anzahl noch ge-
„heim gehalten wird,) die Sammlung der neuen
„Konstituzionen der verschiednen Staa-
„ten; der Remembrancer, und das Re-
„gister Annuel, periodische Schriften, die in
„England herauskamen. Die Affären von En-
„gland und Amerika; der Mercüre de
„France, herausgegeben zu Paris, und die Po-
„litique Hollandaise gedruckt zu Amsterdam;
„endlich auch die Korrespondenz des Gene-
„ral Washington mit dem Kongresse seit dem
„Monate Julius 1775, bis auf die jetzige Zeit.
„Sie ist noch nicht publizirt, und wird es auch nicht,
„bis es der Kongreß bewilligt hat. Erlauben Sie,
„daß ich Ihnen sagen darf, daß Niemand eine Ge-
„schichte des Amerikanischen Krieges schreiben kann,
„ehe nicht diese reiche Quelle eröffnet ist.“
... „Es giebt auch noch andere wichtige Akten in
„den Büreaux der geheimen Kommittee,
„der Kommittee des Handels, der aus-
„wärtigen Affären, der Schatzkammer,
„der Marine, in dem Büreau des Krie-

„ges, und das Departement des Krieges,
„der Marine, der Finanzen und der aus-
„wärtigen Angelegenheiten, seit ihrer Er-
„richtung. Auch gehören noch hierher die Briefe
„der amerikanischen Gesandten in Frank-
„reich, Spanien, Holland, und in andern
„Ländern von Europa.“

„Da noch der größte Theil der Dokumente und
„Materialien geheim gehalten wird, so ist es viel
„zu frühzeitig, eine allgemeine Geschichte der ame-
„rikanischen Revoluzion schreiben zu wollen; aber
„die Materialien dazu können nicht sorgsam genug
„gesammlet werden. Dennoch sind schon in Lon-
„don zwei bis drei General-Geschichten des ame-
„rikanischen Krieges und der Revoluzion, und zwei
„bis drei andere in Paris erschienen. Die erstern
„enthalten verworrne Nachrichten, ohne richtige
„Urtheile; und alle diese Geschichten sind nur Be-
„weise der größten Unwissenheit ihrer Verfasser in
„dieser Sache.“

„Man brauchte ein ganzes Leben, und vielleicht
„noch mehr, um von allen Nazionen und allen Thei-
„len der Erde, die Dokumente zu sammlen, die zu
„einer vollständigen Geschichte des amerikanischen
„Krieges nöthig sind; denn sie enthält eigentlich die
„Geschichte der Menschheit in dieser Epoche *): In
„ihr müßte man die Geschichte von Frankreich, Spa-
„nien, Holland, England, und von den neutralen
„Mächten, so wie von Amerika, vereinigen. Die
„Materialien müßten von allen diesen Nazionen ge-
„sammlet werden; und die wichtigsten Dokumente,
„so wie die Charaktere der handelnden Personen,

---

*) Doch nur als Vorspiel einer weit wichtigern Bege-
gebenheit, von der sich mit größerem Rechte sagen
läßt, daß sie die Geschichte der Menschheit unsers
Zeitalters ganz umfasse.

"und die geheimen Triebfedern der Handlungen sind
"noch in den Kabinetten verborgen, und noch nicht
"entziffert." —

"Erlauben Sie, daß ich Ihnen am Ende mei=
"nes Briefes noch einen Schlüssel zu dieser ganzen
"Geschichte mittheilen darf. Es findet sich eine all=
"gemeine Aehnlichkeit in der Regierung, und in dem
"Charakter aller dreizehn Staaten. Aber erst damals
"als die Streitigkeiten und der Krieg in Massachu=
"setts Bay, der wichtigsten Provinz von Neu Eng=
"land, ausbrachen, zeigten die vormaligen Einrichtun=
"gen von Neu England zuerst ihre allgemeine Wirkung.
"Vier dieser Einrichtungen müssen genau studiert und
"untersucht werden, wenn man mit Sachkenntniß über
"diese Erscheinung schreiben will; denn sie wirkten
"entscheidend nicht nur auf die ersten Beschlüsse bei
"dem Streite, auf die öffentlichen Berathschlagun=
"gen, und den Entschluß, mit den Waffen Wider=
"stand zu thun; sondern sie hatten auch den wichtig=
"sten Einfluß auf den Geist der übrigen Kolonieen,
"um sie dahin zu bringen, mehr oder weniger die=
"selbigen Maaßregeln zu ergreifen."

"Jene vier Einrichtungen sind:"

   1. Die Ortschaften. (Townships.)
   2. Die Kirchen.
   3. Die Schulen.
   4. Die Miliz.

 1) "Die Ortschaften sind gewiße Landstriche, in
"welche Massachusetts Bay, Connecticut, New
"Hampshire und Rhode Island eingetheilt sind.
"Jede Ortschaft enthält, im Durchschnitt genom=
"men, sechs englische Meilen, oder zwei Lieues, ins
"Gevierte. Die Einwohner einer Ortschaft dürfen,
"dem Gesetze zu Folge, eine Korporazion, oder
"einen politischen Körper bilden; und bekommen
"gewiße Vorrechte, als: Landstraßen anzulegen,

„die Armen zu versorgen, ihre Beamten, so wie
„die Geschwornen und die Polizei-Aufseher zu wäh-
„len; zur Aufbringung der Abgaben Offizianten an-
„zustellen, und vor allem ihre Repräsentanten zu
„der Gesetzgebung zu schicken. Sie haben ferner
„das Recht, sich zu der Versammlung der Ortschaf-
„ten zu stellen, wenn sie von ihren Beamten dazu
„eingeladen worden; um über öffentliche Angelegen-
„heiten der Ortschaft sich zu berathschlagen, oder
„ihren Repräsentanten Anweisung zu ertheilen.
„Diese Einrichtung hatte die Folge, daß alle Ein-
„wohner, von ihrer Jugend an, eine Fertigkeit
„erlangten, über öffentliche Angelegenheiten zu be-
„rathschlagen und zu entscheiden. In dem Bezirke
„dieser Ortschaften entwickelte sich zuerst die Denk-
„art des Volkes, hier wurden ihre Entschlüsse ge-
„faßt, vom Anfange bis zum Ende der Streitigkei-
„ten und des Krieges.‟

2) „Die Kirchen sind religiöse Sozietäten, in
„welche das Volk eingetheilt ist. Jede Ortschaft
„enthält eine Pfarre und eine Kirche. Die meisten
„haben nur eine; einige enthalten mehrere. Jede
„Pfarre, oder jeder Kirchsprengel hat ein Ver-
„sammlungshaus (meeting - house), und einen
„Prediger, den die Gemeine besoldet. Die Ein-
„richtung der Kirchen ist sehr populär, und der
„Prediger hat wenig Einfluß und Autorität, dieje-
„nige abgerechnet, die ihm seine Frömmigkeit, sei-
„ne Tugend, und seine Aufklärung natürlich ver-
„schaffen. Er wird von der Gemeine selber ge-
„wählt, und von einem benachbarten Geistlichen
„ordinirt. Die Prediger sind verheirathet, und
„leben mit ihren Gemeinen in vertrauter Freund-
„schaft. Sie besuchen die Kranken, besorgen die
„milden Spenden an die Armen, sind bei jeder
„Trauung und Beerdigung zugegen, und predigen
„am

„am Sonntage zweimal.. Die geringste Befleckung
„ihres moralischen Charakters macht sie ihres Ein-
„flusses und ihres Unterhaltes auf immer verlustig.
„Es sind daher weise, tugendhafte und fromme
„Männer. Ihre Denkart wirkt auf das Volk, und
„sie sind eifersüchtige Freunde der Freiheit.“

3) „Es giebt in jeder Ortschaft Schulen; sie
„sind durch ausdrückliche Gesetze der Kolonieen fun-
„dirt. Jede Ortschaft, die aus sechzig Familien
„besteht, ist unter Androhung einer Strafe ver-
„pflichtet, eine Schule und einen Lehrer zu unter-
„halten, der im Lesen, Schreiben, Rechnen, und
„in den Elementen der lateinischen und griechischen
„Sprache Unterricht ertheilt. Die Kinder aller
„Einwohner, der Reichen so wie der Armen, ha-
„ben das Recht, diese öffentliche Schule zu besuchen.
„Hier bildet man die Zöglinge für die Kollegien zu
„Cambridge, New-Haven, Warwich und Dart-
„mouth; und in diesen Kollegien erzieht man die
„Schullehrer, Prediger, Doktoren der Rechte und
„der Arzneigelahrtheit, die Magisträte und Beam-
„ten der Landes-Regierung *).“

4) „Zur Miliz gehört das gesammte Volk. Zu
„Folge der Landesgesetze ist jeder männliche Ein-
„wohner zwischen dem sechzehnten und sechzigsten
„Jahre in einer Kompannie und einem Regimente
„der Miliz, das mit allen Offizieren vollständig
„versehen ist, eingeschrieben. Er ist verpflichtet,
„beständig in seinem Hause und auf seine Kosten
„eine brauchbare Muskete, ein Pulverhorn, ein
„Pfund Pulver, zwölf Flintensteine, vier und
„zwanzig bleierne Kugeln, eine Patrontasche, und

---

*) Man vergleiche Ebelings Geogr. Th. 1. S. 101.
u. s. w.

„einen Tornister zu halten; so daß also die ganze
„Grafschaft auf den ersten Aufruf zu ihrer Vertheis
„digung marschfertig sein muß. Die Kompannien
„und Regimenter müssen sich zu einer gewißen Zeit
„im Jahre auf den Befehl ihrer Offiziere stellen,
„um mit ihren Waffen und ihrer Munizion die Mus
„sterung zu passiren, und ihre Manöver zu machen.‟

„Das sind die vier Hauptquellen der Weisheit
„im Rathe, der Geschicklichkeit und des militäris
„schen Muthes, wodurch die amerikanische Revos
„luzion befördert wurde, und die, wie ich hoffe, als
„die Urquellen der Freiheit und des Glückes des
„Volkes, heilig werden aufbewahrt werden.‟

Anmerkungen.

N. 1. The Charters of the Provinces of North-America. London. 1766. 4. — The Charters of the British Colonies in America. London. 1775. — Acts and Laws. Boston. 1742. fol. — Memoires des Commissaires du Roi, et de ceux de sa Majesté Britannique sur les possessions et les droits respectifs des deux Couronnes en Amerique. Paris. 1762. 4 Voll. in 4. Voll. 4. p. 333. 353. sq. 554. sq. — Eine Uebersetzung der Freibriefe steht in Ebelings amerikanischen Bibliothek. Leipzig 1777. im dritten und vierten Stücke.

N. 2. Eine philosophische Rechtsgeschichte der Kolonieen würde die Sitten und die Denkart der ehemaligen Kolonisten vorzüglich erläutern. Douglaß und Hutchinson haben einen guten Anfang gemacht. Wenig brauchbar ist das Abridgement of Plantation Laws. London. 1704. 8. Die neuern Gesetze der Freistaaten und der Unionsregierung werden ununterbrochen gesammlet; gewöhnlich unter dem Titel: Acts and Laws etc. Herr Ebeling ist bis jetzt der einzige Deutsche, der die alten und die neuern Gesetzsammlungen der Amerikaner in seinem vortrefflichen Werke benutzt hat.

N. 3. John Winthrop's Journal of the transactions and occurrences in the Settlements of Massachusetts and the other N. E. Colonies, from the Year 1630 to 1644. Worcester. 1790. in 8. — Magnalia Christi Americana: or the ecclesiastical History of New-England from 1620 unto 1698 by Cotton Mather. London 1702. — Prince's New-England

Chronology. Bofton 1775. 8. — *Dan. Neals* History of New - England, 2 Voll. London 1720. 8. Sec. edit. London 1748. — *Wm. Douglafs*, M. D. a Summary hiftorical and political of the British Settlements in North - America. Bofton 1755. 2 Voll. 8. London 1755 et 1760. 2 Voll. 8. — *Amos Adams* concife hiftorical view of the difficulties etc. wich attended the planting and improvements of New, England. Bofton 1769. London 1770 8. — Brief Review of the Rife and Progrefs, Seig-ces and Sufferings of New - England, efpecielly of the Province of Maffachufetts - Bay. London 1774. 8. — A Hiftory of New - England from 1628 until 1652. (by *T. H*) London 1654. 4. — New - England in America London 1627. 4. — *Thom Morton's* New Englifh Canaan Amfterdam 1637. 4. - *Wm. Wood's* New England's Profpect Lond. 1634. 4. 1635. 4. — *John Foffelyn's* Account of two voyages to New - England Lond. 1634. 8. Lond. 16 5. — *L. Gorge's* America London 1799. 8. — *John Sellers* Defcription of N. E. Lond. 1682. 4. — The prefent State of the Brittish Empire etc. by *John Entick* Vol. IV. London 1774. — *Purchas* his Pilgrimes. London 1630. f. — *Ge. Chalmers* Political annals of the United Colonies from their Settlement, to the Peace of 1763. Lond. 1780. 4. — *F. Oldmixons* British empire in America. London 1708. 2 Voll. 8. London 1731. deutfch von Theodor Arnold. Lemgo 1744. — *W. Keith's* Hiftory of the British plantations in America. London 1719. 4. — State of the British and French Colonies in America. Lond 1755. 8. —

Edmund Burke Account of the European Settlements in America. Lond. 1757. 2 Voll. 8. 1760. 8. Franzöfifch, Paris 1768. 2 Voll. 8. deutfch, von Samuel Wilhelm Turner. Danzig 1781. —

A. Burnaby Travels through the middle fettlements in N America 1759 — 1760. with Obfs. upon the State of the Colonies. Lond. 1775. 4. deutfch von Ebeling, Hamburg und Kiel 1776. 8. — *Wynnes* Gen. Hiftory of the British Empire in America. London 1770 2 Voll. 8. — The American Traveller: or the prefent State, culture and commerce of the American Colonies. London 1769. 4. — The

History of the British dominions in North America, from the first discovery of that vast continent by Sebastian Cabot in 1497, to its present glorious establishment, as confirmed by the late treaty of peace in 1763. Illustrated with a new and accurat map caloured. London 1774. in 4. deutsch 1–75. 2 Th. 8. — A concise historical account of all the british colonies in North America. Lond: 1775. 8 — Jac. Dummers Defence of the New - England Charters. London 1721. 8. 1765. 8. — Jerem Belknap's History of New - Hampshire Philadelphia 1784 — 1-92. 3 Voll. 8. — Hutchinson's (Governor) History of the Colony of Massachusetts Bay. Boston 1761–67. 2 Voll 8 London 1765 — 68. 2 Voll. 8. — A Collection of Original papers relative to the History of Mass. Bay. by Gov. Hutchinson Boston 1769 8. — A short view of the History of the Colony of Massachusetts - Bay. by Isr. Maduit. Lond 1774. 8. — A General History of Connecticut. Lond: 1781. (by Samuel Peters) Auszug in Forsters und Sprengels Beiträgen zur Länderkunde. Leipzig 1782. Th. 2. — Artikel Connecticut in der Encyclopaedia Britannica Edinburg 1790. 4. Vol. 5. — Hopkins History of Providence in der Providence Gazette Vol. 3. N. 121. 1765. — Beschryvinge van Neuw - Nederlant door Adrian van der Donck. Amsteldam 1656. 4. — A two Years Journal in New - York by C W. Lond. 1701. 12. — Denton's description of New -York. London 1701. 4. — The History of New - York from the first discovery to the Year 1732. by William Smith. A. M. London 1757. 4. 1776. 8. Philadelphia 1792 8. französisch: Hist. de la Nouvelle York, Londres (Paris) 1767. 8. — G. Thomas description of the Province and Country of West New - Jersey in America. London 698. — Samuel Smiths History of the Colony of Nova Caesarea or New - Jersey, printed at Burlington in New - Jersey 1763. 4. — W. Penns Account of the Province of Pennsylvania Lond. 1681. Lond. 1682. — The Frame of Government of the Province of Pennsylvania, by Wilh. Penn. — Penn's Letter to the Committee of the free Society of Traders of the Province of Pennsylvania, residing in London, containing a General description of the said Province. — A brief State of Pennsylvania. London

1755. — *Thom. Harriots* brief and true Report of the Newfoundland of Virginia 1588. — *John Smiths* general History of Virginia. New - England and the Summer Isles 1624. Fol. — *Bird's* History of Virginia. Lond. 1705. 8. — *W. Bullocks* Virginia examinata; or a natural and politic description of this Country. Lond. 1649. 4. — *H. Jones* present State of Virginia with a view of Maryland and North-Carolina. Lond. 1724. 8. — The History of the first discovery and settlement of Virginia by *William Smith*. 1753. 8. — *J. Lawsons* History of Carolina London 1718. 4. deutſch von Viſcher, Hamburg. 1722 8. — *D. Coxes* description of Carolina. Lond. 1722. 8. — An historical account of the rise and progreſs of the Colonies of South - Carolina and Georgia. Lond. 2 Vol. 8. — *John Smiths* Travells in Europe, Africa and America, with a continuation of the History of Virginia 1630. — A view of the Constitution of the British Colonies in North-America and the Weſt - Indies, at the time the civil war brok out on the Continent of America, by *Anthony Stocker*. Lond. 1785. 8. — Hiſtoire generale de l'Amerique depuis ſa decouverte, par *Touron*. Paris 1768. 14 Vol. in 8. — Hiſtoire philoſophique et politique des établiſſemens et du commerce des Europeens dans les deux Indes, par *Guil. Thom. Raynal*. à Geneve 1780. 4 Vol. in 4. nebſt einem Bande Karten. — Remarques ſur les erreurs de l'Hiſtoire philoſ. et polit. de Mr. Raynal, par rapport aux affaires de l'Amerique ſeptentrionale, par *Thomas Paine*. à Bruxelles 1783. in 8. — Le Spectateur americain par M. *Joh. Mandrillon*, Negoziant à Amſterdam. Amſterd. 1784. — Aug. Gotth. Franken's Nachricht von einigen evangeliſchen Gemeinen in Amerika, abſonderlich in Penſylvanien. Halle 1734. in 4. fortgeſetzt von Gottl. Anaſt. Freylingshauſen. Halle 1776. in 4. enthält einige brauchbare Nachrichten. — Mittelbergers Reiſe nach Pennſylvanien. Stuttgardt 1756. 8. — Beſchreitung des brittiſchen Amerika von Chriſtian Leiſte. Wolfenbüttel 1778. in 8. — Sprengels Schilderung der Großbritanniſchen Kolonieen in Nord / Amerika. Göttingen 1777. fol. — Sprengels Geſchichte der Europäer in Nord / Amerika. Leipzig 1782. — Von Taube, Abſchilderung

der Engländischen Handlung, Schiffarth und Colonieen,
nach ihrer jetzigen Einrichtung und Beschaffenheit. Wien
1777 und 1778. 2 Th. gr. 8.

N, 4. *Thomas Pownal:* (*Gover. of Massachus.
and South - Carol.*) The administration of the British Colonies 1764. 8 Considerations on the points
lately brought into question, as to the parlaments
right of taxing the Colonies, and of the measures
necessary to be taken at this crisis 1766. 8. Memorial
to the sovereigns of Europe on the present State of
affairs between the old and new world 1780. 8. Memorial to the Sovereigns of America 1783. 8. — *Bernard* (*Governor at Boston*) Letters on the trade and
government of Amerika, and the principles of law
and polity applied to the American Colonies 1744.
8. — *Hutchinson's* (Gov. of Massachus.) Letters. —
Oliver's Letters —

N. 5. *Dickinson:* a Farmer's Letters. — Speech in
the assembly of Pensylvania 1764. 8. New essay on
the constitutional power of Great - Britain over the
Colonies in America. 1774. in 8.

N. 6. Außer den englischen, amerikanischen und fran-
zösischen Journalen liefern auch deutsche periodische
Schriften einige brauchbare Nachrichten. Schlözers
Briefwechsel, enthält bloß Vertheidigungen des Ministeriums, und einige Nachrichten zur Geschichte des Krieges: als: Kanadische Briefe, Heft 23. N. 49. Briefe
aus Neu England über Burgoynes Niederlage, Heft 24.
N. 51. Briefe aus Virginien, Heft 30. N. 59. Erster
Feldzug der Braunschweiger in Kanada, Heft 24. N 38.
Des Hauptmann Heinrichs Briefe, Heft 7. N 20.
Briefe aus Nord - Amerika, Heft 13 N. 5. — Bü-
schings wöchentliche Nachrichten liefern gutes und
schlechtes durch einander — Gatterers histor. Journal 1776 und 1777. — Meusels histor. Literatur von
1781 — 1785. — Allgemeine deutsche Bibliothek. —

Schätzbare Sammlungen von Staatsschriften enthal-
ten: Julius August Remers amerikanisches Archiv.
Braunschweig 1777. 3 Bände in 8. liefert Schriften von
Price, Burke, Johnson, Tucker, Lind, u.

f. w. — C. D. Ebelings amerikanische Bibliothek. Leipzig 1777. 4 Stücke. — Dohms Materialien zur Statistik. — Mauvillons Sammlungen von Aufsätzen über die Staatskunst.

Historical collection, confisting of State Papers intended as Materials for an History of the United States of America, by *Ebenezer Hazard*. Philadelphia 1792, in 4. — *John Adams* Collection of State Papers, relative to the firft acknowledgement of the fovereignity of the United States of America 1782. 8.

Ueber den Streit der Kolonieen mit Großbritannien: *Thomas Paine:* Common fenfe addressed to the Inhabitants of America. Philadelphia 1776. 8. Deutſch in Dohms Materialien zur Statiſtik 2c und Ebelings Bibliothek. S. 387. von neuem überſetzt. Geſunder Menſchenverſtand u. ſ. w. Kopenhagen bei Proft 1794. 8. — Letter to the Earl of Shelburne on his Speech, refpecting the acknowledgement of American independence 1783. 8. und Thoughts on the Rubicon and cenfuring the meafures of the English adminiftration, von Th. Paine.—

The Controverfy between Great-Britain and his Colonies reviewd. London 1769. 8. —

Obfervations on the review of the Controverfy between Great-Britain and his Colonies. London 1769. 8. — The rights of the Colonies, and the extant of Legiſlative authority of Great-Britain. London 1769. 8 —

A fummary view of the Rights of British America. Williamburg 1774. 8. — American Independance, the interreft and glory of Great-Britain, in a Series of Letters to the Legislature. London 1774. 8.—

A new effay on the conftitutional Power of Great-Britain over the Colonies in America; with the refolves of the Committee for the province of Pennfylvania, and their inftructions to their reprefentatives in Affembly. Philadelphia 1774. 8.

Extracts from the votes and Proceedings of the american continental Congrefs held at Philadelphia on the fifth of September 1774. Philadelphia 1774. 8. —

' A Letter from a Virginien to the Members of the
Congreſs to be held at Philadelphia on the fifth of
September 1774. Boſton 1774. 8. —

A Speech never intended to be ſpoken, in anſwer
to a Speech intended to have been ſpoken on the bill
for altering the Charter of the Colony of Maſſachuſetts - Bay. London 1774. 8. —

A Speech intended to have been Spoken, on the
bill for altering the Charter of the Colony of Maſſachuſetts - Bay. London 1774. 8. —

Free Thoughts on the proceedings of the continental Congreſs, held at Philadelphia Sept. 5. 1774,
by a Farmer. New - York 1775. 8. — Lettre de M...
à Mr. S. B. Docteur en Medicine à Kingſton, dans
la Jamaique, au ſujet des troubles qui agitent actu-
ellement toute l'Amerique ſeptentrionale, à la Haye
1776. 8. —

Reponſe du Mr. *de Pinto* aux Obſervations d'un
homme impartial ſur la Lettre à Mr. S. B. Doct. en
Med. à Kingſtone. et. c. à la Haye. 1776. 8. —

Seconde lettre de *M. Pinto*. à la Haye 1776. 8. —
Hiſtory of the diſpute with America, from its Ori-
gin in 1754. Written in the Gear 1774. by *John
Adams*. London. 1784. 8. — Georg Achenwalls
Anmerkungen über Nord-Amerika, aus mündlichen
Nachrichten des D. Franklins. Helmſt. 1777. 8. —

Olof Torens Reiſe nach Surate, Leipzig 1772. —
Briefe über die jetzige Uneinigkeit der Amer. Colon. mit
dem Engl. Parlamente. Aus dem Engl. Hannover 1776.
in 8. —

Briefe, den gegenwärtigen Zuſtand von Nord-Amerika betreffend, (von Sprengel) Göttingen. 1777. —
Urkunden zur Geſchichte des jetzigen Nord-Amerikani-
ſchen Krieges, von einem Anſpachiſchen Offiziere. S.
Erlang. hiſtor. Literatur 1781. 12 St. — Ueber
Nord-Amerika und Demokratie Kopenhagen 1782. —
Geſchichte der Coloniſirung der freien Staaten des Alterthumes, angewandt auf den gegenwärtigen Streit
zwiſchen Großbrit. und ſeinen Amer. Colon. aus dem Engl.
Leipzig 1778. — Vorſtellung der Staatsveränderungen
in Nord-Amerika von den erſten Unruhen im Jahre

1774 bis zu dem Bündniſſe der Krone Frankreich mit den Kolonieen. Bern 1784. —

Melsheimers Tagebuch von der Reiſe der Wolfen-büttelſchen Auriliartruppen von Wolfenbüttel nach Quebec Frankf. und Leipzig 1776 8.

Anburey Reiſen im innern Amerika. Magazin von Reiſebeſchr Berlin 1792. 6ter B.

Allgemeine Geſchichten der Revolution und des Krieges: The Hiſtory of the civil war in America by an officer of the Army. London 1780. 8. — The Hiſtory of the war with America, France, Spain and Holland, commencing in 1775, and ending in 1783. by *John Andrews L. L D.* London 1785. 8. — The Hiſtory of the Revolution of South-Carolina. by *David Ramsay*, in two volumes. Trenton 1785. — *William Ruſſel's* Hiſtory of America from its diſcovery by Columbus, to the concluſion of the late war. London 1778. 2 Vol. 4 deutſch Leipzia 4 Th. 8. 1779. Der vierte Theil hat auch den Titel: Geſchichte des Urſprungs und des Fortganges des gegenwärtigen Streites zwiſchen England und ſeinen Kolonieen. — The Hiſtory of the Riſe, Progreſs, and Eſtablishment of the Independance of the united States of America; including an Account of the late war, and of the thirteen Colonies from their Origin to that Period, by *William Gordon D D.* in four Volumes 1788. 8. — The Hiſtory of the origin, progreſs and termination of the American war, by *Charles Stedmann Eſq* who ſerved under Sir William Howe, Sir Henry Clinton, and the Marquis Cornwallis. Lond. 1794. 2 Vol. in 4. deutſch von J. A. Remer. Berlin 1795 1ſter Th. in 8. —

Abregé de la Revolution de l'Amerique Angloiſe depuis le commencement de l'anné 1774, jusqu'au premier Janvier 1778. par M... Americain. à Paris 1778. 8. — Memoires ſur la dernière guere de l'Amerique ſeptentrionale par Mr *Pouchot*. Yverdun 1781. in 4. — Rovolution de l'Amerique par M. l'Abbé *Raynal*. à Londres 1781 in 8. — A Letter addreſſed to the Abbé Raynal on the affairs of North America, in which the miſtakes in the Abbés account of the Revolution of America are corrected and cleared up, by *Thomas Paine* Philadelphia 1783. in 8. deutſch in der Sammlung verſchiedener Schriften über

Politik und Gesetzgebung, von Thomas Paine, aus dem Engl. Kopenhagen bei Proft. 1794. in 8. — Essais historiques et politiques sur les Anglo - Americains, par Mr. *Hilliard d'Auberteuil.* à Bruxelles 1782. 2 Vol. in 4. — Histoire de Troubles de l'Amerique. Angloise par *François Soules.* à Londres 1785. 2 Vol. in 8. — Sprengel über den jetzigen Nord = Amerikanischen Krieg und dessen Folgen für England und Frankreich. 1782. in 8. — Sprengels historischer Almanach fürs Jahr 1784. Davon ein Nachdruck: Geschichte der Revolution von Nord = Amerika, von M. C. Sprengel. Speyer 1785. in 8.

Ueber die Verfassung der Vereinigten Staaten: Recueil des Loix constitutives des Colonies angloises confederées sous la denomination d'Etats - Unis de l'Amerique septentrionale. Au quel on a joint les Actes de l'Indépendance, de Confédération et autres Actes du Congres général. Traduit de l'Anglois à Philadelphia, et se rend à Paris 1778. in 8. (par Regnier) — The Constitutions of the several independent States of America, etc. by *William Jackson.* London 1783. in 8. — The Constitutions of the several United States, with the Federal Constitution, by *Mathew Carey.* Philadelphia 1792. — Constitutions des treize Etats - Unis de l'Amerique, à Philadalphia 1783. in 4. — Constitutions de treize Etats - Unis de l'Amerique. à Paris 1792. 2 Vol. in 8. — The Constitution as formed for the United States by the federal Convention, held at Philadelphia in the Year 1787. With the Resolves of Congress, and of the Assembly of Pennsylvania thereon. Philadelphia 1787. in 8. — Plan of the new Constitution for the United States of America. London 1792. in 8. — A Defence of the Constitutions of Government of the United States of America, against the attack of M. Turgot, in his Letter to Dr. Price, by *John Adams.* London 1787. a new edition. Lond. 1794. 3 Voll. in 8. — Des Grafen von Mirabeau Sammlung einiger philosophischen und politischen Schriften, die Vereinigten Staaten von Nord = Amerika betreffend. Berlin 1787. in 8. — Observations sur le Gouvernement et les loies des Etats Unis d'Amerique, par M. l'Abbée de *Mably.* Amsterdam 1784. — Recherches historiques et politi-

ques sur les Etats - Unis de l'Amérique septentrionale, par un Citoyen de Virginie. à Coll. 1788.
4 Vol. in 8. — Le Federaliste, ou Collection de
quelques Ecrits en faveur de Constitution proposée
aux Etats - Unis de l'Amérique, par la Convention
convoquée en 1787. Paris 1792. 2 Vol. in 8. — American Museum from its Commencement in January
1787. to June 1792. by *Mathew Carey.* Philadelphia
in XI. Vol. — Nord - Amerika nach den Friedensschlüf-
sen vom Jahre 1783. von Johann Jacob Mosers
Leipzig 1784. 3 B. in 8. — Ebelings Erdbeschreibung
und Geschichte von Amerika. Erster B. Hamburg 1793.
Zweiter B. Hamburg 1794.

Anhang.

Anmerkung zu S. 4.

Nach der Angabe des amerikanischen Geographen
Hutchins enthält das Gebiet der Vereinigten
Staaten eine Million englischer Quadratmeilen,
(ungefähr 48,000 geographische Quadratmeilen) oder
640,000,000 Acker.
Davon gehen ab an Wasser
51,000,000 Acker.
Bleiben also
589,000,000 Acker Land.
Denjenigen Theil der Vereinigten Staaten, der
von der ehemaligen Gränzlinie von Pennsylvanien
(unter dem See Erie) und von der sie daselbst durch-
schneidenden Canadischen Gränzlinie, (die im Frie-
densvertrage mit England von dem Flusse St. Croix
an bis zu dem Holz-See in Norden angenommen
wurde,) anfängt, bis zum Holz-See in Norden
fortläuft, sich dem Mississippi entlang in Westen bis
zum Ausfluß des Ohio ausdehnt, und sich unter dem
Laufe des Ohio südlich wieder bis zur Gränze von
Pennsylvanien herumzieht; schätzt er auf 411,000
Quadratmeilen, oder auf
263,040,000 Acker.
Wovon abgehen an Wasser
43,040,000 Acker.
Bleiben also
220,000,000 Acker Land.

Diese zweihundert und zwanzig Millionen Acker unangebauten Landes wurden der Unionsregierung zur Disposizion überlassen. Es sind aber seitdem neuere Gränzverträge und Berichtigungen mit den einzelnen Staaten abgeschlossen. Das Gebiet der Vereinigten Staaten ist also so groß als Portugall, Spanien, Frankreich, die Niederlande, die Schweiz, Deutschland, Ungarn, Polen und Lithauen (vor der letzten Theilung) zusammen genommen. Die Küste, an welcher die 13 älten Staaten vom Flusse St. Croix bis zum Maryflusse herabliegen, ist 300 Seemeilen lang.

Berichtigungen und Anmerkungen zum ersten Theile der Uebersetzung von Ramsays Geschichte der Revoluzion.

S. 32. Z. 23. l. von zwölf Geschwornen von seines Gleichen.

S. 34. Z. 19. l. baueten sie nach und nach Ortschften an. (S. Th. 4. S. 22.)

S. 37. Das Papiergeld ward zuerst 1723 in Umlauf gebracht. Franklin unterstützte 1729 die Vermehrung des Kreditwesens, so daß es bald auf 55,000 Pf., und 1739 auf 80,000 Pf. stieg. Seine Abhandlung über die Natur und die Nothwendigkeit des Papiergeldes verschaffte ihm zuerst in Philadelphia die Liebe der minder begüterten Volksklasse. (Works of Dr. Franklin, Lond. 1793 V. I. S. 175.)

S. 60. Louisburg, Stadt und Hafen auf der Insel Cap Breton, unweit Neu = Schottland.

S. 62. Der Ohio ist der größte Fluß auf dem westlichen Gebiete der Vereinigten Staaten. Er entspringt N. O. am Fuße der Alleghanys, und neigt sich, wie die meisten westlichen Flüsse jenseits der Apallachen und Alleghanys, zu dem Stomge-

biete des Missisippi, mit dem er sich an der Gränze
von Louisiana vereinigt.

S. 65. Die Kolonieen New = Hampshire,
Massachusett, Rhode Island, New = Jersey,
Pennsylvanien und Maryland hatten Deputirte zu
der Konferenz nach Albany geschickt. Franklin, als
Bevollmächtigter von Pennsylvanien, legte hier den
sogenannten Albanyschen Unionsplan vor. Es sollte
durch eine Parlamentsakte eine allgemeine Regie=
rung in den Kolonieen errichtet werden. Diese
sollte aus einem grossen Rathe und einem Präsiden=
ten bestehen. Die Mitglieder des Rathes sollten
von den Repräsentanten der Kolonieen gewählt,
und die Zahl derselben nach dem Verhältnisse der
Summen bestimmt werden, die jede Kolonie zu dem
allgemeinen Schatze erlegte; doch sollte jede Kolonie
nicht mehr als sieben und nicht weniger als zwei Re=
präsentanten schicken. Der Präsident sollte von der
Krone ernennt werden, und die ganze ausübende
Gewalt besitzen. Die gesetzgebende Gewalt sollten
der grosse Rath und der Präsident gemeinschaftlich
führen, so daß des letztern Einwilligung zu einer
Bill erfordert würde, ehe sie Gesetzeskraft erhielte.
Der Präsident und der Rath sollten das Recht ha=
ben, Krieg und Frieden und Bündnisse mit den In=
diern zu machen, den Handel mit ihnen zu reguli=
ren, und Land von ihnen zu kaufen, entweder im
Namen der Krone, oder der Union; neue Kolo=
nieen anzulegen, Gesetze zu geben, wonach sie re=
giert würden, bis sie besondere Regierungen errich=
teten; Truppen zu werben, Festungen anzulegen,
Kriegesschiffe auszurüsten, und andere Mittel zur
allgemeinen Vertheidigung zu ergreifen. Um dies
zu bewirken, sollten sie die Gewalt haben, solche
Zölle, Auflagen oder Taxen zu verlangen, als sie
für nöthig fänden, und die dem Volke am wenigsten

beſchwerlich ſeyn würden. Alle Geſetze ſollten dem
Könige zur Beſtätigung zugeſchickt werden; und ſie
ſollten gültig bleiben, wenn er ſie nicht binnen drei
Jahren aufhöbe. Alle Offiziere bei der Land- und
Seemacht ſollten von dem Generalpräſidenten ernennt, und von dem groſſen Rathe beſtätigt werden; Zivilbeämte ſollte der Rath ernennen, und der
Präſident beſtätigen. — Die Mitglieder des Kongreſſes billigten dieſen Plan; aber das brittiſche
Miniſterium verwarf ihn aus Eiferſucht, weil er
den Repräſentanten des Volkes zu viel Gewalt ver-
ſchaffe; und die Verſammlungen der einzelnen Kolonieen mißbilligten ihn, weil er dem Generalpräſidenten, als Repräſentanten der Krone, zu viel
Macht einräume. S. Works of Dr. Franklin.
London 1793. Vol. I. p. 246.

S. 77. Z. 12. l. 1759.

S. 106. Z. 2. l. dem Hauſe der Verſammlung.

S. 115. Der Kurier Stiefel mit dem gehörnten
Kopfe war eine Satire auf Grenville und Bute; eine
Anſpielung auf des letztern Namen (boot ein Stie-
fel), mit einer verhaßten Deutung.

S. 128. Franklin war 14 Jahre lang Mitglied
des Hauſes der Repräſentanten von Pennſylvanien
geweſen. Im Jahre 1764 wurde er zum Agenten
der Provinz ernannt, und nach London geſchickt.
Hier ward er bei dem Streite über die Stempel-
Akte vor das Unterhaus berufen, (1765.) um über
die Stimmung der Kolonieen verhört zu werden.
Seine Ausſage ward ſogleich publizirt. Sie ſteht
in Olof Torens Reiſe nach Surate. Leipzig 1772; und daraus ein Auszug in Schlözers
Briefwechſel I Th. Heft 1. S. 49. u. ſ. w.
Im Jahre 1766 reiſete Franklin nach Holland und
Deutſchland, und 1767 nach Frankreich. Nach ſei-
ner

ner Rückkehr nach London fielen ihm die anstößigen
Briefe des Guvernörs Hutchinson und des Oberrichters Oliver von Massachusetts-Bay in die
Hände. Er theilte sie dem Staate Massachusetts-
Bay mit, der ihn zum Agenten seiner Angelegenheiten in England ernennt hatte. Franklin blieb bis
1775 in England, wo er unablässig an einer Aussöhnung auf billige Bedingungen arbeitete. Nachdem alle Mühe umsonst war, kehrte er kurz nach
dem Anfange der Feindseligkeiten nach Amerika zurück. Noch in demselbigen Jahre ernennte ihn der
Kongreß zum Direktor des neu errichteten Postwe-
sens für die Vereinigten Kolonieen. Er wurde dadurch für den Verlust des königlichen Postmeister-
Amtes entschädigt, wodurch ihn das Ministerium
wegen seines Eifers für die Amerikaner vor drei
Jahren bestraft hatte. 1776 wurde er Präsident
der Konvenzion zu Philadelphia, welche die neue
Konstituzion von Pennsylvanien entwarf. Darauf
wurde er zum Mitgliede des allgemeinen Kongresses
gewählt, und erhielt von demselben den Auftrag,
nach Canada zu reisen, um die Einwohner zur Verbindung mit den Kolonieen zu bewegen. Auch wurde er als Bevollmächtigter an Lord Howe vor Neu-
York geschickt, um dessen Aufträge von Seiten des
Ministeriums zu vernehmen.

Am Ende desselbigen Jahres ward er zum Gesandten an den Hof von Versailles ernennt; wo er
das Bündniß mit den Kolonieen im Februar 1778
zu Stande brachte; darauf die Präliminarien des
Friedens am 30sten November 1782, und endlich
den Definitivtraktat mit Großbritannien am 3ten
September 1783, als Bevollmächtigter der Vereinigten Staaten, zugleich mit Herrn Adams und Herrn
Jay, unterzeichnete. Am 3ten April 1783 schloß

Cc

er in Paris einen Freundschafts- und Handlungs-
Traktat mit der Krone Schweden; darauf 1785
auch mit dem Könige von Preußen, und verließ in
demselbigen Jahre Europa. Nach seiner Rückkehr
ward er zum Mitgliede des ausübenden Rathes von
Pennsylvanien, und gleich darauf zum Präsidenten
dësselben ernannt. Bei der allgemeinen Konvenzion
zu Philadelphia 1787, welche den Vereinigten
Staaten die neue kraftvollere Unionsregierung gab,
war er Abgeordneter des Staates Pennsylvanien,
und unterzeichnete als solcher die neue Verfassungs-
Akte, nachdem er ihr vollkommen seinen Beifall gegeben hatte. Noch in demselbigen Jahre wurde er
Präsident zweier neu errichteten Sozietäten zu Philadelphia: 1) zur Erleichterung des Elendes in öffentlichen Gefängnissen: 2) zur
Abschaffung der Sklaverei, zur Hülfe
für freie Neger, die gesetzwidrig in
Dienstbarkeit gehalten werden, und zur
Verbesserung des Zustandes der afrika-
nischen Menschengattung. 1788 entfernte er
sich wegen körperlicher Schwäche ganz von öffentlichen Angelegenheiten; am 17ten April 1790 endete
der Tod sein ruhmvolles Leben von 84 Jahren und
drei Monaten.

S. 145. Z. 15 und 23. l. anstatt Städte,
Ortschaften.

S. 163. Z. 28. l. des Todtschlages (man-
shlaughter) schuldig erklärt, d. i. eines
Todtschlages bei der Nothwehr, worauf, nach den
englischen Gesetzen nur das Benefiz der Klerisei zuerkannt wird, d. h. ein Brandmal in die Hand.

S. 210. Z. 23. l. an alle Grafschaften.

S. 222. Z. 16. l. Generalversammlung.

S. 224. Z. 14. l. die Versammlung der Ortschaften.

S. 225. Z. 14. l. die Generalversammlung von Massachusett.

S. 248. Z. 14. l. von Geschwornen aus ihrer Mitte gerichtet zu werden.

S. 370. Z. 3. l. zwölf Yards.

S. 377. Z. 16. l. 1774.

S. 416. Z. 29. l. Abany (eine Stadt und Grasschaft in Neu-York, unweit des Georgensees, am rechten Ufer des Hudsonflusses.

S. 430. Diesen gefährlichen Marsch hat Major Meigs in seinem Tagebuche von General Arnolds Marsche nach Canada im Remembrancer V. 3. p. 295. beschrieben. S. Ebelings Geogr. Th. 1. S. 172. Der Kennebek fließt durch den östlichen Theil von Massachusett, die Provinz Main genennt. Er entspringt unter dem 45°20' N. Br. und dem 70°. W. l. von Greenwich, an den Gränzbergen von Canada. Nachdem er den Sanadehok aufgenommen, ergießt er sich durch die Merry-Meeting-Bay in den Ozean, nach einem Laufe von 27 geogr. Meilen, und ist, nach Morse nur 10 geograph. Meilen bis Hollwell schiffbar. Nordwestlich wird die Schiffarth durch Wasserfälle unterbrochen. Der Chaudiere fließt in entgegengesetzter Richtung, von den Kanadischen Bergen, von S. O. nach N. W. nach dem Lorenzstrome zu, mit dem er sich südlich von Quebec vereinigt.

S. 445. Montgomery war von Geburt ein Engländer. Er hatte im letzten Kriege als Offizier bei der englischen Armee gedient. Nach dem ersten

Parifer Frieden ging er nach Amerika, und heira=
thete eine Amerikanerinn. Das Zureden dieser pa=
triotischen Gattin überwand endlich seine Bedenk=
lichkeiten, die Waffen gegen, sein ehemaliges Vater=
land zu ergreifen. S. Anburey's Reisen im
innern Amerika im Magazine von merk=
würdigen neuen Reise = Beschreibungen,
Berlin 1792 im sechsten Bande S. 26.
Anburey, ein junger englischer Offizier von vielen
Talenten liefert überhaupt in diesem Werke lesbare
Beiträge zur Geschichte des amerikanischen Krieges.
Die Belagerung von Quebec macht den Anfang.
Nur muß man den Ton, in welchem er von der Sa=
che der Amerikaner redet, mit seiner Loyalität ent=
schuldigen.

Th. 2. S. 14. Z. 4. l. des Kriegesschiffes
Liverpool.

———————